À L'ÉCOLE

FRANÇOIS DUBET
DANILO MARTUCCELLI

À L'ÉCOLE

Sociologie de l'expérience scolaire

ÉDITIONS DU SEUIL
*27, rue Jacob, Paris VIe*

CE LIVRE EST ÉDITÉ PAR HERVÉ HAMON

ISBN 2-02-028970-9

La recherche dont rend compte ce livre a été menée par une équipe qui s'est mobilisée durant près de trois ans. Elle était composée de :
• Olivier Cousin, chargé de recherches au CNRS, CADIS
• Éric Debarbieux, maître de conférences à l'université de Bordeaux II
• Bernadette Dumora, maître de conférences à l'université de Bordeaux II
• Alain Laflaquière, professeur à l'université de Bordeaux II
• Jean-Claude Laulan, psychologue scolaire
• Georges Poulmarc'h, psychologue scolaire
• Jean-Claude Pujol, conseiller d'orientation
• Anne Barrère, Joëlle Favre, Cécile Gontier, Lyda Lannegrand, Jean-Philippe Guillemet et Yves Montoya, étudiants à l'université de Bordeaux II.

Cette recherche a été réalisée dans le cadre d'un contrat établi entre le CADIS, le ministère de l'Enseignement supérieur et de la Recherche et l'université de Bordeaux II.

Remerciements

Il nous faut remercier particulièrement les proviseurs des lycées, les principaux des collèges et les directeurs des écoles primaires qui nous ont accueillis dans leurs établissements, ainsi que M. André Pouille, recteur de l'académie de Bordeaux.

Mireille Coustance a assuré la gestion de la recherche et la mise au point du manuscrit. Maryse Bigeardel, Claudine Decock, Anne-Sophie Gadrey, Alix Garnier et Emmanuelle Labarthe ont effectué le secrétariat des groupes. Alban Bouvier, maître de conférences, nous a apporté son concours.

Les membres du CADIS, notamment son directeur, Michel Wieviorka, Didier Lapeyronnie et Alain Touraine, ont formé l'espace de discussion dans lequel ce travail a été élaboré. Il a aussi bénéficié du soutien du département de sociologie de l'université de Bordeaux II.

Ce livre est dédié à tous les groupes d'écoliers, de collégiens et de lycéens de Bordeaux, de Lille et de Saint-Denis qui en sont la matière principale. Il est aussi dédié aux instituteurs, aux professeurs, aux parents, aux professionnels de l'éducation qui ont participé à cette étude soit comme membres des groupes, soit comme interlocuteurs. Enfin, ce livre est dédié aux élèves de la cinquième D du collège Berthelot, à Bègles.

Introduction

Que fabrique l'école ? On répond généralement à cette question de trois manières : quelles sont les inégalités produites par l'école, est-elle adaptée à l'environnement économique et à l'emploi, quelles sont les connaissances acquises au cours des différents cursus ?

Le problème auquel voudrait répondre ce livre est d'une tout autre nature. En demandant ce que fabrique l'école, nous aimerions savoir quels types d'acteur social et de sujet se forment au cours des longues heures et des nombreuses années passées à l'école, étant entendu que l'école ne se réduit pas à la classe, qu'elle est aussi faite des mille relations entre des maîtres et des élèves, qu'elle est un des espaces essentiels de la vie enfantine et juvénile. Sans rien ignorer de ses fonctions de *reproduction* sociale, il nous faut la concevoir comme un appareil de *production*. L'école ne produit pas seulement des qualifications et des niveaux plus ou moins certifiés de compétences, elle produit aussi des individus ayant un certain nombre d'attitudes et de dispositions. Mais cette définition ne suffit pas car l'école fabrique des sujets ayant, plus ou moins et selon diverses modalités, la maîtrise de leur vie et de leur propre éducation. Les acteurs sont aussi les sujets de leur propre éducation. Dans la mesure où elle possède cette capacité, l'école a aussi le pouvoir de détruire les sujets, de les plier à des catégories de jugement qui les invalident ; du point de vue des élèves, l'éducation peut avoir du sens, elle peut aussi en être privée.

A première vue, cette interrogation renvoie au seul thème de la socialisation scolaire. Longtemps, on a pensé que l'école était une institution transmettant, par le biais des connaissances et par la forme même de la relation pédagogique, les normes et les valeurs générales d'une société. Peu à peu, les enfants quittaient le monde particulier des familles et, en grandissant, accédaient à une culture universelle, les grandes œuvres, la science, qui en faisait des individus, des sujets d'autant plus autonomes qu'ils avaient intériorisé une culture dont les maîtres et les professeurs étaient les médiateurs. L'école chrétienne fabriquait des chrétiens, celle de la République, des Français et des citoyens rationnels. Bien sûr, cette école produisait aussi des paysans, des ouvriers, des ménagères, des cadres et des fonctionnaires. Mais elle engendrait un type de sujet considéré comme d'autant plus autonome qu'il avait intériorisé des principes universels. Si beaucoup de Français sont aussi fortement attachés à l'image de l'école républicaine, c'est moins en raison de ses vertus sociales que parce qu'elle pouvait réaliser une « *paideia* fonctionnaliste » ; elle paraissait capable de former, dans le même mouvement, des acteurs sociaux intégrés et des sujets autonomes et critiques, des citoyens rationnels et « libres ».

Cette croyance, que l'on peut aujourd'hui considérer comme naïve, mais qui règne encore dans bien des esprits, identifiait la socialisation, la formation des acteurs sociaux, et la subjectivation, la formation de sujets autonomes. Elle postulait la continuité des deux processus, et c'est pour cette raison que les sociétés modernes ont aussi longtemps cru à l'éducation, à la continuité des fonctions de socialisation et des fonctions de « libération » du savoir. En France, cette image de l'éducation reste attachée à l'école républicaine formant à la fois des Français partageant les mêmes valeurs, et des citoyens capables d'exercer un jugement personnel. Le paradoxe de toute éducation, la production d'acteurs à la fois semblables et autonomes, paraissait ainsi surmonté. L'école était conçue comme une institution transformant des valeurs en normes, et des normes en personnalités. L'éducation devait assurer simultanément l'intégration de la société et la promotion de l'individu.

Depuis longtemps déjà cette représentation, qui peut être un idéal, ne permet plus de décrire le fonctionnement réel de l'école. Non seulement l'école n'a pas atteint les objectifs égalitaires qu'elle a pu se proposer, mais elle ne fonctionne plus comme une institution. Et c'est là l'essentiel. Elle n'est pas cette machine qui forme les individus à son image ; il y a loin des principes, multiples et souvent confus d'ailleurs, à la réalité des pratiques. Avec la massification scolaire, de plus en plus d'élèves vont à l'école de plus en plus longtemps. L'école ressemble moins à une institution qu'à un « marché » dans lequel les divers acteurs sont en concurrence, investissent dans le travail, mettent en œuvre des stratégies pour s'approprier des qualifications scolaires plus ou moins rares. Pour le dire plus simplement, on envoie moins nos enfants à l'école pour qu'ils y soient éduqués que pour qu'ils y acquièrent des certifications utiles à leur carrière. L'emprise de l'école sur la société est aujourd'hui telle que les objectifs éducatifs passent au second plan ; la compétition de l'école publique et de l'école privée, celle des divers établissements et celle des multiples filières mettent plus en jeu des espérances de réussite scolaire et sociale que des philosophies éducatives. Mais l'éducation ne disparaît pas pour autant, même si ses principes sont particulièrement troublés. L'école doit-elle former des individus autonomes, rationnels, doit-elle anticiper les besoins de l'économie, doit-elle assurer l'intégration morale de la société ? L'école doit-elle se replier sur elle-même, doit-elle s'ouvrir à d'autres cultures, à la culture de masse et à celle des minorités ? Quelle place doit-elle accorder à la vie juvénile qui ne cesse de s'allonger avec la massification scolaire elle-même ? Et de quelle école parle-t-on quand le système éducatif n'a pas cessé de se diversifier ? Il ne suffit plus de lire les programmes et d'évaluer les acquis pour savoir ce que fabrique une école qui poursuit des objectifs multiples et souvent contradictoires. Chacun d'entre nous sait bien que la recherche des qualifications utiles, l'acquisition d'une grande culture et la formation de sujets « authentiques » ne vont pas nécessairement de pair, et qu'il nous faut, soit choisir, soit combiner des objectifs multiples. Nous ne sommes plus aussi sûrs qu'autrefois des finalités de l'école. Il suffit d'observer les choix éducatifs des familles et les diverses politiques des établissements, pour se convaincre de ce que l'efficacité économique, l'égalité dans l'accès à une culture unique et la formation d'une capacité critique ne s'harmonisent pas aisément.

La fabrication des acteurs et des sujets ne découle plus harmonieusement du fonctionnement réglé d'une institution dans laquelle chacun jouerait son rôle. Il nous faut alors remplacer la notion de rôle par celle d'expérience. Les individus ne se forment plus seulement dans l'apprentissage des rôles successifs proposés aux élèves, mais dans leur capacité de maîtriser leurs expériences scolaires successives. Celles-ci se bâtissent comme le versant subjectif du système scolaire. Elles combinent les logiques du système que les acteurs doivent articuler entre elles : l'intégration de la culture scolaire, la construction de stratégies sur le marché scolaire, la maîtrise subjective des connaissances et des cultures qui les portent. Les acteurs se socialisent à travers ces divers apprentissages et se constituent comme des sujets dans leur capacité de maîtriser leur expérience, de devenir, pour une part, les auteurs de leur éducation. En ce sens, toute éducation est une auto-éducation, elle n'est pas seulement une inculcation, elle est aussi un travail sur soi.

Ce travail ne se réalise pas dans le seul face à face pédagogique des maîtres et des élèves, il engage une multiplicité de relations et de sphères d'action. Les écoliers sont des élèves et des enfants, les collégiens sont des élèves et des adolescents, les lycéens sont des élèves et des jeunes. Ils apprennent à grandir dans toutes ces dimensions de leur expérience. Ils ont aussi une vie en dehors de l'école et gèrent plus ou moins toutes ces dimensions d'une expérience qui se transforme au fur et à mesure qu'ils franchissent les étapes de leur formation, qui se module différemment selon leur position dans le système, selon les diverses situations sociales. En ce sens, les amitiés et les amours enfantines et juvéniles, les enthousiasmes et les blessures, les échecs et les succès participent tout autant de la formation des individus que les seuls apprentissages scolaires. Pour comprendre ce que fabrique l'école, il faut essayer d'analyser tout ce travail-là, comprendre de la manière la plus objective possible comment se construit la subjectivité des individus qui sont à la fois ce que l'école a voulu en faire, et ce qui échappe largement à son contrôle tout en se fabriquant en son sein. Reconnaissons qu'aujourd'hui cette part incontrôlée paraît plus importante que celle qui relève du « clonage » éducatif, tant les publics scolaires sont divers, tant les situations scolaires paraissent peu régulées, tant on peut avoir le sentiment parfois que des élèves se construisent à côté ou contre l'école.

La socialisation est un processus paradoxal. D'une part, elle est un processus d'inculcation. D'autre part, elle n'est réalisée que dans la mesure où les acteurs se constituent comme des sujets capables de la maîtriser. La sociologie critique a refusé le second terme du paradoxe en ne voyant dans l'école qu'un appareil de contrôle. La sociologie classique, celle de la « *paideia* fonctionnaliste », a cherché à surmonter ce paradoxe par la confiance dans l'universalité de la « civilisation » et de la modernité, et par la croyance dans la capacité des institutions de proposer une expérience cohérente et intégrée. On ne peut accepter aujourd'hui ni l'« enchantement » de la position classique, ni les apories d'une position critique qui ne perçoit dans l'école qu'un appareil d'inculcation où les élèves ne seraient que les réceptacles passifs d'une idéologie.

Pour comprendre ce que fabrique l'école, il ne suffit pas d'étudier les programmes, les rôles et les méthodes de travail, il faut aussi saisir la manière dont les élèves construisent leur expérience, dont ils « fabriquent » des relations, des stratégies, des significations à travers lesquelles ils se constituent eux-mêmes. Il faut se placer du point de vue des élèves et pas seulement du point de vue des fonctions du système. L'expérience sociale n'est pas un objet positif qui s'observe et se mesure du dehors comme une pratique ou un système d'attitudes ou d'opinions, car elle est un travail de l'acteur qui définit une situation, élabore des hiérarchies de choix, construit des images de lui-même. Elle est à la fois un travail normatif et cognitif qui suppose une distance à soi, une capacité critique et un effort de subjectivation.

Ce livre rend compte d'une recherche empirique conduite durant près de trois années auprès de plusieurs types d'acteurs [1]. L'intervention sociologique vise à dégager les dimensions et les mécanismes de l'expérience sociale. Évoquons quelques principes de cette méthode [2].

Parce que l'expérience la plus individuelle reste socialement construite dans le jeu des relations aux autres et des rapports sociaux, elle doit être saisie dans ses relations à travers l'activité d'un groupe qui témoigne d'une condition commune et socialement située. Aussi avons-nous constitué des groupes relativement homogènes d'élèves, d'enseignants et d'adultes qui décrivent, racontent, exposent leurs choix, leurs stratégies, leurs émotions à partir de ce qui les unit. Il faut aussi saisir l'expérience à travers un groupe pour faire émerger la spécificité des parcours et des sensibilités personnels,

1. Le détail de cette recherche est exposé en annexe.
2. A. Touraine, *La Voix et le Regard*, Paris, Éd. du Seuil, 1978.

tout en évitant la fermeture du témoignage sur lui-même entraînée parfois par la relation face à face de l'entretien individuel.

L'expérience n'est pas sociale dans la seule mesure où elle est partagée par des groupes, car elle est aussi définie par des rapports sociaux, ceux qui lient et opposent par exemple les élèves aux maîtres, à l'administration des établissements, aux parents... Il importe donc que le témoignage des acteurs se développe dans l'espace de ces rapports, et l'intervention sociologique confronte les groupes aux acteurs qui jouent un rôle central dans la formation de l'expérience commune. Aussi, les groupes d'élèves reçoivent, à titre d'interlocuteurs, des enseignants, afin de ne pas enregistrer simplement des représentations développées sans contraintes, mais aussi un échange d'arguments et de perceptions croisées.

Les groupes d'intervention sociologique visent à produire une analyse à travers la mise à distance du travail du groupe par ses membres. La principale originalité de cette méthode tient à la construction d'un débat entre les chercheurs et les acteurs. Les chercheurs proposent des analyses sociologiques du travail du groupe et demandent aux acteurs de s'en saisir, c'est-à-dire de s'y reconnaître et de les développer, ou de les refuser. Cet objectif est le moins naturel qui soit pour des sociologues car il repose sur un double refus : celui d'une coupure épistémologique dans laquelle les acteurs seraient nécessairement aveugles au sens profond de leur expérience, et celui d'un subjectivisme radical dans lequel l'action serait transparente aux acteurs. L'intervention sociologique cherche à construire un espace d'analyse partagé entre les acteurs et les chercheurs où peuvent se croiser des argumentations réciproques dans la mesure où les acteurs ont été « armés » par l'expérience du groupe, et où les sociologues ont élaboré leurs analyses à partir de leurs connaissances et de leurs postulats théoriques, mais aussi et surtout à partir du travail du groupe auquel il importe de donner cohérence et signification. Cette méthode vise à produire une *vraisemblance*, une connaissance partagée entre les acteurs et les chercheurs à l'issue d'une série de débats et de discussions enfermés dans les contraintes de la méthode [1].

Des groupes d'élèves. Cette recherche repose sur le travail de neuf groupes d'élèves constitués selon deux axes. Le premier est un principe « génétique », allant de l'école élémentaire à la classe de terminale. Le second est un principe social, s'efforçant de diversifier nettement les contextes sociaux. Évidemment, ces neuf groupes ne prétendent à aucune représentativité statistique, ils procèdent plutôt de choix exemplaires et raisonnés.

Les deux groupes d'élèves de l'école élémentaire ont été constitués dans deux écoles différentes, l'une étant de recrutement populaire, l'autre, de classes moyennes. Bien sûr, le travail avec des enfants pose des problèmes

1. F. Dubet, *Sociologie de l'expérience,* Paris, Éd. du Seuil, 1994.

particuliers et, après une première expérience en juin 1993 visant à cerner les difficultés spécifiques tenant à l'âge des enfants, nous avons été conduits à aménager sérieusement la méthode. Il s'est d'abord avéré que la présence d'interlocuteurs n'était pas pertinente. Aussi avons-nous choisi des techniques plus traditionnelles d'entretiens de groupes et de jeux de rôles qui se sont révélées assez efficaces. Il va de soi aussi que la restitution des analyses aux enfants est limitée, moins pour des raisons intellectuelles tenant aux capacités d'analyse de ceux-ci, que pour la faible maîtrise d'une distanciation émotionnelle de ces très jeunes élèves qui ne parviennent pas aisément à séparer nettement ce qui relève de l'espace d'une expérience de recherche, et ce qui est de leur vie la plus intime.

Quatre groupes ont été formés dans deux collèges très sensiblement différents. Le premier est un collège en ZEP relativement « difficile », l'autre est un collège à la réputation solide, accueillant des élèves de classes moyennes supérieures. Dans chacun de ces établissements, deux groupes ont été formés avec des élèves de sixième et de cinquième d'une part, et avec des élèves de quatrième et de troisième d'autre part. Dans ce contexte, les principes de l'intervention sociologique ont été appliqués de façon plus méthodique, même si, avec les plus jeunes, la proposition des interprétations sociologiques doit prendre des formes particulières afin de ne pas engendrer des réactions émotionnelles dont les chercheurs ne pourraient anticiper les effets.

Cette recherche sur l'expérience scolaire prolonge une première étude portant sur les lycéens, et il n'était pas utile de reprendre l'ensemble de ce premier travail[1]. Nous avons choisi de travailler avec des publics trop faiblement cernés dans la première étude en composant trois groupes dans des publics de « nouveaux » lycéens. Le premier a été formé dans un nouveau lycée d'enseignement général de la banlieue bordelaise caractérisé par une politique très volontariste de participation des élèves. Le second groupe a été constitué dans un lycée technique de Lille. Le troisième, dans un lycée professionnel de Saint-Denis.

Des groupes d'adultes. Même si les élèves en sont le centre, on ne peut analyser les expériences scolaires à partir de leurs seuls points de vue. L'éducation, et plus largement la socialisation des enfants et des jeunes, s'inscrivent dans une relation dissymétrique entre les adultes et les enfants, entre ceux qui savent et ceux qui ne savent pas, entre ceux qui ont le pouvoir de construire les hiérarchies, les programmes et les méthodes, et ceux qui en sont les objets, même si le déséquilibre des relations ne signifie jamais que les dominés sont totalement privés de pouvoir et de ressources. Aussi, nous avons formé cinq groupes d'adultes directement concernés et actifs dans le processus de socialisation.

1. F. Dubet, *Les Lycéens,* Paris, Éd. du Seuil, 1991.

Un groupe d'instituteurs et un groupe de professeurs de collèges ont été constitués et ont fonctionné selon les règles de l'intervention sociologique. Ils ont, eux aussi, reçu divers interlocuteurs et ont été confrontés aux analyses des chercheurs. Dans la mesure où nous avions étudié un groupe de professeurs de lycée lors de la recherche précédente sur les lycéens, il ne nous a pas semblé nécessaire de réunir de nouveau un groupe de ce type. Par contre, en raison de la jeunesse des élèves étudiés, nous avons formé deux groupes de parents d'élèves. L'un d'eux était composé de parents de milieu ouvrier ; l'autre, de parents de classes moyennes. Enfin, il est apparu utile d'étudier les représentations et l'expérience des acteurs de l'école qui interviennent et parlent aujourd'hui au nom de l'enfance et de la jeunesse, plus que de la sphère de l'apprentissage scolaire proprement dite. Un groupe de spécialistes de l'enfance et de la jeunesse a donc été constitué avec des psychologues scolaires, des conseillers d'éducation et des conseillers d'orientation. Ces cinq groupes d'adultes ne forment pas le cœur de cette étude sur l'expérience scolaire, mais c'est pourtant à travers leur travail que l'expérience des élèves peut être saisie comme une tension entre une autonomie et une forte détermination par autrui.

Aux quatorze groupes de l'intervention sociologique, il faut ajouter un autre matériau de recherche plus classique : celui des entretiens individuels conduits avec les élèves et les adultes, et les observations associées au travail de formation des groupes, travail souvent plus long que la vie des groupes elle-même. Enfin, un membre de l'équipe de recherche, François Dubet, a pu enseigner l'histoire et la géographie durant l'année scolaire 1994-1995 dans une classe de cinquième d'un collège de ZEP de la banlieue bordelaise. Ce travail n'a pas été sans apporter des enseignements utiles ; il a notamment aidé à comprendre comment une expérience pouvait se ritualiser en un métier sans pour autant ne jamais totalement se refroidir dans la routine, non par « vertu », mais parce que la faible régulation des relations scolaires ne le permet pas.

Bien que la subjectivité des acteurs sociaux soit l'objet central de cette étude, il n'est pas concevable de l'isoler de l'ensemble des mécanismes objectifs qui la produisent. Si chacun construit lui-même son expérience sociale, il n'empêche qu'il ne la bâtit qu'avec des matériaux « objectifs » et qui ne lui appartiennent pas. Les élèves ne définissent ni les relations des cultures familiales et de la culture scolaire, ni les utilités sociales objectives attachées à leurs études, ni les connaissances scolaires et les méthodes pédagogiques. Mais ce sont eux qui doivent combiner ces divers éléments, et toute recherche va nécessairement de l'acteur au système, du travail des sujets aux dimensions objectives de leur expérience.

La formation des acteurs et des sujets se présente comme une succession d'étapes. D'abord, les élèves de l'école élémentaire sont dominés par un principe d'intégration, d'intériorisation des attentes des adultes. Puis, au collège, ils entrent dans l'affirmation d'une subjectivité qui introduit une certaine tension avec l'école. Enfin, au lycée, ils accèdent à une rationalité définie par les utilités scolaires, et une possibilité de « vocation » construite par l'intérêt propre pour certaines disciplines. Mais tous les élèves ne franchissent pas ces étapes de la même manière. Les uns élaborent peu à peu une expérience qu'ils maîtrisent, alors que les autres n'y parviennent pas, se sentent dépossédés, indifférents, parfois détruits par leur parcours. Ainsi, le système scolaire ne peut pas être seulement défini par ses gradations et ses hiérarchies de succès et d'échecs, il est aussi le cadre et l'organisateur des expériences des élèves ; il « fabrique » divers types d'acteurs et de sujets qui seront appelés à occuper diverses positions sociales. L'école n'est pas seulement inégalitaire, elle produit aussi des différences subjectives considérables, elle assure les uns et affaiblit les autres ; les uns se forment dans l'école, les autres en dehors, malgré elle ou contre elle.

Ce livre voudrait être à la fois scientifique et « engagé ». Il voudrait dire ce qu'il en est de l'expérience des acteurs de l'école et en décrire les mécanismes les plus fins. Mais l'on ne peut consacrer autant d'efforts, avoir rencontré autant d'élèves et de maîtres, en connaître autant les joies et les souffrances, et s'interdire tout jugement. Aussi, nous nous détacherons des règles de la neutralité scientifique dans une postface portant sur la situation de l'école en France, et avançant aussi quelques principes d'action possibles. Les sociologues ne doivent pas être seulement des critiques non concernés ou des experts ; à quoi servirait leur travail s'ils ne s'efforçaient pas d'en tirer quelques orientations pratiques, quelques principes d'action ? Pour que la sociologie de l'éducation soit utile, il nous faut rompre avec trois images écrasantes. La première est celle de la crise continue d'un système qui ne vivrait plus que la longue décadence d'une école républicaine d'autant plus idéalisée qu'elle s'éloigne de nous et qu'on ignore souvent ce qu'elle fut. La deuxième image est celle d'une école machine, totalement déterminée par des lois intangibles et qui n'appelle que la critique radicale, la dénonciation, et une rupture d'autant plus aisée qu'on la sait improbable. La troisième de ces images est commandée par l'obsession de l'« utilité scolaire », celle qui ne conçoit l'éducation que sous l'angle de son adaptation à l'économie, comme si l'école devait créer des emplois. En fait, chacune de ces représentations, celles qui fondent l'essentiel des essais et des pamphlets de rentrée des classes, instruit un procès du point de vue d'une norme propre : celle de l'intégration sociale, celle de la justice, et celle de l'efficacité. On ne peut penser une réforme de l'école qu'en refusant ces choix impossibles et qu'en acceptant de vivre dans le monde déchiré de la « guerre des dieux ». La réforme est alors un signe de courage.

*

* *

La première partie de ce livre est composée d'un chapitre consacré aux mutations du système scolaire et montrant comment l'éducation ne peut plus être pensée comme une pratique institutionnelle. La deuxième partie porte sur l'école élémentaire, sur les écoliers, les maîtres et les parents. La troisième partie est consacrée au collège. Elle est composée de quatre chapitres : l'un porte sur l'expérience collégienne, les deux suivants décrivent cette expérience dans des contextes sociaux contrastés, le dernier rend compte de l'expérience des professeurs de collège. Le lycée est l'objet de la troisième partie ; les deux chapitres qui la composent décrivent diverses modalités de l'expérience lycéenne [1]. La dernière partie du livre comporte un chapitre relatif à la sociologie de l'éducation et à la place de notre travail dans cet ensemble théorique. En fonction de ses intérêts, le lecteur peut choisir d'entrer dans le livre de plusieurs manières. Mais comme l'éducation est un processus, on ne peut que l'inviter à parcourir toutes les étapes de ce travail.

1. Dans la mesure où ce livre prolonge un ouvrage antérieur consacré aux lycéens, il n'expose pas longuement les acquis de la première étude. Cf. F. Dubet, *Les Lycéens, op. cit.*

École et éducation

1
Les mutations de l'école

On ne peut étudier l'expérience scolaire sans s'éloigner de l'image de l'école conçue comme une institution naturellement intégrée, liant harmonieusement les activités de ses membres autour de quelques principes ou valeurs élémentaires, ou bien autour d'une « fonction » unique hiérarchisant des rôles et des conduites. C'est souvent de cette façon que fut représentée l'école républicaine. En fait, cette image-là n'a jamais été tenue pour une description de la réalité du système scolaire, mais elle a été conçue comme une norme désirable, comme un idéal. La plupart des individus concernés, et ils sont nombreux, parents, élèves et enseignants, ne cessent d'affirmer les principes d'une bonne école et de renvoyer à la nostalgie de l'« âge d'or » d'une institution à la fois efficace, juste, soucieuse des élèves et pouvant asseoir la reconnaissance sociale des enseignants parce qu'elle défendait une connaissance libératrice. C'est l'école républicaine, fixant cette image jusqu'à la veille des années soixante, qui cristallise, le plus souvent, cette représentation idéale, latente dans les déclarations programmatiques, les manifestations des enseignants, les pamphlets et les essais de rentrée... Chaque ministre s'en veut l'héritier et le défenseur. Si l'école est aujourd'hui prise dans une aura de nostalgie, si elle est à la fois toujours défendue et critiquée, c'est sans doute parce qu'elle ne peut plus être véritablement une institution dans la mesure où elle doit remplir simultanément des « fonctions » de nature différente, où elle doit poursuivre des objectifs divers qui ne s'accordent plus harmonieusement dans leurs principes les plus essentiels, comme cela semblait être le cas « avant ».

Tout système scolaire doit remplir trois « fonctions » essentielles et peut être défini par la manière dont il les hiérarchise et les articule. Ici le mot fonction reste largement métaphorique ; il désigne moins une nécessité du système social dans son ensemble, que l'ensemble des problèmes que tout système scolaire est tenu de régler et par rapport auxquels il ne peut éviter de se définir. Si ce n'étaient ses connotations « fonctionnalistes », justement, le mot fonction est parfaitement acceptable et utile pour décrire les contraintes imposées à toute action organisée.

– La « fonction » de distribution tient au fait que l'école attribue des qualifications scolaires possédant une certaine utilité sociale dans la mesure où certains emplois, positions ou statuts sont réservés aux diplômés. L'école répartit des « biens » ayant une valeur sur les marchés professionnels et la hiérarchie des positions sociales. Longtemps limitée par l'étroitesse du recrutement des cycles secondaire, professionnel et supérieur, cette fonction n'a cessé de s'élargir avec le double mouvement de multiplication des diplômes et des emplois qualifiés. C'est le plus souvent par le biais de cette fonction que la sociologie s'est intéressée à l'école en lui posant deux questions essentielles. La première est celle du rapport entre la distribution des qualifications scolaires et la distribution des positions sociales des élèves entrant dans le système : quelles sont les chances des enfants issus des divers groupes sociaux d'accéder aux qualifications scolaires ? En aval du système, quels sont les effets des qualifications scolaires sur la stratification sociale ? Ces questions sont moins centrées sur l'école elle-même que sur la place du système scolaire dans les mécanismes globaux de mobilité sociale [1].

– La deuxième « fonction » de l'école est celle que nous pouvons qualifier d'éducative afin de la démarquer le plus nettement possible de la fonction de socialisation. Alors que la socialisation vise l'intégration dans un système et une société, la fonction d'éducation est liée au projet de production d'un type de sujet qui n'est pas totalement adéquat à son « utilité » sociale. Dans *L'Évolution pédagogique en France,* Durkheim souligne fortement cette dimension de l'école, produit du projet chrétien de transformation des individus, et c'est pour cette raison que toute école est nécessairement « hors du monde » et qu'elle en appelle à des principes généraux qui fondent une capacité critique et d'individualisation [2]. Les débats sur la culture scolaire, sur les « valeurs », sur l'autonomie de l'école et de la société, sur les projets éducatifs ne peuvent pas être tenus pour de simples expressions idéologiques des fonctions « réelles » de l'école ; ils participent de la construction d'une double distance de l'école à la structure sociale d'une part, à la culture quotidienne de l'autre. Même si cette dimension du système scolaire n'est parfaitement visible que dans les moments de changement et de rupture propices aux affirmations de principes, comme dans les grandes époques de la « guerre scolaire » en France ou dans les ruptures révolutionnaires, il reste que cette fonction éducative est présente dans tout système éducatif, dans une mesure qui ne peut être considérée comme une simple adaptation au monde tel qu'il est.

– La troisième « fonction » scolaire est celle de la socialisation. L'école produit un type d'individu adapté à la société dans laquelle il vit et reprenant l'héritage que toute éducation transmet. En même temps que l'école est un appareil de distribution des positions sociales, elle est un appareil de production des acteurs ajustés à ces positions. C'est pour cette raison que les

1. Cf. C. Jencks, *Inégalités. Influence de la famille et de l'école en Amérique,* Paris, PUF, 1979 ; M. Maurice, F. Sellier, J.-J. Sylvestre, *Politique d'éducation et Organisation industrielle en France et en Allemagne,* Paris, PUF, 1982.
2. E. Durkheim, *L'Évolution pédagogique en France*, Paris, PUF, 1990.

théoriciens de la reproduction ont souligné le fait que celle-ci était à la fois sociale et culturelle ; reproduction des individus et reproduction des positions qu'ils occupent. La socialisation scolaire, qui n'est pas toute la socialisation, se déroule dans une organisation scolaire caractérisée par une « forme » scolaire, un ensemble de règles, d'exercices, de programmes et de relations pédagogiques résultant de la rencontre d'un projet éducatif et d'une structure des « chances sociales ». L'acteur est considéré comme un élève tenu d'apprendre des rôles et un « métier » à travers lesquels il intériorise des normes et des aptitudes qui implantent les dispositions lui permettant d'entrer dans la société.

Si l'image de l'école républicaine reste aussi forte et sa nostalgie souvent aussi grande, c'est sans doute parce qu'elle a longtemps réussi à intégrer fortement ces diverses « fonctions ». Les changements qui affectent l'école depuis de nombreuses années nous éloignent de cette représentation qui n'est peut-être qu'une illusion ou le désir d'un équilibre perdu. Sans doute, « l'histoire de l'enseignement n'est pas une histoire sainte [1] », celle de la longue chute d'un modèle parfait ou, à l'opposé, celle de la réalisation progressive du projet inscrit dans ses fondations, mais il semble que l'ancien système de régulation se défait et l'étude des expériences scolaires doit nous permettre de comprendre celui qui se met en place et qui n'est plus réductible à la seule crise du monde ancien.

L'école républicaine : un système clivé et régulé

Il nous reste à voir comment se sont articulées et comment se combinent aujourd'hui ces diverses « fonctions », c'est-à-dire comment elles engendrent un mode de régulation des relations scolaires, notamment des relations pédagogiques. Ici, l'école républicaine sera moins décrite en termes historiques que traitée comme un « type idéal », une épure analytique formée de l'ajustement d'un projet éducatif, d'un mode de distribution et d'une forme scolaire, engendrant une institution dans laquelle les conduites des divers acteurs sont fortement régulées.

Des publics séparés

Longtemps l'école fut un bien rare réservé aux enfants des groupes sociaux privilégiés et à ceux sur lesquels l'Église jetait son dévolu. Même

1. A. Prost, *Histoire de l'enseignement en France, 1800-1967,* Paris, A. Colin, 1967, p. 5.

quand le passage à l'école est devenu plus massif, au cours du XVIIIe et surtout du XIXe siècle, le recrutement des publics scolaires est resté très largement défini par une sélection sociale située en *amont* de l'école. Chaque type de public scolaire correspondait grossièrement à une catégorie sociale, comme si plusieurs écoles se juxtaposaient en fonction des caractéristiques sociales des élèves. Publiques ou catholiques, les écoles primaires et les écoles secondaires, collèges et lycées, accueillaient des élèves socialement différents. Dans des sociétés où l'*ascription* l'emportait sur l'*achievement*, l'école reproduisait institutionnellement les clivages sociaux.

L'école de la République, en créant l'obligation scolaire, n'a pas brutalement renversé ce système, contrairement à ce que certaines nostalgies nous laissent accroire aujourd'hui. L'école du peuple et le lycée ont été longtemps séparés par une barrière sociale d'autant plus difficile à franchir que les lycées n'existaient que dans les villes relativement importantes, que le coût des études n'était pas négligeable, que le système du petit lycée apparaissait comme une barrière essentielle, et que la culture même du lycée semblait au plus loin de la culture populaire. On pourrait d'ailleurs décrire la sourde « résistance » du secondaire long à l'entrée des classes populaires, voire à certains segments des classes moyennes issues des collèges et des écoles primaires supérieures. Le poids des humanités classiques tout autant que la fortune enfermaient les écoles dans des recrutements de classe très spécifiques [1]. L'école de la bourgeoisie, celle des classes moyennes, celle du peuple et celle des ouvriers étaient juxtaposées et séparées entre elles comme autant d'écoles différentes, comme autant d'écoles de classes ou, plus précisément, de « castes ». Dans un tel système, la fonction de distribution se déroulait, pour l'essentiel, en amont de l'école et la stratification sociale se projetait sur le système scolaire avec une grande précision et de manière extrêmement précoce. Le long malthusianisme du secondaire et de l'enseignement supérieur a fait que, dans le « bon temps » de l'école républicaine, un lycéen sur neuf est boursier et, au total, un enfant sur deux cents seulement bénéficie de cette aide. La place des boursiers dans les représentations et les idéologies scolaires repose sur une base sociale des plus étroites.

Ce type de constitution des publics scolaires a longtemps perduré puisqu'il fut encore dominant au milieu des années soixante, quand la « naissance » l'emportait encore statistiquement sur la « performance ». En 1963, à réussite scolaire équivalente, l'entrée en sixième, pourtant déjà multipliée, dépendait largement de la naissance : elle concernait 92 % des enfants de cadres supérieurs, 42 % des enfants d'ouvriers et 32 % des

1. Cf. J.-P. Briand, J.-M. Chapoulie, *Les Collèges du peuple*, Paris, INRP-CNRS-ENS, 1992 ; A. Prost, *Histoire de l'enseignement en France*, *op. cit.*

enfants d'agriculteurs[1]. A la même époque, 25 % des élèves quittaient l'école à 14 ans et, à 17 ans, le taux de scolarisation d'une classe d'âge était inférieur à 50 %[2].

Longtemps, la fonction de distribution sociale de l'école ne s'est pas réalisée à partir d'une compétition ouverte, les élèves s'inscrivant, dès leur naissance dans un cadre scolaire spécifique, au sein d'un système se présentant comme un ensemble de formations particulières et relativement étanches. L'école républicaine s'est accommodée d'un fonctionnement qui tenait plus d'une politique d'« apartheid » que de la compétition démocratique dont Tocqueville avait tracé le modèle. Ces propos sont sans doute excessifs, mais ils visent à souligner le mécanisme central d'un mode de distribution qui sera bouleversé par la massification.

Les modèles éducatifs de l'école

La formation de l'école républicaine à la fin du siècle dernier est un enjeu philosophique et politique central. En effet, la France de cette époque sait lire, et l'effort scolaire est avant tout guidé par la construction d'une morale civique laïque capable de fonder à la fois les soubassements culturels de la République et une conscience nationale moderne à travers l'éducation d'un type de citoyen[3]. *Le Tour de France par deux enfants* fait pièce à *L'Histoire d'un enfant pieux : l'écolier modèle* ; un catéchisme doit en combattre un autre et l'école républicaine n'est définie ni par sa fonction de distribution équitable des compétences, ni par sa fonction de socialisation à des activités économiques spécifiques. Elle est d'abord l'expression d'un projet éducatif. La violence de la guerre scolaire ne s'explique pas en termes d'oppositions sociales et moins encore pédagogiques ; c'est d'abord une guerre éducative, celle qui oppose le camp de l'Église à celui du « progrès ». Comme l'a bien mis en évidence C. Nicolet, le projet éducatif républicain n'est pas réductible à un simple changement politique ou au seul désir propagandiste d'attacher l'école aux institutions nouvelles[4]. Il s'agit de promouvoir un « esprit républicain » dont l'ambition éducative est largement du même niveau que celle de son adversaire religieux.

La première dimension de cet esprit républicain est l'affirmation de la « nation » comme consentement des citoyens, c'est la nation de Valmy tout autant que le chauvinisme de la revanche et de l'expansion coloniale.

1. *Population*, 1963, cité *in* A. Prost, *Les Lycéens et leurs études au seuil du XXI*e *siècle*, Paris, MEN, 1983.

2. Ce taux est aujourd'hui de 65,4 % pour les jeunes âgés de vingt ans (*Économie et Statistique*, 283-284, 1995).

3. F. Furet, J. Ozouf, *Lire et Écrire. L'alphabétisation en France de Calvin à Jules Ferry*, Paris, Éd. de Minuit, 1977, 2 vol.

4. C. Nicolet, *L'Idée républicaine en France*, Paris, Gallimard, 1982.

L'école doit être patriotique. A travers l'enseignement d'une histoire comme le récit de la formation et de l'épanouissement d'une nation, celui d'une géographie privilégiant l'image d'un territoire unifié et de frontières naturelles, à travers l'accès au panthéon des grands textes de la culture française, le *curriculum* de l'école républicaine déborde largement le cadre d'un simple programme d'instruction pour asseoir un projet national [1].

Parce qu'elle inscrit la séparation de l'Église et de l'État dans l'organisation même de la société, l'école républicaine se veut démocratique. Cependant, elle n'est pas démocratique en assurant l'égalité des conditions par le biais de la mobilité sociale, mais en installant les libertés publiques et la liberté de conscience dans la communauté des citoyens. L'égalité devant l'éducation est moins l'égalité des chances que celle des droits et du sentiment national, « la première fusion qui résulte du mélange des riches et des pauvres sur les bancs de quelque école [2] ». La laïcité scolaire est plus que l'indifférence religieuse, elle en appelle à une morale civique et positive ancrée dans les valeurs chrétiennes, mais sans la foi. Elle repose sur la croyance dans une morale naturelle. Ainsi, J. Ferry écrit en 1883 à l'adresse des instituteurs : « Demandez-vous si un père de famille, je dis un seul, présent à votre classe et vous écoutant, pourrait de bonne foi refuser son assentiment à ce qu'il vous entendra dire ? Si oui, abstenez-vous de le dire ; sinon parlez hardiment [3]. » Comme le soulignent J. et M. Ozouf, les hussards de la République ne sont pas anticléricaux, « laïcistes », ils se veulent libérateurs et porteurs d'une morale universelle d'inspiration chrétienne [4].

Le projet républicain n'est pas seulement soucieux de limiter les empiétements de l'Église car il doit promouvoir l'esprit des Lumières, de la Raison et de la pensée positive. L'école « libératrice » est combattante et militante. Il importe de contrôler les enfants et les femmes : « Il faut choisir, citoyens : il faut que la femme appartienne à la science ou qu'elle appartienne à l'Église [5]. » Conformément au vœu de Durkheim, il s'agit de propager une « religion laïque » par le biais d'une philosophie sociale de l'ordre et du progrès, par le triomphe de la rationalité sur l'émotion, par celui des valeurs universelles sur les particularismes nationaux et religieux. En ce sens, la nation de l'École républicaine se veut universelle. La République n'est pas celle des professeurs par corporatisme, mais par nature, car il est dans la vocation de la République d'en appeler à un nouveau sujet,

1. Cf. J. et M. Ozouf, « Le thème du patriotisme dans les manuels primaires », *Le Mouvement social*, oct.-décembre 1964 ; G. Duby, *Le Dimanche de Bouvines*, Paris, Gallimard, 1973.

2. J. Ferry, *Discours sur l'égalité d'éducation*, *in* L. Legrand, *L'Influence du positivisme dans l'œuvre scolaire de Jules Ferry*, Paris, M. Rivière, 1961.

3. J. Ferry, cité *in* A. Prost, *Histoire de l'enseignement en France, 1800-1967, op. cit.*, p. 202.

4. J. et M. Ozouf, *La République des instituteurs,* Paris, EHESS-Gallimard-Seuil, 1992.

5. J. Ferry, cité *in* A. Prost, *Histoire de l'enseignement en France*, *op. cit.*, p. 202.

produit de l'éducation publique. On affiche la Déclaration des droits de l'homme dans les salles de classe, et « l'école va donc jouer, en tant qu'institution, le rôle d'une Église que la séparation achèvera de débouter en tant qu'organe de l'État [1] ». Ce ne sont plus la foi partagée et les origines communes qui doivent fonder le lien social, mais la Raison. Aussi n'est-il pas surprenant que Durkheim revendique, pour l'instituteur, cette « part de sacré » qui fut, jusque-là, l'apanage du prêtre. La rivalité avec la religion n'est certainement pas réductible à la lutte de deux puissances se disputant le contrôle du peuple car elle repose sur une formidable confiance dans l'éducation capable de réaliser les utopies et de faire advenir, si le mot n'avait pas été dénaturé par la suite, un « homme nouveau ». Un sujet doit se « gouverner lui-même » selon l'idéal de la modernité issu de la Réforme et des Lumières ; il ne peut conquérir son autonomie qu'en faisant sienne la loi commune, qu'en l'acceptant librement, en cessant de la vivre comme une contrainte extérieure. Cette éducation est le prix de la formation d'un individu moderne véritable.

Cette brève évocation a tous les aspects du récit enchanté d'un mythe des origines, et nous pourrions aisément en présenter une version critique [2]. La nation n'est que l'expression de la revanche et de l'expansion coloniale. L'égalité devant l'école est une imposture « destinée » à abuser le peuple pour asseoir un pouvoir alors fragile. Quant au projet éducatif lui-même, il apparaît comme une volonté de « dressage » des ouvriers par une bourgeoisie se méfiant, en son for intérieur, de l'instruction. Au fond, il ne fut question que de remplacer une hégémonie par une autre. Cette vision qui ne fait de l'école qu'un appareil de contrôle et de socialisation n'est pas sans fondements. La nation fut aussi coloniale, et ceci à l'intérieur même de la France, par le biais de la destruction des « patois ». Les femmes ne sont pas des citoyennes de plein droit, et, plus encore, la pédagogie de l'école républicaine se coule dans le moule des pédagogies cléricales ; elle en reprend à la fois les rites, les méthodes et les techniques « disciplinaires ». C'est une pédagogie de la maîtrise qui ignore l'enfance ou, plutôt, qui ne s'adresse qu'à la part adulte qui sommeille en l'enfant, qui lutte contre ce qui est enfantin chez lui : la rêverie, le jeu, la dissipation, l'instabilité [3]. La forme scolaire républicaine ne rompt pas avec ses devancières.

On peut accepter bien des aspects de cette vision critique. Mais on ne peut pour autant réduire un projet éducatif aux seules ruses idéologiques d'une domination et d'une hégémonie, car ce qui compte, en ce domaine, c'est la volonté éducative d'arracher les enfants à l'ordre des choses en ouvrant une distance des acteurs à leur propre société. Aussi la dimension

1. C. Nicolet, *L'Idée républicaine en France*, *op. cit.*, p. 361.
2. Cf., par exemple, E. Plenel, *L'État et l'École en France,* Paris, Payot, 1985.
3. Cf. le *Dictionnaire de pédagogie* de 1882 ; M. Crubellier, *L'École républicaine. 1870-1940. Esquisse d'une histoire culturelle*, Paris, Éd. Christian, 1993.

« progressiste » de ce programme éducatif a-t-elle été longue à s'épuiser. Qu'il nous suffise de voir encore aujourd'hui le poids de ce mélange d'images d'Épinal et de convictions, de nostalgies et d'utopies, pour nous convaincre de la présence de ce moment fondateur alors que l'école française ne ressemble plus guère à celle qui naquit voici plus d'un siècle. Mais tout se passe comme si chaque enseignant et bien des parents aussi en avaient encore l'image dans le cœur, ainsi que le montre la passion des débats sur le « foulard islamique », ou la capacité de mobilisation des enseignants quand les « lois laïques » paraissent menacées. Cette nostalgie-là n'est pas seulement l'amour du passé, elle est l'appel à un moment, fût-il imaginaire, où la fonction éducative de l'école était explicite, où, comme le disent les enseignants, l'école avait un sens parce qu'elle s'identifiait à la fois à la nation, au progrès et à la liberté.

Socialisation et formes scolaires

La socialisation de la génération nouvelle se réalise dans une organisation, dans une forme scolaire qui articule les deux « fonctions » précédentes, celle de la distribution et celle de l'éducation. C'est cette forme qui définit la relation pédagogique et fixe les normes et les règles de la vie scolaire. C'est elle qui construit la continuité des habitudes, des postures et des positions, qui donne un rôle à chacun, qui établit ce que l'on appelle la pédagogie : un *curriculum*, des méthodes et des exercices, des apprentissages.

Comme l'écrit G. Vincent : « S'il y a dans la "révolution pédagogique au XIXe siècle", une recherche d'efficacité et d'économie, elle est politique[1]. » Autrement dit, c'est plus le contenu de l'éducation que sa forme qui change dans l'école républicaine. De la même manière, Durkheim souligne fortement la continuité de la forme scolaire entre les collèges jésuites issus de la Contre-Réforme et le lycée moderne : la forme « classe », le rôle des exercices et des « morceaux choisis », la place de l'émulation[2]... Sans doute est-il excessif d'opposer la volonté de rupture culturelle de l'école républicaine à sa continuité pédagogique, mais rien ne la souligne mieux que la proximité des formes scolaires laïque et catholique alors que tout paraît opposer ces deux écoles quant à leurs objectifs éducatifs et à leur philosophie. La pensée de Durkheim est à ce propos révélatrice car elle associe un certain conservatisme pédagogique, fondé sur une anthropologie « pessimiste » opposant la nature enfantine, « sauvage », incontrôlée et sans limites, à une confiance sans faille dans l'éducation par la raison et le progrès.

1. G. Vincent, *L'École primaire française*, Lyon, PUL, 1980, p. 102.
2. E. Durkheim, *L'Évolution pédagogique en France, op. cit.*

Cette forme scolaire peut être schématisée autour de quelques traits essentiels et forcément caricaturaux. Elle s'inscrit dans une tradition humaniste qui considère que les enfants et les adolescents sont des êtres incomplets, encore naturels, parfois dangereux, et qu'il convient de dresser, c'est-à-dire de mettre debout. Aussi la pédagogie est-elle très méfiante à l'égard du groupe de pairs, du groupe d'enfants et de jeunes qui ramène fatalement le sujet pédagogique vers son état « naturel » et non adulte. L'école française ne fait guère de place à l'enfance et à l'adolescence car elle ne s'adresse qu'à la part de raison qui sommeille en chacun et qu'il s'agit de faire advenir par l'exercice de la répétition et de la mémoire. La discipline joue un rôle essentiel par le silence, la maîtrise du corps, la mise en rang, et surtout par la construction d'une distance, bienveillante sans doute, mais distance malgré tout, entre les enfants, considérés comme des élèves, et les adultes. Le maître et l'élève, l'enfant et l'adulte sont séparés par une barrière naturelle infranchissable. Il est vrai que toute pédagogie implique ce type de clivage, mais il est aussi vrai qu'il est spécialement accentué dans cette forme républicaine si on la compare au modèle des collèges anglais, par exemple, qui fait une place plus grande au groupe de pairs, au corps à travers le sport, aux relations de tutorat [1]... Il n'est pas exclu que la séparation, issue de la guerre scolaire, entre instruction et éducation ait accentué la coupure entre l'enfant et l'adolescent d'une part, et l'élève de l'autre. Aujourd'hui encore, le débat n'est pas éteint si l'on en croit les résistances qui apparaissent dans le corps enseignant quand il est invité à élargir son rôle au-delà de la seule transmission des connaissances.

La pédagogie de l'exercice, plus que du tâtonnement et de l'invention, se met en forme à travers le rôle attribué aux manuels, aux recueils de grands textes à imiter, aux programmes dont on sait que la précision et la rigueur furent perçus comme un gage d'égalité devant l'école, une manière de contrôler et de limiter la diversité que pourraient entraîner des expériences et des personnalités. Il importe que l'unité du rôle et de la règle s'impose à la diversité des personnalités. Comme le rappelle G. Vincent, au-delà de sa seule fonction d'instruction, l'exercice scolaire doit développer l'autonomie de l'individu, non par la découverte de chemins particuliers, mais par le contrôle de soi. C'est ainsi que se forment des individus « introdéterminés ». L'emprise de cette règle impersonnelle est telle qu'un des traits les plus spécifiques du système scolaire français réside dans la prégnance de la forme classe et dans la faiblesse de l'établissement comme unité susceptible d'établir sa propre politique. La régulation du système est de type « mécanique », elle repose sur un principe de similitude, des conduites identiques n'ayant guère de liens directs entre elles : chaque enseignant réalise dans sa classe les mêmes activités que ses collègues parce qu'il applique les mêmes règles impersonnelles et déroule le même programme.

1. Cf. C. Lelièvre, *Histoire des institutions scolaires en France,* Paris, Nathan, 1990.

Ni le système des relations entre les maîtres, ni les particularités de l'environnement, ni les demandes des parents ne peuvent affecter sensiblement l'impersonnalité de la règle universelle invitant chacun à accomplir la même tâche que tous. Il se crée donc une régulation « sérielle [1] » du système dans lequel l'établissement ne constitue qu'une unité administrative et n'est pas un véritable acteur pédagogique [2]. Du ministère à la classe il n'y a que des relations hiérarchiques et des règlements, mais aucun niveau doté de réelles capacités de décision. Ce type de formation bureaucratique implique, pour être efficace, des modes de formation et de recrutement des enseignants assurant leur homogénéité, en même temps qu'il accorde une grande autonomie pédagogique à chaque enseignant qui se trouve ainsi préservé d'un contrôle direct. Conformément au modèle bureaucratique analysé par M. Crozier, les contraintes formelles du système peuvent accroître l'autonomie des individus.

Le maintien d'une tradition catéchiste et humaniste, d'une part, et la volonté de construire une école nationale, de l'autre, ont contribué à maintenir une certaine distance entre la culture scolaire et la culture sociale. Si l'on peut dire que l'école secondaire républicaine est « bourgeoise » en termes de recrutement social, s'il est aussi certain que l'éducation « bourgeoise » favorise l'apprentissage scolaire, il reste que la culture scolaire et la culture sociale sont profondément distinctes. On n'apprend pas à être « bourgeois » dans un lycée français, comme on apprend à être aristocrate dans un collège anglais. La culture scolaire conforte la culture bourgeoise, elle n'en dérive pas directement. Non seulement ses hiérarchies ne sont pas soucieuses de l'utilité sociale et pratique des connaissances acquises, mais elles sont même portées à placer au sommet les connaissances les plus abstraites et les moins « utiles », les moins pratiques. Ainsi les langues mortes « valent » plus que les langues vivantes, les mathématiques « valent » plus que la physique et que les sciences naturelles, alors que tout « en bas » se tiennent les enseignements pratiques et professionnels. L'enseignement technique n'échappe pas à ce mode de hiérarchie puisqu'il est purement théorique dans les grandes écoles, strictement professionnel dans les filières les plus basses ; et il n'est parvenu que récemment à trouver une place honorable dans l'« empire du milieu » de l'enseignement secondaire. Le remplacement de la philosophie par les mathématiques au sommet des hiérarchies disciplinaires ne change rien à ce principe qui repose sur la séparation de la culture scolaire et des diverses cultures sociales. Ainsi l'école républicaine, plus encore que celle d'aujourd'hui, a-t-elle pu se percevoir comme indépendante, soucieuse de défendre une « forme » et une culture éloignées de celles qui se développent hors des murs de l'école. La

1. B. Bernstein, *Classes et Pédagogie : visibles et invisibles*, Paris, OCDE, 1975.
2. J.-P. Obin, *La Crise de l'organisation scolaire*, Paris, Hachette, 1993.

peur de l'« envahissement » de l'école par la culture de masse, si présente dans les débats scolaires, s'inscrit dans cette longue histoire.

Des écoles séparées

L'articulation d'un projet éducatif, d'une forme scolaire générale et d'une distribution des publics marquée par des barrières tranchées, a conduit à la mise en place d'écoles séparées au sein d'un système unique. C'est sur ce mode que se réalise la régulation de l'ensemble.

L'école élémentaire fut certainement la seule véritable école républicaine dans la mesure où sa fonction éducative est la plus éclatante. C'est là que furent enseignées à tous la morale civique nouvelle, l'histoire et la géographie de la France, c'est là aussi que l'instituteur fut immédiatement placé au même plan que le prêtre en opposant l'école de la nation à celle de l'Église. Cette école laïque missionnaire fait tellement partie du « patrimoine » qu'il est difficile de l'évoquer rapidement sans aligner des clichés, dont on sait cependant qu'ils ne sont pas toujours sans fondements. Clichés sur l'ordre de la classe, sur les exercices toujours répétés, sur la morale enseignée à la première heure de classe et, surtout, sur le maître « à la fois craint et adoré [1] ». Le maître est « modeste », proche du peuple dont il est issu, il s'en sépare par la dignité de sa fonction. Dans une France rurale, c'est un homme instruit et dévoué à la communauté villageoise mais il sait « se tenir ». M. Bernard laisse le jeune Camus, qui vient de réussir le concours des bourses, aux portes du lycée en déclarant : « Tu n'as plus besoin de moi... Tu auras des maîtres plus savants. » Formé au moule de l'école normale, le couple d'instituteurs incarne à la fois l'austérité, sinon la pauvreté, de la République, et la rigueur des méthodes et de la morale de l'école publique [2]. La fonction éducative de l'école élémentaire n'est guère affectée par sa fonction de distribution car cette école n'a pas le devoir d'assurer la promotion de tous. C'est une école élitiste qui permet à quelques-uns d'échapper à leur destin social en « poussant » les meilleurs des élèves vers des études plus longues, celles qui permettront de prendre pied dans le monde des fonctionnaires et des employés. Dans ce cas, la maîtresse ou le maître doivent convaincre les parents de faire des sacrifices,

1. Cf. le très beau portrait d'instituteur républicain tracé par A. Camus, *Le Premier Homme*, Paris, Gallimard, 1994.

2. Parmi les nombreuses études de ces instituteurs, citons, outre G. Vincent, *L'École primaire française*, *op. cit.* : I. Berger, R. Benjamin, *L'Univers des instituteurs*, Paris, Éd. de Minuit, 1964 ; J. Ozouf, *Nous les maîtres d'école. Autobiographies d'instituteurs de la Belle Époque*, Paris, Gallimard, 1967 ; M. Ozouf, *L'École, l'Église et la République*, Paris, A. Colin, 1963 ; J. Pennef, *Autobiographies d'enseignants d'écoles publiques et privées*, *Cahiers du LERSCO*, 1987.

d'engager des dépenses et de voir leur enfant s'éloigner vers le lycée ou le collège de la ville voisine. Même si la mobilité est faible, elle est toujours portée au crédit d'une école dont la fonction essentielle n'est pas d'assurer la promotion de tous.

Le lycée, à côté de l'école élémentaire populaire et républicaine, est dominé par les humanités classiques. Le malthusianisme des lycées, jusqu'à la Deuxième Guerre mondiale, fixe un recrutement d'Héritiers, d'élèves socialement prédisposés aux rhétoriques scolaires, aux exercices d'admiration et de commentaire des grands textes qui dominent les disciplines pédagogiques et seront, jusqu'au milieu de ce siècle, le centre de la dignité scolaire, composant avec d'autres cultures, mais ne cédant pas [1]. Les quelques boursiers, 8 % au tournant du siècle, qui accèdent au lycée ont démontré leur capacité d'adhérer à ce type d'éducation et restent issus d'une petite bourgeoisie de serviteurs de l'État, plus que du « peuple ». Mais le prix des études reste élevé à cause de l'internat, et le taux de déperdition entre la classe de sixième et le baccalauréat est important [2]. Si les professeurs ont des revenus modestes, ils partagent la grande culture scolaire sans se percevoir pour autant comme des intellectuels, position réservée aux écrivains durant cette période. Comme à l'école primaire, il existe une relative harmonie entre le corps enseignant et le public des élèves en termes de culture et de recrutement social, en termes d'accord préétabli sur la nature du jeu scolaire. Cet accord est d'autant plus solide que la séparation des sexes accroît l'emprise scolaire, laisse peu d'espace à la vie juvénile, et que le professeur de lycée reste sous le regard de la petite ville et des parents [3]. Le lycée valorise la grande culture et la « gratuité » de la connaissance qui doivent guider l'apprentissage. Ainsi l'Héritier est invité à se consacrer à la beauté des textes et des exercices, à passer de la répétition à l'admiration, et de l'admiration à la critique au nom des seules joies de l'esprit. L'étudiant en lettres décrit pas P. Bourdieu et J.-C. Passeron réalise l'idéal d'autonomie, fait d'adhésion et de distance à la culture scolaire, où la libération de la forme scolaire participe de l'idéal scolaire [4]. Cette « gratuité » du rapport à la grande culture, dont beaucoup ont encore la nostalgie aujourd'hui, repose évidemment sur une certaine « mauvaise foi », dans la mesure où la gratuité culturelle est socialement « payante » en raison de la faible

1. V. Isambert-Jamati, *Crises de la société, Crises de l'enseignement,* Paris, PUF, 1970.
2. Il est de 47 % en 1887. Cf. A. Prost, *Histoire de l'enseignement en France, op. cit.*
3. P. Gerbod, *La Condition universitaire en France au XIXe siècle*, Paris, PUF, 1965. La République s'est attaché les enseignants en les libérant du contrôle strict des notables locaux. Sur la situation particulière des femmes, enseignantes de plein droit et femmes dominées dans la vie sociale, cf. J.-B. Mardagant, *Madame le professeur. Women Educators in the Third Republic*, Princeton, Princeton University Press, 1990.
4. P. Bourdieu, J.-C. Passeron, *Les Héritiers*, Paris, Éd. de Minuit, 1964.

concurrence scolaire et du nombre limité des diplômes. Pour les uns, le baccalauréat sanctionne une appartenance, pour les autres, il assure une mobilité ; à tous il accorde une dignité culturelle et un avenir social. L'ordre scolaire, avec ses rites, ses internats, ses blouses roses ou grises, ses exercices et ses routines, ne se coule si aisément dans les murs des anciens couvents et ne se coupe aussi facilement du monde que par l'assurance d'une forte rentabilité sociale des formations.

L'école ouvrière est non seulement « en bas », mais aussi « à côté » du système scolaire [1]. Elle aussi repose sur un principe d'ajustement entre l'« offre » et la « demande » puisque des ouvriers y enseignent à de futurs ouvriers dans un souci d'adaptation aux économies locales qui la distingue nettement de l'ensemble du système scolaire. Mais cette école n'est pas celle de la relégation car elle forme une partie des ouvriers professionnels et souvent des contremaîtres. En 1913, 20 % des revenus des familles ouvrières proviennent du travail des enfants et seule une part limitée de ces enfants, celle qui possède les ressources intellectuelles et financières, accède à l'enseignement professionnel [2]. La plus grande part des enfants du peuple, les enfants de paysans, les plus pauvres ou ceux qui sont issus de l'immigration, entrent dans la vie active par les voies de l'apprentissage ou d'emplois faiblement qualifiés. Au seuil des années soixante encore, N. de Maupeou Abboud notait combien les jeunes « blousons bleus » de l'enseignement professionnel étaient éloignés des jeunes collégiens et lycéens, d'une part, et des jeunes travailleurs, d'autre part [3]. Dans une école ouvrière, par ses enseignants et par ses élèves, se développe une socialisation au travail ouvrier. Les horaires de travail sont beaucoup plus lourds que dans l'enseignement général, les heures d'atelier sont les plus nombreuses. « Ni tout à fait un atelier, ni tout à fait une école », l'enseignement professionnel prépare cependant à l'usine [4].

L'école des « sous-officiers », selon la formule de Félix Pécaut, est située entre l'école du peuple et celle de la bourgeoisie. C'est elle qui doit former les couches moyennes, celles qui auront une fonction d'autorité, sans accéder pour autant à la future classe dirigeante. Ni secondaire, ni professionnelle, l'école primaire supérieure accueille les meilleurs des élèves des classes populaires supérieures et des couches moyennes, celles qui ne peuvent prétendre à la dignité du lycée [5]. Installés dans les petites villes, les collèges prolongent les méthodes primaires, notamment l'enseignement

1. B. Charlot, M. Figeat, *Histoire de la formation des ouvriers, 1789-1984*, Paris, Minerve, 1985.
2. Cf. A. Prost, *Éducation, Société et Politiques*, Paris, Éd. du Seuil, 1992.
3. N. de Maupeou Abboud, *Les Blousons bleus*, Paris, A. Colin, 1968.
4. C. Grignon, *L'Ordre des choses*, Paris, Éd. de Minuit, 1971, p. 148.
5. J.-P. Briand, J.-M. Chapoulie, *Les Collèges du peuple, op. cit.*

« en spirale » aboutissant au brevet élémentaire et au brevet supérieur, ouvrant l'accès aux concours de la fonction publique, en particulier à celui des écoles normales d'instituteurs. Intermédiaires, les collèges et les écoles primaires supérieures le sont de plusieurs manières. D'abord, ce sont eux qui constituent le premier étage de la mobilité scolaire et sociale de la IIIe République : les pères accédant au collège, leurs enfants pourront atteindre le lycée. Le règne des humanités au lycée ne permet toutefois pas de laisser espérer un passage direct du collège aux voies royales du lycée qui requièrent la connaissance du latin. Ensuite, le collège est intermédiaire en raison de son style pédagogique qui balance entre celui de l'école élémentaire et celui du lycée, et l'on sait que la querelle sera longue afin de savoir qui doit contrôler le collège avant que la « secondarisation » ne l'emporte au nom de l'école unique.

Un système régulé

En séparant les publics scolaires, en construisant des formes scolaires et des objectifs ajustés à chacun de ces publics, en constituant aussi des corps enseignants « adaptés » à chacun de ces niveaux, l'école républicaine a pu articuler plusieurs principes et plusieurs dimensions *a priori* contradictoires. Elle affirme la confiance dans le progrès et l'unité nationale par l'éducation, elle s'inscrit dans une tradition pédagogique assurant une socialisation stable, elle construit des « offres » scolaires appropriées aux publics relativement homogènes et nettement séparés.

Évidemment le « coût » de cette formule est élevé. Il concerne notamment le maintien de barrières rigides au sein d'un système. Mais ce système, parfaitement « injuste » et loin des principes affirmés, a rencontré un large assentiment, y compris chez ceux qui pouvaient en être les victimes. Pour le dire rapidement, l'école républicaine a longtemps semblé « juste » au sein d'une société « injuste ». En dépit de l'inégalité flagrante des modes d'accès aux études, la gauche, y compris les syndicats ouvriers, a défendu une école dont l'idéologie progressiste pouvait séduire, mais où les enfants du peuple étaient largement exclus des études longues. Les critiques « prolétariennes » de l'école n'ont, au bout du compte, guère pesé. On ne peut attribuer le soutien populaire à l'école républicaine au seul poids de l'« aliénation » et des illusions nécessaires engendrées par le discours de l'école sur elle-même, notamment celui de l'idéologie du don. Il est plus raisonnable de penser que, le moment de la sélection étant situé, pour l'essentiel, en amont des études elles-mêmes, la critique portait sur l'injustice sociale déterminant l'*entrée* dans le système, et non sur l'école elle-même. Si les enfants du peuple ne font pas d'études longues, c'est à cause des inégalités sociales qui leur interdisent d'en payer le prix[1]. Par contre, l'existence d'une mobilité scolaire, fût-elle faible, démontre à tous que ceux qui ont fait des études sont récompensés et que, par conséquent, l'école est juste dans son fonctionnement même alors que l'accès à cette école est socialement injuste. Plus encore, l'école n'exclut personne de la société, et quand elle intervient dans les destins sociaux, c'est presque uniquement pour assurer une mobilité dans une société où, pour la grande majorité des gens, l'accès à l'emploi se déroule sans qualification scolaire. Ainsi, l'instituteur qui envoie quelques élèves au collège joue un rôle positif ; on ne songerait pas à lui reprocher le sort des autres qui relève des seuls destins sociaux. Si l'injustice est dans la société, et pas dans l'école, l'échec scolaire peut être attribué au système social, au capitalisme, à la société de classes, bien plus qu'à l'individu lui-même. La confiance dans l'école républicaine est moins une « illusion » que le produit d'un rapport particulier de l'école à la société. D'ailleurs, plus l'école s'ouvrira et plus la sélection relèvera de mécanismes scolaires, plus la confiance dans l'école déclinera.

La régulation du système vient aussi de ce que les attentes pédagogiques sont nettement identifiées et définies dans chacune des cultures scolaires, confiées à des corps enseignants eux aussi spécifiques et suivant des règles suffisamment stables pour que les anciens aient le sentiment que leurs enfants ont été socialisés dans la même société scolaire qu'eux-mêmes. L'absence de l'« enfance » et de l'« adolescence » renforce enfin l'homogénéité de ces objectifs. La jeunesse populaire, celle qui travaille tôt, est rapidement absente de l'école, seule la jeunesse « bourgeoise » fréquente longuement l'école. La séparation des sexes, de l'école primaire au baccalauréat, renforce aussi l'emprise de la norme scolaire, y compris quand l'égalité des formations entre les deux sexes fut à peu près acquise[2]. Ainsi, la relation pédagogique apparaît fortement régulée au sein d'une école définie comme une *institution*. Les attentes des uns et des autres sont accordées autour de finalités et de règles partagées ; la rencontre scolaire est celle de l'élève et du maître avant que d'être celle de l'enfant et de l'adulte. Le rôle de chacun l'emporte sur sa « personnalité », le « talent » du maître joue par surcroît dans une relation pédagogique qui met plus en présence des « personnages » que des « personnalités ». Le prestige de la fonction et la « vocation » du métier d'enseignant reposent autant sur la confiance collective dans l'éducation que sur la forte définition des rôles au sein de l'institution.

En associant une pédagogie de l'ordre à une idéologie du progrès, en

1. Cf. R. Kaës, *Images de la culture chez les ouvriers français*, Paris, Cujas, 1968. Les ouvriers interrogés, à la fin des années cinquante, croient à l'école et en sa justice, et critiquent, par contre, les inégalités économiques qui privent leurs enfants de l'accès aux études longues.

2. Cf. F. Mayeur, *L'Enseignement secondaire des jeunes filles*, Paris, Presses de la FNSP, 1977.

accueillant des publics socialement et culturellement homogènes, tout en se percevant comme une terre de justice face à une société de classes, l'école républicaine a pu être identifiée à un âge d'or, fixant l'articulation de principes parfois contradictoires. Cette référence est d'autant plus présente que c'est en son nom que la massification est poursuivie depuis près de cinquante ans et que, au fur et à mesure que cette massification transforme radicalement le système et ses modes de régulation, l'âge d'or républicain se fige dans son éternité et sa grandeur, devient la référence obligée de tous les protagonistes des débats scolaires.

Les mutations de l'école

S'il ne fallait retenir qu'un fil conducteur pour analyser les transformations du système « républicain » que nous venons d'évoquer, c'est sans doute celui de la massification. Plus que les volontés politiques ou que les changements organisationnels et pédagogiques, la massification a transformé les règles du jeu scolaire, ses régulations, les relations pédagogiques et les rapports du système à son environnement. Un peu à la manière dont Tocqueville décrivait le mouvement séculaire de la démocratie, la massification scolaire se présente comme une tendance continue, notamment depuis les années cinquante, résultant tout autant des demandes des individus que de l'offre publique d'éducation [1]. Même si l'on observe des paliers et des accélérations, il n'empêche que ce processus de massification est continu et qu'il fut appelé et soutenu par la plupart des gouvernements, de droite ou de gauche, par les principales organisations syndicales et, au-delà, par l'opinion. De ce point de vue, la massification acquiert une signification essentielle parce qu'elle réalise certains des rêves et des projets de l'école républicaine. C'est ainsi, comme le dit A. Prost, que le plan Langevin-Wallon a pu jouer une fonction « liturgique » durant plus de trente ans, de la Libération à la réforme Haby instituant le collège unique.

1. Sur ce point, les deux positions de M. Cherkaoui et d'A. Prost se renforcent mutuellement plus qu'elles ne sont contradictoires (cf. M. Cherkaoui, *Les Changements du système éducatif en France, 1950-1980,* Paris, PUF, 1982 ; A. Prost, *L'enseignement s'est-il démocratisé ?*, Paris, PUF, 1986). Depuis la Libération, il semble que les deux mouvements se combinent ; en tout cas, l'offre engendre immédiatement une demande de scolarisation longue, comme le montrent le succès des collèges construits sous le mandat de G. Pompidou et l'écho du slogan des 80 % au niveau du baccalauréat qui fut rapidement suivi d'une nouvelle poussée, la plus forte d'après guerre.

Massification et concurrence

La première vague de massification d'après-guerre, celle des années cinquante et soixante, repose sur une croissance très sensible des effectifs scolaires dans l'enseignement secondaire. Entre 1945 et 1963, les effectifs des collèges et des cours complémentaires sont multipliés par 5, ceux des lycées par 3 et ceux de l'enseignement supérieur par 2,5. Il faut dire que l'étiage à la Libération était particulièrement bas (3 % de bacheliers dans une classe d'âge en 1939) et, surtout, qu'une très grande part de cette première massification tient au rôle de la démographie et de la scolarisation des enfants du *baby boom*. D'après A. Prost, seuls 10 % des élèves accueillis relèveraient d'une massification non démographique [1]. Mais il reste que la massification est réelle si l'on considère, par exemple, le taux des bacheliers qui atteint 15 % au milieu des années soixante. Cette première vague de massification se déroule pour l'essentiel dans l'ancienne forme scolaire. L'élargissement des effectifs du secondaire vers les classes moyennes atténue le poids de la naissance dans la carrière scolaire, mais il ne l'annule pas et les grandes distinctions entre les cycles sont maintenues. Enfin, bien que les lycées et les collèges soient à l'étroit et confrontés à des publics nouveaux, ils parviennent à maintenir une forme pédagogique traditionnelle. Alors que la société française voit s'installer un temps de la jeunesse et une culture adolescente, celle des « yé-yé », du rock'n roll et des *teenagers*, l'école se préserve largement de ces mutations par la séparation des sexes, le maintien de la discipline scolaire et de la distance entre les jeunes et les adultes. C'est donc dans un cadre largement conservé que se réalise une massification démocratique dans la mesure où, jusqu'au seuil des années soixante-dix, les écarts des chances d'obtenir des diplômes entre les diverses catégories sociales se réduisent sensiblement [2]. Sans rien changer à la forme scolaire, l'idéal d'une massification démocratique, d'une réduction des inégalités associée au développement de la scolarité, semble avoir été atteint dans les années soixante. Ajoutons à ce tableau le rôle de la forte croissance économique et de la modernisation de l'appareil productif qui absorbent les nouveaux diplômés et font que la multiplication des diplômes ne les dévalue pas ; le rapport entre les qualifications scolaires et les places offertes n'est pas atteint par la massification. L'utilité sociale des études reste forte. Les classes moyennes, les filles et une partie des enfants d'ouvriers, les bons élèves sont les grands bénéficiaires de cette première vague de massification.

La seconde phase d'accélération de la massification commence à la fin

1. A. Prost, *Histoire de l'enseignement en France, op. cit.*
2. A. Prost, *L'enseignement s'est-il démocratisé ?, op. cit.*

des années soixante-dix et ne cesse de se renforcer depuis avec une forte poussée durant les cinq dernières années. Le taux de bacheliers passe de 12 % en 1963 à 27 % en 1982 pour atteindre près de 60 % aujourd'hui et dépasser, selon des prévisions, les 75 % en 1998 (60 % de ces bacheliers sont dans les filières générales). Cette massification a profondément transformé le système de distribution des diplômes et, plus largement, le rapport entre les qualifications scolaires et les qualifications sociales. Plusieurs effets doivent être soulignés.

Le premier effet concerne la nature même du mécanisme sélectif. La sélection ne se fait plus en *amont* par un tri social préalable à l'inscription même dans les études, mais elle se réalise dans le *flux* même des parcours scolaires, selon des processus plus immédiatement scolaires que sociaux. Le grand clivage n'oppose plus ceux qui accèdent aux études secondaires et ceux qui n'en bénéficient pas, mais ceux qui réussissent leur parcours et ceux qui échouent et sont orientés vers des voies de relégation relative. Là où se tenaient d'abord des modes de sélection sociale, se mettent en place des procédures de sélection scolaire. La barrière essentielle ne distingue plus ceux qui vont au collège et ceux qui n'y vont pas, mais ceux que leurs performances conduiront au lycée d'enseignement général et ceux qui seront orientés vers des enseignements moins prestigieux. Cette transformation ne signifie évidemment pas que la naissance ne « détermine » plus la carrière scolaire, mais que cette détermination passe maintenant par le biais des performances scolaires elles-mêmes. C'est l'effet de la naissance sur les performances, plus que la naissance elle-même, qui fixe la carrière scolaire dans l'école de masse. Tout le rapport aux études en est bouleversé.

Massifié, le système nouveau est engagé dans un processus de diversification continue. Les filières scolaires se multiplient selon des relations hiérarchiques extrêmement prononcées. Par exemple, dans la mesure où ce n'est plus le baccalauréat lui-même qui peut établir la valeur des qualifications scolaires, c'est le type de baccalauréat qui devient le critère décisif. Ainsi, si « tout le monde » a le baccalauréat, tous les baccalauréats sont loin de se valoir. Chacun sait qu'un baccalauréat S et un baccalauréat Sciences et Techniques ne sanctionnent pas les mêmes performances scolaires et n'offrent pas les mêmes ressources à ceux qui les possèdent. Les baccalauréats S, L, ES et techniques se hiérarchisent selon un ordre stable où il apparaît que les élèves sont très nettement classés selon leurs performances dans toutes les disciplines – les S sont meilleurs partout –, selon leur âge – les S sont aussi les plus jeunes –, et selon leur origine sociale – la hiérarchie scolaire recouvre celle du recrutement social [1]. La compétition scolaire, qui était relativement neutralisée par le poids de la sélection sociale antérieure aux études, se déplace vers une compétition interne au système

1. « Évaluation pédagogique des classes de seconde », *Éducation et Formation*, avril 1989.

scolaire lui-même. Elle n'oppose pas seulement les filières entre elles, mais aussi les diverses disciplines, qui se voient attribuer des coefficients de prestige et d'efficacité scolaire, et les établissements, qui entretiennent des relations de concurrence afin de s'attacher les meilleurs élèves et d'asseoir une réputation qui leur permette d'attirer les meilleurs publics[1]. La compétition scolaire se durcit parce qu'elle n'est plus amortie par le poids des « castes » ayant le monopole de certaines formations. Les bacheliers sont de plus en plus jeunes dans les filières d'excellence alors qu'ils vieillissent dans les formations moins valorisées. La sélection s'opère sur des critères de plus en plus abstraits et formels ; les mathématiques remplacent le latin, et la plupart des programmes gagnent en ambition et en abstraction[2]. Cette compétition entraîne un mode de sélection par l'échec scolaire : on ne choisit plus que les formations que l'on peut choisir en fonction des performances réalisées et, surtout, on quitte moins le système en fonction de la qualification visée qu'en fonction du niveau d'incompétence atteint[3].

Le durcissement de la compétition, qui est, après tout, le propre des sociétés démocratiques, n'est pas associé dans ce cas à une égalisation croissante des chances. Au contraire, A. Prost observe qu'à partir de la première moitié des années soixante-dix les inégalités, un moment réduites, se renforcent de nouveau par le jeu des filières[4]. Si le nombre d'enfants d'ouvriers titulaires d'un baccalauréat est aujourd'hui supérieur à celui de l'ensemble des bacheliers des années cinquante, leurs chances d'obtenir un baccalauréat scientifique par rapport à celles des enfants de cadres sont plus faibles qu'elles ne l'étaient dans ces mêmes années cinquante. Massification et creusement des inégalités vont de pair au sein d'un système qui ne se présente plus comme la juxtaposition d'écoles de « castes », mais comme un long processus de distillation fractionnée. Il n'est pas nécessaire, dans un tel système, que les écarts bruts de réussite soient élevés pour produire, au bout du parcours, de grandes différences, car la multiplication des paliers de sélection entraîne une croissance géométrique des inégalités initiales[5].

D'ores et déjà, on peut attendre de cette véritable mutation de la fonction de distribution quelques changements dans les rapports des acteurs à l'école.

1. Cf. R. Ballion, *La Bonne École. Évaluation et choix du collège et du lycée*, Paris, Hatier, 1991.

2. A. Prost, *Éloge des pédagogues,* Paris, Éd. du Seuil, 1986.

3. J.-M. Berthelot, *École, Orientation, Société*, Paris, PUF, 1993 ; F. Dubet, *Les Lycéens*, *op. cit.*

4. A. Prost, *L'enseignement s'est-il démocratisé ?*, *op. cit.*

5. Par exemple, pour « produire » 40 % d'étudiants chez les enfants de cadres et 6 % d'étudiants chez les enfants d'ouvriers, il suffit que les élèves de ces deux groupes aient des taux de succès de 80 % pour les premiers, et de 50 % pour les seconds, et qu'ils n'aient à franchir que quatre épreuves sélectives. Pour les premiers, l'effectif passe de 100 à 80, 64, 50, 40 ; pour les seconds, de 100 à 50, 25, 12,5, 6,25. Ce type de processus a été bien mis en évidence par R. Boudon, in *L'Inégalité des chances. La mobilité sociale dans les sociétés industrielles*, Paris, A. Colin, 1973.

Puisque la naissance ne suffit plus pour réussir automatiquement, il convient de développer une véritable compétence scolaire dans l'éducation des enfants, et une certaine capacité stratégique dans l'art et la manière d'utiliser rationnellement le système. Le thème des consommateurs d'école, celui de la compétence des parents capables de s'orienter dans le système de sélection, acquiert une importance centrale [1]. Le détachement et la gratuité des Héritiers n'ont plus cours, pas plus que l'amour de la nécessité et du « destin » chez ceux qui n'accédaient pas aux études longues [2]. Les thèmes de la compétition et du marché scolaires s'imposent d'autant plus fortement que la multiplication des qualifications scolaires n'est pas parallèle à celle des emplois qui pouvaient leur être associés dans les périodes précédentes. Non seulement il se crée une « inflation » et une « dévaluation » des diplômes, mais le chômage des jeunes fait que l'échec scolaire a de grandes chances d'entraîner un échec social [3]. Le fait que les diplômes continuent, malgré tout, à protéger ceux qui les possèdent accentue, par contrecoup, le handicap de ceux qui en sont privés. L'absence de qualification scolaire peut alors s'apparenter à une « qualification négative », elle devient plus qu'un manque, elle est un véritable handicap. La massification a aussi fait surgir de nouveaux publics scolaires : ceux qui n'étaient plus scolarisés après l'âge de la scolarité obligatoire et qui abandonnaient précocement l'école pour les champs et pour l'usine. Les enfants « difficiles » pour diverses raisons, psychologiques et sociales, ne devenaient pas, pour l'école, des adolescents « à problèmes ». Avec l'allongement massif de la scolarité, l'école doit les accueillir de plus en plus longtemps, quand ils n'en attendent plus beaucoup. L'école n'a plus grand-chose à leur proposer et se trouve particulièrement désarmée. Le cas des lycéens travailleurs qui s'engagent dans des emplois salariés à côté d'études perçues comme peu rentables est un révélateur particulièrement aigu de cette transformation des publics scolaires [4].

L'enseignement secondaire de masse n'a pas seulement changé les mécanismes internes de la distribution scolaire et les relations de l'école à son environnement, il a aussi transformé la représentation de l'école [5]. Alors que l'école républicaine pouvait arguer de son rôle de justice, face à une

1. Cf. R. Ballion, *Les Consommateurs d'école*, Paris, Stock, 1982. L'investissement éducatif et scolaire des familles de cadres, notamment des mères de familles, remplace le détachement élégant des héritiers. Cf. R. Establet, *L'école est-elle rentable ?*, Paris, PUF, 1987.

2. F. Dubet, *Les Lycéens, op. cit.*

3. C. Baudelot, M. Glauble, « Les diplômes se dévaluent-ils en se multipliant ? », *Économie et Statistique*, octobre 1989 ; J.-C. Passeron, « L'inflation des diplômes. Remarques à l'usage de quelques concepts analogiques en sociologie », *Revue française de sociologie*, XXIII, 1982.

4. R. Ballion, *Les Lycéens et leurs petits boulots*, Paris, Hachette, 1994.

5. Cf. F. Dubet, « Massification et justice scolaires : à propos d'un paradoxe », *in* J. Affichard, J.-B. de Foucault, *Justice sociale et Inégalités,* Paris, Éd. Esprit, 1992.

société injuste, l'école de masse produit elle-même les injustices par ses mécanismes sélectifs, car l'égalité formelle cache les mécanismes divers grâce auxquels certains groupes gardent leurs privilèges. Ce n'est plus directement la société qui produit l'injustice, c'est l'école elle-même.

Des finalités diversifiées

L'école républicaine pouvait reposer sur des principes éducatifs clairement affirmés et définis : les valeurs républicaines, la grande culture ou la socialisation ouvrière. Cette représentation des fonctions éducatives de l'école pouvait être d'autant plus tranchée que l'école participait d'un mouvement historique, de l'instauration d'une nation et d'un civisme, sans jouer un rôle majeur dans la distribution sociale des individus.

La mise en exergue des fonctions éducatives du système scolaire a considérablement décliné. D'une part, on peut sans doute considérer que l'ordre républicain est installé et que le combat laïque ne peut plus se draper dans le manteau héroïque d'une République à conquérir ; la défaite des « laïques » en 1984 a plusieurs significations, mais l'une d'elles tient sans doute au fait que les deux écoles n'incarnent plus deux cultures ou deux citoyennetés antagoniques, mais tout au plus deux réseaux entre lesquels circulent bien des élèves. D'autre part, l'enjeu éducatif de l'école était d'autant plus visible qu'elle n'était pas le terrain de mobilités concurrentes, parce que les destins des uns et des autres étaient déjà fixés en dehors de l'école. Or, la formation d'une compétition scolaire ouverte pour des places perçues comme plus rares a certainement recouvert les enjeux proprement éducatifs par un souci de l'utilité et de la « rentabilité » des formations. Ainsi l'école est-elle aujourd'hui soumise à une finalité d'adaptation à l'économie et aux emplois qui se manifeste notamment par la création continue de nouvelles filières et de nouvelles formations et, au-delà, par la critique largement popularisée de l'inadaptation d'une institution qui serait un des principaux facteurs de chômage[1]. Que cette finalité d'utilité sociale de la formation soit directement affirmée, comme dans certaines formations, ou qu'elle soit déniée et refusée au nom de l'autonomie de l'éducation, n'empêche pas qu'elle oriente de plus en plus fortement les choix éducatifs des élèves et des familles, engendrant par là des orientations éducatives fort différentes de celles de l'école de la République ou de celles des humanités. Il n'est pas nécessaire que l'école s'identifie à une entreprise pour que la formation scolaire soit perçue en termes de compétition et de performances. Le déve-

1. Ce jugement public repose souvent sur un étrange raisonnement : observant que les jeunes non diplômés sont nettement plus chômeurs que les autres, on en déduit que le chômage est un effet de la faible formation et non pas un déficit chronique de l'offre d'emploi pénalisant d'abord ceux qui n'ont pas de diplômes.

loppement d'une littérature et d'une presse spécialisées destinées à développer les compétences éducatives des parents est, à cet égard, révélateur : elle dit comment être un parent efficace aidant ses enfants à être scolairement efficaces.

Mais le recouvrement des principes éducatifs de l'école républicaine par un principe d'utilité ne suffit pas à décrire les évolutions des trente dernières années. On observe aussi l'apparition, avec des hauts et des bas, d'un modèle éducatif alternatif centré sur l'enfance et l'adolescence[1]. A l'ancienne vision de l'enfance incomplète et devant être éduquée, se substitue l'image d'une enfance ayant des qualités propres, des besoins d'expression particuliers, et que l'école doit accompagner plus qu'elle ne doit « dresser » parce que l'enfant est déjà pourvu d'une personnalité que l'école doit faire advenir. Divers mouvements pédagogiques, diverses transformations des techniques de travail ont peu à peu imposé des finalités éducatives centrées sur l'enfance et sur l'adolescence. S'il est vrai que l'enfant devient « roi », et que la culture juvénile acquiert droit de cité, s'il est vrai aussi que plus de la moitié d'une classe d'âge est encore scolarisée à l'âge de 20 ans, l'école ne peut laisser l'enfance et la jeunesse en dehors de ses murs afin de ne s'intéresser qu'aux élèves. Les surveillants généraux ont été remplacés par des conseillers d'éducation qui s'identifient souvent aux valeurs et aux droits de l'enfance et de la jeunesse. D'autres professions, comme celles de psychologues scolaires, de conseillers d'orientation, donnent un rôle croissant aux spécialistes de l'enfance. La formation des maîtres multiplie la sensibilisation aux conceptions psychologiques de l'enfance et de l'adolescence dont les « besoins » deviennent une dimension essentielle des projets scolaires et des directives scolaires. Invités à se retourner sur leur passé professionnel, les anciens instituteurs interrogés par G. Vincent jugeaient tous qu'ils n'avaient pas donné assez de place à l'enfance, que leur enseignement avait été trop rigide et, pour tout dire, trop brutal[2].

L'école est soumise à des demandes éducatives différentes et souvent peu compatibles. L'ancien modèle n'a pas disparu et il se manifeste dans toute sa netteté dès que l'école est confrontée à ses marges, comme dans le cas du « foulard islamique ». Mais ce modèle ne règne plus en maître même si chacun s'en réclame. Aussi observe-t-on depuis maintenant plus de vingt ans un système d'imprécations et de critiques dans lequel les tenants de la tradition sont critiqués par ceux qui veulent ouvrir l'école sur l'enfance et par ceux qui veulent l'ouvrir sur l'économie. Évidemment, rien n'est inconciliable dans l'ordre des principes, mais, dans les faits, le consensus est fragile, et cela d'autant plus nettement que chacun de nous peut légitimement désirer tout à la fois le maintien d'une tradition et d'une

1. J.-L. Derouet, *École et Justice. De l'égalité des chances aux compromis locaux*, Paris, Métailié, 1992.
2. G. Vincent, *L'École primaire française*, *op. cit.*

grande culture, l'efficacité sociale des formations et le respect de personnalités originales et « sacrées ». La diversité des principes mobilisés conduit donc les acteurs vers des conflits et vers des arrangements locaux[1] car il n'est plus possible d'« arbitrer au centre », d'énoncer l'ensemble des principes non contradictoires. Chacun est invité à construire ses propres hiérarchies, ses propres arrangements, en fonction de ce qu'il perçoit de son environnement – élèves, parents et collègues – et des règles qu'il s'est fixées à lui-même.

L'éclatement des références éducatives apparaît d'autant plus profond qu'il ne se cristallise pas dans un jeu de clivages politiques ou syndicaux. Les choix éducatifs ne s'inscrivent pas dans les formes actuelles du débat politique, ce qui explique peut-être le sentiment de paralysie politique que l'on peut aujourd'hui observer dans le domaine de l'éducation, mais aussi le sentiment de crise diffuse éprouvé par les acteurs qui ne parviennent pas à choisir sans renoncer dans un univers de valeurs qui n'offre pas d'unité et de réconciliations possibles. De ce point de vue, la diversification des valeurs éducatives dépasse largement le seul champ scolaire en s'inscrivant dans l'épuisement de l'idée même de « société » : la « société » n'est plus perçue comme un système dans lequel des valeurs centrales sont institutionnalisées par quelques appareils, mais comme des ensembles plus aléatoires de rapports sociaux et d'expériences individuelles.

L'organisation déstabilisée

Le cadre administratif global de l'éducation nationale est resté solide et homogène, ayant su absorber les vagues de la massification sans réformes spectaculaires. Les divers cadres ont été maintenus dans l'enseignement élémentaire, au collège, au lycée et dans l'enseignement professionnel. Ce n'est pas à ce niveau-là que l'organisation scolaire a été sensiblement transformée par la massification, mais dans ses maillons les plus serrés des formations et des relations pédagogiques elles-mêmes.

Dans la mesure où la massification a provoqué une forte diversification des filières et des offres, dans la mesure aussi où les finalités éducatives sont multiples et souvent peu conciliables, l'organisation pédagogique s'en trouve déstabilisée, provoquant un sentiment de crise endémique. L'image dominante est celle d'une crise continue du système éducatif tenant à l'effondrement des anciennes formes pédagogiques, à la « chute » du niveau, à l'affaiblissement du prestige des enseignants, à la mise en concurrence de la culture scolaire et des cultures de masse plus séduisantes et plus puissantes, à l'arrivée de nouveaux élèves « inadaptés »... La litanie de la crise est longue et bien installée dans les mœurs et dans le paysage

1. J.-L. Derouet, *École et Justice*, *op. cit.*

médiatique ; toutes les rentrées voient paraître des livres dénonçant la décadence de l'école et, au-delà, de la société tout entière car, en France, l'école fut la nation. Ce sentiment de crise est si largement partagé qu'il engendre une pensée restauratrice aussi fortement représentée à gauche qu'à droite, une pensée qui en appelle au retour vers les principes simples d'un monde disparu. Il est vrai que seuls les gagnants de cet ancien monde accèdent à une parole publique et qu'ils présentent leur aventure personnelle comme l'histoire commune et comme un idéal.

Mais si l'on doit résister à l'image obsédante d'une crise, il faut admettre que l'organisation scolaire a totalement changé de mode de régulation, notamment parce que les choix centraux ne peuvent plus définir les conduites de chacun des atomes du système. Ainsi en est-il, par exemple, de l'hétérogénéité des publics scolaires prolongée dans le cours des études : les classes hétérogènes sont-elles plus efficaces ou/et plus justes que les classes homogènes ? Dans les faits, chaque établissement et souvent chaque enseignant est tenu de répondre pratiquement à cette question et d'élaborer ses propres politiques. Ceci engage à la fois la formation d'une capacité de choix qui bouscule un modèle bureaucratique et centralisé de décision politique, et une prise en charge des dispositions des enseignants et des demandes des parents qui heurtent les anciennes routines et les anciennes organisations. Depuis une quinzaine d'années, l'établissement se voit pourvu d'un pouvoir de décision et d'initiative nouveau. Alors qu'un système malthusien assurant la promotion des boursiers par les voies classiques n'était pas tenu d'assurer l'orientation des élèves, l'école est aujourd'hui obligée de construire des procédures d'orientation tenant compte à la fois de l'offre éducative, du marché de l'emploi et des désirs des élèves et de leurs familles.

Le monde des enseignants lui-même a changé. La féminisation s'est accélérée, provoquant une augmentation du niveau social des instituteurs et, durant une longue période, une diversification des modes d'accès à l'enseignement par les « grandes » et les « petites » portes [1]. Dans l'enseignement professionnel, le vieil accord entre un public d'ouvriers et des professeurs anciens ouvriers eux-mêmes s'est défait. Les élèves sont plus nettement définis par leur échec et leur orientation « négative » que par leur seule origine ouvrière qui apparaît comme un facteur de « surdétermination » [2]. Les nouveaux professeurs d'enseignement professionnel ont une formation supérieure et, de plus, une division sexuelle du travail s'est instaurée entre l'enseignement général féminisé et l'enseignement en atelier

1. J.-M. Chapoulie, *Les Professeurs de l'enseignement secondaire. Un milieu de classes moyennes*, Paris, Éd. de la MSH, 1987.

2. C. Baudelot *et al.*, « Les élèves de LEP, anatomie d'une population », *Revue française des affaires sociales*, décembre 1987 ; J. Binon, F. Œuvrard, « Comment devient-on élève de lycée professionnel ? », *Éducation et Formation*, 14, 1988 ; G. Moreau, *Filles et Garçons au lycée professionnel, Cahiers du LERSCO*, 15, mars 1994.

encore masculin [1]. Durant de très nombreuses années, les collèges ont vu cohabiter des élèves hétérogènes et des enseignants tout aussi hétérogènes en termes de passé professionnel, de formation, de carrière et de statut administratif. En fonction des disciplines, les conditions de recrutement apparaissent extrêmement diverses pouvant, dans le cas des mathématiques par exemple, connaître un véritable déficit [2].

La formation des maîtres et des professeurs acquiert alors une importance nouvelle car le vieil ajustement entre les définitions scolaires et sociales des élèves et celles des professeurs est très nettement ébranlé. La formation devient objet de débats et de tensions latentes relatives aux finalités poursuivies. Le niveau scientifique, la didactique, la psychologie ne sont pas seulement des disciplines nécessaires, mais aussi des manières de définir un métier qui ne peut être seulement conçu comme la transmission des connaissances, mais comme la construction d'une relation pédagogique qui ne va plus de soi quand les relations des maîtres et des élèves ne reposent plus sur des attentes partagées et des définitions de rôles acceptées [3]. L'unité de jugement s'est brisée. Les professeurs, les élèves, l'administration et les parents forment, dit J.-M. Chapoulie, un carré dramatique dans lequel chacun est perçu comme hostile à tous [4]. Les équilibres précaires remplacent l'ordre « naturel » de la vie scolaire.

Cette dérégulation de l'ancien système prend des formes aiguës dans les secteurs où l'école ne peut plus fonctionner dans sa forme classique. L'absentéisme des enseignants et des élèves, le découragement des premiers et parfois la violence des seconds mettent en évidence l'épuisement d'une culture et d'une organisation scolaires dont on a longtemps cru que l'extension à tous était synonyme de justice, de progrès et d'épanouissement individuel. Or, force est de constater que cette croyance s'épuise, que bien des élèves résistent à l'emprise d'une école qui s'est longtemps pensée comme libératrice. La création de politiques spécifiques de discrimination positive, comme la politique de ZEP, indique, malgré la modestie des initiatives prises, que l'universalité de la forme scolaire, que l'égalité de traitement n'est plus nécessairement identifiée à la justice et qu'une inflexion nouvelle de l'histoire scolaire est en jeu.

1. C. Aghulon, A. Poloni, L. Tanguy, *Des ouvriers de métier aux diplômés du technique supérieur : le renouvellement d'une catégorie d'enseignants en lycées professionnels*, Paris, GST-CNRS-Paris VII, 1988.
2. Cf. S. Beaud, F. Weber, « Des professeurs et leurs métiers », *Critiques sociales*, 3, 4, 1992.
3. Cf. M. Develay, *Peut-on former les enseignants ?*, Paris, ESF, 1994.
4. J.-M. Chapoulie, *Les Professeurs de l'enseignement secondaire*, *op. cit.*

L'institution, le rôle et l'expérience

En termes sociologiques, l'école républicaine peut être décrite comme une institution. Les diverses « fonctions » de l'école sont nettement ajustées et l'institution se définit comme un appareil qui transforme des valeurs générales en normes et en rôles, ces rôles ayant, à leur tour, la capacité de former des « personnalités sociales ». Ajustées, au prix de ségrégations sociales et d'une définition forte mais limitée du projet éducatif, les relations scolaires sont d'abord des relations de rôles dans lesquelles se coulent et se dévoilent la personnalité des individus. L'individu de cette institution est moins défini par son originalité ou ses particularités que par l'autonomie dont il fait preuve en se libérant d'une forme scolaire dont il a fait siens les principes essentiels. L'individu est un personnage social qui conquiert son autonomie par la force même de son intégration sociale, c'est-à-dire de son intériorisation de la société. Et si l'éducation le libère, c'est parce qu'elle fonde cette personnalité sociale sur les valeurs universelles de la raison et de la connaissance. Si l'enfant obéit à l'adulte « naturellement », l'élève obéit au maître parce que la connaissance le libère et le fait à son tour grandir.

Le fonctionnement de l'école sur le mode d'une institution, qui n'est évidemment pas ici un modèle normatif, exige quelques prérequis : un ajustement préalable des publics scolaires et des maîtres, l'affirmation explicite d'un principe éducatif central, et la construction d'une distance tranchée entre la culture scolaire et la culture civile. Ces conditions, qui furent celles de l'école républicaine, ne sont plus établies aujourd'hui avec la même certitude. La massification scolaire brise l'ajustement préalable des attentes des élèves et des maîtres. Elle est aussi associée à une diversification des objectifs éducatifs. Enfin, la massification affaiblit les barrières entre l'école et son environnement par l'exigence d'utilité sociale des diplômes et par le poids d'une culture juvénile de masse. Dans ce nouveau contexte, l'école ne peut plus être perçue comme une institution au sens que nous avons évoqué. De la même manière, l'établissement scolaire n'est plus seulement le maillon d'une chaîne bureaucratique, il est tenu de construire une « politique » ajustant les pratiques des enseignants et des élèves et lui donnant une certaine maîtrise de son environnement. L'école est une organisation aux frontières flottantes, aux objectifs chaque fois redéfinis, aux relations chaque fois reconstruites ; elle n'est plus réductible à la forme bureaucratique générale qui l'enserre [1]. Dans cet univers diversifié, les acteurs doivent recomposer leurs pratiques à partir d'éléments qui ne sont plus naturellement accordés. Il ne leur suffit plus de jouer un rôle car celui-ci ne permet

1. H. Mintzberg, *Structure et Dynamique des organisations*, Paris, Economica, 1982.

plus d'agir efficacement ou de maîtriser les relations aux autres. Ainsi, dans une relation scolaire dérégulée, le maître doit construire la hiérarchie et la combinaison de ses objectifs, il doit aussi construire une relation scolaire qui n'est plus entièrement donnée. La même observation vaut pour les élèves. Il n'est plus possible de réduire leurs conduites à leur rôle parce qu'ils doivent, eux aussi, construire le sens de leur travail, ils doivent mettre en regard leurs recherches d'utilités scolaires, le sens éducatif qu'ils attribuent à leur travail, leur intégration dans un monde juvénile qui recoupe largement celui de l'école... L'école ne peut plus être considérée comme une institution qui transforme des principes en rôles, mais comme une succession d'ajustements entre des individus, adultes ou jeunes, qui construisent leurs *expériences* scolaires [1].

La dérégulation de l'institution n'est pas l'anarchie ou la simple rencontre aléatoire d'individus, mais sa connaissance implique un raisonnement sociologique centré sur l'activité des acteurs qui construisent l'école en construisant leur expérience. Évidemment, cette dérégulation n'a pas le même poids dans tous les secteurs du système scolaire. Elle est nettement plus sensible au collège et au lycée qu'à l'école élémentaire où la forme traditionnelle se maintient plus nettement ; elle est aussi plus présente dans les secteurs où se concentrent les publics nouveaux que dans ceux où l'élite scolaire et sociale a réussi à maintenir une forme institutionnelle dont les autres sont dépourvus.

Malgré le poids de l'histoire, au fil des années c'est une autre école qui s'est formée, une école que l'on ne peut observer à la seule lumière du passé sans courir le risque de décrire une longue crise. Même si rien n'est jamais radicalement nouveau, car cette école a su accueillir et former des millions de nouveaux élèves au sein d'un cadre qui ne s'est pas totalement transformé, il reste que le fonctionnement d'une institution fortement régulée s'est peu à peu transformé et qu'il appelle d'autres théories sociologiques et d'autres modes d'analyse pour le comprendre. L'expérience des acteurs en a été profondément bouleversée et, si l'on veut connaître ce que fabrique cette nouvelle école, comment elle socialise les enfants et les adolescents, alors même que son emprise s'accroît, il nous faut aussi lui poser de nouvelles questions ou, plutôt, lui poser autrement les questions classiques de la sociologie de l'éducation.

Socialisation et expérience scolaire

Dire que l'école est une institution de socialisation apparaît à la fois évident et vague. Il va de soi que l'école ne peut échapper à la nécessité

1. Cf. F. Dubet, *Sociologie de l'expérience*, *op. cit.*

de diffuser des modèles culturels et des connaissances, et de construire ainsi un type d'acteur conforme aux attentes sociales sous le double aspect des positions que devront occuper les enfants, et des « valeurs générales » auxquelles les individus devront se conformer. L'école est définie par sa capacité d'inculquer une culture et des dispositions que les élèves intériorisent. Ce processus semble aller tellement de soi que, bien souvent, la sociologie de l'éducation se borne à traiter de la socialisation par l'étude et l'analyse des *curricula*, des contenus implicites et explicites des programmes que les élèves doivent acquérir. La sociologie de la socialisation est alors conçue comme l'étude de la transmission du social conduisant à privilégier l'unité de l'acteur et du système, et l'unicité de l'un et de l'autre [1].

Mais en même temps, cette représentation de l'école reste vague dans la mesure où elle ne dit rien du processus de socialisation lui-même et, plus encore, de l'activité des acteurs qui sont aussi les auteurs de leur propre socialisation, comme le souligne justement C. Dubar dans sa présentation des travaux « classiques » sur la question [2]. En effet, la socialisation n'est pas réductible à un processus de mise en conformité des acteurs avec leur environnement, elle ne se ramène pas à la seule acquisition de dispositions car elle implique aussi que les acteurs acquièrent une capacité d'adaptation à un environnement multiple et changeant et, surtout, une capacité d'individualisation et d'autonomie : une réflexivité. C'est par ce travail sur lui-même que l'individu n'est pas seulement un acteur social mais qu'il est aussi un sujet : la formation de ce sujet participe pleinement de sa socialisation, ce qui interdit de concevoir la socialisation comme un clonage.

Tant que l'école était considérée comme une institution transformant des valeurs collectives en personnalités individuelles, la socialisation pouvait être essentiellement conçue comme un processus d'intériorisation des normes et des valeurs. C'est ainsi qu'elle fut perçue par la sociologie classique, celle qui postulait l'identité de l'acteur et du système. Mais si l'on admet que l'intégration des diverses « fonctions » de l'école ne va plus de soi, le processus de socialisation, notamment dans sa dimension de subjectivation, doit être étudié dans l'activité des acteurs qui construisent leur expérience scolaire autant qu'ils sont formés par elle. C'est dans cette capacité même d'élaborer leur expérience que les jeunes individus se socialisent au-delà d'une inculcation culturelle, quand l'unité du monde social n'est plus un donné immédiat de l'expérience, quand les situations scolaires ne sont pas régulées en amont, par des rôles par des attentes accordées, mais sont construites *in vivo* par les acteurs en présence.

1. Que cette représentation soit conformiste ou critique, qu'elle souligne ou non la violence symbolique de ce mécanisme, ne change guère la représentation du processus même de socialisation.

2. C. Dubar, *La Socialisation*, Paris, A. Colin, 1991. On peut aussi consulter A. Percheron, *La Socialisation politique,* Paris, A. Colin, 1993.

Socialisation, intégration et individu

Entre l'acteur et le système : l'inculcation. La notion de socialisation occupe une place centrale dans la sociologie classique dans la mesure où cette tradition repose sur l'affirmation de l'identité de l'acteur et du système [1]. En effet, la sociologie classique peut apparaître comme unc réponse, parmi d'autres possibles, au problème de la nature de l'ordre social formulé par Hobbes. Cette réponse affirme que l'ordre est produit par l'ajustement des actions individuelles issues de la socialisation commune des acteurs. L'ordre social ne résulte ni de l'état de nature, ni du contrat volontaire, mais de son intériorisation même par les individus. Ainsi, l'acteur et le système ne sont que les deux faces de la même réalité, l'action sociale étant commune aux individus et à la société. Les dimensions essentielles de l'action se retrouvent à la fois dans la subjectivité de l'acteur et dans l'objectivité du système.

Centrale, la notion de socialisation est à la fois pensée comme une cause et comme un effet, comme un objet à expliquer par le social et comme une explication de ce social. Les conduites sont expliquées par la socialisation des acteurs, par la réalisation des schèmes et des modèles intériorisés, qui doivent, à leur tour, être expliqués par la nature d'une société produite par l'action socialisée. Il est vrai que l'on peut craindre parfois d'être pris dans des raisonnements circulaires tenant au fait que la socialisation apparaît comme le médiateur essentiel de l'acteur et du système. La notion d'« habitus », telle qu'elle a été construite par P. Bourdieu, peut être conçue comme une élaboration théorique extrêmement sophistiquée de cette conception de la socialisation, dans la mesure où elle présente une face de subjectivation de l'objectivité, de conditionnement, et une autre définie comme la capacité d'objectiver ces dispositions subjectives dans diverses pratiques [2]. Cette notion vise à croiser, comme dans le jeu des reflets des miroirs face à face, l'objectivité de la société et la subjectivité de l'acteur.

Bien que la socialisation soit conçue comme une acculturation, elle est, le plus souvent, perçue comme un mécanisme « naturel » dans la mesure où la véritable nature humaine est d'être sociale, conformément à l'anthropologie latente des *Règles de la méthode sociologique*. Aussi les différences entre les hommes sont-elles des différences de socialisation et une part considérable de la littérature relative à la socialisation est-elle de nature « culturaliste ». Elle met en relation culture et personnalité, moins pour dégager les mécanismes de la socialisation que pour souligner la diversité des cultures et des personnalités sociales. Le face à face de l'individu et

1. Cf. F. Dubet, *Sociologie de l'expérience, op. cit.*
2. P. Bourdieu, *Le Sens pratique,* Paris, Éd. de Minuit, 1980.

de la société est refusé au nom de l'affirmation selon laquelle l'individu *est* la société dans laquelle il vit. Et ce sont les anthropologues qui ont le plus fortement investi l'étude de la socialisation en montrant comment chaque société fabrique un type d'individu, un type de personnalité de base, allant jusqu'à mettre en cause l'idée même de mécanismes universels de formation de la personnalité. Si tous accordent à la petite enfance un rôle majeur dans le contrôle et la transformation des instincts, certains, comme Kardiner, insistent sur l'absolue plasticité des hommes en rejetant, par exemple, le postulat de l'universalité du complexe d'Œdipe [1]. S'il va de soi que dans ce type d'approche l'individu intériorise l'ensemble de sa culture, ce sont plus les différences culturelles qui posent un problème que le processus même de la socialisation ; l'enfant se laisse conditionner et adopte le point de vue qui lui est offert.

Une grande part de la sociologie de l'éducation adopte cette perspective de façon plus ou moins explicite, en se consacrant à la mesure des écarts et des tensions nés de la rencontre de la socialisation familiale et de la socialisation scolaire [2]. L'enfant est au croisement de ces deux socialisations et le succés scolaire des uns tient à la proximité des deux cultures, scolaire et familiale, alors que l'échec des autres s'explique par la distance de ces cultures et par la domination sociale de la seconde sur la première. Ainsi, le succès ou l'échec, essentiels dans l'expérience scolaire, sont interprétés en termes d'écarts de socialisation, et la notion de « violence symbolique » désigne cette distance et les rapports de domination des cultures en présence. Les uns réussissent parce que leur socialisation primaire, notamment l'accès au langage, est accordée aux modèles scolaires, alors que les autres échouent parce que la dualité des socialisations est plus prononcée et parce que la fatalité de cette dualité participe elle-même de cette socialisation [3]. Mais là encore, la socialisation est un processus « naturel » et la sociologie qui s'inscrit dans cette perspective se préoccupe moins des processus de socialisation eux-mêmes, que des modèles culturels et des techniques éducatives qui les déterminent. L'individu n'est pas l'acteur de sa socialisation, il est une cire molle sur laquelle la société imprime ses attentes et ses modèles ; en ce sens, c'est une sociologie « a-psychologique ». La personnalité n'est qu'une sorte de modèle social intériorisé, l'acteur est un personnage qui ne peut éprouver de distance entre sa subjectivité et son rôle. Si distance il y a, elle n'est que celle de la confrontation des deux épreuves de socialisation.

1. A. Kardiner, *L'Individu et sa société* (1939), Paris, Gallimard, 1969 ; R. Benedict, *Échantillons de civilisation* (1935), Paris, Gallimard, 1950 ; R. Linton, *De l'homme* (1945), Paris, Éd. de Minuit, 1968.

2. P. Berger, T. Luckman, *La Construction sociale de la réalité,* Paris, Méridiens-Klincksieck, 1986.

3. P. Bourdieu, J.-C. Passeron, *La Reproduction. Les fonctions du système d'enseignement*, Paris, Éd. de Minuit, 1970.

Phylogenèse et socialisation. Cette critique ne rend pas justice à toute une part de la tradition de la « *paideia* fonctionnaliste » qui s'est articulée à une théorie de la phylogenèse, de la formation de la personnalité s'efforçant de rendre compte de l'émergence d'un moi autonome. D'une part, l'identité de l'acteur et du système a été analytiquement renforcée par l'affirmation d'un postulat d'homologie génétique de l'acteur et du système, d'autre part, le processus de socialisation a été considéré comme un problème et pas seulement comme un donné car il doit rendre compte de la double nature paradoxale de la socialisation : la formation d'un acteur social et celle d'un sujet autonome au centre de la représentation de la modernité.

La pensée de Durkheim est exemplaire à ce propos. D'un côté, il définit l'éducation comme une socialisation absolue, comme une « conversion », la formation d'un certain « habitus de notre être moral ». C'est « la constitution d'un état intérieur et profond qui oriente l'individu dans un sens défini pour toute la vie [...] Car une école ce n'est pas seulement un local où un maître enseigne ; c'est un être moral, un milieu moral imprégné de certaines idées, de certains sentiments, un milieu qui enveloppe aussi bien le maître que l'élève[1] ». L'action de l'éducation est d'autant plus totale que, sans elle, la nature humaine serait emportée vers la mort par l'infinité du désir et des pulsions, car aucune morale, aucune conscience individuelle à proprement parler ne préexistent au social. Mais justement, pour Durkheim, le projet de la socialisation dans les sociétés modernes n'est pas seulement de créer un conformisme aveugle, une soumission à la contrainte ; elle doit aussi engendrer une conscience morale propre, elle doit construire un individu d'autant plus autonome qu'il est capable de se maîtriser lui-même. Aussi l'histoire de la socialisation des individus ne peut se limiter à la seule soumission de l'enfant à l'adulte ou au maître, soumission qui relèverait, selon Durkheim, de « l'hypnose » : « L'enfant est dans un état de passivité tout à fait comparable à celui où l'hypnotisé se trouve artificiellement placé[2]. » La construction d'un sentiment moral autonome est identique au parcours conduisant de la soumission de tous à la loi, qui caractérise les formes de solidarité mécanique, à la conscience plus individuelle appelée par les sociétés dont la solidarité organique repose sur un principe de différenciation. L'enfant est sujet de la solidarité mécanique car il est socialisé dans la famille « où le sentiment de solidarité résulte des rapports de consanguinité, des affinités morales qui en sont les conséquences, renforcées par un contact intime et conscient avec toutes les consciences associées par une pénétration mutuelle de leur existence[3] ». L'enfant est naturellement soumis à l'autorité, il ne s'en sépare

1. E. Durkheim, *L'Évolution pédagogique en France, op. cit.*
2. E. Durkheim, *Éducation et Sociologie,* Paris, PUF, 1968, p. 54.
3. E. Durkheim, *L'Éducation morale,* Paris, PUF, 1963, p. 195.

pas, de la même manière que le « primitif » serait tout entier à sa société. En diversifiant les expériences, les relations et les univers de référence, la socialisation fait entrer l'enfant dans le monde plus large et plus complexe de la « grande société » et lui permet d'acquérir une conscience morale plus autonome, c'est-à-dire une morale de l'intention, même si l'impératif moral à l'œuvre est tout entier social. L'organisation de la scolarité assure ce passage de l'imitation, qui est plutôt une identification, vers une coopération assurée par la multiplication des échanges avec les camarades et les professeurs qui remplacent le maître unique. On passe ainsi de la contrainte à la coopération, de la morale comme soumission à l'autorité, à la morale comme activité de l'individu qui peut être critique de la morale conformiste [1].

On sait que, dans *Le Jugement moral chez l'enfant*, Piaget a prolongé et développé la pensée de Durkheim, lui assurant ainsi un socle psychologique beaucoup plus élaboré [2]. Au long des divers stades de son développement, l'individu articule deux processus complémentaires, celui de l'assimilation, qui consiste à incorporer des modèles déjà constitués, et celui de l'adaptation, qui vise à ajuster ces modèles en fonction des situations et des personnes. Les stades de son développement conduisent l'individu de l'égocentrisme à la coopération, et d'une morale conformiste dans laquelle l'autorité est juste, à une éthique plus personnelle dans laquelle la morale se détache de l'autorité. C'est dans la dialectique des relations « soumises » aux adultes et des relations « démocratiques » des groupes de pairs que s'articulent ces deux morales, faisant de l'acteur social un être moral autonome dans la mesure où les valeurs se séparent peu à peu de l'autorité et de la pression du groupe. C'est en ce sens que l'éducation n'est pas seulement conformiste, mais qu'elle constitue aussi un sujet moral et rend possible une distance à soi. La socialisation est un processus dans lequel alternent les états d'équilibre et les crises et où se mêlent des mécanismes sociaux et des mécanismes cognitifs dans un modèle psychosociologique. Comme chez Durkheim, le passage de l'assimilation à l'adaptation est étroitement associé à la transformation des formes scolaires elles-mêmes évoluant de l'autorité du maître à l'autonomie croissante du groupe classe et à l'emprise de la communauté juvénile.

Tout en se situant dans un autre univers intellectuel et psychologique, puisqu'il s'agit de la psychanalyse, T. Parsons propose, lui aussi, une théorie de la socialisation qui n'est pas réductible à un phénomène d'inculcation et d'imitation, et qui laisse une part à l'autonomie de l'acteur, tout en

1. On trouvera, non sans raison, cette lecture de Durkheim particulièrement optimiste et « individualiste » car il est vrai que le fil naturel de sa pensée le conduit vers une conception plus pessimiste de l'individualisme. Mais, malgré tout, Durkheim se pose le problème de l'autonomie de la morale individuelle et, en ce sens, il reste lié aux Lumières.

2. J. Piaget, *Le Jugement moral chez l'enfant,* Paris, PUF, 1969.

soulignant l'homologie formelle du système social et de la personnalité[1]. Le modèle génétique freudien des stades du développement de la personnalité est interprété comme une théorie de l'acquisition progressive des quatre dimensions fondamentales de tout système d'action. Le sous-système de la personnalité est formellement « identique » au système général de l'action. De la prime enfance à l'adolescence, l'individu acquiert, au fur et à mesure que se développe sa personnalité, une capacité d'intégration, une certaine stabilité normative, une capacité d'adaptation et une intériorisation des valeurs détachée de l'identification aux personnes qui les incarnent. Comme le souligne T. Parsons en étudiant les relations dans la classe scolaire, l'élève acquiert une autonomie en passant de l'identification au maître à l'identification aux valeurs auxquelles s'identifie le professeur. Puis il parvient à gérer la double fidélité au maître et à ses camarades, à l'autorité et à la coopération[2].

Ces théories de la socialisation ne sont pas uniquement des théories de la programmation des conduites et des représentations. Elles sont aussi des sociologies de l'éducation car elles ne visent pas seulement à mettre en évidence la reproduction des normes et des positions sociales. Elles participent d'un certain « enchantement » de la sociologie classique et des conceptions humanistes de l'éducation visant à construire un acteur à la fois intégré et autonome. Elles voient dans l'organisation même de la scolarité, notamment dans la tension entre l'identification à l'autorité et l'identification au groupe d'égaux formé par les enfants ou les adolescents, la condition de l'émergence d'un sujet.

La socialisation des individus. Les théories de la socialisation que nous venons d'évoquer peuvent apparaître plus ou moins convaincantes, mais là n'est pas notre propos. Car ce que l'on doit d'abord souligner c'est leur tentative de faire de l'individu un acteur pleinement socialisé, poussant d'ailleurs l'effort très loin en ce sens chez Durkheim et chez Parsons, mais aussi leur volonté de faire de cet acteur un individu, non pas un clone, mais un sujet. En cela, ces sociologies ne sont pas réductibles à de simples théories de la programmation et elles participent d'un projet moral s'efforçant de concilier la nécessité du système et la liberté, fût-elle limitée, des individus. Il ne serait donc pas totalement juste d'en faire des théories « holistes » ou « hypersocialisées » de l'action.

Ce programme moral est particulièrement net chez deux auteurs aussi différents que le sont N. Elias et G.H. Mead. N. Elias conçoit la socialisation comme la constitution d'individus au fur et à mesure que s'accomplit le

1. T. Parsons, R.F. Bales, *Family Socialization and Interaction Process*, Glencoe, The Free Press, 1955. Cf. aussi la présentation de C. Dubar, *La Socialisation*, *op. cit.*
2. T. Parsons, « The School Class as a Social System », *Harvard Educational Review*, 29, 4, 1959.

processus de « civilisation »[1]. La civilisation fait passer les acteurs d'une socialisation fondée sur le contrôle social externe, le poids de la morale commune et le regard des autres, vers une forte intériorisation de ce contrôle dans laquelle l'individu est obligé de devenir sa propre référence, est tenu d'être libre. A l'issue du processus de socialisation, l'individu perçoit les règles sociales comme son œuvre, comme les principes à partir desquels il construit un Moi autonome et une vie intime « authentique ». L'individu se place directement sous le regard d'une règle intériorisée, d'un *self-control* engendrant une conscience autonome. La maîtrise de sa propre vie intérieure devient le principe de formation des individus *et* le mode de régulation de la vie collective. Bien qu'elle soit moniste en son principe, parce que tout entière intégration du social, la socialisation produit un dualisme psychique et philosophique par le triomphe de l'autocontrôle sur le contrôle social direct. C'est la répression des instincts provoquée par la socialisation qui crée un monde intime, une part individuelle, une conscience de soi face à laquelle le monde apparaît comme un « paysage ». Tout en étant pleinement socialisé, l'acteur s'éprouve comme non social, comme « propriétaire de lui-même », capable d'opposer la sincérité de ses émotions et la sûreté de ses jugements à l'artifice des conduites de l'ancien monde, toutes soumises à la « face » et au regard d'autrui. Tout en suivant un fil de raisonnement différent de celui de Weber, N. Elias retrouve certains des traits du sujet de la Réforme, celui qui échappe au regard de l'Église pour se placer directement sous celui de Dieu afin de n'accomplir son salut que par l'épreuve de son authenticité et de sa liberté. Là encore, la socialisation est mère de la conformité *et* de la conscience individuelle parce qu'elle est incluse dans le mouvement même de la modernité et de la formation de sujets autonomes. Ceci invite à distinguer socialisation et éducation, socialisation et formation d'un sujet. Plus exactement, la socialisation suppose l'émergence d'un sujet.

Le raisonnement de G.H. Mead est bien différent, mais propose lui aussi un double visage de la socialisation à travers la distinction du Moi et du Je[2]. Le thème de l'intériorisation y occupe moins de place que celui de l'interaction. Du geste au langage, les relations sociales conduisent l'individu à adopter les attitudes d'autrui. L'acteur s'adapte aux attentes des autres selon un schème béhavioriste, mais il comprend aussi la signification du langage et des gestes ; la socialisation est le produit des communications dans lesquelles est engagé l'individu. L'enfant adopte divers rôles, dont ceux de ses parents, en « jouant » et en dialoguant avec eux, en se plaçant de leur point de vue. Il intériorise les relations aux divers autrui disponibles.

1. N. Elias, *La Société des individus*, Paris, Fayard, 1991.

2. G.H. Mead, *L'Esprit, le Soi et la Société,* Paris, PUF, 1963. Cf. aussi la remarquable présentation de J. Habermas, *Théorie de l'agir communicationnel*, Paris, Fayard, 1987, t. II.

A l'école notamment, autrui n'est plus formé d'une série de rôles distincts, mais c'est un ensemble plus abstrait régi par des règles que l'enfant doit connaître et adopter. C'est un autrui généralisé, un point de vue global conférant une certaine unité au Moi et l'accès à une identité plus large et à des raisonnements impliquant une capacité d'anticipation et de stratégie. Ainsi se constituent divers Moi comme autant de rôles intériorisés dans les balancements du *game* et du *play*, du jeu construit au jeu d'imitation. Le passage à une conscience autonome, celle d'un Je, apparaît quand l'individu adopte un point de vue plus large et plus spécifique tenant à sa capacité de gérer l'hétérogénéité des divers Moi. Il se crée un dédoublement entre l'Esprit du groupe et le Je qui procède d'une distance à soi-même et repose ainsi sur une capacité morale d'unifier l'expérience et les relations, et d'échapper à l'éclatement des multiples Moi associés à la division du travail moderne. Alors que la « communauté » ne produit que des Moi, la « société » implique l'adaptation d'un point de vue distancié et conscient, d'un point de vue éthique capable d'assurer la distance des Moi au Je. La socialisation n'est donc pas une simple programmation des conduites et des attitudes, car, dans les sociétés complexes, comme dans ce que N. Elias entend par « civilisation », elle produit l'émergence d'un Je intime et d'autant plus « authentique » qu'il est défini par des références morales « universelles ».

Institution, rôle et individu. Toutes les théories de la socialisation que nous venons d'évoquer sont extrêmement différentes, notamment en ce qu'elles adoptent ou non le projet de la modernité conçu comme l'émergence d'un individu à la fois socialisé et autonome. Mais qu'elles soient de pures théories critiques de l'inculcation, ou qu'il s'agisse aussi de théories de l'éducation ménageant une place à l'idée de sujet, au-delà du conditionnement des conduites et des personnalités, elles partagent toutes, à l'exception notable de G.H. Mead cependant, certaines représentations de la société et des institutions qui ne semblent plus aujourd'hui totalement acceptables [1].

La première d'entre elles tient à l'idée même de société qui est considérée comme une forme d'intégration plus ou moins fonctionnelle d'une culture, d'un système économique et d'un système politique. Ainsi, en « réalité », la « société » est un État national qui apparaît comme l'incarnation historique naturelle des sociétés modernes. De ce point de vue, la représentation de la société n'est pas très différente selon qu'elle est décrite en termes de mode de production ou de système de domination car, dans tous les cas, elle possède un « centre », un principe régulateur fondamental de son ordre, qu'il s'agisse des valeurs ou des rapports de production. Et c'est parce que

1. Cf. F. Dubet, *Sociologie de l'expérience, op. cit.*

la société est *Une*, au-delà des divisions et des conflits, qu'elle appelle la socialisation d'un individu susceptible d'en intérioriser les principes fondamentaux, l'unité de son Moi n'étant alors que l'unité de la société elle-même, telle qu'elle se réfracte en lui.

Or, cette image optimiste identifiant la modernité au double mouvement de différenciation et d'intégration fonctionnelle est loin d'apparaître aujourd'hui évidente. Plusieurs interprétations sont possibles, aboutissant toutes à la dislocation de l'idée de « société ». L'une d'entre elles, celle de D. Bell, observe que l'unité des logiques de l'action, qui fut au principe de la formation des sociétés industrielles, laisse la place à une diversification des cultures et des registres de l'action dans les sociétés postindustrielles [1]. A l'ancienne intégration de l'économie, de la culture et de la politique, se juxtapose la spécificité de ces diverses sphères de l'action. La culture moderne valorise l'individualisme et l'expression de soi, le droit inaliénable d'affirmer une spécificité personnelle, sexuelle, ethnique, morale... achevant ainsi de rendre possible à tous la vocation moderne de l'art comme manifestation d'une personnalité et d'un moment uniques. Détachée des fondements religieux de l'ascétisme, l'activité économique mobilise une pure rationalité instrumentale ; le marché l'emporte sur l'esprit du capitalisme et se détache complètement de la définition culturelle du sujet. Enfin la vie politique serait dominée par la seule recherche de puissance. Bref, la « guerre des dieux » domine les activités humaines, et l'individu n'est pas plus en mesure de construire l'unité d'un monde que celui-ci n'est capable de la lui offrir. Par d'autres chemins, et bien plus proche du pessimisme weberien, J. Habermas participe aussi du constat de la séparation du système et du « monde vécu », de l'objectivité et de la subjectivité [2]. Aussi, sauf à être pure aliénation, la socialisation ne peut plus être conçue comme l'intériorisation de l'unité d'un monde. L'acteur et le système ne sont plus totalement adéquats et l'individualisation ne peut plus être tenue pour le prolongement « naturel » de la socialisation, comme au moment où l'acteur pouvait penser transformer en règles éthiques les normes de la vie commune d'une société moderne portant au fond d'elle-même le règne de la Raison. C'est dans une mouvance relativement proche, concernant les représentations du déclin de l'idée de société, que s'inscrit A. Touraine en montrant comment la modernité fut toujours déchirée entre l'affirmation d'un sujet et l'image d'une société fonctionnelle perçue comme un ordre « naturel » [3]. Ceci revient non seulement à écarter l'idée de sujet historique, mais à mettre au centre de l'expérience moderne la fracture entre l'acteur, de plus en plus « subjectif », et le système, de plus en plus « rationnel » et instrumental.

1. D. Bell, *Les Contradictions culturelles du capitalisme,* Paris, PUF, 1978.
2. J. Habermas, *Théorie de l'agir communicationnel, op. cit.*
3. A. Touraine, *Critique de la modernité*, Paris, Fayard, 1992.

Toutes ces théories appellent des réponses bien différentes : le retour du religieux, une éthique rationnelle de la communication ou le développement de mouvements sociaux... Mais là n'est pas notre propos, car il nous suffit de reconnaître que l'on ne peut pas accorder quelque part de vérité à ces représentations sans en déduire que les modalités habituelles de la socialisation en sont profondément affectées. Qu'est-ce-que les acteurs peuvent bien intérioriser quand ils ne vivent plus dans une « société » au sens classique du terme, quand ils sont confrontés à une hétérogénéité profonde des registres culturels et des sphères d'action ? Plus précisément, le problème de la socialisation vise moins à savoir ce qu'ils intériorisent, qu'à comprendre comment ils acquièrent la capacité de gérer cette hétérogénéité. C'est l'objet d'une sociologie de l'expérience.

Les théories « classiques » de la socialisation appellent le thème des institutions, c'est-à-dire des organisations susceptibles d'offrir un agencement de rôles stables permettant aux acteurs d'intérioriser les normes puis, à travers elles, les valeurs qui les sous-tendent. C'est ainsi que la famille et l'école furent longtemps perçues. En ce qui concerne la famille, les travaux sociologiques récents nous ont peu à peu détachés de cette image de l'institution familiale [1]. Et ceci, pour deux raisons essentielles. La première tient à la diversité des « formes » de familles à côté de la famille mononucléaire moderne. La seconde, plus fondamentale, tient à ce que la famille apparaît plus comme le produit des « arrangements » successifs à l'intérieur du couple et entre les générations, un échange instable de sentiments et d'intérêts, que comme la réalisation d'un modèle institutionnel par l'intermédiaire duquel se transmettraient des modèles d'identification eux-mêmes stables. Cela ne veut pas dire que la famille disparaît ou cesse de jouer un rôle essentiel dans la socialisation, mais, simplement, que ce rôle n'est plus exactement celui d'une institution parce que l'économie des échanges entre les individus soutient plus l'institution que celle-ci ne la structure.

La même observation est encore plus nette en ce qui concerne l'école. L'institution scolaire a été profondément transformée par la massification qui a bouleversé les anciens modes de régulation en raison du développement d'une logique de « marché » et de concurrence scolaire, jusque dans les mécanismes les plus fins de la vie de l'école. Les accords tacites liant les offres pédagogiques et les publics concernés ne paraissent plus aussi solides. Ils sont largement mis en cause dans les secteurs où apparaissent de nouveaux publics. Par ailleurs, les finalités de l'enseignement se sont largement diversifiées, ce qui n'est pas toujours nouveau, mais, surtout, ces

1. Il s'agit notamment des travaux de F. de Singly, *Fortune et Infortune de la femme mariée,* Paris, PUF, 1987 ; (éd.), *La Famille. L'État des savoirs*, Paris, La Découverte, 1991 ; et de J.-C. Kaufmann, *La Trame conjugale*, Paris, Nathan, 1992.

finalités ne se présentent pas selon une hiérarchie stable et non problématique pour les enseignants et les établissements chargés de les accomplir. Sans doute la bureaucratie scolaire garde-t-elle son emprise, mais ce serait un contresens sociologique que de la confondre avec une institution car les situations scolaires se diversifient et se fractionnent en dépit de l'unité des règles formelles. Plus concrètement, le thème de l'institution signifiait que l'enfant pouvait « monter » vers les valeurs informant les connaissances, par l'acquisition d'un rôle d'élève et, en fin de parcours, par le dépassement de ce rôle. Or, qu'advient-il de cette représentation quand la vie et la culture enfantines et adolescentes se voient accordées reconnaissance et légitimité au sein même de l'appareil scolaire, mais à côté de son action pédagogique ? Qu'advient-il aussi de cette représentation quand le calcul d'utilité préside aux « choix » scolaires et quand les enfants et les adolescents sont largement soumis à l'action socialisatrice de la culture de masse ? Là encore, ce constat ne signifie pas que l'école ne soit qu'un marché ou qu'une série de rencontres aléatoires entre des maîtres et des élèves, et qu'elle ne soit pas un appareil de socialisation. Mais, plus simplement, le thème de l'institution est plus un obstacle à la réflexion qu'un outil efficace pour comprendre la manière dont l'école socialise et éduque les nouvelles générations.

Ces quelques remarques doivent être situées dans un cadre intellectuel plus large, celui du long déclin de la représentation de l'organisation comme ensemble fonctionnel de rôles. De J.G. March et H.A. Simon jusqu'à E. Friedberg, en passant par M. Crozier et H. Mintzberg, nous avons assisté à la déconstruction méthodique et de plus en plus radicale de l'idée d'organisation, au profit de celle d'action organisée [1]. L'organisation n'est plus perçue comme une « institution » soumise à des exigences fonctionnelles rigides et conduite par des valeurs centrales, mais elle est peu à peu conçue comme un « système émergent » dans lequel les acteurs construisent simultanément des choix guidés par une rationalité limitée, et des modes de régulation qui sont des ajustements partiels. Autrement dit, contrairement à l'institution, l'organisation élabore plus ses valeurs et ses règles qu'elle n'en est le produit. Cette image est maintenant devenue suffisamment banale pour que l'on soit en mesure d'en imaginer les conséquences en termes de socialisation. La première d'entre elles étant que l'apprentissage essentiel concerne la capacité de jouer, ce que les travaux d'inspiration ethnométhodologique ont commencé à faire dans le domaine de la sociologie de l'éducation (cf. chap. 11).

L'image si positive de l'individu autonome et authentique, parce qu'il a pleinement fait siennes les règles morales, participe de la convergence, dans

1. M. Crozier, E. Friedberg, *L'Acteur et le Système*, Paris, Éd. du Seuil, 1977 ; E. Friedberg, *Le Pouvoir et la Règle*, Paris, Éd. du Seuil, 1993 ; H. Mintzberg, *Structures et Dynamiques des organisations, op. cit.* ; J.G. March, H.A. Simon, *Les Organisations*, Paris, Dunod, 1991 (préface de M. Crozier).

la modernité, de plusieurs traditions issues de l'humanisme, de l'esprit de la Réforme et de celui des Lumières. Cette représentation de l'individu s'affaiblit sous les coups d'une double critique quand les sociétés modernes paraissent perdre confiance dans les valeurs de la modernité. Pour toute une série de courants critiques, notamment ceux qui conçoivent la socialisation comme une programmation, l'individu est une illusion, et des plus dangereuses, car elle implique un auto-aveuglement sur la nature des mécanismes de formation des pratiques et des identités. L'inconscient et le non-conscient sont rois. L'idée de sujet, par ce qu'elle implique d'introspection et de maîtrise de soi sous le prétexte d'autodétermination, n'est qu'autorépression, elle n'est que l'intériorisation du pouvoir, le stade ultime du « dressage ». Les institutions de socialisation, dont l'école, deviennent alors des appareils de contrôle, des machines à reproduire les positions sociales et les individus qui les occupent, à développer des chaînes infinies de pouvoir. Même si ce type de représentation, qui domina la sociologie critique et une large part de la sociologie académique dans la France des années soixante-dix, est aujourd'hui en retrait, même si aujourd'hui le Foucault des dernières années, celui du *Souci de soi*, tend à nous éloigner de celui de *Surveiller et Punir*, il n'empêche que l'on ne peut plus adhérer, sans craindre d'être naïf, au discours éducatif de la promotion de l'individu[1].

De manière opposée et complémentaire, un ensemble de courants critiques, issus souvent des théories de la société de masse, montrent comment la figure de l'individu « introdéterminé », celui des sociétés industrielles naissantes et de la rencontre de l'âme et de la personne, de la foi et de l'économie, n'a cessé de se dégrader au nom même des valeurs individualistes des sociétés de consommation[2]. L'individualisme éthique se serait scindé entre un utilitarisme sans principes et un narcissisme vide et complaisant où l'« intériorité » de l'individu ne serait pleine que par des messages publicitaires. Dans ce cas, l'appel à l'individu ne serait qu'une autre forme de dressage, une socialisation douce dans une société non plus identifiée à un ordre de domination, mais réduite aux seuls flux du marché. Instrumentalisé, le système scolaire ne serait alors qu'un marché parmi d'autres.

Ces deux critiques de l'image de l'individu ne peuvent être ignorées. Toutefois, même s'il nous faut les refuser l'une et l'autre, elles ne nous laissent pas indemnes et conduisent elles aussi à poser le problème de la socialisation et de l'individualisation dans des termes sensiblement diffé-

1. M. Foucault, *Surveiller et Punir. Naissance de la prison*, Paris, Gallimard, 1975 ; *Histoire de la sexualité*, t. III, *Le Souci de soi*, Paris, Gallimard, 1984.

2. Cf., entre autres : C. Lasch, *Le Complexe de Narcisse*, Paris, R. Laffont, 1980 ; D. Riesman, *La Foule solitaire* (1950), Paris, Arthaud, 1964 ; R. Sennett, *Les Tyrannies de l'intimité*, Paris, Éd. du Seuil, 1979. Pour une présentation non critique, voire « enchantée » de ces thèmes, cf. G. Lipovetsky, *L'Ère du vide*, Paris, Gallimard, 1983.

rents de ceux de la sociologie classique. Ce qui est en cause, c'est moins le jugement moral que l'on porte sur la catégorie d'individu, que la définition même du sujet individuel. C'est la nature de ce lien qui est au centre de la notion d'expérience sociale.

L'expérience scolaire

On définira l'expérience scolaire comme la manière dont les acteurs, individuels ou collectifs, combinent les diverses logiques de l'action qui structurent le monde scolaire. Cette expérience possède une double nature. D'une part, elle est un travail des individus qui construisent une identité, une cohérence et un sens, dans un ensemble social qui n'en possède pas *a priori.* Dans cette perspective, la socialisation et la formation du sujet sont définies comme le *processus* par lequel les acteurs construisent leur expérience, de l'école primaire au lycée pour le cas qui nous intéresse. Mais d'autre part, les logiques de l'action qui se combinent dans l'expérience n'appartiennent pas aux individus ; elles correspondent aux éléments du système scolaire et sont imposées aux acteurs comme des épreuves qu'ils ne choisissent pas. Ces logiques de l'action correspondent aux trois « fonctions » essentielles du système scolaire : socialisation, distribution des compétences et éducation.

L'intégration. Tout acteur social est soumis à une logique de l'intégration sociale. Il est défini par une appartenance, par un rôle et par une identité culturelle dont il hérite, non seulement à sa naissance, mais au cours des diverses étapes ou situations de son existence. Une part de l'identité de chacun de nous est définie comme l'expression subjective de son intégration sociale, et chacun de nous travaille à la maintenir comme un élément essentiel de sa personnalité en reconstruisant sans cesse le clivage entre un « nous » qui est une large part du Moi, et un « autrui » assigné à sa différence. Quand l'acteur se place dans cette perspective de l'action, le monde est perçu comme un ordre, comme un ensemble organisé dans lequel les normes et les rapports sociaux définissent la place de chacun, la forme et le niveau de son intégration. L'action et l'acteur sont ici ceux de la sociologie classique, et la socialisation est conçue comme l'intériorisation de cet ordre, au plan cognitif comme au plan normatif.

Cette logique de l'action enserre une grande part de la socialisation et des « fonctions » du système scolaire auquel l'individu est tenu de s'intégrer en adoptant un statut d'élève ou de maître, en adhérant aux formes légitimes de l'autorité, en occupant la place et le rôle qui lui préexistent. Être élève, c'est comprendre et intérioriser les attentes de l'organisation, se situer dans l'ordre des hiérarchies scolaires, c'est aussi se socialiser à travers le jeu des groupes d'appartenance et des groupes de référence. Toute expérience scolaire est définie par cette logique de l'intégration, par cette forme de l'apprentissage des normes proposées, et c'est là l'image la plus habituelle de la socialisation scolaire perçue comme l'apprentissage de rôles successifs et comme la transformation de la personnalité par ces transformations de rôles. Cette vision ne signifie pas que l'école soit une organisation homogène, car l'intégration peut reposer sur des tensions d'appartenances et de normes, celles qui distinguent l'univers familial et l'univers scolaire, celles qui opposent parfois l'espace de la classe à celui des groupes enfantins ou juvéniles. Mais, dans tous ces registres, la logique de l'intégration commande.

La stratégie. L'action sociale n'est pas seulement définie en termes d'intégration ; elle est aussi portée par une logique stratégique dans laquelle l'acteur construit une rationalité limitée en fonction de ses objectifs, de ses ressources et de sa position. Dans ce cas, son identité est moins forgée par ce qu'il est que par ce qu'il possède, moins par son degré de conformité que par la nature de ses ressources et de ses intérêts. Par exemple, le bon élève n'est pas seulement capable de se conformer aux attentes de l'organisation ; il est aussi celui qui triomphe dans un espace scolaire défini comme une compétition dans laquelle il est nécessaire d'anticiper sur le moyen et le long terme, de choisir de la façon la plus efficace et de mesurer à la fois les bénéfices et les coûts. Quand l'individu se place dans cette perspective, l'ensemble social n'apparaît pas comme une juxtaposition de sphères d'intégration et de rôles, mais comme un « marché », un espace de compétitions et d'alliances sans lequel chacun est le rival potentiel de tous. Dans ce registre de l'action, la socialisation n'est plus réductible à l'intériorisation d'un *habitus*, mais elle est l'apprentissage d'une capacité stratégique qui implique, au contraire, une distance au rôle et aux appartenances.

La logique stratégique ne peut être confondue avec celle de l'intégration car elle implique des objectifs différents et la construction des rapports aux autres, eux aussi différents. Ce qui est un degré d'intégration dans un registre, devient une ressource de l'action dans l'autre. D'ailleurs les enseignants perçoivent spontanément cette différence quand ils critiquent, soit l'hyperconformisme des élèves, c'est-à-dire leur absence de maîtrise stratégique des rôles, soit leur instrumentalisme cynique, c'est-à-dire une action stratégique dépourvue d'adhésion aux normes et aux valeurs scolaires. La même distinction apparaît évidemment chez les élèves qui savent qu'une classe, par exemple, est un groupe d'appartenance chaleureux, voire fusionnel, mais qu'elle est aussi un espace de compétition dans lequel chacun est le rival des autres, tant pour les performances que pour le partage de l'amour du maître. La « bonne classe » associe ces deux principes incompatibles, la « mauvaise » bascule d'un côté ou de l'autre.

Cette logique de l'action prend de l'ampleur et de l'autonomie quand, avec la massification scolaire, le système scolaire accroît à la fois la diversification et la concurrence entre les établissements, entre les filières et entre les individus. A côté des écarts tenant aux niveaux d'intégration et aux formes de socialisation, se tiennent ceux qui relèvent des ressources et des compétences stratégiques des acteurs. Cette nature concurrentielle et stratégique de l'expérience scolaire est aujourd'hui si nettement affirmée que les débats sur l'école sont construits par la tension entre une école de l'intégration et de la socialisation, et une école de la diversification et de la compétition transparente. Mais personne ne peut totalement exclure un des deux termes car l'expérience de chacun consiste justement à gérer cette tension dans une école qui n'est ni un pur système d'intégration, ni un pur marché.

Subjectivation. L'acteur social n'est pas uniquement défini par ses appartenances et par ses intérêts. Il est aussi défini par une distance à lui-même et par une capacité critique qui en font un « sujet » dans la mesure où il se réfère à une définition culturelle de cette capacité d'être sujet. Longtemps, cette définition du sujet fut tenue pour non sociale, « hors du monde » dans le cas de l'âme ou de la Raison, et, si l'on a toujours distingué la socialisation de l'éducation, c'est que l'éducation devait construire la relation à ce sujet culturel, l'éducation ne pouvant pas être une simple adaptation au monde tel qu'il est. Mais peu importe la nature de ce sujet, sa transcendance ou son immanence, l'essentiel tient à ce que sa présence construit une distance à l'ordre des choses autorisant une capacité de conviction, de critique et d'action autonome. De ce point de vue, la subjectivation des individus ne se forme que dans l'expérience de la distance entre les divers Moi sociaux et l'image d'un sujet offerte dans la religion, l'art, la science, le travail... bref, toutes les figures historiques disponibles [1].

Ainsi, à côté de l'intégration et de la confrontation des stratégies, l'expérience scolaire est nécessairement définie par une référence à la culture capable de former un sujet autonome au-delà de l'utilité des rôles : bon chrétien, sujet de la raison et de la vérité objective, esthète, personne authentique... Et peu importe l'« arbitraire » de ces définitions, car personne ne peut y échapper, y compris dans l'activité même de la critique de leurs illusions, critique qui postule au moins comme possible un sujet de la vérité. Qu'il s'agisse de la « hauteur d'âme » de l'enfant ou de son « épanouissement », de sa « rationalité » ou de son « expression », aucune école ne peut éviter de mettre en jeu une conception de la subjectivation conçue comme le noyau d'une maîtrise de l'expérience. Là aussi, cette logique de l'action est extrêmement pratique, non seulement dans les débats sur l'école opposant toujours, sous une forme ou sous une autre, socialisation, éducation et utilité, mais aussi dans l'expérience même des élèves qui déclarent leurs

1. C. Taylor, *The Sources of the Self*, Cambridge, Cambridge University Press, 1989.

intérêts, leurs passions, leurs enthousiasmes, ou au contraire leur ennui ou leur dégoût pour telle ou telle discipline, affirmant par là une double distance au conformisme de l'intégration et à la seule utilité scolaire. Et l'on sait que, pour bien des élèves, la séparation de la « vocation » et de l'utilité, c'est-à-dire de l'intérêt pour soi et de l'intérêt social, est au cœur de leurs relations au savoir. C'est d'ailleurs dans ce hiatus que se forment à la fois la subjectivation et l'aliénation scolaire, la révélation d'une vocation ou, au contraire, le sentiment de vide et d'absence de sens des études. On ne peut pas sérieusement opposer le soupçon des intérêts ou des habitus à la logique de la subjectivation dans la mesure où chacun garde, pour lui-même en tout cas, le souvenir de cours, de professeurs ou de disciplines qui l'ont à jamais marqué, qui l'ont « converti ».

La construction de l'expérience. L'expérience scolaire se présente comme une épreuve dans laquelle les acteurs, les élèves notamment, sont obligés de combiner et d'articuler ces diverses logiques de l'action. Prenons un exemple sommaire, celui des significations du travail scolaire ou, plus simplement, des raisons qui conduisent un élève à travailler. L'élève peut travailler parce que c'est ainsi, parce qu'il a intériorisé l'obligation du travail scolaire dans sa famille et à l'école, et c'est essentiel. Mais cet élève doit et peut aussi travailler s'il est capable de percevoir l'utilité, scolaire ou non, de ce travail, s'il est en mesure ou en position d'anticiper des gains, ce qui ne recouvre pas exactement le premier type de signification. Enfin, l'élève peut travailler parce qu'il éprouve ce travail comme une forme de réalisation de soi, d'intérêt intellectuel. Toutes ces significations s'enchevêtrent et se transforment, mais elles ne se confondent pas et, si chacune d'elles peut être donnée aux élèves en fonction de leurs positions scolaires, c'est l'individu qui les combine et les articule dans une expérience qui est le travail même de la socialisation. L'analyse de ce processus de socialisation, de ce travail de l'expérience, doit nous dire ce que « fabrique » l'école, quel type d'acteur et quel type de sujet.

Ce travail dépend de plusieurs variables fondamentales. La première est de type diachronique. L'expérience se transforme au fil du temps sous la double influence de l'âge et de la position scolaire. Il ne nous appartiendra pas de distinguer ce qui relève de l'un et l'autre des registres, de la psychogenèse et de la sociogenèse, à supposer que cela soit possible. Mais on peut déjà supposer qu'au fil de l'aventure scolaire la nature et le poids des diverses logiques de l'action se transforment parce que les enfants grandissent, mais aussi parce que leur position dans le système n'est plus la même. Les modes d'intégration et de discipline évoluent, comme la place faite au groupe de pairs. Au fil du temps aussi, la diversité du système et la compétition s'accentuent ; le projet devient une dimension essentielle de l'expérience alors qu'il n'émerge pas avec la même netteté chez les petits. Enfin, le rapport subjectif aux études se transforme aussi avec l'évolution des programmes, des méthodes pédagogiques et, probablement, de la maturation cognitive des individus. Le second grand type de variables déterminant l'expérience scolaire tient à la position sociale *et* scolaire des élèves. En fonction de leur place dans le système, les élèves ne sont soumis ni aux mêmes programmes ni aux mêmes méthodes et ne disposent certainement pas des mêmes ressources stratégiques. Dans la mesure aussi où les positions scolaires des élèves s'inscrivent dans leur carrière, le passé de chacun d'eux doit être considéré comme un facteur de détermination de cette expérience. On pourrait considérer bien d'autres variables comme le sexe, la nature des établissements scolaires, le contexte global, le style pédagogique des enseignants. Toutes jouent un rôle dans l'expérience, mais ne l'épuisent pas.

L'expérience scolaire doit être considérée comme fortement déterminée socialement dans la mesure où chaque logique de l'action relève d'un mode de détermination spécifique : l'engendrement par la socialisation, l'effet d'un système de composition issu des concurrences, et la tension entre la culture et les rapports sociaux. Mais la détermination de chacune de ces logiques ne nous dit rien sur l'expérience scolaire elle-même, sur le travail par lequel les acteurs construisent une cohérence propre et parviennent ainsi à se socialiser et à se construire, avec plus ou moins de bonheur, comme des sujets.

*
* *

Au-delà de la nostalgie et parfois de l'ignorance, si l'école républicaine apparaît aujourd'hui si souvent comme un idéal, c'est parce qu'elle s'est constituée comme un monde assuré. Les idéaux éducatifs étaient nettement affirmés, la sélection des publics garantissait une forte régulation des relations, et l'utilité sociale des diplômes ne concernait qu'une faible part de ces publics. Il y a longtemps que ce système est passé et l'on ne doit pas en ressasser la crise et la décadence. La socialisation et la formation des sujets ne se déroulent plus dans un mécanisme institutionnel où les valeurs deviennent des rôles, les rôles, des personnalités. Les visions critiques de ce modèle ne changent rien à l'affaire en substituant l'idéologie aux valeurs, le pouvoir aux rôles et le contrôle social intériorisé à la personnalité.

En fait, ce sont les processus mêmes de la socialisation qui se sont transformés. Les fonctions sociales de l'école se sont séparées et désarticulées. L'utilité sociale des études, leurs finalités culturelles et leurs modes de contrôle ne s'accordent plus et ne se renforcent plus mutuellement. Ceci n'est pas une crise, mais un mode de fonctionnement normal dans une société qui ne peut plus être conçue comme un système unifié, et le même raisonnement vaudrait aussi pour bien d'autres institutions, comme la famille par exemple. Aussi, pour savoir ce que fabrique l'école, il faut se tourner vers l'expérience des individus, il faut essayer de comprendre comment ils saisissent, composent et articulent les diverses dimensions du système avec lesquelles ils construisent leurs expériences et se constituent eux-mêmes. C'est l'étude de ces expériences qui doit nous permettre de saisir la nature de l'école. Dans les chapitres suivants nous n'irons pas des principes à leur réalisation, mais de l'expérience des individus aux principes qui les informent.

À l'école élémentaire

2

Le monde des écoliers

L'expérience scolaire enfantine est dominée par un principe d'intégration. Les écoliers intériorisent les attentes et les normes proposées par le maître et les adultes par le biais d'une « autorité naturelle ». *A priori*, tout se passe comme si les élèves n'étaient que le réceptacle des catégories scolaires et cette logique de l'intégration, ce conformisme dominent aussi les relations enfantines dans le groupe de pairs. En ce sens, les élèves de l'école élémentaire avec lesquels nous avons travaillé apparaissent comme purement sociaux. Cette image, qui a longtemps dominé la sociologie de l'éducation, n'est pas sans fondement : les écoliers seraient ce que les adultes en font. Mais cette logique d'intégration et de conformisme ne suffit pas à décrire l'expérience scolaire des élèves de 9-11 ans que nous avons réunis dans deux groupes socialement contrastés[1].

En effet, les enfants sont aussi les acteurs de leur socialisation dans la mesure où ils commencent à percevoir une tension entre l'enfant et l'élève qui cohabitent en eux, entre deux conformismes qui ne se recouvrent pas exactement, ce qui leur permet de se détacher un peu de la toute-puissance du maître et du contrôle social. Par ailleurs, la classe est un espace concurrentiel, fait d'échecs et de réussites, d'anticipations individuelles, sinon de véritables stratégies, qui renforcent aussi la subjectivation des enfants. Il reste que l'expérience enfantine à l'école paraît fortement intégrée et unifiée, et les différences sociales des deux groupes étudiés amorcent un processus inégalitaire qui prendra par la suite un caractère aigu.

1. Nous avons formé un groupe dans une école élémentaire populaire, un autre dans une école de classes moyennes. Ces groupes se sont réunis durant le temps scolaire, au mois de juin, quand les tâches scolaires se relâchent un peu. Les deux groupes n'ont pas rencontré d'interlocuteurs, et nous avons discuté avec les enfants, organisé quelques jeux de rôles... Étant donné la prise de parole fébrile et « désordonnée » des élèves, chaque groupe a été animé par trois chercheurs.

L'intégration

L'unité normative

Le monde enfantin est caractérisé par une unité normative liant fortement les divers ordres de récit et les multiples principes de jugement. L'écolier est encore largement au sein d'une expérience sociale fortement intégrée dans laquelle les écarts sont réduits entre les dimensions essentielles de l'action sociale. C'est parce qu'il vit dans une grande unité de significations ou dans une si forte aspiration à cette unité, incarnée avant tout par le maître, qu'un certain conformisme s'impose. Les écoliers veulent être ce qu'on attend d'eux. L'obsession normative est la règle : les écoliers ne cessent pas de juger en fonction des critères du bien et du juste, du normal et du pathologique. Il est même très difficile aux membres de nos deux groupes de distinguer un fait du jugement de valeur qui lui est associé. Toutes les activités sont lues à partir d'une conception de la justice qui opère une convertibilité générale des différents critères de jugement. L'entendement enfantin réalise une traduction immédiate entre toutes les catégories, intégrées et régies, à l'école, par les principes de l'univers scolaire. Les frontières entre le « beau », le « bien » et le « vrai », même distinguées en principe, ne sont pas toujours respectées pratiquement. Ainsi, le bon élève est à la fois gentil, beau et travailleur, alors que le mauvais élève est méchant, laid et fainéant, le maître a raison parce qu'il est le maître, il est juste parce qu'il est le maître.

Mais ce « monisme normatif » qui apparaît, dans les groupes, comme le premier discours des élèves, commence à se défaire peu à peu sans se rompre pour autant. Les élèves de CM1 et de CM2 s'éloignent d'un usage pour le moins arbitraire des normes, ils ne sont plus persuadés du caractère sacré et intangible des règles et sous la seule emprise du « réalisme moral », là où la faute est jugée non pas en tenant compte de l'intention de l'acteur, mais en fonction des conséquences matérielles de l'acte commis. Vers 9-11 ans, comme Piaget l'a mis en évidence, c'est le groupe d'enfants lui-même qui invente ou transforme les règles, lors des jeux, en toute conscience et avec l'accord mutuel de ses membres[1]. Le contenu normatif n'est plus intangible, au contraire même, il peut être l'objet de révisions successives. La naissance du sens de l'autonomie de la règle chez les enfants est fortement liée au groupe de pairs dans la mesure où, ensemble, les écoliers

1. J. Piaget, *Le Jugement moral chez l'enfant*, *op. cit.* Le grand mérite sociologique de l'étude de Piaget est d'avoir donné, notamment à l'encontre de Durkheim, toute son importance au groupe de pairs dans le processus de socialisation de l'enfant.

cessent de concevoir la loi comme une émanation du prestige et de l'autorité des adultes. L'inflexion est de taille, car les critères du jugement moral changent considérablement. Désormais, c'est l'intention et non les conséquences de la faute qu'il s'agit de juger : la tricherie est appréhendée en fonction du tort qu'elle porte au jeu collectif, le mensonge jugé néfaste parce qu'il rend la confiance entre enfants impossible...

Mais si la découverte de l'autonomie des règles et de l'intentionnalité est bien au cœur du jugement moral des enfants, force est de constater que, dans le domaine scolaire, les catégories de l'entendement enfantin dépendent des normes scolaires. Il existe bien, dans la classe, une sensibilité et une culture enfantines, mais elles ne sont pas encore légitimes face aux critères scolaires, elles se développent à l'ombre de l'école. C'est dire à quel point l'expérience des écoliers est prise dans la tension entre les catégories scolaires et la vie du groupe, entre l'« autorité » scolaire et la « démocratie » enfantine. L'individu pense comme un écolier, vit comme un enfant. Mais à l'école primaire il n'y a pas encore, comme ce sera le cas au collège, deux systèmes de valeurs opposés, celui du groupe de pairs et celui de l'école. Pourtant, s'il n'y a qu'un seul modèle culturel, il peut, parfois, être effectivement renversé. C'est ainsi par exemple que, dans un jeu de rôles opposant des « bons » et des « mauvais » élèves, les « bons » élèves jouant en l'occurrence le rôle des « mauvais », malgré le plaisir lié au défoulement du jeu, ces derniers se sont limités à mettre sens dessus dessous l'univers scolaire. Ils ont repris les jugements de valeurs scolaires en les renversant sur un mode carnavalesque, sans jamais abandonner les catégories scolaires. Les mauvais élèves ont raison d'être de mauvais élèves parce qu'ils sont « sales », « grossiers », « fainéants », « ils s'en fichent d'être chômeurs » et de ce que pensent leurs parents... C'est amusant d'être un mauvais élève, mais celui-ci reste défini comme les adultes le souhaitent. En même temps, les élèves ne parviennent pas à trouver d'autres motivations aux bons élèves que le plaisir d'être gentil et de faire plaisir au maître et à ses parents. Les élèves ne « critiquent » pas l'école au nom de principes extérieurs à elle.

Face à l'école, le groupe d'enfants est une association dépourvue de contenu. Certes, il met en œuvre une forte structure de contrôle tous azimuts envers tous ses membres, et ceci au sein même de la classe[1]. Toutefois, cette association a besoin, pour se définir positivement, des catégories scolaires. La culture enfantine, à l'école, est en continuité et en identification avec la culture du maître, qu'elle ne peut, tout au plus, que renverser[2].

1. La classe est en effet un microcosme où une série de structures relationnelles diverses se déploient, surtout de nature affective, à travers lesquelles se régule, parfois de manière plus ou moins autonome, l'action des élèves. Cf. P. Vayer, C. Roncin, *L'Enfant et le Groupe*, Paris, PUF, 1987.

2. Autrement dit, la culture et la sociabilité proprement enfantines n'ont cessé de se développer, comme le rappellent les travaux des historiens, mais elles ne s'érigent pas,

Le conformisme enfantin

Mais à cette première manifestation d'intégration il faut en ajouter une autre. L'expérience enfantine est dominée par l'aspiration à se couler dans le conformisme du groupe. Ce fort repli du groupe sur lui-même se manifeste notamment par la menace permanente du sentiment de honte. Sentiment d'autant plus inévitable que les enfants ont très fortement besoin du regard de l'autre pour se valoriser. Le charme de la conversation enfantine tient d'ailleurs à ce que le poids de la honte dans la régulation sociale est énoncé avec la plus grande netteté. Quand on demande aux élèves pourquoi ils ne se conduisent pas de telle ou telle manière, ils répondent sans « ruse » : « c'est la honte ». Les élèves peuvent, bien sûr, se percevoir comme des individus originaux, mais ils ont du mal à vivre cette différence comme positive, tant les critères du jugement scolaire paraissent les seuls disponibles [1].

Le point est important. On a souvent fait de l'enfant un individu défini par le désir du désir de l'autre, ou par le désir d'être tout simplement comme les autres. C'est là une des continuités majeures de la plupart des conceptions de l'enfance. Or, le primat de la logique d'intégration se traduit souvent sous forme d'un doute radical. Les enfants se perçoivent comme des enfants, comme des êtres moins accomplis. L'enfant est « inférieur », « petit », donc il valorise les « grands », les « forts » et ne cesse de se placer sur une échelle de grandeurs dans laquelle, même s'il y en a de plus petits que lui, il en est de tellement plus grands. Il les admire. Il les craint et recourt parfois à ses parents, à ses grands frères, pour se placer sous leur protection.

Le conformisme du groupe se manifeste aussi dans la différenciation des sexes au sein de l'école. La classe est divisée par une forte ségrégation sexuelle. Elle oblige les écoliers à se reconnaître dans des images de rôles réduites à des stéréotypes sexuels peu nuancés [2]. Les deux univers sont nettement différents, garçons et filles poussent jusqu'à la caricature le « machisme » et la féminité. Les garçons qui jouent avec les filles, « c'est la honte de toute la classe ». Les filles qui jouent avec les garçons seront

---

à l'école, en concurrentes des normes scolaires. Pour une évolution de cette culture enfantine jusqu'aux années cinquante, cf. M. Crubellier, *L'Enfance et la Jeunesse dans la société française*, Paris, A. Colin, 1979.

1. A quoi il faut encore ajouter la faible perception qu'auraient les enfants du statut social de leur famille. Pour une analyse de cette expérience à partir des textes autobiographiques, cf. J. Hodgson, *The Search for the Self. Childhood in Autobiography and Fiction since 1940*, Sheffield, Sheffield Academic Press, 1993. Notre matériau ne nous invite pas à croire à cette faible perception. Il s'agit plutôt d'un interdit : on ne se vante pas de sa famille.

2. Certains auteurs parlent même à cet égard du « besoin vital de différenciation » (E. Badinter, *XY. De l'identité masculine*, Paris, Odile Jacob, 1992).

parfois traitées de « choses qu'on va pas répéter », comme nous ont dit les garçons, ou soumises à la moquerie. « Quand on sympathise avec un garçon, eh bé, les autres, les copains, ils sont en train de dire, t'es amoureuse de lui ! » Mais ce sont plutôt les filles qui sont renvoyées par les garçons, quand il s'agit de participer à des jeux communs. « Quand on veut jouer au foot ou des choses comme ça, ben nous, on est toujours refusées ! Ils disent vous êtes des filles, vous savez pas jouer. » Les garçons ont, semble-t-il, plus nettement tendance que les filles à « protéger » un monde masculin, voire une certaine agressivité. « Y a une armoire dans la classe et j'arrivais pas à la fermer. Y avait des garçons, je demande à un garçon, est-ce que tu peux m'aider à fermer l'armoire ? Il me répond non ! Débrouille-toi ! Tu n'as qu'à le faire toute seule... Enfin, c'est toujours comme ça. » Une autre fille ajoute : « Les garçons s'estiment plus haut que nous, plus intelligents. On est mieux que vous, et puis nous on est en dessous d'eux et puis... Après il faut faire à vos ordres commandant parce que sinon ! » Mais les filles se défendent. « Elle dit qu'ils s'estiment plus haut qu'elle, qu'elle s'estime aussi plus haut qu'eux, enfin !... Qu'elles montrent qu'elles sont pas des idiotes quand même ! Qu'elles prouvent, qu'elles sont à la même hauteur qu'eux ! »

Même s'il s'agit là d'un élément plus anecdotique, le fort primat de l'intégration et du conformisme de groupe se manifeste par l'architecture même de la parole enfantine lors de nos réunions de groupe. Disons-le sans ambages : ce ne sont pas les enfants qui parlent, c'est le groupe qui s'exprime à travers les enfants. Le propos est haché, sans cesse interrompu par un élève qui termine la phrase amorcée par un autre. Les mots se recouvrent littéralement au point que l'on ne sait plus exactement qui parle. Les oppositions et les contradictions ne sont pas perçues et les diverses affirmations paraissent toujours converger, s'agréger dans une parole collective. Les anecdotes s'accumulent pour renforcer le sentiment d'unanimité. On dit souvent que les enfants ne s'écoutent pas mutuellement, c'est sans doute vrai, mais, surtout, ils parlent à plusieurs voix si les adultes ne les obligent pas à respecter l'ordre des tours de parole. Cette parole « anarchique » est cependant extrêmement contrôlée. Toutes les vérités ne sont pas bonnes à dire dans un groupe d'enfants, et la moquerie est toujours là, prête à réaliser ses tâches d'autocontrôle collectif. Mais l'important est ailleurs. Le discours du groupe opère comme une sorte de sac plastique, capable de s'allonger ou de se rétrécir à l'infini, voire de se tordre à l'extrême, sans jamais se rompre : le groupe se répand, s'ouvre continuellement afin d'accepter la nouvelle affirmation sans grand souci de la cohérence ou des contradictions. Les oppositions sont rares et « digérées » par le groupe. Les contradictions ne gênent personne, le discours du groupe est isomorphe au groupe lui-même qui consomme tous les discours parce que en fait il n'en possède aucun. On est membre du groupe, le groupe parle, non pas en nous, mais à travers nous, comme la conscience collective, « extérieure » aux consciences individuelles, chez Durkheim.

Le maître tout-puissant

Il est d'autant plus difficile de se doter d'un quant-à-soi que les élèves sont fortement subordonnés aux catégories et aux normes scolaires par la toute-puissance du maître[1]. C'est dans le rapport entre l'écolier et le maître que l'aspiration à une forte unité, non dépourvue de conformisme, se manifeste avec le plus de netteté. Les enfants se présentent en évoquant le nom de leur instituteur, et la relation maître-écolier est construite sur la quête d'une reconnaissance par le maître.

« Le maître nous connaît. » Face au maître, les enfants se sentent « transparents », ils ont l'impression que le maître voit à travers eux. « La maîtresse connaît le caractère des enfants, s'il travaille ou pas, elle sait s'il est volontaire ou pas. » La maîtresse est toute-puissante, elle parvient à les voir, même quand elle est tournée en train d'écrire au tableau. « Elle a des yeux, derrière, à côté de la tête. » Cette transparence, cette connaissance intime des enfants par les maîtres, n'est pas sans provoquer une certaine angoisse. Puisque le maître connaît les enfants, il ne propose que des exercices adaptés à leur niveau, ce qui interdit toute contestation et oblige à se sentir potentiellement coupable. « J'aurais honte parce qu'elle penserait qu'on travaillerait pas assez, qu'on serait trop flemmard, paresseux. » C'est pourquoi le maître reste le mieux placé pour savoir s'il faut ou pas redoubler, et la plupart acceptent de ne pas passer dans la classe supéreure s'ils n'ont pas le niveau : « Ça sert à rien, si les maîtres et les maîtresses disent il faut qu'elle redouble, il vaut mieux qu'elle redouble. » Cette crainte enfantine va de pair avec les progrès constants de l'engouement « scientifique » pour les enfants, pour les connaissances visant à mieux dégager l'individu en germe dans l'enfance, parfois contre l'enfant lui-même. L'intrusion dans l'intimité de l'enfance assurée par les sciences humaines contribue probablement à ce sentiment de transparence des enfants[2]. Mais qu'il agisse comme psychologue, comme censeur moral ou comme pédagogue, le maître connaît mieux l'enfant que celui-ci ne croit se connaître.

C'est pourquoi le jugement sur soi dépend totalement du jugement du

1. L'emprise des catégories scolaires et surtout du maître est bien illustrée par l'observation de S. Mollo sur les manières dont les élèves vivent les différents espaces à travers l'usage des pronoms personnels : à l'extérieur de l'école le « je » est de rigueur ; à l'école mais hors de la classe, il y a coexistence du « je » avec le « nous » – le groupe des pairs ; dans la classe, ils emploient le « on », un sujet passif, tant le maître est le véritable acteur de la scène scolaire. Cf. S. Mollo, *Les muets parlent aux sourds*, Paris, Casterman, 1975, p. 175 *sq*.

2. Cf. L. Lurçat, « L'impossible connaissance totale de l'enfant », *Esprit*, nov.-décembre 1982.

maître. A l'école, les enfants se décrivent eux-mêmes dans le langage du maître. Ainsi, les enfants doivent être jugés en fonction de leur travail scolaire. « C'est par le travail moi je pense qu'il faut les juger. » D'autant plus que l'ensemble des traits de la personnalité sont très fortement subordonnés à la performance scolaire. « Les mauvais élèves sont les moins gentils de la classe... Ils se moquent de tout le monde. Ils sont très désagréables. » Les bons élèves des groupes affirment même : « Je ne dirai pas les gros mots qu'ils [les mauvais élèves] se disent entre eux. » Le mauvais élève est toujours un mauvais enfant. « Y en a un dans notre classe, il apprend pas ses leçons, il raconte des histoires à la maîtresse et il a tout le temps des mauvaises notes. » Le mauvais élève ne fait pas ce qu'on lui demande : « Il fait que des dessins quand on travaille. » Les élèves reprennent à leur compte les discours des instituteurs : « Ses parents ne le font pas travailler. »

La continuité implicite entre l'image de la personne et le jugement scolaire est apparue encore plus clairement quand nous avons demandé aux élèves, dans un jeu d'association libre, les adjectifs attachés au « bon » et au « mauvais » élève. Le mauvais élève est « idiot », « paresseux », « nul », « malhonnête », « méchant », « voleur »... Quant au bon élève, il est défini dans le vocabulaire même des instituteurs, « persévérant », « travailleur », « attentif », voire avec le langage du bulletin scolaire, « résultats satisfaisants ». D'ailleurs, bien des « caractères » sont dessinés à l'aide des catégories du jugement scolaire : « tête à claques », « paresseux », « travailleur », les « bons », les « andouilles », les « hypocrites », les « bagarreurs »..., les traits de personnalité sont soumis à des définitions scolaires, comme si les élèves se jugaient, en tant qu'enfants, avec les yeux du maître. La même observation se dégage des divers jeux de rôles auxquels ont été invités les élèves : rencontre entre les parents et la maîtresse autour d'un bulletin médiocre, scène familiale autour du même bulletin... Le mauvais élève, qui est aussi un mauvais enfant, a de surcroît de mauvais parents. Dans la représentation des enfants, comme dans celle des instituteurs, les problèmes scolaires ont toujours leur source en dehors de l'école : les parents ne s'entendent pas bien, ne s'occupent pas des devoirs...

Tout dépend du regard du maître. Ainsi, le travail personnel en classe est fortement valorisé par les écoliers parce que, « si on travaille bien en classe, on a rien à faire chez nous le soir ». Mais surtout, en travaillant devant le maître, le sens du travail est immédiat. « L'élève prépare des choses et puis après il va les montrer au maître, et le maître dit ce qu'il pense de tous les dessins. » La maîtresse ne doit pas faire de distinction et doit rassurer chacun. « Elle dit : ah oui, c'est très joli ! Elle va pas lui dire : ah toi c'est particulièrement joli ! » Bien entendu, on aime travailler avec les maîtres « gentils », « aimables », « rigolos ». Mais même l'évocation de l'ennui dépend de l'attitude de « la maîtresse qui s'occupe pas de nous, elle corrige nos exercices ». Ou encore quand, rêveur, l'enfant perd son regard en dehors de la classe, c'est parce que le maître le délaisse. D'ailleurs, du point de vue des élèves, les positions dans la classe témoignent de cette dépendance : devant, tout près du maître, les bons élèves, derrière, loin de lui, les mauvais. Ces positions sont perçues comme une géographie de l'affection que le maître porte à chaque élève et, au-delà, de ses résultats scolaires [1].

Le désir d'accaparer l'attention du maître est tel que les bons élèves de nos groupes d'écoliers se déclarent hostiles au mélange des niveaux dans la même classe. Ils se prononcent massivement pour des classes homogènes. « Comme ça, le maître s'occuperait de tout le monde en même temps. » Pendant que les élèves faibles des groupes s'enferment dans le silence et la bouderie devant de tels propos, certains leur expliquent que c'est dans leur intérêt. « Les mauvais, ils pourraient mieux progresser parce qu'ils recopient quand il y a des bons avec eux. » Le maître serait obligé de leur donner « des choses faciles » et de leur accorder plus d'attention, de mieux adapter le rythme. Le sens de la justice reste cependant subordonné au désir de capter le maître, et les élèves lèvent sans cesse le doigt, avant même que la question ait été posée. Les bons élèves ne supportent pas que la maîtresse s'occupe des autres plus que d'eux-mêmes, qui le méritent autant. « La maîtresse nous énerve... Elle parle à voix haute, on dirait qu'elle le fait exprès, ça nous énerve, elle fait que s'occuper des mauvais alors que nous, on sait. »

Ce rapport positif au maître est au cœur de la plupart des théories traditionnelles de la socialisation. Mais tout l'art de l'éducation consiste à accepter le fait que le maître n'est pas devant une table rase mais face à « des réalités existantes qu'il ne peut ni créer, ni détruire, ni transformer à volonté [2] ». La socialisation est alors comprise comme le processus de subordination des pulsions égoïstes de l'enfant à des sentiments capables d'assurer la vie morale de la société. Dans toute la pensée classique, c'est à travers la relation entre le maître et l'écolier, relation soutenue et prolongée par la « forme scolaire » elle-même, qu'il faut modeler la personnalité sociale de l'enfant. L'enfant étant alors soumis à la contagion et à l'imitation du maître par un effet d'« hypnose », disait Durkheim, d'identification dit-on plus couramment aujourd'hui. Le ton impératif de l'éducateur joue un rôle non négligeable car cette relation est si forte qu'elle l'emporte sur toutes les autres. La relation au maître apparaît comme l'outil essentiel de l'éducation contre les limites de la famille et l'influence désordonnée des groupes d'enfants. Pour Durkheim, comme pour presque toute la pensée pédagogique classique, c'est par la parole et le geste que le maître déverse sa conscience, c'est-à-dire la société tout court, dans celle de l'enfant [3]. Son

1. Pour une étude exhaustive de cette dimension, ainsi que de la prise en compte de sa signification sociale, cf. R. Sirota, *L'École primaire au quotidien*, Paris, PUF, 1988.
2. E. Durkheim, *Éducation et Sociologie*, *op. cit.*, p. 46.
3. Mais c'est chez Rousseau que la subordination de l'éducation au travail du maître sur l'écolier, voire même au travail exclusif du premier sur le deuxième, atteint son

rôle et sa puissance présumée sont tels que, afin d'éviter la répétition des caratères personnels des maîtres dans des générations entières d'enfants, il faut multiplier les enseignants pour diversifier les influences. L'enfant, au fond, n'existe pas comme individu autonome. Il n'est qu'une « force » naturelle qu'il faut socialiser et former. Et c'est dans ce sens très précis que Durkheim fait référence aux « traits propres » de l'enfant pouvant être utilisés pour sa socialisation, comme, par exemple, son penchant pour la mobilité et son goût pour la routine [1].

Cette représentation peut sembler lointaine, archaïque, brutale, tant nous avons appris à valoriser la personnalité enfantine, à la placer au centre du système et surtout de ses discours [2]. L'enfant est reconnu comme autonome, doté d'une créativité et d'une sociabilité propres [3]. La sévérité pédagogique est désormais infléchie vers l'économie des sentiments et l'expression des personnalités. Mais force est de constater que notre matériau vient plutôt au secours de Durkheim et d'une représentation « classique » de la socialisation. L'expérience scolaire enfantine est dominée par un principe d'intégration et placée sous l'emprise profonde du maître. Mais on ne peut suivre cette analyse jusqu'au bout car le monde des écoliers est traversé par une tension latente entre l'*enfant* et l'*élève*, tenant à une certaine discontinuité de l'école et de la société.

La division du monde des enfants

A la forte intégration du monde scolaire, s'oppose la division essentielle entre divers domaines d'action, l'école et la « vie », le monde des adultes et celui des enfants. Cette coupure trace les grands axes de l'expérience enfantine. Les enfants eux-mêmes construisent une séparation entre leur monde scolaire et leur monde enfantin, distinction engendrant la formation de « deux » caractères. L'élève peut penser qu'une partie de son caractère reste opaque au regard de l'autre, notamment celui du maître et des parents. Même si le maître est tout-puissant, il « connaît le caractère de l'élève mais pas de l'enfant », dit une écoliere. Et c'est parce qu'il est

---

paroxysme : Rousseau n'hésite pas à envisager la figure idéale de l'élève comme un orphelin dépourvu de toute autre influence. Cf. J.-J. Rousseau, *L'Émile ou De l'éducation*, Paris, Bordas, 1992.

1. E. Durkheim, *L'Éducation morale*, *op. cit.*, p. 120 : « Grâce à l'empire que l'habitude a si facilement sur la conscience de l'enfant, nous pouvons l'accoutumer à la régularité et lui en faire prendre le goût ; grâce à sa suggestibilité, nous pouvons, en même temps, lui donner comme une première impression des forces morales qui l'entourent et dont il dépend. »

2. Pour cette mutation, cf. A. Prost, « Famille et société au miroir de l'enfant », in *Éducation, Société et Politiques*, *op. cit.*

3. Pour une démonstration de cette évolution dans les écoles maternelles, cf. E. Plaisance, *L'Enfant, la Maternelle, la Société*, Paris, PUF, 1986.

tout-puissant qu'il importe de cacher une part de sa vie. Il y a des choses intimes, comme la mort d'un parent et des histoires d'amitié, qu'on ne veut pas communiquer au maître, « ça ne le regarde pas ». L'enfant se sent transparent au regard des adultes et ce n'est que dans la mesure où il soustrait une partie de son existence à leur contrôle qu'il peut se forger un monde propre.

C'est ce qui explique la peur des élèves quand les parents et la maîtresse se rencontrent. Les deux « caractères » de l'individu, l'enfant et l'élève, se croisent et l'écolier a le sentiment qu'à l'issue de cette conversation « au sommet » il sera « nu » devant les autres. Les parents « viennent déjà assez ». Les membres des groupes n'aimeraient pas que les parents regardent quand ils sont en classe, « Parce que moi, ça m'arrive de me lever et de faire semblant de casser ma règle ou des choses comme ça... après si on fait des bêtises ça... ça ira pas très bien... » Ou encore, la présence des parents serait vécue comme une contrainte extrême : « On sait qu'ils sont là, on voudrait être parfait... » La différence avec les plus jeunes est alors profonde. Au désir des petits de voir leurs parents venir à l'école, s'oppose la volonté de ces enfants de 9-11 ans de séparer leurs deux univers. L'opposition des deux caractères renvoie à deux sphères d'activités différentes, soumises à des degrés divers de contrainte. « L'élève à l'école essaie de faire de son mieux. Il essaie d'être correct... Enfin, du moins si c'est bon... il essaie de pas faire de bêtises. Tandis que l'enfant, il se permet plus de choses... A la maison, par exemple, je me tiens plus mal qu'à l'école. » La classe est toujours vécue comme un ensemble de contraintes : la place assignée, les règles à observer, les horaires à respecter[1]. On oppose alors la gestion des corps ou l'exigence de la propreté, en bref la discipline scolaire, à la liberté de l'espace familial. « On fait ce qu'on veut à la maison ! En classe on fait pas ce qu'on veut. On met le bazar dans la chambre... » Mais en même temps, l'école autorise ce que la maison interdit. « Moi je me permets des choses à l'école que je ferais pas à la maison. Dire des gros mots dans la cour par exemple, alors que je n'en dis pas à la maison. » Les élèves vivent dans plusieurs types de langage – celui de la classe, celui de la cour, celui de la rue, celui de la famille – et sautent sans cesse de l'un à l'autre, les dérapages étant immédiatement sanctionnés par les adultes, comme des grossièretés, et par les camarades, comme des mots « prétentieux ».

Les catégories du jugement scolaire ont beau s'imposer, il n'empêche que la classe est vécue comme un lieu de contraintes variant au gré des conditions de travail[2]. C'est ainsi qu'une élève explique son inattention en

1. Pour une analyse minutieuse de ces dimensions à l'école primaire, cf. J. Chobaux, *Les Corps clandestins*, Paris, Desclée de Brouwer-Épi-Formation, 1993.

2. Pourtant, dans une étude portant sur les pratiques d'enseignement de 31 maîtres de CE2, les chercheurs soulignent, dans l'ensemble, la grande liberté de mouvement, dans la classe, des élèves. Cf. M. Altet, P. Bressoux, M. Bru, C. Lambert, « Étude

classe : « On pense surtout à la maison quand il fait très chaud en classe, et que c'est vraiment dur de travailler... On est énervé à cause de la chaleur, et puis la maîtresse, elle crie... on peut plus travailler en classe, on transpire... » Pour échapper à l'étouffement, on s'invente des excuses : « On lui ment, on dit qu'on va aller aux toilettes et qu'en fait on veut aller boire, on veut surtout boire. » Le fait que les séances de recherche aient eu lieu au mois de juin n'est pas étranger à cet aspect des choses. Certains choisissent leur place dans la classe « à côté de la fenêtre » afin d'échapper à la chaleur et de « recevoir du vent ». Mais en hiver, la maîtresse « elle avait ouvert la fenêtre, il faisait très froid ».

L'enfant et l'élève

La tension entre l'enfant et l'élève, à la base de l'écartèlement de l'expérience écolière, donne lieu à deux grandes familles de logiques de subjectivation[1]. D'une part, l'ensemble des processus d'individuation liés à la dimension « écolière » de l'expérience scolaire se traduit par une rupture de l'intégration par le biais de la « souffrance » scolaire et de la perception des injustices du maître. D'autre part, l'ensemble des processus d'individuation liés à la dimension « enfantine » de l'expérience de l'écolier sont éprouvés par une rupture de l'unanimisme du groupe, par l'amour, et surtout par l'amitié et par la moquerie.

L'injustice du maître

L'instauration d'une distance au mécanisme central de l'intégration s'opère par différents processus. Le plus important est sans doute celui par lequel l'élève perçoit l'injustice du maître et les limites de sa toute-puissance. Cette épreuve est dominée par le sens autonome de la règle et par la forte emprise de la volonté collective sur le jugement moral individuel. Or, face à la discipline scolaire et à la punition, cette autonomie de jugement est sérieusement ébranlée. L'enfant, jugé par le maître, juge le

exploratoire des pratiques d'enseignement en classe de CE2 », *Les Dossiers de la DEP*, nº 44, septembre 1994.

1. Les trois domaines que sont la famille, l'école et le groupe de pairs n'engendrent pas seulement l'apprentissage des nouveaux rôles et le passage à des catégorisations universalistes comme l'a signalé, à juste titre, le modèle parsonien de socialisation. Cet écartèlement des domaines d'action est aussi à l'origine, au travers de processus spécifiques, de la constitution d'une expérience individuelle. Cf. T. Parsons, R.F. Bales, *Family, Socialization and Interaction Process*, Glencoe, The Free Press, 1955.

maître à partir du groupe. Mais il le juge, en tant que membre d'un groupe partageant les normes scolaires. Autrement dit, c'est au nom des catégories scolaires elles-mêmes que l'élève se détache du maître et accède aux prémisses d'une subjectivation morale.

L'éloignement du maître passe d'abord par la reconnaissance de ses défauts. Heureusement, le maître n'est pas parfait. Il n'est pas toujours disponible ou de bonne humeur, et les enfants apprennent à gérer ses états d'esprit. « Je comprenais pas l'exercice et puis j'ai demandé à la maîtresse. Maîtresse, j'ai pas compris ! Et j'avais écouté par contre... Elle m'a dit : t'as pas écouté. Et puis moi j'ai écouté, mais j'ai rien compris. » « Comme ce matin, on demandait quelque chose qu'on n'avait pas compris, il nous a pas répondu. » Parfois, comme devant cette enseignante qui n'arrête pas de leur demander l'heure pendant le cours, un sentiment net de « mépris » envahit les élèves. Mais c'est à travers le jeu des punitions que s'opère la séparation du groupe et du maître. La discipline et les sanctions scolaires ont été le plus souvent interprétées de diverses manières. Pour les enfants, elles apparaissent avant tout comme l'expiation de la faute, plus que comme le moyen d'assurer la cohésion du groupe face à la menace, ou encore comme le moyen de restaurer, sous forme de « sanction restitutive » la majesté ébranlée des règles[1]. « C'est celui qui a fait la bêtise qui doit réparer. » Le plus important c'est l'intention de l'auteur de la faute, il faut savoir « s'il l'a fait ou pas exprès »[2].

Les enfants s'attardent très longuement, et de façon détaillée, sur les injustices du maître[3]. De ce point de vue, la punition la plus contestée, la plus injuste, à côté de celle où on se fait punir à la place d'un autre, est la punition collective. C'est injuste « parce qu'il y en a toujours qui ont rien fait et qui sont obligés de faire une punition... Mais la maîtresse elle en a ras-le-bol, et puis, bon ben ça tombe quoi ». Les « très bons élèves » sont les plus déstabilisés par ces injustices. Même quand les parents les soutiennent contre le maître, ils acceptent la punition, craignant de perdre l'amour du maître. Il importe que le maître ait toujours raison, et la mise en cause du maître par les parents est très mal jugée par les bons élèves : « il faut pas pousser jusque-là ». Les autres élèves acceptent plus facilement de

1. E. Durkheim, *L'Éducation morale*, *op. cit.*, p. 139 : « Que faut-il pour compenser le mal ainsi produit ? Que la loi violée témoigne que, malgré les apparences, elle est toujours elle-même, qu'elle n'a rien perdu de sa force, de son autorité, en dépit de l'acte qui l'a niée ; en d'autres termes, il faut qu'elle s'affirme en face de l'offense, et réagisse de manière à manifester une énergie proportionnée à l'énergie de l'attaque qu'elle a subie. La peine n'est rien autre chose que cette manifestation significative. »

2. Même interdites, les punitions restent fréquentes à l'école. Il s'agit le plus souvent de punitions de « réparation », devoirs à refaire, de privations de récréation, de retenues ou d'un travail supplémentaire. Quant aux punitions corporelles, 15 % des maîtres avouent avoir donné des gifles, 45 % des fessées. Cf. B. Douet, *Discipline et Punitions à l'école*, Paris, PUF, 1987.

3. De 60 à 75 % des élèves perçoivent la punition comme injuste (B. Douet, *ibid.*).

reconnaître que le maître est injuste et mobilisent plus volontiers leurs camarades et leurs parents dans leur indignation. Pourtant, cet antagonisme est sans issue. « Y en a eu un dans la classe, il s'est battu, enfin, il s'est pas vraiment battu, mais bon le maître lui a donné des lignes, et il a dit d'un ton très ironique : c'est ça, on verra avec mes parents ! Alors le maître était très énervé, il l'a attrapé par les cheveux, il l'a emmené dans la salle des ordinateurs, là-bas, on ne sait pas ce qu'on lui a fait, on n'a rien vu. Il l'a ramené à sa place, mais après il a rien dit, hein ! »

La punition n'est pas seule à détacher les écoliers du maître. La violence, envers laquelle les enfants ont des rapports ambivalents, n'est pas étrangère à leur expérience scolaire [1] : « Si c'est pas ce qu'elle a demandé, allez hop ! Elle tire les cheveux et elle fout une claque. » « Moi, à peine j'ai fait une faute, hé bé, elle m'a foutu une baffe. » Et parfois la claque peut être sévère : « Nous, y en a un l'an dernier, il s'est pris une claque dis donc ! La joue était toute rouge » [2]. Ces conduites reçoivent parfois l'approbation des élèves, tant ils croient au caractère correctif de la violence : « Si on fait une bêtise et qu'on a une claque, après on va pas le refaire, sauf pour les têtes dures, des véritables cas. » D'autres maîtres, surtout dans l'établissement plus populaire, tapent dans la tête des enfants avec un livre, ils font un « frotte à l'ail », ou encore la « baraque de lutte » : « il t'attrape et il te jette contre son bureau » [3]. Les membres des groupes expliquent que la présence de cette violence rend l'injustice encore moins supportable car, avec elle, le maître ne fait pas que se tromper, il règle des comptes, « il est méchant ». Il est beaucoup plus qu'injuste.

Une des injustices les plus blessantes, pour les écoliers, tient aux fausses appréciations des maîtres. « Ce que j'aime pas des fois, c'est quand on a mis le soir au moins 2 heures à réviser et puis quand le matin, quand on est pas arrivé à avoir une très très bonne note, on a une réflexion du genre : je ne sais pas, t'as pas trop révisé ou des choses comme ça. » D'autres expriment leur désarroi : « Si y en a qui ne travaillent pas et qui ont une mauvaise note, ça se comprend parce qu'il connaît quand même le caractère des élèves, mais ceux qui ont travaillé le soir, pendant très longtemps même, et qu'on leur dit tu n'as pas travaillé, c'est faux, alors qu'on a travaillé, on a mal réussi, c'est très vexant, on est presque triste. » Pourtant cette fille n'osera pas dire au maître qu'elle a travaillé : « Enfin je lui dis rien mais je pense que c'est faux. »

1. E. Debarbieux, *La Violence dans la classe*, Paris, ESF, 1990.

2. Cette dénonciation de la violence à l'école est surtout présente parmi les enfants des classes populaires. Ce sont ces enfants qui se font le plus souvent malmener physiquement. Cf. P. Jubin, *L'Élève tête à claques*, Paris, ESF, 1988 ; D. Zimmerman, *La Sélection non verbale à l'école*, Paris, ESF, 1982.

3. Qu'en est-il des violences réelles ? Il est difficile de le savoir, mais il est clair que la menace de violence fait partie du vécu scolaire si l'on en croit sa présence dans les discussions des écoliers.

Contre la toute-puissance du maître, les écoliers découvrent les limites de sa clairvoyance. Ceci introduit, même de manière très confuse, notamment pour les très bons élèves, l'existence d'un monde à côté de l'école, dans lequel ils sont « différents ». Le maître, qui « ne peut pas se tromper », peut être « injuste ». La maîtresse ignore la vie à la maison, elle ignore que les parents ne peuvent pas toujours aider leurs enfants. « Elle imagine que les parents ne travaillent pas le mercredi... donc elle nous donne beaucoup de devoirs durs qu'on pourrait pas faire si les parents nous aident pas. »

Une autre source de l'injustice tient à l'existence des chouchous, d'autant plus mal supportés que tous les élèves veulent être l'objet de l'attention préférentielle, voire exclusive, de l'enseignant [1]. Le chouchou, celui « qui a un travail moins bon mais qui a une meilleure note », viole un des préceptes de base de la morale scolaire. A côté de l'image du chouchou classique, bel enfant/bon élève, apparaissent d'autres figures, peut-être moins fréquentes [2]. C'est ainsi, par exemple, que les bons élèves contestent très fortement la discrimination positive dont jouissent les mauvais élèves : « On veut lire, et puis, on lève le doigt ça fait je sais pas combien de temps et puis après, il veut jamais nous interroger... » « Il nous dit : tu liras au prochain tour, après, il nous interroge pas. » « Moi j'ai lu une ligne, les autres ils avaient lu tout un paragraphe. » Situation injuste et absurde. « Y a des fois, y a des mauvais élèves y nous disent que le maître interroge toujours les mêmes parce que c'est eux qui sont toujours interrogés... et puis eux qu'ils ont pas envie de le faire ! » Les bons élèves se sentent abandonnés, « parce qu'il nous interroge pas et après on va devenir mauvais », et ignorés, ils ont besoin de montrer au maître et aux autres qu'ils sont bons.

Les écoliers subissent des sanctions, mais ils n'ont pas de droits véritables ; en tout cas ils n'ont aucun recours devant les sanctions. C'est pourquoi ils disent si souvent que l'école est un lieu agréable « tant qu'on n'a pas de problèmes ». Dépourvus de droits devant le maître, certains élèves peuvent retourner les catégories scolaires et construire une image romantique du mauvais élève, du vilain geste et de la réplique qui libèrent de la domination des adultes. « Ils disent : c'est pas vrai, ce n'est pas moi ou des choses comme ça. » « C'est vrai, des fois, on n'ose pas une phrase devant les adultes comme devant le maître, on n'ose pas lui dire... des gros mots... on n'ose pas lui dire en face, on le dit dans sa tête. » « Mon copain fait des vilains gestes dans le dos de la maîtresse, par exemple, un jour il lui a fait un gros bras d'honneur. » En général, ces conduites sont réprouvées, mais elles manifestent un tel courage qu'il est difficile de ne pas les admirer.

1. Pour le lien entre la dénonciation du chouchou et l'ébauche des principes objectifs de justice, cf. P. Jubin, *Le Chouchou ou l'Élève préféré*, Paris, ESF, 1991.

2. Du point de vue des enseignants, le choix du chouchou semble découler de la rencontre d'un trait remarqué chez l'élève et d'une problématique personnelle du maître. C'est pourquoi, étant donné le recrutement social des enseignants, la relation affective est aussi souvent une forme de sélection sociale (P. Jubin, *ibid.*).

Toutefois, la plupart du temps, la meilleure stratégie est celle de l'usure : « Y en a qui ont une punition et qui la font tout de suite, ils la rendent au maître, mais y en a qui s'en moquent complètement, ils attendent que le maître craque... Lorsque le maître en peut plus, il est complètement excédé alors, il laisse tout tomber, il enlève tout, il efface les punitions. » Comme dans tout système punitif, l'escalade risque de déstabiliser la source même d'autorité du maître [1]. « Le maître c'est par vingt-cinq. Et puis si le jour d'après tu l'as pas fait, c'est cinquante. Et puis après, il double à chaque fois. Au bout de deux cents et quelques, il comprend que ça sert plus à rien alors il efface. »

Par la punition, l'enfant perçoit les limites, les défauts, les injustices d'un maître auquel il ne peut plus alors complètement se soumettre. La relation maître-écolier, contrairement à ce qui a été le plus souvent affirmé, est un triangle instable entre le maître, l'élève et le groupe. Ni pur rapport à deux, ni pur jeu d'opposition entre deux réseaux normatifs différents, ni pure identification hypnotique au maître. L'instituteur est contraint, par son devoir, à l'impartialité et à la maîtrise de ses émotions. L'enfant, tous les enfants, chacun à sa manière et à son tour, est pris par le désir de l'amour du maître. Le groupe, dont chaque enfant fait partie, est l'être moral par lequel s'exprime l'angoisse face à la déception, la peur de chaque élève de ne pas être aimé du maître.

Dans ce triangle, le groupe est en situation de faiblesse face au maître. Il craint la fusion du maître avec les élèves, source de sa propre dissolution. Le groupe, dans sa nature même, déteste le maître. Seulement face à lui, et dans le cadre de l'expérience pédagogique, il n'est pas tout-puissant. Le « groupe » sait, ressent que chacun de ses membres est prêt à déserter dès que les maîtres auront laissé échapper quelques signes d'encouragement. D'où l'ensemble des dispositifs mis en place par le groupe pour empêcher cette fusion. On peut alors comprendre l'hostilité du groupe à l'égard du « trop bon élève », surtout s'il est choyé par le maître : une manière de lui signifier qu'il est pris dans une « liaison dangereuse » avec le maître. On fera remarquer à cet élève qu'il est incapable d'accomplir des prouesses enfantines dans le sport et le jeu par exemple. Ceci définit la double fonction de l'appel à des principes objectifs et impersonnels de justice. Il empêche, en se servant des valeurs de l'institution scolaire, la constitution des liaisons maître-écolier, mais il permet aussi, et cette fois du point de vue de l'élève, de se protéger contre un possible dépit amoureux. On peut comprendre

1. Il revient à Durkheim d'avoir énoncé la raison de cet état de choses : « Le système des punitions doit constituer une échelle graduée avec le plus grand soin, qui commence aussi bas que possible, et l'on ne doit passer d'un degré à l'autre qu'avec la plus grande prudence. En effet, tout châtiment, une fois appliqué, perd, par le fait même de son application, une partie de son action. Car ce qui fait son autorité, ce qui fait qu'il est redouté, c'est non pas tant la douleur qu'il cause que la honte morale qu'implique le blâme qu'il exprime » (E. Durkheim, *L'Éducation morale*, *op. cit.*, p. 166).

alors l'ambivalence d'un écolier devenu la « bête noire » du maître. Dans un seul et même mouvement, il est à la fois mis à l'écart par les autres élèves qui craignent de lui être amalgamés, et protégé par le groupe qui, grâce à lui, échappe à la toute-puissance du maître.

Ce triangle est essentiel à la formation d'une autonomie personnelle. Livré au maître, l'élève serait incapable de se forger une autonomie propre. Livré au groupe, l'enfant ne pourrait pas s'approprier certaines valeurs morales et culturelles. La réalité scolaire, telle qu'elle se joue dans la classe, et au-delà de différences sociales repérables, passe par ce triangle qui autorise la formation d'une subjectivation, même limitée, et l'apprentissage des catégories de l'entendement scolaire. Mais le groupe pourrait difficilement tenir face au maître s'il n'était pas « objectivement » aidé par un élément structurel du système éducatif, les punitions. Une des significations sociologiques majeures de la punition scolaire tient à ce qu'elle introduit le groupe dans la relation entre le maître et l'élève. Face à la punition, et à l'inverse de ce qui se passe dans la relation pédagogique, le maître est faible et le groupe est fort. De manière « sournoise », à travers la punition se joue la revanche du groupe contre le pouvoir du maître. Grâce à la punition le groupe se renforce et les élèves se détachent du maître. Encore une fois la tension entre le « vécu-enfantin » et la « pensée-écolière » est manifeste. La punition n'est jugée qu'en fonction des critères de l'institution scolaire, mais elle doit passer, dans la pratique, à travers le prisme du groupe. Dans l'univers scolaire, la relation pédagogique et la punition sont les deux faces d'une même médaille. C'est la raison pour laquelle les enfants en parlent autant. A travers elles se joue et se rejoue sans arrêt une histoire à trois. Chacune, à sa manière, assure l'intégration et la subjectivation de l'enfant à l'école.

Les classements scolaires

Bien sûr, dans un principe d'intégration, d'intériorisation de l'ordre des choses, l'obligation scolaire va de soi, c'est comme ça, « c'est obligé ». Mais les élèves de cours moyen savent aussi que l'école est utile. Les mots des enfants expriment le climat ambiant. Ils savent que l'école est indispensable pour « réussir sa vie ». « Si on veut travailler plus tard, il faut aller à l'école... pour pas être un vagabond. » Il n'est pas nécessaire d'avoir un projet professionnel pour comprendre que les performances scolaires engagent l'avenir, aussi vague soit-il, surtout d'ailleurs parce qu'il est vague. Mais l'école est aussi définie par le groupe de copains, par la sociabilité enfantine, par le principe d'égalité de tous devant le maître. Ainsi l'école est à la fois l'apprentissage d'une règle impersonnelle et d'une vie collective, et celui d'une compétition latente entre tous les élèves. La rencontre de ces deux principes participe d'un processus de subjectivation au sein même d'une socialisation commandée par l'adhésion normative. Cette double représentation de l'école est mise à l'épreuve par les classements scolaires. Le détachement du maître est ainsi relayé par la comparaison aux autres, par la recherche des performances ou par l'épreuve de l'échec[1]. Cette pression est d'autant plus forte que les écoliers commencent à croire fortement à l'idée selon laquelle la réussite sanctionne le travail : à effort égal, réussite égale. Les discussions basculent sans cesse entre deux affirmations. D'un côté, l'échec et le succès résultent des « dons » et des talents : les mauvais élèves sont bêtes, les bons sont des « intellos ». D'un autre côté, tout est affaire de volonté et de travail : « En faisant des efforts, on peut réussir... Si t'as pas la volonté, tu peux pas réussir. » A la limite, le désir d'apprendre commande, sans médiation, le résultat scolaire : « Si tu te dis : j'ai envie de les faire [les divisions], il faut que j'apprenne et puis, à un moment, tu vas arriver. » Mais, comme c'est toujours le cas dans ce type d'affirmation, le point obscur reste le cas des élèves « qui travaillent et qui ont des mauvaises notes, ils sont complètement démoralisés ».

Le classement, relayé par la concurrence, opère comme un principe de division du groupe de pairs. Très souvent le discours devient sportif et concurrentiel : « Il faut être prêt tout le temps. » Pourtant, même si on sent déjà pointer les formes assez précises d'un individualisme concurrentiel étendu à une perspective scolaire plus longue, c'est la distinction au sein du groupe qui commande l'investissement scolaire. En fait, les deux grandes raisons de l'effort scolaire enfantin vont ici de pair : plus on est bon, plus on est choyé par le maître, et plus on affirme sa valeur personnelle au sein du groupe. Toutefois, la concurrence apparaît encore modérée chez des élèves de cours moyen qui anticipent un durcissement considérable de la compétition au collège : « En CM2 il y en a qui pensent tout le temps au collège. » Face au passage au collège, certains reviennent sur leurs inquiétudes lors de leur entrée au CP : « Moi, quand j'étais en dernière année de maternelle, le dernier jour j'avais un peu peur parce que je me disais que je savais pas lire et tout ça, et j'avais peur. Et puis je disais à ma mère de m'apprendre à lire pour pas après qu'en CP je sache rien. » Le collège apparaît comme un monde plus dur dans lequel les élèves sont moins soutenus par les enseignants : « Je sais que si on ne travaille pas, ben les profs là, ils vont vraiment pas nous pousser. Dans le primaire on travaille pas, les professeurs essaient de nous faire travailler. Ils essaient de nous apprendre, de nous dire pourquoi on travaille pas. Et par contre, au collège, on travaille pas, on va pas nous poser mille et une questions. On nous dit : tu travailles pas, ben tu travailleras pas. » Cette crainte conduit les élèves

1. Le poids du statut scolaire dans la représentation de soi de l'écolier passe non seulement par les regards des autres élèves mais aussi par ceux des adultes. Cf. M. Gilly, « L'élève en fonction de sa réussite scolaire. Perception par le maître, par la mère et par l'élève lui-même », *Enfance*, t. XXI, 1968.

de CM2 à accepter les interrogations surprises car, plus tard, au collège et jusqu'au lycée, « il y aura des contrôles toujours surprises ». Le collège ne fera pas seulement grandir l'écolier, il mettra aussi l'enfant à l'épreuve d'un monde moins protégé, plus « dangereux » aussi dans une des banlieues où nous avons travaillé : « Souvent à la radio on entend des histoires de... Y en a qui vendent de la drogue à la sortie du collège, ça fait pas longtemps, y a eu un mort, y a un élève qui en a tué un autre, par moments ça fait peur. »

Il faut donc se préparer à la compétition, il faut être un bon élève, acquérir « les bases et les méthodes ». Ceci implique un rapport plus autonome au travail, une capacité de réfléchir sur sa propre façon de travailler et, surtout, d'expliquer ses difficultés. Pour les bons élèves eux-mêmes, l'échec est lié à la « peur » et à l'excès de travail : « On travaille trop et puis après on mélange... Quand on fait deux contrôles dans la journée, pour le deuxième on est fatigué avec le stress du premier contrôle et c'est vrai que c'est dur... on se mélange. » « Je révise beaucoup chez moi. Je sais qu'on a un contrôle. Et j'ai tellement peur de me tromper, je me dis faut pas que je me trompe, j'ai vraiment peur de me tromper... » Les élèves disposent aussi d'explications plus psychologiques, la maîtrise du travail est parasitée par des problèmes familiaux : « On est triste de pas les avoir les deux parents en face l'un dc l'autre donc, euh... on descend. » L'échec scolaire, souvent chez les écoliers plus faibles, s'explique par la théorie des lacunes : « Il y a tous ceux qui sont perdus depuis longtemps. » Les élèves croient spontanément à un âge d'or du savoir, moment charnière du parcours scolaire où ils auraient raté les fondements de la trajectoire scolaire. Les élèves de cours moyen ont déjà la nostalgie de leur enfance. Mais l'explication dominante reste le manque de travail et d'attention : « Au lieu d'écouter vraiment eh bé tu t'amuses et au contrôle, t'as tout faux. » Un garçon désigne ceux dont « à force de ne pas travailler leur cerveau a rétréci ». Même s'il peut faire valoir des excuses, c'est à l'élève lui-même que revient la responsabilité absolue de son échec : « Nous, on a Julien dans notre classe, la maîtresse essaie de tout faire pour qu'il travaille, elle se met derrière lui et tout, et dès qu'elle a tourné le dos, il fiche rien. »

Au travers des classements et des différences de performances individuelles, l'unanimité du groupe des pairs est ébranlée. L'écolier est contraint de s'approprier son propre parcours scolaire. Il se constitue tout un ensemble d'arguments, une casuistique permettant de s'expliquer à soi-même ses propres mésaventures scolaires. Mais ce sont surtout les « bons élèves moyens » qui réfléchissent ainsi, car ils réussissent et ont des accidents qu'ils doivent s'expliquer. Les très bons élèves restent dans l'ordre naturel et, comme ils ne peuvent parler dans le groupe sans se vanter, ils se taisent. Les moins bons élèves se taisent aussi : « C'est la honte », et la rhétorique des excuses enfantines ne tient jamais longtemps face à la brutalité des jugements des maîtres repris par le conformisme du groupe.

Le groupe et les amis

L'expérience de l'écolier n'est pas seulement scolaire. Il existe aussi une vie propre aux enfants, largement autonome par rapport à l'école, et souvent cachée aux adultes. Il faut alors analyser la manière dont cette logique d'intégration coexiste avec l'émergence des sentiments individualisant, comment la force du groupe s'accommode de la naissance d'émotions fortement personnalisées [1].

L'éducation sentimentale

L'amour. L'éveil des écoliers à la vie sentimentale est menacé par trois écueils. D'abord, la forte opposition des univers masculin et féminin, ensuite, la peur de la moquerie des copains, enfin, la maladresse dans l'expression du sentiment amoureux. Dans le monde des écoliers, l'expression, ou plutôt la manifestation de l'amour, sa présentation aux autres, pose problème. L'amoureuse et, surtout, l'amoureux sont toujours maladroits. Il y a, bien sûr, le garçon qui « ne la lâche pas... Il lui colle aux baskets ! ». Un garçon « a écrit une chanson avec son nom ! Et ils faisaient des choses communes ! Je n'en dirai pas plus... ». Les filles qui reçoivent des mots d'amour sont certes flattées, « c'était gentil quand même ! ». Mais l'amoureux devient un peu trop insistant : « Il devenait énervant parce qu'il arrêtait pas de me courir après. » Cependant, pour une autre fille, il existe « des garçons qui savent avoir un peu le cœur là où il faut ». En réalité, les garçons semblent éprouver, plus nettement que les filles, une tension certaine entre deux conceptions de l'altérité sexuelle. Comme le dit un écolier, on bascule entre deux extrêmes : « D'un côté, les filles c'est nase, c'est être une honte, enfin, c'est tout ce que vous voudrez. Et de l'autre, c'est complètement super ! C'est très bien ! C'est le mieux qui puisse exister ! C'est d'un extrême à l'autre ! » C'est ici que l'ouverture à la culture des « grands » par les médias joue un rôle non négligeable. D'ailleurs, les enfants sont les premiers à le reconnaître. « Y a des films qui sont pas tout à fait pour les enfants et puis, et puis ils les regardent et ça leur donne des idées. » « Des fois, ça rend service, tu peux savoir comment tu les dragues et tout ça. » Face aux séries télévisées, les enfants ne sont pas dupes, ils séparent la

1. Notre raisonnement n'exclut pas l'existence d'étapes dans la maturation individuelle, mais il vise à déceler les processus sociaux de construction de l'individuation. Pour une étude exemplaire d'une approche en termes d'« étapes de l'homme », cf., parmi bien d'autres, E.H. Erikson, *Enfant et Société*, Neuchâtel, Delachaux et Niestlé, 1966, p. 169-180.

fiction du réel : dans *Hélène et les Garçons*, les héros sont des étudiants qui ne travaillent jamais, ne sont jamais en cours, ont toujours de l'argent [1]... La moquerie des copains établit une ligne de résistance à l'emprise de l'émotion médiatique. A l'école élémentaire, c'est « débile » de regarder les séries collèges, même si tout le monde les regarde. Face à des fictions qui visent la participation émotionnelle active des enfants, le groupe de pairs opère comme un principe de dégagement : il faut toujours dire qu'on n'a pas été ému, qu'on s'est rendu compte que c'était une fiction. D'ailleurs, c'est parfois à propos des émissions de télévision, et à cause du grand détachement émotionnel qu'ils doivent afficher face à leurs copains, que nous avons recueilli quelques-uns des plus purs moments d'argumentation entre les enfants [2]. Mais les séries proposent une grammaire des sentiments et un arsenal stratégique qui permet de savoir se conduire et de parler d'amour. Les écoliers y apprennent le marivaudage.

Pris dans la nécessité de se montrer aux autres, l'amour est toujours un jeu de jalousie. Ce que les enfants aiment, encore une fois et le plus souvent, c'est le désir du désir de l'autre. « Y a des garçons qui aiment des filles, mais les filles ne les aiment pas, elles les font chanter, exploiter... Elles font semblant de les aimer pour qu'après ils leur donnent des bonbons, c'est comme dans *Premiers Baisers*, “Isabelle, elle aime Anthony et Anthony, il est sorti avec Virginie et puis Isabelle a dit tout ça, et Anthony quitte Isabelle, Isabelle, elle va tout répéter à Luc, alors...”. » La chaîne amoureuse est la véritable représentation de l'amour. Là où le désir, au sein d'un groupe, communique sans arrêt de l'un à l'autre dans une sorte de spirale, c'est l'ensemble du groupe lui-même qui devient objet d'amour. Le primat de l'intégration est réalisé par une voie détournée. Dans l'amour enfantin, en aimant celui qui ne m'aime pas, mais qui aime quelqu'un d'autre qui, à un moment, m'a aimé, c'est le groupe lui-même qui s'aime. L'amour enfantin ne peut pas se réaliser : son but social est de donner une cohésion au groupe. C'est dans la mesure où je m'insère dans la chaîne du désir collectif que je m'y affirme. C'est pourquoi l'amour enfantin reste, ou doit rester, ou peut rester, en dehors du monde du maître et des parents. L'essentiel est que l'amour soit collectif. La « drague » est un rituel collectif de l'enfance. On parle à quelqu'un qui parle à quelqu'un d'autre, qui... L'important c'est d'en parler ou, mieux, l'important est que les autres en parlent. Mais qu'on fasse tout seul sa déclaration d'amour ou qu'on en

1. Pour une critique sévère des méfaits de la télévision sur l'imaginaire des enfants, cf. L. Lurçat, *Le Temps volé*, Paris, Desclée de Brouwer, 1995. Une approche plus compréhensive, et plus proche de nos observations, est proposée par D. Pasquier, « Chère Hélène. Les usages sociaux des séries collèges », *Réseaux*, 70, 1995.

2. Déjà à la fin des années soixante-dix une étude avait souligné le rôle de la socialisation par les images : cf. M.-J. Chombard de Lauwe, C. Bellan, *Enfants de l'image*, Paris, Payot, 1979.

délègue la responsabilité à un copain ou une copine, le but est toujours que tout le monde soit au courant.

L'amour semble à beaucoup un sentiment, voire une émotion, étrangère au monde enfantin, même si les écoliers disent observer de véritables histoires d'amour, ces couples « qui s'aiment vraiment, vraiment quoi ! ». Il semble bien que l'essentiel soit de montrer son couple aux autres : « Ils étaient *au milieu de la cour* et puis... ils s'embrassaient. » Les enfants disposent d'un ensemble de codes amoureux au travers desquels ils s'efforcent de représenter leurs sentiments. C'est pour cela que, même si certains trouvent que s'embrasser « à leur âge c'est un peu cochon », d'autres ne se gênent pas pour « chronométrer » les baisers. La logique est bien celle de la concurrence par rapport aux autres. L'amour enfantin est inséparable de la relation aux autres. D'où la vantardise inévitable, et précaire, puisque, à tout moment, le groupe peut se renverser, et la vantardise du Don Juan d'hier devenir la compromission avec le monde des filles. « Tu trembles, ton cœur, il fait TOU TOU... Tu rougis, tu deviens rouge comme une tomate et là, la fille, quand elle te fait le baiser, tu fais PSHIII... »

Et pourtant, déjà dans l'enfance les règles de l'éternel amoureux sont en place. Notamment celle qui consiste à dire que tout amour passé n'a pas été un amour, et que le dernier amour, seul, est véritable. Chez les écoliers, ce discours prend la forme de l'opposition entre le « sérieux » et le « mignon » : « A la maternelle, chez les petits, c'est mignon. Ils sont encore petits. Tandis que maintenant, avec notre âge à nous, on sait ce que ça veut dire, on sait ce que ça peut représenter, c'est plus pareil. » L'idée est maintes fois reprise. Les petits ne savent pas ce que c'est que d'être amoureux, tandis qu'eux, ils savent. Nous, nous n'en saurons pas plus.

L'amitié. Ce que nous savons de l'amour se retrouve aussi dans l'amitié. Pour un type d'amitié au moins, on observe le même tiraillement entre le désir d'afficher une amitié véritable face au groupe, et la nécessité d'avoir un espace intime. Les enfants de 10 ans, à la différence des plus petits, ne construisent plus exclusivement leur relation d'amitié sur le rejet d'un tiers [1]. Au contraire, de véritables attachements se manifestent et s'énoncent. Le véritable ami est celui à qui « on dit tous nos secrets ». Celui à qui on « raconte ses malheurs ». « Quelqu'un qui lâche pas. » Être mis dans le secret d'un autre est le trait majeur de l'amitié. Une amitié se fonde autour des choses voilées aux autres, sorte de savoir secret qui soude une confrérie. A la base des amitiés, se tient le rituel du serment, du silence. Pourtant, et toute la difficulté de l'amitié enfantine est là, il est impossible de garder un secret. Si je le garde réellement, personne ne sera au courant de l'amitié qui me privilégie, si je livre aux autres le secret qu'on m'a confié, je trahis

1. Cf. B. Reymond-Rivier, *Le Développement social de l'enfant et l'adolescent*, Liège, Mardaga, 12e éd., 1991.

l'amitié déposée en moi. D'où la solution enfantine : on invente sans arrêt des secrets qui permettent chaque fois de refonder, d'ailleurs souvent avec le même ami, le rituel caché du groupe, ce qui engendre l'instabilité chronique de l'amitié enfantine, la ronde des bouderies et des réconciliations. Ce mécanisme semble être le même pour les garçons et pour les filles, bien que les formes de l'amitié soient distinctes. Tandis que les garçons ont une prédilection pour la « bande » et pour les jeux dans la rue entre copains, les filles, elles, préfèrent les petits groupes d'amies, « deux ou trois, toujours les mêmes ».

Il faut comprendre la logique sociale qui commande l'éveil de ces émotions. Dans la mesure où l'amour et l'amitié vraie sont des sentiments individualisants, ils s'opposent, en apparence, à l'impératif de l'intégration du groupe. C'est pourquoi ces couples, ces micro-groupes doivent être au service du groupe principal, et c'est pourquoi la « trahison » joue un aussi grand rôle. Disons-le clairement, le secret et la trahison sont un couple indissociable de l'amitié enfantine. Les deux sont absolument nécessaires à sa construction. L'histoire de l'amitié enfantine est l'histoire de la trahison permanente : « J'ai dit des trucs à un copain et je croyais qu'il allait pas le répéter ; ce copain est allé le répéter à un autre copain, et après il l'a répété à tout le monde... Toute la classe le savait et on faisait que se moquer de moi. » Or, la « trahison » est permise parce qu'elle intègre, en la dissolvant, l'amitié au sein du groupe principal. Tandis que le « rapporteur » est exclu parce qu'il trahit le groupe lui-même vis-à-vis de l'extérieur, la « trahison » est tolérée, voire nécessaire, parce qu'elle intègre. A l'inverse, le « rapporteur » est banni, mal jugé, parce qu'il porte atteinte au groupe lui-même. Quand on dénonce un copain devant le maître, en réalité, on dénonce à la fois le groupe et un de ses membres. En trahissant un secret, on renforce le groupe et on met à jour une amitié.

Le monde de l'amitié enfantine ne se définit ni par, ni contre l'école. A vrai dire, sur cette dimension et à cet âge, l'emprise du monde scolaire semble plutôt faible. Les amis, les vrais, comme les copains, peuvent, en fonction du lieu de résidence, appartenir ou non au monde de l'école. Pourtant, même si l'autonomie semble grande, les cadres du jugement restent marqués par le monde scolaire. Dans le jeu des associations libres, le bon copain est caractérisé de la même manière que le bon élève : il est « poli », « gentil », « honnête », « travailleur ». Quant au mauvais copain, il est « malhonnête », « andouille », « bagarreur », « idiot », « chipoteur »... Enfin, comme un écolier le dit simplement : « mauvais élève ». L'autonomie émotionnelle du monde des amitiés enfantines est parfois contrée par la surveillance des parents. Quand les parents ne connaissent pas du tout le copain d'un enfant, ils cherchent d'abord à se renseigner. D'autres fois ils déconseillent quelques amitiés : « Mon frère il s'entendait bien avec un garçon, et maman dit : oh là là ! Ne va pas trop avec lui il est vraiment bagarreur. Et en fait il a été avec les autres. » Il semble bien que des

« vraies » histoires d'amitié existent, peut-être parce qu'elles sont plus avouables : « J'avais vraiment un bon copain qui est parti de l'école, et c'était vraiment un bon copain. Alors je lui écris encore des lettres, des choses comme ça, je suis allé chez lui... On s'entend vraiment très bien. » On voit ici se dessiner une subjectivation par les sentiments, et notamment par l'état de l'*agapé*, comme le dit L. Boltanski, là où les individus se caractérisent par une préférence pour le présent, le refus de la comparaison et de l'équivalence, une construction de soi et de l'autre étant alors possible [1]. Bien sûr, ces sentiments individualisants passent par la médiation et le contrôle du groupe, mais ils n'empêchent pas la construction d'un quant-à-soi.

La moquerie

L'individualité de l'écolier émerge d'une autre logique de subjectivation liée au groupe : la moquerie. Pour les enfants, si fortement définis par le groupe, la solitude est toujours une exception. On ne se retire pas du groupe, on est contraint de s'en retirer. Certes, le processus peut être plus ou moins bien vécu, il n'empêche que la solitude est avant tout le fruit d'un rejet. « Ben souvent, ils jouent au football ou des choses comme ça, et comme j'aime bien tailler des bouts de bois, faire des choses décoratives, mes copains souvent me disent : tu sais pas tirer, enfin, presque des méchancetés, alors que je suis un peu différent d'eux. Alors, il faut avoir une différence. » La différence pose un problème parce qu'elle montre la distance qui sépare un enfant des autres dans un univers où le seul idéal, impossible à atteindre, parce que vidé de tout contenu, s'énonce ainsi : « Il faut être pareil qu'eux. » Eux, c'est-à-dire le groupe lui-même, un ensemble dépourvu de qualités propres.

L'ébauche de la différence individuelle est immédiatement sous l'emprise directe de la moquerie. L'enfant s'individualise parce que les autres se moquent de lui. Plus les autres se moquent, plus l'enfant se dote d'un « caractère ». Mécanisme inévitable. Le primat de la logique de l'intégration est tel que l'individu n'a pas le courage de se séparer du groupe. Il faut alors qu'il y soit contraint, poussé. C'est à la moquerie enfantine que revient cette fonction. Dans cette interaction entre soi et les autres, par le biais de la moquerie se construit un « caractère » contre les autres, grâce aux autres. « Moi, des fois, y a des moments, quand y en a qui me tapent, qui se moquent de moi, je pars tout seul, et puis j'essaie d'aller dans un coin... » La découverte et la construction de l'individualité sont des expériences douloureuses. On devient soi-même parce que les autres décrètent qu'on ne peut plus être comme les autres.

Il n'est pas exagéré de parler de la « ruse » de la moquerie enfantine.

1. Cf. L. Boltanski, *L'Amour et la Justice comme compétences*, Paris, Métailié, 1990.

Ressentie comme une machine égalitaire : « Ils veulent pas qu'on soit différent d'eux ! Ils veulent qu'on soit pareil, pareil qu'eux ! », la moquerie produit, à terme, le résultat contraire. Et ce n'est pas un hasard si, dans les groupes que nous avons constitués, c'est celui qui était le plus rejeté par les autres qui parvenait à exprimer le plus fortement un sentiment d'autonomie. « Je fais confiance à personne, je ne change pas mon caractère à l'école. » La moquerie « dégage » un individu. D'ailleurs, c'est le même mécanisme qui est à l'œuvre dans les jeux de surnoms et l'accentuation des différences. La laideur joue un rôle majeur dans ce saisissement de soi. Ce n'est que plus tard, bien plus tard, que les individus se doteront d'une identité « désincarnée ». Les enfants sont habités par leur corps plus qu'ils n'habitent dans un corps. Les écoliers se décrivent par leur aspect physique : « gros pif », « la botte », « l'asperge », « grenouille », « mousticos », « jumbo éléphant »... Dans l'univers des écoliers, tous sont soumis, tôt ou tard, aux aléas de la cruauté. Il faut alors être capable de jouer au sein de cet espace régulé, de « convertir » ses défauts dans un domaine en « vertus » dans un autre, voire, tout simplement, de se protéger. Celui qui est mauvais en classe, et dont les autres se moquent, « fait le beau dehors ». Le bon élève est soumis à la moquerie dès qu'il sort de la classe... « Ils se moquent de tout le monde, toi t'es mauvais en sport, toi tu cours comme une autruche, toi tu fais ceci, toi tu fais cela... » L'expérience d'un très bon élève est particulièrement dure : « En classe de neige, on s'était tous mis dans la même chambre entre copains, et j'ai été viré au dernier moment... Je me suis retrouvé avec les pires élèves de la classe, et ça a été vraiment très ennuyeux... Ils m'ont lâché ! Et ça s'est renouvelé. Fallait faire des groupes de pétanque, on était à trois, c'était très bien, j'arrive à l'école, j'ai encore été viré !... Et j'ai peur que pour la sortie vélo, j'ai encore peur que ça se reproduise. » La moquerie des enfants constitue, dans la peur, un être plus indépendant [1].

Résistance et compétition

Bien que nous ayons formé deux groupes d'élèves dans deux écoles socialement contrastées, nous avons choisi de présenter une analyse d'ensemble de l'expérience de tous ces écoliers. Les points communs sont bien plus nombreux que les différences. Dans les deux cas, la logique de

1. Les quatre logiques de subjectivation décelées ne sont pas sans lien avec la notion de « dissociation de soi » de G.H. Mead, pour qui la socialisation se déroule toujours prise entre deux dangers : soit la dissolution dans l'identité collective et le conformisme, le « moi », soit le retrait vers l'identité individuelle et la fragilité, le « je ». Cf. G.H. Mead, *L'Esprit, le Soi et la Société*, *op. cit.*

l'intégration l'emporte. Elle domine les ordres de jugement, elle assure la toute-puissance du maître et elle met en œuvre des mécanismes de socialisation identiques. Cette homogénéité tient probablement à plusieurs raisons. D'abord, les écoles primaires, centrées sur des apprentissages fondamentaux, sont moins diversifiées que les collèges et les lycées. L'offre scolaire de l'école élémentaire accentue relativement peu les différences. Par ailleurs, le poids de l'enfance proprement dite et de l'image unanimiste qui lui est associée contribue à renforcer l'unité de l'expérience des écoliers au-delà de leurs différences de performances. Quant aux modalités d'une subjectivation dans la construction d'un jugement et d'une sociabilité autonomes, elles ne se distinguent guère dans les deux groupes.

Il apparaît cependant des différences, pouvant sembler relativement subtiles, mais que l'on ne peut ignorer parce qu'elles amorcent un processus de diversification qui ne cessera de se creuser et de s'accentuer au collège, puis au lycée. Les effets des différences sociales, relativement limités à l'école élémentaire, doivent être observés avec soin dans la mesure où ils seront pris dans une croissance « géométrique ». Si l'on voulait résumer les différences observées, on dirait que les écoliers populaires éprouvent souvent comme une violence la tension entre l'enfant et l'élève, alors que les écoliers des classes moyennes ressentent cette tension sous forme de stress. Dans un cas c'est la distance entre l'enfant et l'écolier qui domine, distance qui est celle de l'école à la famille. Dans l'autre, c'est le poids du projet social des parents qui, réduisant cette distance, provoque une angoisse [1].

Résistances

La vie du grand ensemble, si décriée avec les jeux sans contrôle des enfants et la présence continue de la télé, est présentée par les écoliers comme une vie heureuse et libre. Surtout les soirs de juin, quand on peut jouer longtemps loin du regard des adultes et conquérir des territoires qui n'appartiennent qu'à soi. La meilleure élève du groupe et une de ses camarades, fille d'instituteur, se méfient des « voyous », mais avouent aussi que leur rêve serait de les rejoindre et de délaisser un peu leurs jeux éducatifs. Les maîtres aiment *La Guerre des boutons*, ils aiment aussi *Le Cancre* de Prévert, et affichent volontiers les photos de Doisneau représentant des gosses jouant dans les rues de Paris avant guerre. Mais quand cette liberté enfantine se réalise, elle perd son aura poétique et populiste pour devenir la cause des difficultés scolaires.

Aussi, dans le groupe d'écoliers populaires, les résistances à l'école laissent apparaître un sentiment de violence et de domination qui ne se

1. Ce qui apparaît de façon atténuée chez les écoliers est beaucoup plus explicite quand on observe leur famille (chap. 3).

formule jamais directement mais s'exprime par la bande. Le thème des violences physiques des maîtres est beaucoup plus présent dans l'école populaire, thème renforcé par la violence des parents qui redoublerait celle des maîtres. Mais surtout, les écoliers laissent paraître un désir de violence contre le maître : « Quand la maîtresse les engueule, y en a, ils ont toujours envie de faire des grimaces. » « Ça me démange tout le temps. » « J'ai envie d'attraper la maîtresse et lui casser la tête. » « J'ai envie de lui mettre un bon coup de bâton dans le derrière. » « J'ai envie de lui arracher les oreilles. » Ce désir de violence est d'autant plus fort que les maîtres ne croient pas ces écoliers, accusent toujours les mêmes, ignorent la validité de leurs excuses, ne savent rien de leur vie personnelle. Une fille, élève faible, dit que la maîtresse ne cesse de se moquer d'elle ; dans ses rêves, elle « vomit sur la tête de la maîtresse ».

Quant à l'avenir de ces écoliers, il est tout tracé. Ils iront au collège le plus proche et ne perçoivent guère les étapes de la scolarité au-delà des années collèges. Les métiers imaginés sont des rêves enfantins dans lesquels la scolarité future ne joue pas un rôle précis. Les écoliers espèrent une scolarité « normale », sans échec et sans redoublement, mais ils ne prennent pas le départ d'une très longue compétition en quittant l'école élémentaire.

L'esprit de compétition

Les écoliers des classes moyennes sont soumis à un contrôle familial beaucoup plus serré que celui des élèves des classes populaires. Les loisirs familiaux sont plus « éducatifs » et organisés, musique, sport, sorties familiales... Les parents contrôlent aussi plus nettement les fréquentations des enfants qui reçoivent leurs amis chez eux. Ainsi, le monde des enfants est beaucoup plus proche de celui des élèves. Il va de soi, aux yeux des écoliers, que l'attelage pédagogique est tiré par le maître et par les parents. Les exercices sont révisés à la maison, les travaux de documentation exigent la participation des familles et les élèves du groupe expliquent, tout naturellement, les difficultés scolaires de leurs camarades par le désintérêt des parents puisque c'est l'enfant et ses parents qui sont à l'école.

Cette continuité entre l'école et la famille est articulée sur le culte de la performance : « Quand on est habitué à avoir des bonnes notes, je me suis toujours mis un enjeu un tout petit peu plus haut, c'est-à-dire qu'on a fait un histogramme et on faisait à partir de petits cubes le nombre de personnes, et puis au début j'étais tout seul dans une motte, après tout le monde a commencé à me rattraper, et puis je montais toujours un petit peu plus, et puis je me suis dis : bon, faut que j'essaie d'avoir à chaque fois une note un petit peu plus haut, je réussissais et là, j'étais tellement... parce que je voulais avoir cette note, et puis finalement j'ai tout raté et... Toujours plus haut, toujours faire plus, plus, plus que les autres, et puis après chaque contrôle, on passe au moins cinq minutes à aller voir les autres, ceux à qui on sait qu'ils ont à peu près les mêmes notes que toi, on calcule les moyennes... » Pour les enfants, la classe est sous l'emprise d'une concurrence organisée : « On va surtout se battre contre les autres si ils sont au même niveau. » Classement explicite ou pas, les élèves connaissent tous leur rang : « On connaît quelle est la première moyenne... et on sait à peu près les dix premiers. » Les formules sont sans ambiguïté : « C'est toujours une envie de performance, toujours plus haut, c'est un peu comme dans le sport, c'est toujours faire un centimètre de plus, gagner une seconde de plus. » Cette compétition provoque le stress, le trac des sportifs qui n'ont pas « le droit de perdre ». Il n'est pas question de décevoir le maître et les parents. Les plus petits fléchissements sont perçus comme de dangereux symptômes, et les élèves disent que souvent la peur les accompagne. Il est vrai que, placés au sommet de la hiérarchie, ayant souvent sauté une classe, ils ont tout à perdre et peu à gagner. Bien sûr, tous iront au collège, c'est naturel. Mais le collège n'est que le prolongement d'une compétition devenue plus difficile car beaucoup d'entre eux éviteront le collège du quartier pour un établissement plus réputé qui couronnera leurs performances. Ces écoliers possèdent déjà les premiers outils d'une véritable stratégie de carrière.

*

* *

Nous avons choisi d'étudier l'expérience scolaire du point de vue des écoliers et de sa dynamique interne. Pour cela, il ne faut pas réduire l'acteur social, fût-il « naissant », au rôle de réceptacle des normes scolaires qui se déversent sur lui. Il ne faut pas non plus le saisir dans la seule tension entre la socialisation familiale et la socialisation scolaire. Le désir d'entrer « dans l'expérience » des écoliers a pu nous rapprocher de la psychologie sociale et notamment de Piaget, qui a fortement articulé le développement cognitif et moral des enfants à la double face de la socialisation, celle de la relation hiérarchique et celle de la relation entre égaux.

Il n'empêche que les processus de subjectivation des enfants, ceux qui leur permettent de s'approprier leur expérience scolaire, sont marqués par l'emprise d'une logique d'intégration. Les enfants sont ce que les adultes en font de manière plus ou moins volontaire. Mais l'expérience des écoliers du cours moyen n'est pas totalement réductible à cette logique dominée par l'identification, le rôle de la honte et le conformisme. Déjà se dessinent les éléments qui ne cesseront de prendre de la force et de l'autonomie. A la veille de leur entrée au collège, les élèves commencent à accéder à une maîtrise stratégique des études, plus nettement marquée dans les classes moyennes. Ils commencent aussi à construire un monde à eux, celui de l'enfance, qui se developpera pleinement au collège, parfois à côté de l'école, souvent contre. Ainsi, l'expérience scolaire des écoliers n'est pas totalement réductible à l'action et à la volonté des adultes, même si elle ne peut être comprise sans l'étude de cette action et de cette volonté.

3
Les parents et l'école

On ne peut réellement comprendre et analyser l'expérience des écoliers sans rien connaître des attitudes et des choix de leurs parents. Pour essayer de saisir cette face cachée de la vie des écoliers, nous avons constitué deux groupes de parents d'élèves de l'école élémentaire, l'un dans un quartier populaire, l'autre dans une banlieue de classes moyennes. Chacun de ces groupes s'est réuni durant six séances de travail d'environ trois heures, et a rencontré divers interlocuteurs : enseignants, psychologues, inspecteurs... Disons d'emblée que si cette méthode offre l'avantage de permettre aux individus de développer des raisonnements très subtils et très personnels, elle introduit un biais de représentativité important dans la mesure où elle ne recueille que les positions de parents mobilisés, intéressés par la vie scolaire de leurs enfants au point d'y consacrer près d'une vingtaine d'heures de discussions [1].

Les demandes des parents, pour autant qu'il s'agisse de demandes explicites, peuvent être décrites et analysées en fonction des trois grands axes analytiques qui structurent l'expérience scolaire. Le premier d'entre eux est relatif à la *socialisation* : quels sont les apprentissages de connaissances, de valeurs et d'attitudes attendus de l'école ? Quel doit être le rôle de l'école dans l'intégration et la socialisation des enfants ? Il importe de distinguer ce premier ensemble de celui qui relève de l'*éducation* considérée comme l'ensemble des attitudes, des choix et des problèmes relatifs au développement de la personnalité et de l'autonomie de l'enfant. Ce type de demande ne peut être confondu avec le précédent car nous verrons que la tension entre le désir d'intégration des enfants et la reconnaissance ou le développement de leur personnalité est au cœur de l'expérience des parents, et ceci est d'autant plus net que se développe une culture psychologique de masse valorisant l'expressivité. Enfin, les parents attendent de l'école une *utilité* sociale, l'acquisition d'un « capital scolaire » différentiel permettant d'engager au mieux la carrière des enfants. Selon l'expression devenue

1. Une comparaison entre deux groupes sociaux du même type que les nôtres a déjà été réalisée par A. Lareau, *Home Advantage. Social Class and Parental Intervention in Elementary Education*, Londres-New York, The Falmer Press, 1989. Bien que la méthode choisie soit de type ethnographique, nombre des observations établies par A. Lareau recoupent les nôtres.

célèbre de R. Ballion, les parents se comportent comme des « consommateurs » d'école dans un « marché » dominé par la compétition des enfants et des écoles.

Sur chacune de ces dimensions, les deux groupes ont des orientations tranchées, même si elles ne sont pas homogènes au sein de chacun d'entre eux, notamment en ce qui concerne les hommes et les femmes. Les attitudes et les attentes des parents envers l'école ne forment pas des blocs dépourvus de fractures et de tensions. Nous allons essayer d'en suivre les lignes de force et les mécanismes.

La socialisation

L'école de l'intégration

Contrairement à ce que pouvaient suggérer, voici quelques années, les thèses relatives à l'« instinct de classe », les formes les plus extrêmes du discours de la distance culturelle ou bien quelques clichés en cours chez les enseignants, le groupe de parents « populaires » accorde la plus grande importance à l'école. Les enseignants et l'école sont fortement valorisés [1]. Mais au fil des conversations de ce groupe, il apparaît que cette valorisation repose d'abord sur une demande d'intégration sociale, de socialisation de l'enfance aux normes d'une société plus large que la seule famille ; d'une socialisation « nationale » [2].

Au-delà des fameux apprentissages élémentaires, « lire, écrire, compter », auxquels sont attachés les parents, se tient tout un ensemble de comportements attendus par les adultes : « Je suis sensible à la vie, aux règles de vie par exemple. » Les enfants doivent apprendre à se « tenir », à ne pas dire de grossièretés, à être polis, à respecter les adultes... Il faut que l'élève apprenne que le langage de l'école n'est pas celui de la rue. Il n'y a rien de plus choquant que ces enfants « livrés à eux-mêmes » qui ne manifestent aucun « respect » dans leurs paroles et leurs attitudes les plus quotidiennes, qui s'injurient à l'école, qui sont grossiers avec les maîtres et le personnel de service. En ce sens, l'école doit rompre avec les normes de la société et de la rue, et le groupe de parents est d'autant plus attaché à cette rupture qu'il se sent menacé par la « crise » et par une sous-prolétarisation. « Les

1. Cf. J.-P. Courtois, G. Delhayre, « L'école, connotations et appartenances sociales », *Revue française de pédagogie*, 54, 1981 ; A. Lareau, *Home Advantage*, *op. cit.* ; C. Montandon, P. Perrenoud, *Entre parents et enseignants : un dialogue impossible ?*, Berne, Peter Lang, 1994.

2. J.-P. Terrail, « Familles ouvrières, école, destin social », *Revue française de sociologie*, XXV, 1984.

gens s'en foutent et veulent pas s'investir dans l'éducation. » Il importe donc que l'école « résiste » : « Pour nous, l'école c'est toujours une institution » ; c'est elle qui fait entrer dans « la grande société », aurait dit Durkheim, qui donne les règles de vie commune. Les apprentissages élémentaires ne sont pas seulement cognitifs car, en apprenant à lire, les enfants apprennent aussi à se conduire en société au-delà des seules sphères de la famille et du quartier. L'école doit s'opposer « à l'argent, à l'égoïsme, à la télé », elle doit construire d'autres identifications que celles issues du couple formé par l'individualisme du marché et la culture de masse. « Il faut dire à l'enfant : ici [à l'école], c'est pas chez toi. » L'école doit bien distinguer le « dedans » et le « dehors », elle doit affirmer ses propres règles. C'est de cette manière qu'elle est universaliste, qu'elle permet d'échapper aux particularismes culturels et sociaux. C'est bien d'une école républicaine qu'il s'agit, celle qui appartient à tous et qui donne une appartenance commune. D'ailleurs, dans ce groupe militant d'un quartier « difficile », on attend de l'école une capacité de s'opposer au racisme plus ou moins ouvert de la vie quotidienne. Le maître doit se saisir des événements quotidiens pour en tirer des leçons de morale valables pour l'ensemble de la société.

Évidemment, cette représentation de l'école est très fortement associée à un sentiment de chute et de décadence, à la nostalgie d'une « véritable » école publique qui ne serait plus aujourd'hui aussi active qu'autrefois : « Pourquoi on fait plus le civique, notre propre instruction civique, la morale ? » « L'instituteur part du programme et en dehors du programme, il n'y a plus rien. » Dans ce groupe de banlieue composé d'ouvriers et de ménagères, l'image d'une école républicaine villageoise est obsessionnellement présente bien que l'âge et l'origine géographique des individus ne leur laissent guère de chances de l'avoir connue. Les maîtres ne sont plus respectés, ils ont perdu leur statut de notable, « la casquette de directeur d'école qui était dans les communes, autrefois, une notoriété avec le maire, avec le curé, avec le notaire, c'était une personnalité ». « Aujourd'hui, l'instituteur n'a plus droit à rien, il n'a plus les moyens de se faire respecter. » Mais la nostalgie d'un âge d'or de l'école publique engendre une vive critique de l'école élémentaire aujourd'hui indifférente à la société car, si le désir de socialisation exige une affirmation des principes scolaires, il suppose aussi que les enseignants participent à la vie sociale ; ce n'est pas la société qui doit entrer dans la classe, c'est le maître qui doit aller dans la société. Or, dans le quartier populaire de banlieue, « les maîtres n'habitent pas le quartier, on les connaît pas en dehors de l'école [1] ». « A la campagne, on les voit pour le journal ou pour le tiercé, ici j'ai jamais vu l'instituteur acheter son pain. » Si les instituteurs ne sont plus des personnages, c'est

1. Notons que les membres du groupe continuent à parler des « maîtres », alors qu'il s'agit, pour l'essentiel, de « maîtresses ». Mais l'image « républicaine » de l'école s'impose à la réalité.

parce qu'ils ont choisi de s'isoler de la société populaire et de s'enfermer dans leur classe ; ils ne participent pas à la vie du quartier, à celle du centre social et des associations : « Les parents viendraient plus vers eux, si ils les voyaient se mêler à la vie du quartier. » Il est vrai que les enseignants ne vivent guère dans les quartiers populaires où ils travaillent et l'un d'entre eux, invité dans le groupe, explique qu'il s'agit là d'un choix délibéré afin d'atténuer le poids d'un métier « usant » et d'échapper aussi au contrôle des parents qui « surveillent » les enseignants [1]. Alors que les parents ont la nostalgie du temps « où le maître avait une vie après la sortie de l'école », le maître affirme : « Je connais des instituteurs qui refusent cette vie publique, qui habitent à un endroit et qui ne demandent jamais de poste à cet endroit parce que, pour acheter une baguette de pain, ils vont mettre une heure [2]. » Il va de soi que ces critiques suggèrent aussi que l'éloignement des maîtres repose sur un certain « mépris » des parents, des cultures et des modes de vie populaires auxquels les enseignants ne veulent pas être identifiés. On pourrait sans doute expliquer ce phénomène par la composition sociale du corps enseignant et par la dégradation d'un grand nombre de quartiers et de banlieues populaires. La distance des enseignants et des sociétés populaires se creuse, et cela d'autant plus que les maîtres ne sont plus des notables assurés de leur statut.

L'attachement à l'école républicaine et à ses fonctions socialisatrices se manifeste de plusieurs manières. L'une d'entre elles est la confiance constamment affirmée dans le métier de l'instituteur qui repose sur une compétence en principe indiscutable [3] : « Pour moi, les instits, ils ont leur boulot à faire et on n'a pas à intervenir... C'est pas moi qui vais enseigner à l'instit à faire son travail, comme il va pas m'enseigner à faire le mien. » Ainsi, ces parents d'élèves organisés en association s'interdisent d'intervenir dans le champ pédagogique, à la plus grande satisfaction de leurs interlocuteurs enseignants, même si nous verrons que cette affirmation de principe est très loin d'être claire et de définir réellement les territoires de l'école et des familles. « C'est le respect du métier et c'est juste. » Les parents réunis dans ce groupe condamnent sans appel les interventions intempestives, parfois violentes, des parents qui voudraient se mêler de pédagogie : « C'est pas notre rôle d'aller contrôler l'instituteur, il est contrôlé par ses supérieurs hiérarchiques. » En fait, cette reconnaissance professionnelle des enseignants paraît souvent associée à une culture ouvrière professionnelle, et à l'établissement d'un principe de réciprocité

1. Dans un collège où j'ai enseigné durant l'année scolaire 1994-1995, quatre enseignants seulement vivaient dans la commune. Sur ce thème, cf. A. Léger, M. Tripier, *Fuir ou Construire l'école populaire ?*, Paris, Méridiens-Klincksieck, 1986.

2. L'enseignant invité dans le groupe s'est lui-même placé dans cette situation en choisissant d'être remplaçant titulaire.

3. L'enquête de R. Sirota souligne bien ce fait : *L'École primaire au quotidien, op. cit.*

par lequel la famille « bastion » se préserve elle-même des empiétements de l'école[1] : « J'aimerais pas qu'on vienne chez moi me dire, fais ci ou fais ça. » En affirmant l'autonomie et la spécificité de l'école, les individus défendent aussi l'autonomie d'un espace privé et, tout au long des discussions, il est sans cesse affirmé que l'on n'a pas le droit de s'immiscer dans les affaires des familles, même dans les cas où les conduites des parents sont apparemment scandaleuses : « On peut pas s'intégrer dans la vie des gens, c'est trop délicat. »

Cependant, la séparation des sphères n'interdit pas l'appel constant au renforcement mutuel des attitudes éducatives. Les familles et l'école doivent dialoguer, doivent travailler ensemble. Il ne faut pas créer de dissonances entre la famille et l'école. Ces parents d'élèves soulignent aussi le fait qu'ils n'ont pas les moyens de discuter de la pédagogie du maître : « On n'a pas appris à apprendre, le rôle des parents, c'est surtout de donner des valeurs, un état d'esprit. » Bien souvent, les parents ne comprennent pas les nouvelles techniques du maître car « c'est pas comme avant ». Il faut donc aider les enfants dans le sens de l'école et, surtout, ne jamais critiquer le maître devant les enfants, quoi qu'on en pense par ailleurs : « Une punition, ça n'a jamais tué quelqu'un, si il a 150 lignes, tant pis, il se les mange. » Si l'on doit demander des explications au maître, c'est « par-derrière ». De même, il n'est pas bon que le père et la mère fassent état de divergences devant les enfants. Et le groupe ne cesse de critiquer les parents qui « s'exposent », qui affichent leurs différents, entre eux et avec l'école : « Alors le gosse, il est paumé. »

Tous les discours relatifs à la socialisation sont, il faut le souligner en dépit de la faible représentativité du groupe, surtout tenus par les hommes. Ce sont les hommes qui portent la nostalgie de l'école républicaine, ce sont eux qui affirment l'autonomie du maître, ce sont eux qui soulignent l'importance des valeurs. Ce sont aussi les hommes du groupe qui manifestent une volonté de contrôle et de surveillance des enfants, et le dialogue souhaité entre l'école et la famille vise souvent à limiter les espaces secrets de l'enfance par des stratégies d'aveux. Les punitions, « à condition de ne pas humilier l'enfant », ne font de mal à personne. Ce sont les hommes enfin qui idéalisent leur passé scolaire sous le regard ironique des femmes : tous se présentent comme d'anciens élèves doués qui n'ont pas poursuivi leurs études par choix ou par contrainte économique. Ils auraient « pu » s'ils avaient voulu ou si on leur en avait laissé le choix.

C'est à partir du thème des punitions scolaires que s'opposent fortement les deux sexes et que se manifeste une demande éducative, centrée sur l'enfance, nettement distincte de l'énonciation des principes généraux d'une

1. Cf. sur ce point : J. Kellerhalls, C. Montandon *et al.*, *Les Stratégies éducatives des familles : milieu social, dynamique familiale et éducation des pré-adolescents*, Lausanne, Delachaux et Niestlé, 1991.

socialisation cohérente. Cette tension est au cœur de l'expérience des familles populaires.

La socialisation « contractuelle »

L'image de la socialisation portée par les classes moyennes peut être qualifiée de « contractuelle » dans la mesure où l'apprentissage des normes se présente moins comme une imposition de normes que comme un exercice de la discussion. Pour le groupe des classes moyennes, la socialisation scolaire est, tout au plus, complémentaire de celle de la famille. A ses yeux, l'essentiel de la socialisation se fait dans la famille où les enfants sont toujours bien « élevés » et ouverts au monde : « Il faut pas tout attendre de l'école, on a un rôle à jouer là-dessus. » En contrepoint, les familles populaires sont perçues comme cette « tranche de la population qui demande une éducation » en raison d'une démission parentale qui paraît aller de soi. Mais eux, au contraire, « ne se reposent pas complètement sur l'école », et, par là même, ils parviennent à établir un autre rapport avec les enseignants, de nature plus « contractuelle » [1]. Cette représentation se double d'une mise en cause morale des attitudes des parents populaires, toujours soupçonnés d'être non intéressés ou incapables de suivre leurs enfants, soit parce que « les parents ne savent pas parler », soit parce que « tout simplement il y a une absence de référence scolaire » : « La gamine turque du coin, les parents vont pas aller faire la démarche d'aller à la bibliothèque, de payer les photocopies et d'organiser le travail » [2]. « Dans certaines familles, il n'y a pas de livre, la seule chose qu'il y a c'est la télé » [3]. Un raisonnement qui permet à la fois de préserver l'image de l'enfance « innocente » et d'incriminer la société : « Je suis persuadée que les enfants violents sont des enfants qui subissent aussi la violence et qui sont nés dans un monde de violence. » La demande de socialisation des enfants est, dès le départ, caractérisée par ce souci de démarquage social. Le rapport à la scolarité de l'enfant passe souvent par une critique, souvent explicite, des modes de fonctionnement des familles populaires qui auraient plus besoin d'école [4].

1. Les parents des couches moyennes diplômés intègrent la relation aux enseignants dans une stratégie globale de mobilisation scolaire. Cf. R. Sirota, *L'École primaire au quotidien*, *op. cit.*

2. Pour une critique du mythe de la démission parentale, cf. B. Lahire, *Tableaux de famille*, Paris, Gallimard-Seuil-EHESS, 1995.

3. La fréquentation enfantine des bibliothèques est fort différente selon le milieu social : elle est précoce et fortement incitée par les cadres supérieurs, elle est plus tardive et avec un rôle de remédiation scolaire pour les enfants de milieu populaire. Cf. R. Sirota, J. Eidelman, « Autonomie et dépendance des pratiques enfantines en bibliothèque », *in* P. Perrenoud, C. Montandon (éd.), *Qui maîtrise l'école ?*, Lausanne, Réalités sociales, 1988.

4. C'est dire que dans le discours spontané de l'acteur il y a, déjà imbriqué de manière consubstantielle, un misérabilisme moralisant envers les classes populaires.

La fierté de classe se coule dans des discours justifiant les différences de réussite scolaire. « C'est peut-être ça qui fait la différence... simplement nous on peut les amener le mercredi à la danse, ou on travaille pas, ou on s'arrange tandis que dans d'autres milieux non. On peut pas faire danse parce qu'on peut pas les accompagner. »

Cette sollicitude se prolonge quasi naturellement dans une conception contractuelle de la socialisation. Bien qu'il soit impossible de réduire l'ensemble des attitudes de socialisation aux appartenances de classe des familles, des liens peuvent être établis entre des styles éducatifs et des types de familles. Les couches moyennes se caractérisent notamment par un modèle « contractuel » qui vise à développer l'autonomie de l'enfant et sa créativité. Peu contraignant, axé sur la motivation, l'indifférenciation relative des rôles entre la mère et le père y favorise une imbrication des aspects instrumentaux et expressifs des activités et des relations [1]. L'école doit participer à ce processus plus global par lequel on transmet une capacité de se conduire en société, et dans lequel l'intériorisation des règles morales par la discussion tient un rôle majeur. Cette conception « démocratique » établit un principe de continuité entre la « petite » société familiale et la « grande » société. On valorise alors le rôle des pairs : l'école est « un premier lieu d'expérimentation », où il s'agit de s'intégrer à une micro-société, d'apprendre « à vivre en collectivité, à respecter l'autre, la nature, le matériel, les gens, la culture des autres ». Les parents se disent très attachés à ces valeurs qui les conduisent à relativiser le rôle socialisateur de l'école en raison de leur proximité normative et sociale avec l'institution scolaire. L'école doit renforcer « toutes ces règles de vie qui sont complémentaires ou similaires à celles qu'on peut leur donner ».

Il est nécessaire de raisonner l'enfant, de lui expliquer les choses, même si elles sont dures et difficiles, en se démarquant d'un certain irénisme scolaire. Il faut imposer un certain réalisme aux enfants qui doivent être sérieux très tôt afin d'éviter que se prolongent les fausses idées enfantines sur la réalité. Mais l'école doit aussi protéger l'enfant du monde social tout en l'introduisant, par le biais du discours, au sein du monde. On aménage alors les espaces de l'enfance en essayant d'éviter soigneusement le contact avec les « autres », en soulignant les dangers du monde. Les justifications sont toujours embarrassées pour expliquer les interdictions de certains jeux à « l'air libre » : « Je crois que spontanément moi j'aurais envie de dire

---

Leur univers est représenté comme une altérité domestique dégradée. Pour une réflexion globale sur les processus de construction de ces altérités, cf. C. Grignon, J.-C. Passeron, *Le Savant et le Populaire*, Paris, Hautes Études-Gallimard-Seuil, 1989.

1. Cf. J. Kellerhals, C. Montandon, *Les Stratégies éducatives des familles, op. cit.* Pour une présentation critique des travaux axés sur les relations famille-école à partir des différentes pratiques éducatives, cf. C. Montandon, « Pratiques éducatives, relations avec l'école et paradigme familial », *in* C. Montandon, P. Perrenoud, *Entre parents et enseignants : un dialogue impossible ?, op. cit.*

oui, parce que au niveau voiture il n'y a pas de danger. Le problème c'est les rencontres qu'elle peut faire. On ne donne pas directement sur cette place, donc on a des réticences et en même temps c'est dommage parce que ça peut être très riche. » D'une certaine manière, et toutes proportions gardées, la logique de cette socialisation participe du vécu paisible des couches moyennes survalorisé par le contact des désastres transmis par les médias : la connaissance du monde devient « théorique », et la protection dont on jouit pratiquement devient d'autant plus précieuse qu'elle s'accompagne d'une conscience de tous les périls potentiels. Le discours, dans la mesure où il permet de faire l'économie des épreuves réelles, loin d'être un glissement vers une culture livresque, vers la valorisation des « mots » au détriment des « choses » comme dans la tradition humaniste, permet de se faire une idée du monde [1].

Cette attitude se traduit pratiquement par un fort contrôle, formel et informel, des enfants. Les parents interviennent ainsi, non sans quelques états d'âme vite relayés par la certitude d'agir au nom du bien-être de l'enfant, sur le choix des amis, sur les activités extra-scolaires, sur les loisirs et les jeux. Il arrive que ce choix soit d'autant plus mal assumé que les parents s'efforcent de tenir un discours prônant le respect de l'enfant et de son « jardin secret ». Pourtant, l'autonomie du monde enfantin semble ici bien limitée et sous haute surveillance. Bien entendu, les enfants glissent et jouent entre les interstices, mais l'ensemble de leur expérience est bien encadré : « Le mercredi par exemple elle va avec Audrey, pendant deux heures elles font deux activités, en ce moment c'est natation et hand et après, soit Claire va chez Audrey ou Audrey va chez Claire, il y a des échanges. Le samedi, quelquefois on téléphone à une copine, on connaît quand même les gens avec qui elle préfère aller. » Il ne s'agit pas de pointer le fait que certains parents « fouillent dans les cartables », mais de souligner le contrôle familial de la socialisation. A terme, et malgré des mises en garde réitérées, le processus vise une prise en charge de la « totalité » des interactions de l'enfant, moins par un modèle de l'aveu que par le biais d'un cadrage horaire où la succession des activités et des amis tient lieu, en toute souplesse, de contrôle de l'expérience.

Mais cet univers châtié et poli, axé sur des exigences de communication et d'interaction, se sent toujours menacé. C'est pourquoi la « violence » enfantine à l'école tient parfois une place si importante dans les discours de parents. Inutile de s'interroger ici sur le caractère réel ou imaginaire de la violence, mieux vaut la saisir comme un effet de perception [2] : est perçu comme violence tout ce qui excède l'ordre de l'argumentation et qui

1. Pour un témoignage extrême de ce processus, cf. l'autobiographie petite-bourgeoise emplie de la haine des petits-bourgeois de J.-P. Sartre, *Les Mots*, Paris, Gallimard, 1964.

2. E. Debarbieux, *La Violence dans la classe*, *op. cit.*

déborde une représentation acceptable de la « bagarre » entre enfants. L'irruption, ou la crainte de l'irruption, de la violence parmi les enfants vient signifier les limites de cette socialisation « contractuelle » qui ne peut exister que dans la mise entre parenthèses des dangers sociaux. Cette forme de socialisation s'accorde aisément aux principes de la laïcité car elle implique la volonté de créer un espace autonome, de retirer l'enfance du monde, de construire un endroit protégé où puisse s'épanouir cette sociabilité contractuelle qui a besoin de cadres régulateurs forts.

L'éducation

L'école contre l'enfant

L'essentiel des discussions du groupe populaire a porté sur les punitions et la violence subies par les enfants à l'école. Quel que soit l'interlocuteur invité, quelles que soient les questions introduites, le groupe s'est toujours retrouvé fixé sur ce débat opposant grossièrement les hommes aux femmes, le discours de la socialisation à celui de l'éducation entendue comme la compréhension de l'enfant et de sa personnalité.

A côté des « apprentissages fondamentaux » que personne ne conteste, les membres du groupe en appellent aux valeurs de la « relation » et de la communication. L'essentiel, c'est de « communiquer » avec les enfants, c'est que l'école ne brise pas cette communication, ne « bloque » pas les enfants. Le mot « blocage » revient sans cesse pour expliquer les difficultés scolaires : « Il est bloqué par son institutrice... ça vient d'un blocage. » En fait, le blocage manifeste avant tout l'éloignement de l'enfant, la rupture de cette fameuse relation, l'entrée d'un enfant à soi dans le monde objectif des jugements scolaires et d'une sociabilité indépendante de la famille. « La communication, c'est le plus important », mais là où les hommes voient surtout du contrôle – l'un d'eux voudrait être « une petite souris » pour surveiller son enfant en classe –, les femmes veulent préserver une relation plus émotionnelle laissant leur part « aux jardins secrets des enfants » : « Les enfants ont une personnalité, et t'as beau dire, t'es pas eux. »

Les maîtres et les autres familles ne sont pas jugés en fonction de leurs compétences pédagogiques, mais à la mesure de la « relation » et de l'amour des enfants car « un enfant, c'est la plus belle chose qui puisse exister ». On ne cherche pas à changer un élève de classe parce que l'instituteur est peu efficace, mais parce qu'il n'a pas de bonnes relations, parce qu'il « bloque » : « Un gamin travaille mieux avec un instit qu'il apprécie et qu'il aime physiquement. » La pire des fautes familiales, c'est l'indifférence : « Il y a des parents qui ne descendent même pas de leur voiture, ça c'est terrible, parce que l'enfant il a l'impression d'être éjecté dans un monde à lui, en fait, où ses parents n'ont rien à voir. Il rentre dedans : c'est ton école, c'est ton problème. » Les « mauvais parents » se défaussent sur les « garderies » : l'école, la crèche, le club sportif, le centre social, et surtout la « télé » qui empêche le « dialogue avec les enfants ». Sans doute ces parents sont-ils autant victimes que coupables car « c'est la société qui veut ça », l'individualisme, le chômage... « Beaucoup ont du mal à tenir au niveau social. » Mais il reste que le maintien du lien intime avec les enfants, souvent donné dans les clichés de la psychologie des médias, apparaît comme la valeur éducative essentielle. Face à la psychologue scolaire invitée dans le groupe et qui souligne la nécessité de distinguer nettement la psychologie et la pédagogie, les participants déplorent longuement l'absence de « psychologie » des enseignants. Leurs enfants sont intelligents, mais « bloqués » ou « agressifs » à l'école, alors que tout va bien à la maison, là où on communique.

Le thème de la « violence » scolaire tient ici un rôle essentiel dans la mise en place de cette demande relationnelle. Si les hommes pensent que le maître doit punir, autrement c'est « la pagaille », les femmes, qui ne s'opposent pas au principe même de la punition, la vivent toujours comme une violence. L'une d'elles s'interdit d'obliger son enfant à accomplir la punition infligée : « Tu la fais si tu estimes que tu dois la faire. » Il faut, en tout cas, que la punition soit « éducative » et non pas stupide. Mais la punition n'est que le signe « des choses qui révoltent et qui sont injustes ». Il y a d'abord les punitions humiliantes et la violence physique : « Que le prof batte sa femme si il veut, mais avec ma fille, non. Avec ma fille, il a pas le droit de la toucher. » « Il y a des profs qui se croient tout permis, ils croient que nos enfants sont à eux. » Anne-Marie revient sans cesse sur l'histoire de sa fille dont le maître a « scotché » la bouche durant toute une matinée. L'enfant en aurait été « bloquée » et rien ne la fera changer d'avis à ce propos, y compris les explications des psychologues. Si la violence bloque, c'est aussi parce qu'elle ignore les causes de la conduite des élèves. Ainsi, explique Bernadette, son fils a longtemps été puni alors qu'il avait des problèmes de comportement provoqués par la naissance d'un petit frère. Contre les principes de la socialisation, il faut se placer du point de vue de l'enfant : « Les instits, ils connaissent pas nos enfants. » Les enfants ont peur, ils ont mal au ventre avant d'entrer en classe : « Une fois, ma fille, elle a craqué comme si elle avait subi quelque chose, elle était touchée dans sa personnalité, elle s'est effondrée en larmes. » Mais ce qui apparaît encore relativement contrôlable à l'école primaire, ne l'est plus guère au collège avec la multiplication des professeurs, avec les exigences des programmes, avec aussi le fait que les enfants échappent à leurs parents et disent : « C'est ma vie, je fais ce que je veux » [1].

1. N'oublions pas que cette accusation de violence est réversible car les enseignants reprochent volontiers aux parents de doubler la punition. « Ils sont bleus les gosses, ils ont la trouille. » Alors le maître ne punit plus ou le fait discrètement.

Comment interpréter ces attitudes, ces appels à la relation contre les principes mêmes de la socialisation qui n'ont cessé d'animer la vie du groupe ? Plusieurs lignes d'analyses peuvent être évoquées. L'une d'elles, la plus « automatique » pour un sociologue, consiste à y voir l'expression d'une culture ouvrière partagée entre un désir de participation sociale, l'appel aux principes républicains, et la défense d'une communauté arc-boutée sur la famille : tandis que les hommes incarnent la première orientation, les femmes portent la seconde. Certains travaux sur la culture ouvrière peuvent donner du poids à cette interprétation[1]. Sans la refuser totalement, il faut se demander pourquoi se maintient un ensemble d'attitudes entraînant une si grande ambivalence à l'égard de l'école qu'elle est plus un facteur d'inadaptation qu'un mode d'ajustement. Dans le même fil de raisonnement, on peut lire ces orientations comme les manifestations de rôles maculins et féminins : aux premiers renvoie l'identification aux valeurs, aux seconds, l'identification aux relations. Ainsi les femmes sont plus « modernes » que les hommes, plus ouvertes à la culture psychologique de masse que les hommes[2]. On peut sans doute accepter une part de cette explication, tant il est vrai que, dans leur défense de la relation et du jardin secret des enfants, les femmes évoquent aussi leur propre autonomie et leurs propres aspirations face à une « communauté » et à des valeurs « masculines ». C'est ce que suggèrent fortement les entretiens individuels conduits auprès de ces femmes.

Mais ce ne sont pas dans ces types de raisonnement que se reconnaissent le plus volontiers les membres du groupe. Le désir de protection de l'enfant à l'école s'inscrit dans la volonté de défendre, à travers lui, sa propre image[3]. Or, celle-ci est mise en cause et menacée par les jugements scolaires et c'est pour cette raison que le thème de la violence prend une place aussi fondamentale alors que les violences réelles dénoncées sont rares, en tout cas pas plus nombreuses que dans les familles. Lors de la rencontre avec la psychologue scolaire, le groupe déroule la longue histoire des souffrances engendrées par les difficultés des enfants : « On a pris mon enfant pour une folle... J'avais peur qu'on me juge par rapport à mon gamin. Parce que je me disais : pourquoi il est comme ça, c'est injuste ! » L'école, parfois renforcée par l'appareil des psychologues et des médecins, transforme les parents en coupables : « J'ai chialé de culpabilité. » « L'échec des gosses,

1. Cf. notamment R. Hoggart, *La Culture du pauvre*, Paris, Éd. de Minuit, 1970 ; J.-P. Terrail, *op. cit.* ; et surtout O. Schwartz, *Le Monde privé des ouvriers*, Paris, PUF, 1990.

2. C'est ce que peuvent nous apprendre les travaux de sociologie de la famille : F. de Singly, *Fortune et Infortune de la femme mariée, op. cit.* Dans le cas des familles ouvrières et de l'appel des femmes au bonheur privé contre l'ordre communautaire, cf. F. Dubet, *La Galère*, Paris, Fayard, 1987.

3. Comme le souligne F. Godard, dans les sociétés de Welfare State qui assurent une relative égalité « formelle » devant l'éducation, les résultats scolaires sont la preuve de la valeur des parents (*La Famille, affaire de générations*, Paris, PUF, 1992).

c'est comme une étiquette, c'est comme le Sida. » « Moi, je voudrais qu'on trouve une maladie mentale en vrai, quelque chose qu'on sache qu'il a. » Or, en même temps que l'école met à l'épreuve la valeur des familles et des individus, elle ne dit pas vraiment les choses et place les parents dans une situation d'angoisse et d'incertitude insupportables. C'est cela la véritable violence de l'école, celle dont les parents veulent se protéger et protéger leurs enfants. Et les membres du groupe l'avouent, exposent leur peur avec d'autant plus de courage qu'ils reconnaissent n'avoir guère les moyens d'y résister. Dès lors, l'image des « mauvaises familles », celles qui refusent les relations avec les maîtres, se transforme aux yeux du groupe. Ce ne sont plus des parents indifférents, mais des gens qui ont peur des mises en cause de l'échec, qui se préservent du jugement scolaire : « Si les parents n'assistent pas aux réunions, c'est qu'ils ont peur. » D'ailleurs, les maîtres le savent bien quand ils déplorent ne jamais rencontrer les parents des enfants en difficulté. Mais, contrairement à ce qu'ils affirment souvent, ce n'est pas parce que ces rencontres n'ont pas lieu que les enfants ont des difficultés, c'est parce qu'ils sont en difficulté que ces rencontres sont impossibles.

L'appel au sujet individuel autonome et « épanoui » qui est au cœur de la modernité, fût-elle ouvrière, se heurte aux logiques de sélection et d'exclusion, à la mécanique des jugements scolaires. Une fois cette analyse prise en charge par le groupe, tous les parents parlent de leurs propres « traumatismes » scolaires. L'image enchantée de l'école républicaine laisse la place à des souvenirs plus amers. Jean-Pierre, qui aurait voulu être instituteur mais qui a échoué au concours, avoue « qu'il se fait chier depuis quinze, vingt ans ». Là encore, les images de violence l'emportent : « Du primaire, j'ai pas de bons souvenirs, j'étais une élève moyenne. Mais il se trouve que j'étais d'un milieu très défavorisé et que, dans ces classes, il y avait le fils du flic, celui du patron à mon père... L'instit elle-même était femme de notable. C'est vrai que j'ai toujours ressenti, et c'était réel, qu'il y avait quelque chose vers ces gamins-là, et puis que nous on était le rebut et qu'on faisait ce qu'on pouvait. Moi, j'ai pris des fessées à cul nu devant tout le monde, et pour des conneries. Je m'en rappellerai toujours... On reste enfermée sur soi, et puis on fait ce qu'on peut. L'instit, il avait la loi et puis c'est terminé. » Ceux qui voulaient d'un instituteur notable disent maintenant que « les instits on les a fait tomber de leur piédestal et c'est pas plus mal ». En même temps que l'école est valorisée comme appareil de socialisation, elle est refusée en ce qu'elle peut détruire le sujet individuel : « J'ai de trop mauvais souvenirs de mon enfance et des injustices des maîtres par rapport aux enfants. On avait même pas le temps de faire les devoirs, le temps de se reposer, quand tu arrivais, tu te faisais prendre une baffe par ta mère ou par ton père quand il arrivait pas trop tard. » Jacky, qui se flattait si aisément de ses qualités d'élève, avoue : « Les parents se retrouvent aussi dans ce qu'ils ont eu, eux aussi, dans leur enfance à l'école. »

Les attitudes des parents des milieux populaires à l'égard de l'école sont clivées par une ambivalence et une tension essentielles. D'un côté, existe la reconnaissance de la légitimité de l'école et de ses capacités de socialisation. De l'autre, l'école apparaît comme une menace pour les enfants et, au-delà, pour les familles. Celles-ci sont ambiguës et désorientées [1]. Elles ne parviennent pas aisément à trouver la bonne distance et le bon ton, elles en font trop ou pas assez et, plus souvent encore, elles peuvent mettre les enfants face à des injonctions paradoxales puisqu'il leur faut obéir au maître tout en lui résistant. Mais on voit bien comment le groupe désire à la fois l'ouverture et la fermeture de l'école, le maintien des traditions et le développement de pédagogies plus ouvertes, des relations neutres et des liens plus personnels... La relation de l'école et des parents des classes populaires est dominée par toutes ces tensions, ces procès et ces imprécations plus ou moins explicites : « Les parents ont peur de s'entendre dire des choses désagréables... Les enseignants ont peur de perdre leur identité, leur métier, de mettre en cause leur savoir-faire. » Les choses n'ont guère de chances de s'arranger sauf dans les cas où l'école s'efforce réellement d'apprivoiser les parents tels qu'ils sont et non pas tels qu'ils devraient être [2]. C'est ce que signifie l'appel constant à la communication entre l'école et les familles.

L'« épanouissement » au service de la réussite

Alors que dans les classes populaires la valorisation de l'enfance crée une tension avec l'école, les classes moyennes ne cessent d'affirmer l'unité de l'épanouissement personnel et de la performance. La conception de l'éducation des classes moyennes est médiatisée par la présence d'une forte culture psychothérapeutique qui établit un accord entre le besoin de réalisation de l'enfant et sa réussite scolaire [3]. En vérité, l'objectif éducatif du groupe vise à contrer l'opposition susceptible de s'établir entre ces deux orientations [4]. Le discours sur l'enfant et la conception de la personne qu'il

1. Sous une autre forme, cette ambivalence a déjà été soulignée par R. Sirota, *L'École primaire au quotidien*, *op. cit.*, et par J.B. de Quieroz, *La Désorientation scolaire*, Paris, université de Paris VIII, 1981.

2. Entendons-nous bien, cette harmonie pourrait affecter l'expérience des parents, mais rien n'indique pour autant que les performances des élèves en seraient accrues.

3. La présence de la culture « psy » chez les couches moyennes a été fortement dénoncée dans les années soixante aux États-Unis. Cf. J.R. Seely, « The Americanization of Inconscient », *in* H.M. Ruitenbeek (éd.), *Psychoanalysis and Social Science*, New York, Dutton E.P. & Co., 1962. Pour une présentation de cette « culture psychologique » en France, cf. R. Castel, *La Gestion des risques*, Paris, Minuit, 1981, surtout le chap. IV.

4. Et quelle que soit la manière de concevoir cette opposition : que ce soit la tension entre des liens « féodaux », de « sang » au sein de la famille et les liens « rationnels » dans la sphère publique (cf. M. Horkheimer, « La familia y el autoritarismo », *in*

mobilise servent cet objectif. C'est pourquoi l'extension de cette culture psychothérapeutique n'est pas superficielle et marginale. Quelle que soit sa valeur scientifique, c'est une véritable manière de concevoir l'éducation. Ce projet éducatif est axé sur la vive conscience de la fin des modèles à imiter, il est tout entier tourné vers une réflexivité croissante relative aux « techniques » et aux « stades » de la formation de la personnalité. Alors que les méthodes de transmission des valeurs et des savoirs sont de plus en plus « conscientes », les idéaux moraux de la formation du sujet deviennent de plus en plus opaques. L'objectif des parents est moins de réaliser un modèle humain que de s'assurer des compétences de l'enfant à gérer son rapport aux autres et aux savoirs. Le langage psychologique joue ici un double rôle : il permet d'asseoir le sentiment de maîtrise éducative, et il exprime le désir d'épanouissement personnel.

Le processus éducatif est considéré alors comme une succession ininterrompue de petits gestes et de petites observations. Dans cette alerte permanente, « aucun symptôme déclaré, aucun petit malaise » n'échappe à la quête constante d'informations. Le « métier de parent » est indissociable, dans les couches moyennes, de cette curiosité intellectuelle, d'une recherche du savoir sur l'enfant et sur le système éducatif afin de maximiser sa réussite. Certains tirent leurs informations « de la télé », d'autres retiennent des références des articles ou des conversations amicales, d'autres se fient davantage à un livre, comme par exemple *Tout se joue avant six ans*, « un classique encore fiable »... Les parents deviennent des parents « professionnels » qui mobilisent des ressources et des savoirs pour bien élever leurs enfants. C'est chez eux que l'on retrouve le plus souvent des images normatives et normalisées de l'enfant auxquelles pouvoir se fier, afin de « savoir » et de se « rassurer » sur la normalité de leur enfant. Cette disposition possède une face plus sombre : « Si je trouve que l'enfant ne correspond pas à ce que je viens de lire, de suite il y a de l'angoisse... »

En effet la psychologie est supposée combler des lacunes, donner des recettes là où l'« instinct » fait défaut et où les certitudes sont défaillantes. Le recours à la psychologie devient un langage naturel du groupe de recherche : « L'école élémentaire c'est psychologiquement la période de latence. » « Il y a des psychiatres qui sont extrêmement sévères, qui disent que dans les trois premiers jours, si la maman n'a pas su regarder son enfant, c'est terminé, il y a de quoi te décourager »... Tout ce que l'on perd en spontanéité et en tradition, on doit le gagner en réflexivité savante et c'est pourquoi la découverte de l'opacité de l'enfant est si douloureuse. Mais en même temps, les parents affichent des compétences comparables, voire supérieures, à

E. Fromm *et al., La familia*, Barcelone, Peninsula, 1970), ou bien les contradictions entre différentes sphères de la société (cf. D. Bell, *Les Contradictions culturelles du capitalisme*, *op. cit.*).

celles des maîtres et construisent ainsi une forte légitimité dans leurs relations avec l'école. On est au plus loin du « chacun son métier » du monde populaire.

L'expérience des parents ne peut être dissociée de la culpabilité. Alors que le groupe ouvrier accuse volontiers l'école de tous les « blocages », les parents du groupe de classes moyennes assument la totale responsabilité de ce qui arrive aux enfants. Dans le bon sens comme dans le mauvais. C'est pourquoi, si le recours au langage psychologique est gratifiant en lui-même, l'aide psychologique, elle, est douloureuse : « Quand on va voir un psychologue c'est un échec des parents ; on est atteint quelque part. » « Les premières rencontres, tu présentes la situation, tu présentes ton gosse... Puis très vite ça en vient sur les parents donc ça augmente encore notre culpabilité. C'est horrible »[1]. C'est à ce moment que l'illusion de la maîtrise se « casse », on est contraint d'exprimer son désarroi et sa déception.

Ces éléments sont loin d'être anecdotiques. Un des deux versants majeurs du projet éducatif des couches moyennes passe par le savoir psychologique, par une certaine technique de réflexivité personnelle, par une culture « thérapeutique » qui vise à lier l'organisation du moi et les exigences du travail[2]. Ce modèle éducatif, dépourvu de contenus inaltérables, contient deux possibilités virtuelles. L'une, l'utopie majeure, est la volonté de subordonner la personne à la réussite, de mettre le souci de soi et le désir d'épanouissement personnel au service d'une carrière scolaire ou professionnelle. L'autre porte le danger inscrit au cœur du projet lui-même, avec le risque d'une réduction et d'un enfermement dans un « formalisme » psychologique raffiné.

L'atrophie des anciennes traditions et l'érosion des anciens modèles d'homme laissent moins la place à un nouveau modèle qu'à un ensemble de prescriptions d'autant plus crédibles qu'elles sont certifiées par des experts. A défaut d'être un modèle éducatif, l'ensemble des préceptes informent une intelligence relationnelle formelle (non pas que les belles manières soient codifiées en formules) permettant de contrôler les interactions quotidiennes[3]. Une sociabilité sur laquelle plane un soupçon permanent : l'authenticité revendiquée et visée peut toujours n'être, au fond, qu'une « honnête dissimulation », comme le révèlent les écarts scolaires entre les

1. Pour une lecture sociologique des malaises inscrits dans la structure même de l'entretien psychanalytique, cf. E. Gellner, *La Ruse de la raison*, Paris, PUF, 1991.

2. Pour une bonne présentation des deux versants de l'individualisme contemporain, le « manager » et le « thérapeute », cf. R. Bellah *et al., Habits of the Heart*, Berkeley, University of California Press, 1985.

3. Ce type de sociabilité a été particulièrement bien mis en évidence par les auteurs américains qui se sont penchés sur les classes moyennes. Cf. entre autres : D. Riesman, *La Foule solitaire*, *op. cit.* ; plus récemment, C. Lasch, *Le Complexe de Narcisse*, Paris, R. Laffont, 1980 ; et bien sûr la presque totalité de l'œuvre d'E. Goffman qui peut être interprétée, jusqu'à un certain point, comme un traité, à la fois descriptif et normatif, des techniques expressives pour réussir une interaction.

exigences de la réussite et les aspirations à l'épanouissement personnel. L'épanouissement de l'enfant est à la fois un idéal et une ressource au service du véritable idéal présenté comme objectif secondaire : le succès scolaire. Il faut que le bonheur subjectif participe d'un comportement extérieur profitable. Et c'est l'école qui sanctionne cette adéquation, alors que le groupe populaire admet d'emblée la tension entre les deux termes.

C'est pourquoi la place même de l'enfant dans ce modèle est, malgré toutes les apparences, si incertaine. Les efforts théoriques pour comprendre le monde de l'enfant sont, au fond, traversés par le postulat d'une homologie stricte entre le monde des enfants et les attentes sociales des adultes. Certes, cette exigence est relativement atténuée à l'école primaire, bien que les parents sachent que les véritables enjeux scolaires s'amorcent là. Dès l'école primaire, l'expressivité de l'enfant est mobilisée au service d'une réussite sociale. On inscrit sur l'enfant les mêmes contraintes que celles des adultes : « J'ai l'impression de gérer cette dichotomie mieux au niveau personnel qu'au niveau de mes enfants. Moi aussi j'ai envie de réussir professionnellement et à la fin j'ai envie de tout balancer et de penser à mon épanouissement. Moi j'ai envie de dire aux enfants bon allez l'école on s'en fout, profitez-en, on va partir sur la route et puis on va vivre... Et d'un autre côté il faut travailler, il faut faire les maths... » Plus ou moins maîtrisé, il y a toujours à l'œuvre un passage du bonheur à la réussite. C'est ainsi que la « bonne école », si elle est toujours définie dans un premier temps comme « un milieu où l'enfant se sent à peu près bien », devient, dans un deuxième temps, celle où « un enfant n'est pas en souffrance », pour apparaître ouvertement comme « une école où s'ils s'épanouissent bien, ils marchent bien aussi ».

La hiérarchie des orientations du groupe de classes moyennes est claire. Au peu de souci de la fonction socialisatrice de l'école – puisque leurs enfants sont « bien élevés » dans leur famille –, s'ajoute une inquiétude manifestement plus grande en ce qui concerne l'« épanouissement » de l'enfant. Néanmoins, ce dernier ne prend toute sa signification que lié, et subordonné, aux exigences de la réussite scolaire.

Compétition et performance

Un espace stratégique limité

Si l'on devait ne retenir qu'un élément de la comparaison du groupe des parents de classes moyennes avec celui des classes populaires, c'est sans doute sur le registre de l'usage stratégique de l'école qu'il faudrait le chercher. Non seulement le groupe populaire n'a jamais introduit spontanément ce thème dans ses débats, mais il a toujours refusé d'envisager l'école primaire, et le collège au-delà, sous l'angle d'une compétition où les enfants et leurs familles sont tous potentiellement rivaux. De ce point de vue, il est maladroit d'affirmer que les parents ouvriers ont un rapport instrumental à l'école, alors que la véritable capacité et le véritable désir d'instrumentaliser l'école appartiennent aux classes moyennes [1]. Nous rejoignons ici l'affirmation de P. Bourdieu, J.-C. Passeron et de nombreux autres sociologues, selon laquelle le niveau d'aspiration des classes populaires reste indexé sur leurs chances objectives de mobilité sociale [2].

« Je demande que le maître le mette au niveau où il doit être en fin de CE1. » Les enfants doivent avoir une scolarité normale, ne pas être lâchés en route, mais il n'est pas nécessaire qu'ils fassent la course en tête et obtiennent des avantages décisifs comme le passage anticipé dans une classe : « Je préfère qu'il aille lentement au début mais sûrement, et qu'il soit bien. » « Il faut pas brûler les étapes... Il a bien le temps. » La classe est jugée en fonction de son ambiance plus que de son niveau. En ce qui concerne le collège, les parents optent pour les classes hétérogènes, celles qui n'institutionnalisent pas les écarts.

Alors que la concurrence et la compétition organisent durement la vie économique sociale, il importe que l'école en soit préservée : « La concurrence à 8, 10 ans, je trouve ça minable, alors qu'ils auront bien le temps à 20, 25 ans. » C'est la distribution aléatoire des dons et des talents, du courage et du goût du travail qui doit décider de la carrière scolaire : « Les miens, ils prennent ce qu'ils peuvent prendre. » « Un mec qui va sauter 1 m 50, on peut pas lui demander de sauter 1 m 80. » L'essentiel est que l'élève se situe dans la « bonne moyenne ». De toute manière, même si « la performance scolaire c'est important, moi je considère que c'est dégueulasse, que chacun doit avoir son rythme ». L'enseignant, bien plus que les parents, doit signaler les capacités scolaires des enfants : « C'est à l'instit de dire : il est pas superdoué, mais il vaut plutôt mieux que les autres. » Aussi, tant que les élèves « suivent », les parents peuvent être satisfaits car c'est moins le désir de succès qui les porte, que la crainte de l'exclusion et de l'échec précoce.

Bien sûr, les parents n'ignorent pas les enjeux scolaires : « Je dis à mon fils : en cinquième, tu te plantes, tu es balayeur, tu te plantes pas, tu es celui qui donne le balai à l'autre. » Mais il est clair, en même temps, que « les diplômes ça vaut plus rien ». « Les diplômes, c'est du bourrage de crâne, il faut connaître son gamin, savoir de quoi il est capable et savoir ce

1. En faisant la part des limites de représentativité de notre population, nous discutons l'affirmation de R. Sirota (*L'École primaire au quotidien*, *op. cit.*) selon laquelle les ouvriers ont une conception fondamentalement instrumentale de l'école. On peut se demander si cette proposition ne procède pas d'un effet d'optique tenant à la grande maîtrise du vocabulaire psychologique dans les classes moyennes.

2. P. Bourdieu, J.-C. Passeron, *La Reproduction*, Paris, Éd. de Minuit, 1970.

qu'il veut dans la vie. » Sauf s'ils manifestaient des talents exceptionnels et reconnus par l'école, les enfants auront un métier : « Il existe de bons métiers et un ouvrier est pas plus con qu'un autre. » Ainsi, les gens désirent ce qu'ils pensent pouvoir obtenir et le groupe se rétracte devant les questions relatives aux usages stratégiques et « utilitaires » de l'école. Seule Mireille a mis ses enfants dans une école privée, mais elle n'évoque jamais la recherche de performances meilleures, elle souhaite que ses enfants échappent au milieu « dévergondé » de l'école du quartier et soient dans une école sans enfants d'immigrés, « sans des ethnies et des races ». Le groupe le lui reproche amèrement.

Il n'est guère discutable que cette absence d'ambition peut apparaître comme une forme de sagesse plus ou moins contrainte, d'autolimitation anticipant les carrières scolaires les plus vraisemblables. On peut même y voir une ruse de la raison par laquelle les classes populaires fabriquent leur propre destin. Dans ce groupe de parents, le rejet de la compétition scolaire participe d'un refus de la « trahison », comme si l'on abandonnait le navire en « poussant » trop ses enfants. Mais comment ne pas y voir aussi une forme plus directe de domination sociale donnant à l'expérience de ces parents une dimension parfois tragique ? En effet, ces parents d'élèves « conscients et organisés » croient aux valeurs fondamentales de l'école républicaine, ils défendent leurs enfants bec et ongles et, en même temps, ils paraissent tout ignorer des règles cachées du système, du poids des redoublements et des années d'avance, des mécanismes de l'orientation, des valeurs relatives des diverses langues vivantes... Bref, ils font confiance aux discours officiels que l'école produit sur elle-même et qui les renvoient à leur propre incapacité. Ces parents se sentent impuissants face à une machine qui ne livre ses rouages secrets qu'aux classes moyennes. Et c'est un conseiller d'éducation invité dans le groupe, fortement sollicité, pour ne pas dire bousculé par les sociologues, qui livre les mille petits avantages que lui confère son statut quand il s'agit d'orienter la scolarité de ses enfants. Autrement dit, au-delà des orientations culturelles et sociales des classes populaires, on ne peut s'empêcher de penser que le « marché » scolaire est au service des classes moyennes alors que les classes populaires adhèrent aux valeurs d'intégration que l'école affiche.

Les parents et la carrière des enfants

Pour les parents des couches moyennes, l'école est au service d'un projet de réussite sociale. L'objectif semble bien être le « culte de la performance », objectif avouable à travers la fierté du suivi quotidien du travail de l'enfant, moins avouable quand les exigences de réussite soumettent les écoliers à de trop fortes pressions. Contrairement au groupe populaire qui répugnait à parler des stratégies de construction des carrières scolaires des enfants, le groupe de classes moyennes a spontanément abordé ce thème à propos du choix de l'établissement scolaire[1] : « Par rapport au choix d'école, c'est de savoir s'il faut choisir une école par rapport à sa réputation ou sa méthode, ou s'il faut jouer le hasard des choses... Ça c'est une question que je me suis toujours posée, qui a donné des discussions toujours agitées avec des amis qui avaient des choix toujours différents... En tant que parents c'est la première question que l'on se pose. » Les choix et les critères de choix sont incertains, allant de la proximité (quand l'homogénéité sociale d'une école le permet) jusqu'à l'inscription dans le privé, en passant par des demandes de dérogations. La « réputation » de l'école est d'ailleurs fortement identifiée au nombre d'enfants immigrés, ou issus de l'immigration, scolarisés dans un établissement : ce taux, ou plutôt sa représentation, fédère toutes les dimensions « négatives » de l'école. Malgré les dénégations d'usage et les formules châtiées, le propos est sans ambiguïté : « C'est vrai que l'école de l'autre côté là-bas n'a pas très bonne réputation. Je trouve ça dommage parce que quelque part... Les arguments, on les connaît pas tellement, c'est vrai que c'est un quartier populaire, c'est une population à tendance maghrébine, étrangère, qui a des petits moyens, tout ça lié à l'habitat évidemment... » D'autres fois les critères évoqués sont de nature pédagogique : « La relation entre l'enfant et l'instituteur, pour moi c'est privilégié dans une bonne école. Si je repère un enseignant qui ne me satisfait pas du tout, je change d'école. » Mais là encore, les critères d'efficacité finissent par primer sur les critères éducatifs. « On est capable, en voyant l'instit, de choisir », surtout lorsqu'il privilégie, sans ambivalence, l'expression des enfants et qu'il affiche, de surcroît, une allure étrange. Les parents s'organisent et font entendre leur voix : « Les gens toléraient à la limite une année avec cet enseignant ; ce qu'ils auraient pas toléré c'est que leur enfant y aille deux années de suite. Là les parents ont rué dans les brancards. C'est pas qu'il soit mauvais, c'est plus... Le jour de la rentrée il avait une allure... Toutes les femmes avaient envie de lui acheter un fer à repasser. L'autre jour il s'était déguisé en homme des cavernes. C'était extraordinaire et ça lui allait à merveille... » Non seulement il a une queue de cheval, mais il lui arrive d'« attacher moins d'importance aux maths et au français qu'à la techno, à la nature, à aller se balader... ». Ce type d'enseignant provoque une véritable gêne parce qu'« il a un très bon contact avec les gamins » mais on a « des craintes sur les résultats scolaires ». Tension plus discursive que pratique car la solution est toujours, et pour tous, clairement établie.

C'est que l'école doit construire les bases de la future réussite sociale. Les performances scolaires garantiront la « possibilité du choix », la

1. Cf. R. Ballion, *Les Consommateurs d'école*, *op. cit.*, et *La Bonne École*, Paris, Hatier, 1991 ; G. Langouët, A. Léger, *Public ou Privé ? Trajectoires et réussites scolaires*, Paris, Publidix-Éd. de l'Espace européen, 1991.

« liberté » : les diplômes « c'est pouvoir choisir ». L'investissement scolaire finit par être si profondément intériorisé par les enfants qu'« il faut les convaincre de partir au ski, ils ont tellement peur de se faire engueuler par la maîtresse... ». Mais si on peut encore « dédramatiser » les enjeux de l'école primaire, c'est que « les vrais choix, les vraies études commencent après le bac. C'est là qu'on voit des gamins prendre leur orientation, faire leur choix ». D'ailleurs, c'est bien l'évidence du parcours scolaire qui s'énonce : « Pour moi c'est normal d'arriver au bac. Autrement c'est que tu es en échec. »

Le « choix » de l'établissement et celui du maître ne sont qu'un premier aspect de l'usage rationnel de l'école. La maîtrise des parents de couches moyennes s'avère beaucoup plus fine. Elle concerne la connaissance des filières [1]. « Dans certaines options, ici grec-latin, on retrouve les enfants d'un certain milieu ; on retrouve une sorte de sélection pas naturelle mais au contraire avec des choix bien précis de gens qui veulent que leurs enfants se retrouvent avec le même univers. » Les cours particuliers peuvent aider pour les cas tangents. On peut aussi compter sur une prise de parole à l'intérieur de l'école par le biais des associations des parents d'élèves [2]. En cas de difficultés plus sérieuses, le changement d'école est toujours possible : « Pour moi ça a été un choix par défaut de le mettre dans le privé, parce que je m'étais pas branchée école privée. Mais si j'ai fait ce choix-là c'est que j'avais une enfant en difficulté qui ne suivait pas, qui était orientée vers un choix qui ne me convenait pas, donc j'ai recherché une école parallèle qui pouvait, à faible effectif, convenir à mon enfant. » Malgré la proximité sociale et culturelle si souvent évoquée entre les enseignants et les familles, les parents de couches moyennes ne manifestent que faiblement, à l'opposé du groupe populaire, un sentiment de « loyauté » vis-à-vis de l'école républicaine. Le droit d'user stratégiquement de l'école l'emporte sur l'attachement à l'institution.

Mais c'est dans le suivi quotidien du travail des enfants que le rôle de « management » des parents est le plus évident. C'est là que, pour eux, se crée l'avantage décisif : « Bon, quand elle rentre, on parle un peu, on fait autre chose pendant un petit moment. Après on dit : les devoirs ? On regarde quand même. C'est aussi le moment où en tant que parent on refait toute la journée. » Les parents peuvent même se répartir les matières selon leurs compétences : « Moi je suis spécialisée histoire et géo, mon mari c'est les mathématiques. » Peu importe la façon dont le contrôle s'opère, le plus souvent de manière « contractuelle », l'important est qu'il soit maintenu :

1. Pour un contraste saisissant, voir l'ignorance dont font preuve des parents de milieu populaire : cf. J.-P. Payet, *Collèges de banlieue*, Paris, Méridiens-Klincksieck, 1995.

2. Sur cette surreprésentation des couches moyennes dans les associations des parents d'élèves, cf. N. Bouvier, J. Breton, B. Belmont, « Les familles et l'école », in *Ouvertures : l'école, la crèche, les familles*, Paris, L'Harmattan-INRP, 1984.

« Moi il m'arrive des jours où je dis : tu as fait tes devoirs ? Et je ne contrôle pas. Pour le moment ça marche. » « Jusqu'au CM1 on avait tendance à s'asseoir avec lui, on savait que si on lui disait : tu as fait tes devoirs, il répondait oui... Cette année ça a été radical, il s'est investi dans ses devoirs. Il les a pris en charge. Tu as fait tes devoirs ? OK. On va voir dans son cartable, voir si les devoirs sont faits... Ça marche. » Il ne fait aucun doute que les devoirs supposent une participation active des parents. En effet, quelle que soit la configuration familiale spécifique [1], il existe une vive conscience du besoin d'une mobilisation familiale afin d'assurer la transmission d'un héritage culturel [2]. Certes, on a pu parler d'une élévation générale des attentes parentales en matière de scolarisation [3], mais c'est dans les couches moyennes, plus encore que dans les classes supérieures, que l'école est fortement intégrée dans une stratégie de reproduction sociale [4]. « Les enfants ne peuvent pas se débrouiller tout seuls. Ils ont quand même des recherches à faire, que si ton milieu familial n'a pas les documents pour le faire, il faut quand même aller au-delà. Moi je sais que c'est souvent que je vais à la bibliothèque chercher des photocopies... » « En sixième, on lui a demandé des choses que j'ai trouvées quelquefois assez ardues. Il a fallu qu'on aille toutes les deux à l'espace livres regarder ce qu'il y avait, *Le Larousse encyclopédique*, il fallait sortir quelques documents. Je me suis demandée si tout le monde pouvait apporter ça à son enfant » [5].

Cette activité intense s'accompagne parfois d'une dénonciation de l'excès de travail demandé aux enfants : « Le problème, c'est la lourdeur de la journée pour l'enfant. Ils ont une tartine de devoirs. Quand peuvent-ils jouer ? Quand ont-ils un moment à eux ? » Néanmoins, on en reste au constat, d'autant plus que les discours des parents et des enseignants procèdent d'un jeu de dénonciations mutuelles. Pour bien des parents, mais pas tous, les enfants ont trop de devoirs ou d'activités scolaires : « A l'école ils n'ont pas une minute à eux. Ça commence le matin à 9 h jusqu'à 17 h, en plus ils ont les devoirs le

1. Selon R. Establet, la meilleure configuration est celle où le suivi de la scolarité des enfants est effectué par la femme de cadre au foyer ayant fait des études supérieures (cf. *L'école est-elle rentable ?, op. cit.*), l'investissement dans la scolarité des femmes de statut social élevé étant par ailleurs plus accentué que celles de milieu populaire (cf. A. Henriot-Van Zanten, J. Migeot-Alvarado, « Socialisation familiale et investissement scolaire. Au croisement d'une sociologie de la famille et d'une sociologie de l'école », *L'Année sociologique*, 1994, nº 44).

2. Ce processus peut avoir lieu ailleurs que dans les classes moyennes, comme l'a montré le travail de Z. Zéroulou sur la réussite d'enfants d'immigrés : « La réussite scolaire des enfants d'immigrés », *Revue française de sociologie*, XXIX, 1988.

3. B. Charlot, *L'École en mutation*, Paris, Payot, 1987.

4. P. Bourdieu, L. Boltanski, M. de Saint-Martin, « Les stratégies de reconversion », *Information sur les sciences sociales*, 12, 1973, p. 61-113.

5. Pour une étude exhaustive de l'implication obligée des parents dans la scolarité de leurs enfants, cf. P. Perrenoud, « Ce que l'école fait aux familles : inventaire », *in* C. Montandon, P. Perrenoud, *Entre parents et enseignants : un dialogue impossible ?, op. cit.*, p. 77-143.

soir. » Mais pour bien des enseignants les enfants sont surchargés d'activités extra-scolaires : « Il y a des enfants qui n'ont pas une minute de libre, une minute à eux pour rêver. Ils ont un emploi du temps minuté, il faut occuper leur temps à coups d'activités. » Mais personne ne semble prêt à réduire « sa » charge de travail sur les enfants. Pour tous, il s'agit toujours, et partout, d'« occuper utilement le temps des enfants ». Et le souci parental triomphe quand les goûts des enfants réalisent « spontanément » les attentes des parents : « Le choix de la natation, ça a été à la fois moi et à la fois elle, car ça lui plaisait bien, ça c'est clair. Moi je vous le dis honnêtement. Par contre l'aînée elle a voulu faire du théâtre. Elle a fait du théâtre. Et puis Claire elle a voulu faire du piano. Elle a fait du piano. »

Le suivi de la scolarité des enfants se prolonge naturellement par un suivi du travail des maîtres. Les parents du groupe ne négligent pas la connaissance des programmes : « Au début de l'année il y a une rencontre avec l'instit qui donne les grandes lignes du programme. Après il y a des contrôles continus ponctuels... » On compare la progression des cours entre les diverses classes et les résultats de son enfant avec ceux des autres élèves. A la différence des parents de milieux populaires, dont le rapport à l'école est infléchi par les souvenirs ambivalents et souvent difficiles de leur propre passé scolaire, les parents du groupe de couches moyennes, dont la plupart ont suivi des études supérieures, ont, dans l'ensemble, « un bon souvenir de l'école primaire ». Pourtant les anecdotes évoquées sont souvent identiques à celles du groupe populaire : « Je me souviens d'un directeur qui nous tapait avec sa grande règle en bois... C'était quelque chose de quotidien. Tes doigts ! Si tu enlevais tes doigts avant qu'il tape, tu avais deux coups. On savait qu'on allait avoir mal, il fallait pas enlever la main. » « On nous arrachait les cheveux quand on nous faisait traverser la classe. C'était une violence physique, les craies qu'il nous balançait. » « On nous mettait à genoux sur des grains de maïs. » Mais le souvenir douloureux n'affecte pas l'image d'une scolarité positive, comme si l'échec ou le succès pouvaient seuls donner sens à ce passé.

Même si c'est à la performance que l'on sacrifie beaucoup, souvent ce n'est pas sans mauvaise conscience. Surtout quand les intérêts individuels vont à l'encontre des aspirations collectives. Les individus n'ignorent pas plus leurs privilèges et leurs avantages que les mécanismes généraux d'un système dont d'autres sont victimes. Et comme les autres sont des enfants, les conséquences de ces choix rationnels ne sont pas acceptées d'un cœur léger. C'est le cas des choix ségrégatifs scolaires, pratiqués d'ailleurs aussi par bien des enseignants du secteur public. Les demandes de dérogations scolaires, les choix de filières ou l'inscription dans le privé engagent un processus dont les conséquences collectives, perçues par les acteurs eux-mêmes, ne leur apparaissent pas, loin de là, souhaitables[1]. Il se dégage alors un sentiment d'impuissance face à la lourdeur des conséquences socia-

1. Bel exemple d'un effet pervers à la fois anticipé et réprouvé par les individus.

les provoquées par ces stratégies rationnelles : « On peut être conscient de plus en plus que l'école exclut... Mais je ne sais pas comment nous, on peut agir, sinon de dire : donnons la chance au maxi de gens de rentrer à l'école et d'y rester. » Ces tièdes états d'âme conduisent à percevoir l'école comme « une grosse machine » dans laquelle les choix des individus ne répondent qu'au « désir de ne pas marginaliser nos enfants, par rapport à un système ». A terme, c'est l'idéal de compatibilité de la raison humanitaire et de la raison instrumentale qui piétine [1] : « Au niveau individuel on peut défendre les arguments en disant que l'école est inégalitaire, au niveau collectif, on fait l'inverse. On défend des idées au niveau collectif en disant : pour moi l'école c'est dégueulasse, mais au niveau individuel on fait la même chose que les autres. »

*
* *

La méthode comparative accentue nécessairement les différences, surtout quand elle repose sur deux cas extrêmement contrastés. Les attitudes des parents à l'égard de l'école ne se réduisent certainement pas aux deux figures que nous venons de présenter. Cependant, quelques lignes de force peuvent être soulignées et l'on peut penser qu'elles débordent les deux cas proposés ici.

La hiérarchie des « fonctions » attribuées à l'école, celle des demandes scolaires, n'est pas la même dans les deux groupes. Plus on est proche du pôle populaire, plus la demande d'intégration est forte, plus on tend vers une représentation « républicaine » de l'école comme agent d'accès à l'universel et à la grande société ; l'école doit plus arracher aux particularismes que réduire les inégalités [2]. Les classes moyennes sont plus portées à penser que la socialisation familiale suffit à assurer l'intégration. Chez elles, la fonction instrumentale de l'école l'emporte très largement ; elles sont les grandes bénéficiaires d'un appareil qu'elles savent utiliser. Sur ce registre, les groupes populaires sont très en retrait, non seulement parce qu'ils ajustent leurs aspirations à leurs chances, mais aussi parce qu'ils ignorent plus souvent les usages de l'école qui font la différence.

Dans les deux cas, les rapports des parents à l'école ne sont pas totalement dépourvus de tensions et de conflits. Le groupe populaire vit un conflit important entre l'ordre des jugements scolaires et le désir de préserver l'enfance et une image positive de soi. Au-delà de l'adhésion au discours que l'école produit sur elle-même, ces parents ne maîtrisent pas le conflit

1. Cf. F. de Singly, « L'homme dual », *Le Débat*, n° 61, sept.-octobre 1990.
2. Cette conception, dont rendrait bien compte la sociologie des classes sociales de M. Halbwachs, est confortée par la recherche déjà ancienne de R. Kaës, *Images de la culture chez les ouvriers français*, Paris, Cujas, 1968.

qui les oppose à l'école, souvent à travers leur propre passé. Évidemment, le rapport des classes moyennes à l'école est plus harmonieux, mais il n'exclut pas pour autant une tension sourde entre l'appel à la personnalité enfantine et le désir d'assurer la promotion des enfants, ou le maintien de leurs positions sociales. Dans tous les cas l'échec des enfants apparaît d'autant plus insupportable.

4

Les maîtres d'école

Comparée à celle des professeurs, l'identité professionnelle des instituteurs paraît stable et assurée. Pourtant bien des éléments ont changé : leur recrutement social et scolaire, le brouillage de leur mission, l'influence croissante d'autres acteurs sur l'éducation, le déclin du poids relatif du primaire dans le système éducatif, et récemment la création du statut de « professeur des écoles »... Mais ces changements n'ont guère ébranlé le « rôle » de l'instituteur, il continue à être défini par une forte identification du métier et de la personnalité dans une école élémentaire perçue comme une institution. Le cœur de l'expérience des maîtres, son noyau stable, se trouve dans le face à face avec les écoliers. C'est là que l'expérience des maîtres d'école présente de nombreux éléments de similitude avec celle des élèves. Chacun de leur point de vue, les maîtres et les écoliers décrivent bien la même relation.

Une expérience intégrée

L'unité du métier

Malgré les divers changements dont elle a été le théâtre, l'école primaire conserve l'essentiel de sa physionomie. Sa « forme scolaire », à suivre G. Vincent, n'aurait connu que deux infléchissements, le premier au XVIIIe siècle avec le passage de la contrainte externe à l'intériorisation des règles, l'autre, au cours du XXe siècle, avec la prise en compte croissante de l'« épanouissement » de l'enfant [1]. Mais d'autres éléments interviennent, comme la stabilité des effectifs. Si l'école maternelle a vu le nombre des élèves doubler depuis 1960 à cause de la scolarisation précoce, l'école primaire a connu une légère baisse liée à la démographie et à la réduction des redoublements [2]. Mais

1. G. Vincent, *L'École primaire française*, *op. cit.*
2. *Repères et Références sur l'enseignement et la formation*, ministère de l'Éducation nationale, 1992.

il n'y a pas que le nombre. Alors que face aux collégiens le sentiment d'une opacité de l'adolescence domine souvent, l'instituteur, au contraire, revendique une profonde connaissance de l'enfant. Une connaissance épaulée, comme nous le verrons, par le discours psychologique, mais aussi par la tradition même de l'école primaire qui accueille depuis longtemps la totalité des enfants. Certes, dans le passé la proximité sociale entre les instituteurs et les écoliers pouvait harmoniser leurs ententes mutuelles, et, à l'heure où les instituteurs se recrutent de plus en plus parmi les couches moyennes, on pourrait penser à un divorce avec certains milieux populaires ou immigrés [1]. Mais ces tendances paraissent minoritaires [2]. Bien sûr, certains, parmi les plus anciens, se plaignent. « Ce n'est pas comme avant. Les enfants ne se tiennent plus comme avant, ils ne peuvent plus écouter aussi longtemps qu'avant. » Pour d'autres, les enfants des milieux défavorisés « sont tellement dépassés par des problèmes familiaux qu'ils ne sont pas prêts pour les apprentissages ». Ils observent le poids croissant de la dissipation enfantine. « Honnêtement au long d'une journée je fais autant la police que l'enseignement. J'ai des enfants qui n'arrêtent pas de faire tomber le stylo. J'ai quatre enfants qui ne peuvent pas garder un jour le stylo : le stylo est mangé, je dis bien mangé. » Mais il reste le sentiment d'appartenir à « une structure qui nous a permis de suivre cette évolution et dans laquelle je suis plus à l'aise que dans la société, où vraiment je suis mal ».

A la différence du collège où la distance sociale se traduit parfois par une véritable rupture de communication, à l'école primaire cette distance avec les écoliers est infléchie par des liens personnels. « Les élèves que j'avais eus en CM2 revenaient volontiers me voir pour me parler de leurs résultats et comment ça c'était passé, et j'ai l'impression qu'ils gardaient des liens en tant que moi instituteur. » Le changement social du recrutement des instituteurs n'ébranle pas le rapport affectif aux enfants, le fait qu'ils viennent « dans la classe comme si ils revenaient dans un cocon familial ». Tout va dans la même direction. « On passe beaucoup plus de temps que les enseignants du secondaire avec les enfants, donc, à force on les connaît mieux et eux nous connaissent mieux aussi, donc ils ne sont pas forcément indifférents, ils sont plus affectifs... » « Parfois ils sont tellement proches qu'ils me disent papa, parfois même maman. »

L'instituteur reste toujours, à ses propres yeux, maître de la classe. Pas de doute, le bon instituteur est avant tout celui qui tient sa classe. « Il suffit d'y pénétrer pour voir comment sont les enfants, est-ce qu'ils sont sereins, agacés, ennuyés, et puis il y a aussi le rangement. » C'est dans le face à face avec la classe que se construit le métier d'instituteur et c'est de cette relation

1. Déjà à la fin des années soixante-dix, on faisait état d'un mécontentement lié à la distance sociale existant entre les instituteurs et les écoliers de milieu populaire. Cf. I. Berger, *Les Instituteurs d'une génération à l'autre*, Paris, PUF, 1979.

2. Pour une étude monographique des difficultés des instituteurs travaillant en « cités HLM », cf. Y. Careil, *Instituteurs des cités HLM*, Paris, PUF, 1994.

que se dégage le bonheur du métier. De manière symétrique, le jugement est fort négatif envers les instituteurs « incapables » de tenir leur classe. Le maître doit construire un ordre, s'assurer de la bonne tenue et du soin des cahiers, « puisqu'il peut y avoir une atmosphère générale de négligence s'exprimant là ». Une institutrice en formation à l'université manifeste son désarroi devant les tableaux des salles à l'université. « Quand on vient en fac, ce qui est un petit peu choquant en début d'année, c'est de voir que les profs sortent de la classe en laissant tout leur vocabulaire sur le tableau, et les suivants arrivent et ils mélangent ça, et ça fait une espèce de truc infâme et c'est assez choquant. » « Nous on est habitués à l'ordre sur le tableau, on en prend soin. » Le métier porte son lot d'images d'Épinal : le plaisir d'écrire au tableau, avec la craie préférée au tableau blanc, on parle du changement dans la texture des craies, et seules les « vieilles craies grinçaient » ! Une institutrice peut ainsi se définir comme une « ouvrière du savoir ».

Comme c'est surtout face à la classe qu'une forte identité professionnelle se construit, certains affirment la supériorité de l'expérience sur toute autre formation[1]. « La seule fois où j'ai été inspecté et où j'ai eu vraiment le sentiment d'apprendre des choses, c'était lorsque j'ai eu affaire à des anciens instituteurs... Je préfère aller les voir que ces conseillers pédagogiques qui ne donnent à mon avis aucun conseil valable. Quelqu'un qui a beaucoup de théorie, qui connaît beaucoup de choses au niveau pédagogique, mais qui n'a pas l'air de voir les réalités du terrain. » La fierté du métier d'instituteur est liée à l'autonomie professionnelle et à la capacité de « savoir tenir » les enfants. Bien plus, le rapport à la classe est tellement privilégié qu'il conduit à protéger l'autonomie pédagogique contre tout regard extérieur. « Les collègues n'ont pas à intervenir et la direction ne peut pas intervenir. J'ai le droit de recevoir les parents comme je l'entends. Si le directeur intervient, je n'en tiendrai absolument pas compte, je n'en ferai aucun cas, le directeur à mon avis n'a pas le droit de regard. » Cette autonomie finit par générer une sorte de « mystère » : ce qui se passe dans la classe, on n'en parle pas, à personne. C'est un thème tabou. « Je crois qu'il n'y a pas eu d'école où je n'ai jamais eu l'envie de mettre un magnétophone avec micro dans la classe d'un collègue pour savoir comment il faisait sa classe. On est dans notre classe, on ne sait jamais vraiment ce que font les autres. » Ceci prolonge bien naturellement le désir de ne pas

1. En réalité, c'est du côté de la formation des maîtres que l'ébranlement relatif du métier d'instituteur paraît le plus fort, l'expérience des dernières décennies contrastant vivement avec ce qu'a été la formation traditionnelle dans les écoles normales primaires. A la fin du siècle dernier, l'élève-maître qui arrivait dans sa première classe savait ce qu'il devait faire ; aux années soixante-dix, les techniques sont moins normatives et plus floues, elles visent à produire une décentration du sujet lui permettant l'acquisition du savoir. Pour une vision socio-historique de ces transformations, cf. G. Laprevote, *Les Écoles normales primaires en France, 1879-1979*, Lyon, PUL, 1984.

être vu. « Il y a l'instit d'adaptation qui est venue dans ma classe pour observer les enfants, donc elle est restée deux matinées. Et je n'ai pas aimé, parce que je ne la connais pas, je ne sais pas quelles sont ses opinions par rapport à la pédagogie et là c'est vraiment un peu se déshabiller et ne pas savoir ce que l'autre pense. » Faire la classe c'est faire du théâtre, et « c'est beaucoup plus délicat de faire du théâtre devant un adulte »[1].

A la forte régulation des situations, il faut encore ajouter le relatif accord des instituteurs quant aux finalités pédagogiques. Bien sûr, des discussions opposent les tenants de l'« éducation », centrés sur l'enfant, aux tenants de l'« instruction », centrés sur les savoirs. Mais ces débats restent un peu rhétoriques et sans passion, tant la congruence de ces deux objectifs semble aller de soi, autour de la même représentation de l'écolier[2]. Les membres du groupe savent que, malgré leurs différentes sensibilités thématiques et leurs différences pédagogiques, les écoliers n'ont pas à être séparés entre l'élève et l'enfant, entre l'intelligence et l'émotion. Quant au mode de relation établi avec les enfants, le sens de l'autorité change selon que l'on prône un rapport plus distant à l'écolier ou, au contraire, que l'on privilégie un lien plus affectif[3]. Là, c'est l'appel à une autorité liée au rôle lui-même. Ici, c'est la mobilisation d'une autorité reposant davantage sur la séduction. Mais les désaccords, encore une fois, ne conduisent pas à la rupture. Pour les premiers, « j'appelle autorité fonctionner avec des règles très claires » ; pour les seconds, « avoir des règles bien posées c'est chercher à correspondre à l'affectivité de l'enfant qui a besoin de certains repères pour se construire ». En réalité, il s'agit plus d'affaires de style que d'affaires de principes.

L'élève est aussi un enfant

Du point de vue des maîtres, il n'y a pas de véritables tensions entre les deux faces de l'écolier. Au contraire, tous soulignent la forte dimension affective du lien pédagogique[4]. Un des traits majeurs de l'école primaire

1. Sur la théâtralité de l'acte pédagogique, Cf. C. Pujade-Renaud, *Le Corps de l'enseignant dans la classe*, Paris, ESF, 1983, p. 74-79 ; C. Pujade-Renaud, D. Zimmerman, *Les Voies non verbales de la relation pédagogique*, Paris, Éditions sociales, 1976, en particulier le chap. III.

2. Sauf dans le cas de certaines ZEP. Cf. D. Martuccelli, P. Zawadzki, « L'espace du débat scolaire dans les ZEP », *Migrants-Formation*, 97, juin 1994.

3. Pour Y. Careil, ce clivage renvoie d'une part aux origines sociales des instituteurs et d'autre part à un « conflit de générations ». Ce sont les instituteurs plutôt âgés, ayant des attaches populaires, dans leur majorité de sexe masculin, qui se rattacheraient à l'ancien modèle pédagogique ; les plus « jeunes », malgré leur hétérogénéité, seraient plutôt sensibles aux nouvelles pédagogies (cf. Y. Careil, *Instituteurs des cités HLM*, *op. cit*, notamment la 3e partie).

4. Pour cette omniprésence de l'enfant dans l'autoperception du métier par les instituteurs, cf. M. Kherroubi, M.-F. Grospiron, « Métier d'instituteur et enfant-client »,

réside ici dans la volonté d'établir une continuité entre l'enfance et l'expérience scolaire. A l'opposé du collège où l'adolescence est ressentie comme une menace pour l'ordre scolaire, l'école primaire accueille les enfants avec les écoliers. La relation pédagogique a évolué, au sein de l'école primaire, d'un modèle traditionnel où la possession du savoir dispense de la pédagogie [1], vers un modèle pédagogique renforçant la médiation affective [2]. Malgré les différences personnelles et les mots employés, qu'on dise « aimer » ou non les enfants, il est clair que le métier exige un engagement affectif. « Je n'ai pas envie d'aimer les enfants, je dis que j'ai du plaisir à faire mon travail. J'ai du plaisir à être dans la classe avec eux. J'ai de bonnes relations ou quelquefois de mauvaises, mais ça sous-entend autre chose, et je crois que ce n'est pas notre rôle de les aimer. Ça, c'est le rôle des parents de les aimer. » Mais en même temps, « s'il n'y avait pas le côté affectif, agréable et tout, eh bien ce métier je ne l'aimerais pas trop. Quand ils viennent nous raconter leurs petites histoires parfois c'est drôle, parfois ça prend la gorge... ».

D'ailleurs, si le souci de l'« enfant épanoui » s'accorde si bien à celui de l'« enfant raisonnable », c'est parce que le lien pédagogique lui-même est infléchi par l'affectivité. Les dimensions affectives et cognitives du métier se renforcent mutuellement. Si on explique des choses aux enfants, c'est parce qu'ils sont saisis comme des personnes susceptibles de « comprendre des choses » mais aussi parce que la relation baigne dans l'affectivité. « Une fois j'ai essayé d'expliquer mon métier à un gars. Et il a mal interprété. Il a cru que j'étais attiré par les petites filles dans la manière dont je lui avais raconté mon métier. Je lui disais que les petites filles, c'est vrai, tombaient amoureuses de moi et que je pensais que c'était une bonne façon d'apprendre beaucoup plus facilement que si elles me détestent. Et lui il a cru que je faisais ce métier, rien que pour ça. Mais ça prouve que ce n'est pas très bien compris pour un adulte qui n'est pas en contact permanent avec le monde des enfants parce que moi, les enfants, je traite avec eux, comme si c'était de futurs adultes. »

L'affectivité est perçue comme étant le cœur de l'autorité pédagogique. Les enfants sont tenus « à l'affectif, pour nous faire plaisir, ils font les choses ». Rien ne le montre mieux que la tristesse avouée et avouable du départ en vacances des élèves. Sur ce point, les réactions des instituteurs sont semblables à celles des écoliers. La fin de l'année est toujours un moment difficile. Quelques-uns « craquent ». « Au début de ma carrière, lorsque je voyais mes élèves partir dans la classe de ma collègue, je me

---

in A. Henriot-Van Zanten, E. Plaisance, R. Sirota (éd.), *Les Transformations du système éducatif. Acteurs et politiques*, Paris, L'Harmattan, 1993.

1. Une tradition très forte en France, comme le remarquait déjà E. Durkheim au début du siècle. Pour une présentation classique de cette position, cf. Alain, *Propos sur l'éducation*, Paris, PUF, 1932.

2. Pour ces notions, cf. M. Postic, *La Relation éducative*, Paris, PUF, 1992.

cachais dans les toilettes pour pleurer. Alors, je me suis dit c'est un défaut et maintenant je ne m'attache plus de cette manière aux enfants. Mais eux aussi ils s'attachent à moi, ils m'adorent et ils me respectent. » L'« amour » et le « respect » comme le chagrin des séparations se renouvellent tous les ans. « Il y a quelque chose qui me frappe chaque année. Au mois de juin, j'ai du mal à quitter les gamins avec lesquels j'ai été pendant huit mois. Au mois de septembre, les nouveaux, je les trouve nettement moins intéressants, nettement moins sympathiques que ceux de l'année d'avant et deux mois après, je les trouve très sympathiques et l'année suivante au mois de juin, j'ai beaucoup de mal à les quitter en me disant c'est vraiment dommage et ça recommence chaque année... » Cet attachement engendre des rivalités entre les maîtres, notamment parmi ceux qui partagent une classe à mi-temps, ou, au tout début de l'année, quand il faut imposer sa séduction aux élèves d'un collègue, le faire oublier. Des maîtres, comme ces instituteurs de village qui avaient fait la classe à plus de trente promotions, désirent suivre leurs élèves. « J'ai tout un carnet de rendez-vous pour un jour bien précis qui est le 31 décembre 1999 où je devrai rencontrer sept ou huit classes. C'est des enfants avec lesquels on se dit que la veille de l'an 2000 on va se rencontrer pour voir comment on a grandi, comment on a évolué, mais le contrat c'est que l'on laisse par écrit ce qu'on a projeté pour l'an 2000, donc il y en a qui vont le lire dix ans après, d'autres cinq ans après... et tout ça c'est dans un coffre-fort. Le but était : j'espère qu'ils seront des individus. »

Les collègues se jugent entre eux en fonction de leur « dévouement » et de leur « égoïsme », plus que de leurs méthodes. Sans tomber dans les images fortes de la « vocation » ou du « sacrifice », une rupture s'inscrit ici. La distinction est subtile mais emplie de sens à leurs yeux. « Le gamin qui a un problème familial, l'instit ferme les yeux et s'en fiche. Un gamin qui a un problème scolaire, il s'en fiche et dit : de toute façon, il est nul, donc il ne va pas se remettre en cause au niveau professionnel. Il dit : c'est un nul, il est nul, qu'est-ce que tu veux y faire ? J'appelle ça de l'égoïsme. Il s'en fiche, il est centré sur lui-même, il n'est pas du tout ouvert aux autres. » Les connivences secrètes du métier passent, aux yeux de tous, par « la manière dont les collègues s'adressent aux enfants ou répondent aux enfants dans la cour de récréation ». C'est le rapport à l'écolier, au-delà de tout autre critère, qui définit la confiance et la défiance entre les enseignants. Peu importe si on n'a pas la « même pédagogie », si « on a un peu envie », si « on sent une ouverture ou on sait que le collègue n'a pas des œillères »[1].

1. Le travail en équipe comme moyen pour surmonter des difficultés professionnelles s'avère particulièrement probant dans les écoles primaires. Cf. M. Kherroubi, « Le travail en équipe à l'école primaire », *in* P. Perrenoud, C. Montandon (éd.), *Qui maîtrise l'école ?*, *op. cit.*

« A partir du moment où le public qu'on a devant nous évolue, change, se renouvelle, c'est différent tout le temps. Les gamins ne sont pas les mêmes au mois de septembre et au mois de juin... Ils évoluent de mois en mois, il y a de la progression, il y a des régressions, c'est tout le temps nouveau. » Le sentiment d'accomplissement est d'autant plus vif que les instituteurs savent que l'enfant est la « valeur » ultime de notre société[1]. « Parce que l'enfant c'est une valeur pour moi et je suis toujours émerveillée devant les enfants et ça n'a pas cessé. Ils me surprennent plus maintenant que j'ai toute cette expérience que lorsque j'étais jeune. C'est tellement fantastique : ça m'interroge pas, ça m'émerveille. » Il ne s'agit pas de tomber dans l'enchantement ou la mièvrerie, mais on doit noter qu'au-delà de l'« embourgeoisement » de la profession, qu'on accepte ou pas l'idée que ce processus est le résultat d'une « mainmise » des couches moyennes et supérieures sur l'école élémentaire, visant à diffuser par l'école un « métier d'enfant »[2], il est clair que désormais c'est dans le rapport à l'enfant que se joue l'essentiel de la mutation professionnelle.

Le maître seul à bord

La description de la toute-puissance des maîtres par eux-mêmes est absolument symétrique à celle des enfants. A l'école primaire, la culture enfantine ne se pose pas en concurrente de la culture scolaire. « Ils nous reconnaissent d'emblée le pouvoir, il n'y a pas de duel. » Le désordre est une manifestation anomique de la faiblesse du maître, ce n'est pas une contestation. « Quand un enseignant est débordé, il y a d'une part une classe difficile, et d'autre part un maître qui n'est pas très bien, qui n'est pas trop sûr de lui. Ce sont à des gens qui sont déjà débordés d'eux-mêmes que ça arrive. » Le plus souvent « il suffit de faire les gros yeux » pour apaiser un enfant. Même avec des enfants « agités » ou « capricieux », le maître finit toujours par s'imposer. « Là alors, je l'ai pris par le collier. Et je lui dis : si tu bouges je vais te foutre la raclée du siècle. Alors je lui ai dit : regarde-moi, regarde-moi, je ne suis pas comme ta maman. Regarde-moi, je ne suis pas comme ta maman, tu ne me connais pas, mais je ne mens pas, tourne ta tête, regarde-moi... Et l'enfant : ne me touche pas, ne me touche pas ! Je ne te touche pas. Regarde-moi. Donne-moi la main tu vas te calmer. Il m'a

1. Le thème de l'« enfant roi » est particulièrement discutable. C'est ainsi qu'un auteur comme P. Ariès a pu tenir dans l'intervalle de quelques années deux raisonnements opposés : après avoir reconnu le règne de l'enfance, il est revenu sur ce jugement (P. Ariès, *L'Enfant et la Vie familiale sous l'Ancien Régime*, Paris, Éd. du Seuil, 1973, et « Enfant : la fin d'un règne », *Autrement*, mars 1975).

2. Avec des nuances l'hypothèse se trouve, par exemple, chez A. Prost, *L'Enseignement et l'Éducation en France*, t. IV, *L'École et la Famille dans une société en mutation*, Paris, Nouvelle Librairie de France, 1981.

donné la main, on est monté, je l'ai amené et je lui ai dit : rappelle-toi de ce que je t'ai dit... Il n'a plus jamais recommencé. »

Bien que l'autorité soit « naturelle », elle exige une attention de tous les instants. « On n'a jamais laissé un gamin parce qu'il ne suivait pas en même temps que les autres. Il y a toujours moyen de lui faire faire quelque chose. En plus, si un gamin reste en plan sans rien faire, bonjour l'année scolaire et en plus bonjour l'ambiance dans la classe pour l'instit. Si il se retrouve avec un gamin qui ne fait rien, au bout d'un moment le gamin ne va pas rester sans rien faire... » Non seulement les écoliers ne contestent pas l'autorité du maître, mais ils croient qu'il a toujours raison. « Avec les petits, la parole du maître est toujours, malgré tout, parole d'évangile. » « Ils disent aux parents : je te dis que la maîtresse a dit ça. Le gamin sait qu'il est là pour apprendre des choses, et que c'est le maître ou la maîtresse qui sait des choses et qui va les lui apprendre. Donc, implicitement, je crois que pour lui ce que dit le maître ou la maîtresse, c'est vraiment la vérité. » Les instituteurs le savent, « avec les enfants, il n'y a pas de problème de pouvoir, le vrai pouvoir c'est nous qui l'avons, donc il y a effectivement un sentiment de puissance ». En réalité, le danger viendrait plutôt, en sens inverse, du côté des excès de pouvoir. Tous les instituteurs connaissent leurs capacités d'humiliation. L'un d'eux « a tellement vexé un enfant, que le gamin s'est enfui de l'école ». On parle de cet autre, ayant empêché un enfant d'aller aux toilettes : « Le gamin a fait sur lui et il est rentré pleurant à la maison. » « Une fois que les parents sont dehors et qu'on est avec les gamins, c'est sûr que... »

Le pouvoir du maître marque la totalité de la relation pédagogique [1] : le travail, puisque l'écolier fait des efforts « pour nous et il a vraiment envie de nous faire plaisir parce que, à cet âge là, ils ne travaillent pas pour eux, ils travaillent pour nous » ; la personnalité de l'écolier, car le maître s'attache à ceux qui lui résistent un peu. « J'ai horreur des mous. Je dis toujours, j'ai horreur des plats de nouilles » [2]. « Le gamin bon élève très sage, il m'ennuie très vite. Je préfère le gamin moins sage, moins bon, scolairement performant, mais plus actif, qui réagit peut-être quelquefois plus violemment à ce que je dis. » N'oublions pas que certains instituteurs jouent régulièrement à commettre des petites fautes en classe afin de tester l'autonomie des écoliers. Tout se passe comme si les maîtres savaient que leurs « imperfections » aident les élèves à se libérer de leur emprise. Mais, du point de vue du maître, cette relation reste intemporelle. Alors que les professeurs se sentent vieillir et trouvent leurs élèves de plus en plus jeunes, « l'instit, lui, il ne vieillit pas du tout ». « Il a d'ailleurs de très mauvaises

1. Cf. E. Debarbieux, « La place du maître dans la classe. Imaginaire, espace, violence », *in* P. Clanché, J. Testanière (éd.), *Actualité de la pédagogie Freinet*, Bordeaux, PUB, 1989.

2. Pour une étude des élèves « pénibles » et « déviants » qui font « craquer » les enseignants, cf. P. Jubin, *L'Élève tête à claques*, *op. cit.*

surprises quand les autres, les adultes, les méchants, lui font remarquer qu'il vieillit. »

La toute-puissance du maître explique l'attrait que le tableau exerce sur les écoliers. « Celui qui va au tableau c'est le chouchou. J'ai des gamins qui s'organisent secrètement avec tous les gosses et qui font des croix pour savoir qui va au tableau. Lui il y est allé quatre fois, moi une fois. » « Ils essayent de chercher la stratégie par laquelle on va envoyer un élève au tableau. » Pour les instituteurs, une seule explication s'impose : « Le tableau c'est l'instrument du maître et quand ils y sont, ils s'approprient l'instrument du maître. » « Aller au tableau, c'est effectivement devenir le maître à un moment donné. » Un instituteur enchaîne avec ses souvenirs d'enfance : « J'ai un excellent souvenir, quelque chose qui m'est resté très fort, c'est d'être allé au tableau dans la classe des grands pour écrire un mot qu'ils n'avaient pas su écrire dans la dictée... Je revois toujours la scène. » Le sentiment de puissance et de contrôle est inséparable du travail même de l'instituteur. « Je l'ai ressenti très fort au début du CP. On reçoit des tout petits enfants qui ne savent pas lire, qui connaissent quelques lettres et puis on les lâche et ils savent plein de choses. C'est magique. C'est très visible. »

Le poids du métier

Pour les membres de notre groupe de recherche, l'expérience du métier apparaît à la fois heureuse et « pleine », si pleine souvent, si peu déchirée par des tensions internes, que le métier paraît trop peser sur la personnalité et qu'il peut ressembler à une forteresse ardemment défendue contre ceux qui peuvent le menacer : parents, collègues, nouveaux professionnels concernés [1].

1. Face aux nouveaux problèmes sociaux, notamment liés à la question urbaine, les instituteurs protègent l'exclusivité de leur rapport à la classe. Certes, ces réticences sont à mettre en relation avec l'histoire et l'évolution propres du corps enseignant ; après tout le thème « pédagogique » a mis longtemps pour s'imposer en France en tant que besoin de formation. Mais elles proviennent surtout de la volonté des instituteurs de défendre leur savoir-faire face à la technicité du travail social. C'est alors que les rivalités de légitimation professionnelle entre les enseignants (qui réclament pour leur travail une légitimation découlant du savoir) et les travailleurs sociaux (qui tirent leur légitimité de leur capacité à bien connaître une population) se manifestent avec force. Cf. D. Glasman, « Travailleurs sociaux et enseignants. Partenariat et identités professionnelles », *Migrants-Formation*, n° 88, mars 1992.

Les conflits de contrôle

Les instituteurs protègent leur classe contre les parents « rivaux ». Il s'agit tout autant de protéger l'espace d'une interaction privilégiée que d'aider les enfants à grandir. Si en maternelle on accepte la présence des parents, on les éloigne à l'école primaire. « Au bout d'un certain temps il faut laisser le gamin au portail pour que le gamin rentre tout seul dans l'école. Nous c'est ce qu'on pense, parce que c'est aussi une façon d'aider l'enfant à devenir autonome. L'école c'est le monde des enfants, ce n'est plus le monde des parents. » Les maîtres savent aussi ce qui est en jeu. « Je me demande s'il n'y a pas l'angoisse quelque part d'être supplanté par l'enseignant de la part des parents. » Une angoisse flatteuse. « Les jalousies des mères, je connais bien. C'est vrai que tout ce que je peux dire, ça sera pris et encensé. Mais eux s'ils disent la même chose, ça va être mal pris. Alors il y a une petite jalousie qui s'instaure. » Derrière ces anecdotes se cache parfois l'incompréhension de l'angoisse des parents, comme le dit nettement ce parent d'élève : « J'ai plein de questions à poser parce que vous êtes du métier et que je connais pas. Et c'est vrai par contre qu'il y a des grilles à l'école. Elles sont fermées et nous on est à l'extérieur... Les portes s'ouvrent, on accueille nos têtes blondes mais on a peur, on a des angoisses. On les exprime. » A la justification pédagogique s'ajoute un intérêt strictement professionnel simple et constant : n'accorder à personne d'autre que l'inspecteur un droit de regard sur la classe. Au-delà, c'est l'école elle-même qu'il faut préserver. « J'ai eu des problèmes avec des parents... Ce n'est pas tous les jours mais enfin c'est vrai que ça arrive assez régulièrement. Les parents qui arrivent dans la classe, qui se croient tout permis, qui vous agressent, qui entrent alors que la classe est commencée pour vous interpeller. Ça m'est arrivé. Des parents qui entrent dans la cour de l'école parce que leur petit chéri s'est battu pendant la récré avec un copain, alors les parents viennent régler des comptes et mettre des baffes au gamin... » Il faut assurer l'indépendance du maître. Les instituteurs veulent bien travailler avec les parents, mais dans la direction qu'ils choisissent. Les sphères doivent être claires et distinctes. Surtout distinctes. « Quand la maîtresse vous dit sur le plan pédagogique vous n'avez pas à intervenir, ça c'est un fait, par contre, il faut travailler ensemble. Que vous alliez en début d'année la voir, pour qu'elle vous explique comment elle fonctionne pour ensuite, à la maison, utiliser la même méthode pour que l'enfant entende le même discours. » D'autres instituteurs sont moins durs dans les formes, mais aussi fermes quant au fond. « Ça ne me dérange absolument pas de discuter de la pédagogie, au contraire, j'aime bien, par contre le choix ultime je veux quand même qu'il me revienne. »

« Chacun son rôle, vous êtes parents, nous enseignants, il faut que chacun reste bien à sa place. » Le brouillage des frontières amène un certain malaise. Quelques-uns ont déjà le sentiment d'être assiégés. « Maintenant les parents rentrent, c'est bientôt eux qui vont faire la classe, ils vont me dire comment je vais faire. » D'autres contestent le droit de regard des parents sur les projets d'école. Il faut dire que les parents sont soumis à une critique sévère, toujours trop ou pas assez compétents. Selon les situations et les publics scolaires, on parle soit de la démission des familles, soit de leurs exigences excessives. La démission parentale regroupe un ensemble d'attitudes allant de l'indifférence à l'hostilité entre l'école et les familles. « J'ai des gamins en CE1 qui réveillent leur mère le matin pour qu'elle les amène à l'école. » Le désinvestissement scolaire des enfants est de la responsabilité des parents, même si la crise et le chômage peuvent constituer des excuses [1]. L'échec scolaire a toujours son origine profonde dans la famille. « Les enfants ne sont pas toujours bien tenus. Ou bien ils dorment peu, ou bien ils sont livrés à la télé ou encore, ils ne mangent pas le soir chez eux. Et autant pour des raisons économiques que pour des raisons de négligence parentale. » La méfiance des enfants vis-à-vis de l'école vient aussi des familles. « J'ai vu un père une fois qui était venu dans la cour parce que je lui ai dit que son gamin était vraiment très grossier. En classe c'était "il m'emmerde"... Mais je l'avais dit au père qui tenait un bar et le gamin entendait... Et il est venu pendant la récréation écouter et il m'a dit : j'ai enregistré et il n'y a pas que mon fils qui dit des grossièretés. Et il m'a ressorti la cassette ! » Mais la démission des parents se traduit aussi par des attentes excessives à l'égard de l'école. Les parents espèrent tout de l'école et se reposent entièrement sur elle. « Nous sommes en train de tomber parfois, avec certains parents, dans un extrême très dangereux, c'est-à-dire qu'ils se déchargent complètement sur nous. » Une institutrice se décrit comme une missionnaire : « J'ai l'impression de débroussailler, d'être comme un missionnaire dans la brousse : il faut tout leur apprendre, à s'habiller, à se déshabiller, à manger, à être poli, des choses que faisaient auparavant les parents, maintenant ils attendent qu'on les fasse. »

Mais à cette première famille de critiques s'en ajoute une autre. En sens inverse, les parents sont décrits comme des obsédés de la réussite scolaire, de l'effort et du travail. Certains instituteurs, bien qu'ils sachent que le travail à la maison contribue au maintien des inégalités scolaires et sociales, sont contraints de céder. « En donnant beaucoup de travail, on donne l'impression aux parents que c'est une bonne classe parce qu'on y travaille beaucoup. » « On ne peut pas empêcher certains parents de surenchérir sur

1. En réalité, ces critiques sont à insérer dans la longue tradition de la mission civilisatrice de l'école primaire, notamment vis-à-vis des familles populaires ; une tâche à laquelle sont venus s'associer d'autres savoirs disciplinaires, mais toujours plus au moins liés à l'école elle-même. Pour une analyse, à partir de la puériculture, de ce processus d'acculturation sociale, cf. L. Boltanski, *Prime éducation et Morale de classe*, Paris, EPHE-Mouton, 1969.

ce que l'on donne. Quand on montre aux parents les devoirs et qu'on leur demande si cela suffit, ils vous regardent et ils sont terriblement déçus et ils en font faire une heure, une heure et demie. » « Quelques familles, comme elles estiment qu'il n'y en a pas assez, les font travailler d'elles-mêmes. Elles font faire des pages de copie, de la lecture, des opérations... Il y en a certains qui ont un cahier spécial pour la maison et qui me l'apportent de temps en temps. » La pression s'amorce en grande section de maternelle dont les parents informés attendent un apprentissage de la lecture. Elle se durcit de nouveau en CM2, à la veille de l'entrée au collège. Le souci de performance de certains parents est tel que les instituteurs se posent parfois en défenseurs de l'enfance. Ils insistent sur la nécessité de tenir compte des rythmes de l'enfant, sur les dangers de la fatigue, sur l'utilité des jeux[1]. Les exemples abondent chez les instituteurs travaillant dans le privé. « J'ai vu par exemple des parents qui refusent que leurs enfants fassent la sieste : les parents veulent que les enfants travaillent tout le temps. Dans le privé l'exigence des parents est dingue. J'ai des parents qui, en maternelle, me disent : vous avez fait 50 lignes de fiches sur le cahier, l'instit qui était avant vous en a fait 60... Ils peuvent aller jusqu'à contrôler que dans un CP l'enfant est à la page 30, et dans un CP à côté on est déjà à la page 31... » D'ailleurs, certains enfants ont tellement d'activités extra-scolaires que certains instituteurs pensent que leurs difficultés de concentration sont liées à un excès d'activité. L'exigence de performance appelle un surcroît de sévérité. « Il y a un parent d'élève qui vient me voir et qui me dit : là vous n'auriez pas dû mettre excellent parce qu'il y a une faute d'orthographe. C'était une feuille de math, je précise. Le père vient me voir systématiquement et il traque, il cherche la moindre faute. »

L'écolier est à la croisée de ces deux mondes. Comme l'a signalé P. Perrenoud, il est à la fois le message et le messager dans une situation où les attentes et les craintes ne sont jamais les mêmes[2]. La relation entre les instituteurs et les parents est difficile parce que les parents menacent l'exclusivité du rapport du maître. Maîtres et parents entretiennent un jeu croisé de récriminations et de culpabilités réciproques.

1. Le thème a été un objet privilégié des réflexions et des politiques publiques. Parmi la vaste littérature existante, cf. H. Montaner, *Les Rythmes de l'enfant et de l'adolescent*, Paris, Stock, 1988. Et pour une évaluation des politiques publiques d'aménagement du temps scolaire instituées en 1988 : *L'Aménagement des rythmes de vie des enfants*, Paris, La Documentation française, 1994.

2. P. Perrenoud, « Le *go-between* : entre sa famille et l'école, l'enfant messager et message », *in* C. Montandon, P. Perrenoud, *Entre parents et enseignants : un dialogue impossible ?*, *op. cit.*

L'usure du métier

L'engagement du maître dans son travail provoque un sentiment d'usure et de fatigue. Le travail d'instituteur est décrit comme une activité oppressante où le monde professionnel menace le monde privé. « J'ai l'habitude de me faire envahir par ma vie professionnelle, c'est évident. » Les uns et les autres s'efforcent d'établir une rupture. « A 16 h 30 c'est terminé, c'est une autre vie qui commence. Je ne travaille jamais chez moi le travail scolaire. Je travaille toujours dans la classe même si c'est en dehors du temps de travail. » « Tant que je n'ai pas fini mon boulot, je reste dans l'école. Ça m'oblige à être efficace au niveau du temps. Je ne m'en vais que quand c'est fini, quand j'ai corrigé et que j'ai préparé le lendemain. » Pourtant, le métier revient toujours. « Quand je suis chez moi, la classe, j'essaie de l'oublier le plus possible mais ça ne m'empêche pas, quand je vois un truc à la télé, je vais mettre la cassette pour la classe. » Il se développe un sentiment d'épuisement. « On est coincés, on peut difficilement faire un break, on ne peut pas quitter l'école et quitter le métier. » Le mouvement des enfants finit par agacer. « Ça gêne beaucoup, le fait qu'ils bougent tout le temps. Et ça joue aussi beaucoup le mouvement des tables et des chaises : c'est sans arrêt toute la journée. Même si c'est une petite chose, tous les élèves faisant le bruit au même moment, c'est difficile. Le bruit c'est la chose la plus pénible du métier. » « C'est un métier où on investit beaucoup de soi, même si on fait la part des choses. Donc c'est vrai qu'à un moment donné on fatigue. » Même si le désir d'échapper à l'école semble moins pressant dans le primaire que dans le secondaire, beaucoup cherchent des voies de sortie. Certains choisissent les remplacements « parce que à un moment donné ils saturent devant une classe et qu'ils n'ont plus envie d'avoir des responsabilités ». Ce mouvement prendrait de l'ampleur. « Je trouve que ça devient un phénomène qui va croissant. On se bouscule pour devenir titulaire remplaçant. »

De la responsabilité à la culpabilité

La toute-puissance du maître face aux élèves est nécessairement associée à un sentiment de responsabilité individuelle pouvant se transformer en culpabilité diffuse[1]. Bien sûr, les instituteurs n'ignorent pas les facteurs sociologiques de l'échec, mais, « tout-puissants », il leur est difficile de se

1. De ce point de vue, l'angoisse de l'instituteur est d'une autre « nature » que celle des autres enseignants. Pour un aperçu de la dimension d'angoisse dans le lien éducatif, cf. M. Cifali, *Le Lien éducatif : contre-jour psychanalytique*, Paris, PUF, 1994.

dégager[1]. « Il y a les problèmes sociologiques qui font qu'une classe peut être meilleure qu'une autre parce que la population n'est pas la même mais il y a aussi des problèmes de personnes. » Plus que les autres, les maîtres peuvent mesurer l'« effet enseignant ». « Je me souviens, une année il y avait eu une promotion de CP qui avait eu des maîtresses qui s'étaient succédé, qui avaient été malades. Les remplaçants avaient été malades. Il y a eu des enfants en difficulté, mais qui l'auraient été moins s'ils avaient eu des maîtresses stables. Cette conjoncture a fait que toute cette promotion a eu des difficultés à apprendre à lire. » Les mises en cause sont plus sévères en début de carrière mais elles ne cessent jamais. « Je me rappelle avoir eu un CP, relativement en début de carrière, ça devait faire quatre à cinq ans, et vraiment les gamins qui ont été en échec, ça m'a beaucoup culpabilisée. C'était à moi de me remettre en question tout de suite. » La présence des mesures de remédiation, pédagogiques ou cliniques, accentue le sentiment de puissance et de culpabilité, transforme l'échec de l'enfant en échec du maître. Tout, ou presque tout, peut lui être imputé : les rejets des enfants dans une classe, les groupes de niveaux, les retards scolaires... « Quand on est instit, la sanction est immédiate, le jour où vous avez mal préparé votre boulot, que vous n'êtes pas bien luné, fatigué et que la leçon foire, ça se voit immédiatement. Parce que si sur les 25 gamins, il y en a 22 qui font faux à l'exercice, c'est immédiat. Et ça implique qu'on se remette en cause. »

Le langage psychologique

Le recours au discours psychologique devient d'autant plus nécessaire qu'il permet à la fois d'expliquer les échecs, de rendre compte de la montée de l'enfance dans la classe, et de démontrer des compétences professionnelles nouvelles[2]. Ce recours établit un lien particulier avec les psychologues scolaires et la remédiation. En effet, la psychologisation des troubles scolaires est une manière, pour le maître, d'éviter une mise en cause personnelle insupportable[3]. « On peut, peut-être, penser qu'on a aussi tendance

1. En effet, comme tous les enseignants, les instituteurs incriminent bien des facteurs pour expliquer l'échec scolaire : en tout premier lieu le milieu social et familial (origine sociale, perturbation psychologique, handicap linguistique), l'enfant lui-même, ou encore le fonctionnement même de l'école. Néanmoins, et à la différence des enseignants du secondaire, leur sentiment de responsabilité pédagogique est plus grand.

2. Les instituteurs sont au plus loin d'un phénomène de « déqualification » professionnelle comme a pu le signaler, pour les États-Unis, M. A. Apple, *Teachers and Texts*, Londres, Routledge & Kegan Paul, 1986, chap. II.

3. Un processus qui a, malgré les mises en garde toujours avancées, un équivalent du côté de la littérature spécialisée où la diversité des facteurs incriminés dans l'échec scolaire cède souvent, de manière sournoise, le pas à une conception de l'échec scolaire comme « inhibition de la fonction intellectuelle », mécanisme principal d'où provien-

à faire appel aux psychologues et à se décharger sur une éventuelle décision du psychologue de tous les problèmes qu'on peut rencontrer dans la classe. Comme ça s'il y a problème, ça doit être d'ordre psychologique et nous on n'en est pas responsable. » Tous les problèmes scolaires ne sont pas « psychologisables » en principe, mais ceux que l'on rencontre le sont toujours. « C'était un gamin qui avait de gros problèmes scolaires. Il était évident qu'il y avait un autre problème qui expliquait le problème scolaire et que cet autre problème était d'ordre psychologique sans doute. Je me suis dit point, ça s'arrête là, parce que je n'ai pas les capacités et les outils nécessaires. » Parfois, devant la résistance de certains élèves, on n'hésite pas à invoquer des causes inconscientes qui échappent à l'école. Parfois, le diagnostic doit établir la réalité d'un handicap. « J'avais besoin qu'on me rassure ou qu'on me dise : effectivement il lui manque une case. »

Le recours aux psychologues est souvent ambivalent. Quelles qu'en soient les raisons, la relation est susceptible de traduire un désarroi. « Quand on demande à un psychologue de prendre un gamin, on lui demande de faire ce qu'on n'a pas le temps de faire. Parce qu'il n'est pas possible, pour nous, de s'investir sur un gamin tout en continuant à s'occuper des autres. » D'autres fois, l'aveu est plus net. « Ça nous débarrasse d'un enfant qui est particulièrement pénible et une heure avec le rééducateur c'est bien, on ne l'a pas pendant ce temps-là, ça fait toujours ça de pris. » Si les psychologues scolaires sont la mauvaise conscience des instituteurs, ceux-ci peuvent les enfermer dans la mauvaise foi. « A propos de se débarrasser, on a aussi parfois l'impression, face à certains psychologues ou rééducateurs, qu'il y avait des gens qui étaient psychologues ou rééducateurs de façon à pouvoir se débarrasser des gamins, échapper et fuir la classe. » Cette critique vise tous ceux qui ont « échappé » au métier.

L'expérience professionnelle des instituteurs est surplombée par une chape de discours psychologique. Il importe moins ici de cerner la « validité » des propos énoncés que d'être sensible à la force des interprétations psychologiques qui forment aujourd'hui le véritable langage professionnel et la source de la légitimité. La rapidité des diagnostics a de quoi surprendre. La grille interprétative, toujours prête, s'applique de manière méthodique. « Le gros bébé, l'apprentissage de la lecture lui passait vraiment au-dessus. Parce que la lecture, c'est devenir grand parce qu'il allait se séparer de sa maman, entre autres choses. A partir de la grande école, il faut que l'enfant ait envie de grandir, le stimuler, lui donner des responsabilités, le considérer comme un grand. » Le langage « psy » explique les difficultés avec les enfants, laissant de côté le maître, les méthodes et l'école. « Par exemple j'ai un gamin qui fait des problèmes de relations. Quand j'ai su que son père était séparé et que sa mère tenait un salon de massage dans Bordeaux

draient la plupart des conduites d'échec. Cf. A. Cordié, *Les cancres n'existent pas*, Paris, Éd. du Seuil, 1993.

et qu'elle gagnait bien sa vie apparemment et que le gamin il rentrait en opposition avec moi systématiquement, en plus j'ai vu sa mère, j'ai vu comment elle réagissait avec tous les bonshommes... Le gamin je le comprenais mieux. » « L'absence du père se manifeste dans la difficulté à accepter la loi, l'autorité, à accepter toute idée de contrainte scolaire... Et ceci pas seulement dans les familles monoparentales mais là où le père ne joue pas son rôle de père, c'est-à-dire le rapport à la loi. » Même les punitions reposent sur une argumentation psychologique. « Le mettre dans un coin, ça sur le plan psychologique ça permet à l'enfant aussi de se retrouver, de s'intérioriser quand il est trop extérieur à la classe, trop énervé. »

Cette lecture psychologique fait une place toute particulière à l'absence des pères dans les familles et des hommes dans l'école. On rappelle l'aspect « naturel » de l'autorité masculine. « Il y a un seul enseignant homme à l'école, et c'est vrai qu'il ne sera jamais débordé, même s'il ne sait pas comment se débrouiller avec le petit, parce que cette image de l'homme c'est vraiment l'autorité. Surtout maintenant qu'il y a si peu d'enseignants hommes. C'est impressionnant. Surtout avec les enfants qui ne voient pas toujours un homme à la maison. » « Le directeur est un homme, il a une sorte d'autorité naturelle, qui est sans doute liée à l'image de l'homme beaucoup plus facilement qu'à une image plus féminine. En plus, les hommes ont moins de problèmes dans les classes. » « La relation avec le maître homme est très importante. En maternelle, lorsqu'il y avait un remplaçant homme on voyait les enfants se transformer. Il allait dans la cour ils étaient tous autour de lui, ils lui parlaient, il fallait qu'il participe à toutes les activités. En maternelle les enfants sont demandeurs d'une image masculine... Les filles ont plutôt tendance à lui faire un coup de charme, mais même les garçons... ils vont presque vouloir le toucher. » Le spectre de l'absence masculine est si fort que certaines écoles mettent en œuvre des dispositifs de rotation afin que tous les enfants rencontrent cette denrée devenue si rare à l'école : un homme.

Peu importe ici que la psychologie ne soit qu'un langage banalisé ou qu'elle soit sérieuse. Peu importe aussi qu'elle puisse apparaître comme une recherche de dignité intellectuelle, peu importe encore que les orientations psychologiques ne déterminent pas directement les pratiques. On voit bien, à travers le travail de notre groupe, les raisons pour lesquelles ce discours s'impose. Les instituteurs sont moins sensibles à leur rôle social qu'à une fonction proprement éducative centrée sur l'enfance, sur la volonté de réduire la tension entre l'enfant et l'élève. Même les règles scolaires traditionnelles sont interprétées en ce sens. Plus le maître adhère à cette vocation, plus il se perçoit comme le centre de la relation et pas comme le médiateur d'une culture, plus le discours psychologique lui est nécessaire à la fois pour essayer de comprendre ce qu'il fait, et pour échapper au poids de la culpabilité.

La considération

Les instituteurs vivent aujourd'hui une crise statutaire mais pas une crise du métier[1]. Chacun sait que l'école élémentaire n'occupe plus la place « sacrée » léguée par la IIIe République et sa légende. Par ailleurs, les instituteurs sont moins nombreux que les professeurs. Mais le sentiment de perte de considération est loin d'être massif et uniforme[2]. Lié aux trajectoires personnelles, au mode de recrutement, au sexe, aux diplômes, à l'âge, un « malaise » statutaire traverse le corps des instituteurs[3]. La féminisation, bien qu'ancienne, apparaît parfois comme un signe de dévalorisation sociale de la profession[4]. Les représentations du passé se prolongent, souvent contre la vérité historique[5]. « Mon arrière-grand-père a été instituteur, et il a été le premier à avoir une voiture dans le département des Deux-Sèvres et quand je vois des photos de mon arrière-grand-père instituteur et adjoint de mairie de son village, c'était Monsieur qui en impose, il se tient fièrement, les pouces dans les avant-poches, la grande moustache et le pied en avant sur la voiture. » « L'instituteur il représentait le savoir à cette époque, maintenant, il y a des gens plus savants qu'un instituteur, même à la campagne. » Parfois, les membres du groupe intériorisent cette image. « Je ne me sens pas digne de mes prédécesseurs. Je n'ai pas la culture que, pour

1. F. Charles, *Instituteurs : un coup au moral*, Paris, Ramsay, 1988. En s'appuyant sur le fait qu'en 1986 l'Éducation nationale n'avait pas pu recruter tous les instituteurs dont elle avait besoin, l'auteur, à travers l'étude des changements du recrutement des instituteurs, conclut à une « crise de reproduction » et à un ébranlement statutaire, la profession étant un secours de reclassement pour les membres de couches moyennes. Une dizaine d'années plus tard, avec l'explosion du nombre de candidats aux IUFM, l'extension du chômage et les transformations du système éducatif, une conclusion plus nuancée s'impose.

2. Un malaise présent dans les années quatre-vingt (cf. M. Jamet, « Des instituteurs mal à l'aise », *Esprit*, 11-12, nov.-décembre 1982, ainsi que l'enquête de N. Gauthier, C. Guigon, M.-A. Guillot, *Les Instits*, Paris, Éd. du Seuil, 1986).

3. C'est ainsi que, en s'appuyant sur une étude portant sur des instituteurs débutants, A. Louvet observait que c'étaient les instituteurs les plus diplômés qui avaient le plus fort sentiment de déception dans le métier, le choix étant pour beaucoup vécu de manière négative ; mais, en même temps, d'autres instituteurs provenant d'autres branches professionnelles avaient un sentiment de satisfaction professionnelle plus élevée. Cf. A. Louvet, « La prise de fonction et la socialisation professionnelle des enseignants », *in* A. Henriot-Van Zanten, E. Plaisance, R. Sirota (éd.), *Les Transformations du système éducatif*, *op. cit.*

4. Bien que cette féminisation ait aussi signifié un « embourgeoisement » de la profession sur une période de vingt ans, comme l'ont constaté les enquêtes d'I. Berger de 1953-1954 à 1973-1974 (cf. I. Berger, R. Benjamin, *L'Univers des instituteurs*, Paris, Éd. de Minuit, 1964 ; I. Berger, *Les Instituteurs d'une génération à l'autre*, *op. cit.*).

5. Cf. notamment J. et M. Ozouf, *La République des instituteurs*, *op. cit.* ; J. Ozouf, *Nous les maîtres d'école*, *op. cit.*

moi, un enseignant doit avoir. J'ai connu beaucoup de "vieux" enseignants qui sont de véritables puits de science et je ne suis rien par rapport à eux, à ce niveau... J'aimerais être l'enseignant qui sait tout... »[1].

Mais d'autres éléments viennent tempérer ce sentiment de déclin. « Globalement j'ai l'impression que la profession est peut-être un peu mieux perçue à l'heure actuelle. » Le chômage revalorise l'école aux yeux des parents, comme se revalorise la stabilité de l'emploi aux yeux des instituteurs. Les institutrices se disent satisfaites d'un métier compatible avec la vie de famille. Ainsi, cette crise statutaire bien tempérée ne paraît pas prolongée par une crise du métier. Le monde des instituteurs semble largement préservé de la dérégulation du système scolaire.

Ceci favorise une forte identification de la personne et d'un métier décrit comme « une seconde nature ». « C'est comme ça qu'on les reconnaît les instits, c'est une preuve d'ailleurs. » Cette identification au métier varie selon les phases de la carrière, mais tous se sentent instituteurs bien plus qu'ils n'occupent simplement un emploi[2]. Le métier finit par englober la subjectivité même de l'individu. « Combien de fois on m'a dit que je me comportais avec les adultes comme avec des gamins. Arrête de me parler comme à un gamin ! Je pense que c'est un peu vrai, c'est une sorte de déformation professionnelle. » Bien entendu, comme toutes les professions enseignantes, le « corps » des instituteurs est devenu plus hétérogène socialement et moins structuré idéologiquement. Toutefois, même si le temps du Code Soleil s'éloigne, le contrôle des parents, des inspecteurs et des collègues est toujours présent. Et le poids de l'image professionnelle est tel que beaucoup veulent s'en démarquer, veulent mettre une distance entre leur métier et leur personnalité. « C'est vrai que c'est plutôt flatteur quand on vient et qu'on me dit que je ne ressemble pas à une instit. Parce que ceux qui le disent, on a toujours l'impression que le stéréotype de l'instit, c'est la vieille fille, c'est horrible, oui, la vieille fille un petit peu racornie, c'est vrai qu'on n'a pas vraiment envie de s'identifier à ça. » Il faut se détacher « des instits qui sont caricaturalement instits à l'excès et qui sont peut-être quelquefois complètement phagocytés par leur travail, qui n'ont pas d'autres soucis, qui en font un sacerdoce ».

Il s'agit de préserver sa personne contre son rôle. « Il y a des gens, quand ils savent qu'on est instit, ils changent d'attitude aussi. Des parents reproduisent avec nous les relations qu'ils ont eues avec leurs instits lorsqu'ils étaient gamins. Ça dépend du milieu et de la relation qu'ils ont eue à l'école, ils se méfient un peu plus, ils ont peur de faire des fautes et de se faire

1. L'emprise de ces images du passé est telle que S. Baillauquès parle même d'une crise de l'idéal du Moi professionnel chez les instituteurs (S. Baillauquès, *La Formation psychologique des instituteurs*, Paris, PUF, 1990).

2. Pour les « phases » de la carrière enseignante, ses moments d'engagement et de doute, cf. M. Huberman, *La Vie des enseignants*, Neuchâtel, Delachaux et Niestlé, 1989.

reprendre. » D'autres fois, c'est le passé scolaire qui rejaillit : « En société lorsqu'on dit qu'on est instit, il y a en qui commencent à faire attention à ce qu'ils disent. Il y en a qui essaient de poser des colles pour voir si l'instit sait tout et qui disent : mais tu ne sais pas ça, mais tu es instit, tu devrais tout savoir. Il y a des images qui n'ont pas l'air de changer dans l'inconscient des gens. » Les instituteurs cherchent moins à maîtriser une chute statutaire qu'à échapper au poids du métier. « On tient à être connu pour ce qu'on est et pas seulement parce qu'on est instit. » Mais ce n'est pas toujours aisé. « Au bout de dix ans, depuis que je suis entré à l'école normale, je me rends compte que je suis pas autre chose qu'un instituteur. Je suis un peu déçu mais je fais avec. »

*

* *

L'instituteur garde encore bien des éléments de l'idéal pédagogique classique, où l'élève guidé par un maître cherche la vérité tout en développant sa dimension humaine. Pourtant, l'école élémentaire, telle que nous la connaissons aujourd'hui, avec la place prépondérante accordée à l'enfance, au relationnel, au ludique, au psychologique, est une institution profondément enracinée dans l'expérience de la modernité. Désormais, il ne s'agit plus de développer l'individu qui sommeille dans tout enfant contre l'enfant lui-même, mais de permettre l'épanouissement, à l'école, de l'altérité enfantine. Le triomphe de l'enfance, c'est-à-dire la consécration d'un « métier d'enfant », est inséparable du processus d'individualisation croissante propre à la modernité [1]. Mais si le métier des instituteurs est profondément moderne, les maîtres d'école restent, par contre, fortement « traditionnels », de véritables « personnages sociaux ». Leur expérience sociale est peu éclatée, leur identité peu clivée. La force de l'école primaire est d'avoir su, en dosant les changements, ménager l'enfance « moderne » et l'instituteur « traditionnel ». Voilà le couple le plus stable du système éducatif français.

Après avoir essayé de comprendre les écoliers, les parents et les maîtres, comment ne pas être saisi par les similitudes et les complémentarités de ces expériences ? Ces trois acteurs se répondent très exactement dans leurs jugements et leurs critiques croisées. Le conformisme des enfants et la toute-puissance des maîtres apparaissent comme les deux faces du même ensemble. Le sentiment de « violence » des enfants des milieux populaires renvoie exactement à l'expérience de leurs parents, alors que le stress des élèves de classes moyennes découle directement du culte de la performance des adultes. Au nom d'une autonomie professionnelle étayée aujourd'hui

1. J.-C. Chamboredon, J. Prévot, « Le métier d'enfant », *Revue française de sociologie*, XIV, 3, 1973.

par le discours psychologique, les maîtres s'efforcent de résister à cette double demande. Ils refusent le déchirement latent d'une expérience écolière qui est cependant l'espace d'une subjectivation. L'école élémentaire apparaît à la fois comme une institution et comme un système d'action ordonné. C'est cet ensemble qui se défera au collège puis au lycée.

Au collège

5

L'expérience collégienne[1]

Le temps du collège est dominé par le déclin des évidences scolaires. Tout ce qui allait de soi à l'école élémentaire devient plus incertain, à commencer par la nécessité même de travailler à l'école. L'attachement aux professeurs ne prolonge pas l'amour du maître. Au contraire, le ton est à la critique parce qu'il est possible de comparer les enseignants entre eux, mais aussi parce que les élèves deviennent plus grands. Le sentiment de l'utilité des études, notamment dans les classes populaires, ne se substitue pas immédiatement à la cohésion de l'intégration scolaire. Les collégiens savent qu'il faut travailler à l'école, mais pas forcément pourquoi. Enfin, l'adolescence elle-même ne se construit qu'en échappant au contrôle des adultes. Les « jardins secrets » des enfants sont remplacés par une vie adolescente qui ne veut rien devoir à l'école et se développe dans ses marges.

Au collège, à des degrés divers tenant à l'origine sociale et aux performances scolaires, les dimensions de l'expérience se séparent et s'autonomisent. Le principe d'intégration cesse de commander l'ensemble de l'expérience, et les élèves entrent dans un univers plus complexe. Les principes de justice se multiplient, la réciprocité l'emporte sur la loi, la motivation personnelle cesse d'être le simple reflet des attentes des adultes. Les enjeux de l'orientation se précisent, les méthodes pédagogiques se diversifient et l'expérience scolaire est dominée par une série de « tensions » conduisant les collégiens à se percevoir plus nettement comme les auteurs de leur scolarité. De ce point de vue, l'expérience des collégiens peut être lue comme la face subjective de la « crise » du collège[2].

1. Rappelons que cette partie repose sur le travail de quatre groupes d'élèves, de cinquième et de troisième, constitués dans deux établissements contrastés. Les différences sociales mériteront un traitement distinct, chap. 6 et 7.

2. L. Demailly parle de la triple crise du collège : crise de légitimation de l'institution, crise du mode de sélection sociale pratiquée, crise des identités professionnelles des enseignants (cf. L. Demailly, *Le Collège : crise, mythes et métiers*, Lille, PUL, 1991).

Les jugements complexes

Diversification des normes et des attentes

Le monde des écoliers, nous l'avons vu, est dominé par une grande unité normative, les catégories scolaires s'imposent à l'ensemble de l'expérience, l'école et la famille conjuguent leurs efforts pour produire cette unité. Le collégien, lui, entre dans un monde marqué par la diversité des « sphères de justice [1] ». Ce qui vaut dans la classe ne vaut pas dans la cour, ce qui vaut pour l'élève ne vaut pas pour la personne... La logique du « chouchou », dominante à l'école élémentaire, cède le pas à une exigence de justice « objective » et « aveugle ». Le problème des frontières entre les différents domaines de justice donne lieu à toute une série de disputes quotidiennes. Tout traitement différentiel qui ne s'appuie pas sur un critère de justice explicite est dénoncé par les collégiens. Par exemple, des performances scolaires différentes ne doivent pas engendrer des traitements différents. « Ceux qui sont bons en classe, je trouve qu'ils sont mieux traités : on a l'impression qu'ils sont protégés. » Ce qui était normal au primaire devient injuste au collège. Ces écarts de traitement apparaissent, selon les collégiens, dans l'arbitraire des notes. « Si t'as une tête d'ange, elle va te donner de bonnes appréciations et si t'as une tête de branleur, ben... » Certains sont plus égaux que d'autres parce que les enseignants confondent les registres qui devraient être nettement séparés, comme celui de la performance et celui du comportement. « Je crois que c'est l'élève qui fait pas le con en classe qui a des points en plus. »

Quand la confusion des sphères de justice atteint le domaine personnel, les réactions sont extrêmement vives. La faute suprême consiste, pour un professeur, à étaler en public des éléments de la vie personnelle des élèves. « Parce qu'elle avait une mauvaise note, elle lui a dit : c'est encore nul, tu ne fais vraiment pas de progrès, je me demande où tu es le soir. » La dispute scolaire doit rester scolaire, autrement les élèves se sentent blessés et humiliés. « Une fois aussi, elle a jeté Jérémie en lui disant : tu pourrais faire plaisir à ta mère, tes parents sont divorcés, quand même... On m'a dit, et je sais que c'est vrai, qu'il y a un professeur de langue qui a insulté une fille et qui disait que c'était une prostituée. » Les enseignants n'ont pas le droit de parler en public des « problèmes personnels ». « Les raisons personnelles, les profs n'ont pas à les soulever. Oui, c'est vrai ! je ne vais pas lui dire ce qui se passe avec son mari le soir. » Plus le domaine est privé, ou vécu comme privé, et plus la révolte et l'indignation des collégiens sont

1. M. Walzer, *Spheres of Justice*, New York, Basic Books, 1983.

fortes car les enseignants trahissent les secrets qu'ils ont arraché ou obtenu de l'administration. « Je vois bien que la prof le sait et quelle déballe tout. Après on n'a plus de confiance. »

C'est à propos d'un incident survenu avec un surveillant, dans une classe de troisième, que se dévoilent le mieux toutes les subtilités de cette volonté de séparer les sphères. « Une copine a failli être renvoyée parce qu'un pion a lu son agenda, mais ça c'est inadmissible. On était en perm, on était en train de s'écrire des mots et il y a un garçon qui avait un agenda. Alors le pion a dit : apporte-moi cet agenda, et il a lu ce qu'il y avait. Il a demandé à notre copine de lire le mot, enfin elle avait écrit : oui, le pion, tu as raison, il est con. Mais c'est inadmissible de lire nos trucs, je suis désolée, ils n'ont pas le droit... Et après Monsieur s'est permis de lire tous nos mots. Il nous a demandé d'ouvrir tous nos agendas et il a lu tous nos mots. » Le problème est de taille. La liberté se confond avec l'art de séparer des domaines de vie. Or, une bonne partie de la discipline et de l'autorité scolaires est axée sur le contrôle des espaces personnels des élèves. Mais les élèves investissent massivement tous ces espaces, carnets, mots, conversations discrètes, comme des refuges où s'expriment leurs frustrations ou leurs révoltes. Le jeu est subtil. Pour les enseignants, il s'agit de ne pas ignorer une conduite, même discrète, contestant leur autorité. Pour les élèves, il s'agit de tracer, de manière voilée et à peu de frais, une distance à la discipline scolaire. Au fond, le problème est de savoir jusqu'à quel point le collège peut accorder et respecter un espace privé.

Le principe de réciprocité [1]

L'exigence de la réciprocité se substitue à l'obéissance « naturelle ». L'émergence de ce principe est d'autant plus nette que les collégiens voient leur établissement comme un système politique complexe. Ils perçoivent tout un jeu d'influence et d'autorité entre les divers acteurs du collège. Les professeurs, le principal, son adjoint, le conseiller d'éducation, les surveillants, les parents d'élèves, les délégués forment un système compliqué dont les forces s'équilibrent, et qui leur laisse parfois des marges de manœuvre. Ils connaissent leurs alliés et leurs adversaires. La toute-puissance du maître, couronnée par le pouvoir plus lointain du directeur d'école, est remplacée par une vision plus politique des relations.

Dans le domaine scolaire, le principe de réciprocité est à la base d'une sociabilité idéale. « On doit respecter les profs mais il faudrait peut-être aussi qu'ils nous respectent un peu. » La bonne relation pédagogique est

1. Sur la formation de la pensée politique, on peut lire J.-G. Padioleau, « La formation de la pensée politique : développement longitudinal et déterminants socio-culturels », *Revue française de sociologie*, XVII, 3, 1976.

de nature égalitaire et suppose un respect mutuel et un équilibre des sentiments. « On l'aime bien et elle nous aime bien parce qu'on est gentil avec elle et elle est gentille avec nous. C'est donnant, donnant. » Ce désir de réciprocité peut conduire à des mécanismes d'escalade vers le conflit. Cette escalade semble opérer en trois temps : d'abord les élèves demandent un peu de respect, ensuite ils ont l'impression de ne pas être entendus, enfin ils finissent par revendiquer une dignité absolue.

La sensibilité aux égards personnels, au ton des adultes, est extrême. « Moi je crois que si le principal discutait avec nous, moi personnellement, chaque fois que je suis allé dans le bureau, même si on m'a rien fait on m'a menacé. Et bon, moi j'aime pas ça quoi ! Peut-être que si il me menaçait pas, s'il me disait pas : la prochaine fois que tu me fais quelque chose on va pas hésiter à te virer, ou alors, tu vas voir combien d'heures de colle on va te mettre, ça va être noté dans ton carnet et dans ton dossier ! Je suis sûr que s'il me parlait pas de menaces quoi, je suis sûr que je l'écouterais plus, parce que si on est menacé, après on n'écoute plus le principal. » Les collégiens contestent moins l'autorité qu'ils n'exigent des égards personnels et une réciprocité d'attitudes. « On se ramasse toujours des remarques : tu es mal habillé, regarde tes chaussures, peigne-toi, des trucs comme ça. » Ces réflexions apparaissent d'autant plus injustes que les élèves n'ont pas les mêmes droits. « C'est comme si on pouvait les traiter sur leur vie personnelle ! Si on avait la possibilité comme eux, il y aurait beaucoup d'élèves qui le feraient. » C'est au nom de cette justice que l'on conteste l'interdiction de fumer, alors que les enseignants ont ce privilège [1]. « Des fois on passe et on les voit dans la salle des profs en train de fumer. » La défense la plus commune des collégiens consiste à juger les professeurs à l'aune des critères de la société juvénile. Ils sont « ringards », mal habillés, trop gros ou trop maigres... Les professeurs jugent, mais « ils ne se sont pas vus ». « On nous dit de bien nous habiller mais eux, ils arrivent tout simples, on nous dit de nous brosser les dents, mais eux ils ne se brossent pas les dents. »

1. Tenant une cigarette éteinte à la main chaque fois que je (F. Dubet) traversais la cour pour quitter le collège, pour l'allumer dès la porte franchie, je m'entendais rappeler par la plupart des collégiens l'interdiction de fumer. Comme j'acceptais ces remarques régulières, les élèves ont fini par m'offrir un briquet.

Les études

Émergence des stratégies scolaires

Le travail scolaire ne va plus de soi, il ne suffit plus d'obéir au maître et de respecter scrupuleusement les consignes. Le travail à la maison mêle la routine et les initiatives, le calendrier des contrôles se transforme, les critères d'évaluation varient selon les professeurs, les diverses matières n'ont plus le même poids... Cette nouvelle donne exige et favorise à la fois le développement de capacités stratégiques. Les collégiens adoptent le langage du calcul et des investissements mesurés, celui des « coups », celui des anticipations à plus long terme. Au fur et à mesure qu'ils avancent, les collégiens acquièrent le sens de l'orientation car, même s'ils n'ont pas de véritables projets, il leur faut essayer d'éviter une filière de relégation. Les calculs pèsent sur le travail scolaire lui-même [1]. Ils se manifestent à propos de l'appréciation de l'importance des matières. En cinquième déjà, on travaille plus le français que la musique. En troisième, le poids des diverses disciplines est définitivement établi. « Il vaut mieux ne pas mettre de l'ambiance dans le français, parce que c'est plutôt important, donc il vaut mieux écouter. » Bien des collégiens apprennent à doser leur travail de manière « saisonnière ». « C'est une classe importante la troisième, bon maintenant je vais me mettre à bosser parce que avec 8 de moyenne je vais pas aller loin. » « Des fois, si dans une matière on a trois contrôles et que je me prends trois bananes d'affilée, je me dis qu'il faut peut-être que j'en mette un coup. Alors au quatrième contrôle, j'essaye d'avoir une bonne note. » Ce sens tactique se déploie aussi sur un registre relationnel. Les collégiens savent que leur attitude face à un enseignant peut infléchir un verdict scolaire « parce qu'il n'y a pas que les notes qui comptent, il y aussi les appréciations ». « Il faut se faire bien voir, montrer au prof que même si on n'y arrive pas, qu'on travaille quoi. »

L'avenir présent

Sauf pour quelques très bons élèves qui restent en fait des « enfants », le travail scolaire ne va plus de soi. Le sens des études se détache d'une

1. La montée de ces stratégies scolaires est différente selon les sections et contraste avec les progrès modestes des écoliers en ce qui concerne les méthodes de travail. Cf. A. Grisay, « Le fonctionnement des collèges et ses effets sur les élèves de sixième et de cinquième », *Éducation et Formation*, n° 32, novembre 1993.

pure logique d'intégration scolaire et d'identification au maître[1]. Rien n'illustre mieux le caractère problématique du sens du travail que la diversité des arguments et des raisons, voire des rationalisations, avancés par les collégiens. L'ethos du travail scolaire devient opaque, constitué d'un mélange instable d'affirmations extrêmes de volontarisme et de profond découragement.

Les deux grandes matrices de sens du travail scolaire, l'utilité des diplômes et l'intérêt intellectuel, sont encore faiblement présentes au collège. La perception de la rentabilité des études est trop hétérogène, selon les publics sociaux, pour être considérée comme un facteur d'adhésion au travail. Les élèves du collège de classes moyennes affirment leur croyance dans l'utilité des diplômes. « Tout le monde doit avoir un but maintenant pour aller à l'école : c'est d'avoir un bon métier. » Cette phrase est un peu creuse, car les élèves ne savent rien du métier en question et surtout parce que plane désormais l'ombre du chômage, avec les signes de l'érosion de la foi dans la valeur des diplômes. « Le problème c'est qu'il y en a qui ont beaucoup de diplômes et qui se sont bien débrouillés au niveau scolaire et qui n'arrivent pas à trouver du travail, alors ça, ça me choque. Parce qu'il y en a qui n'ont rien fait et qui trouvent du travail. Je trouve que ce n'est pas normal. »

Quant à l'intérêt intellectuel, rien n'est moins évident que l'idée d'une « vocation ». Pour certains, les goûts de l'enfance s'estompent face au contact des matières ou des résultats scolaires. « Depuis que je suis toute petite, je voulais faire vétérinaire, j'adorais les animaux... Et arrivée en sixième, j'ai moins aimé ça et puis là maintenant... à cause du professeur de sciences naturelles, il ne nous donnait pas envie d'apprendre mais cette année, alors là, c'est une catastrophe. » « Je voulais faire médecin l'année dernière, avec mes résultats de math, euh. » Dans la plupart des cas, le déclin et la naissance des passions sont directement liés aux résultats scolaires. Les collégiens aiment les matières dans lesquelles ils réussissent et se « dégoûtent » des autres. L'intérêt intellectuel émerge sans doute, mais il reste bien trop fragile pour stabiliser un rapport aux études. La question nouvelle qui se pose alors est celle de la « motivation », des forces propres qui peuvent donner suffisamment d'énergie pour conduire un travail régulier, pour s'y intéresser vraiment.

« La carotte et le bâton ». Les collégiens ne réprouvent pas les mesures supplétives à la motivation défaillante. On travaille pour obtenir une récom-

1. B. Charlot, E. Bautier, J.-Y. Rochex, *École et Savoir dans les banlieues... et ailleurs*, Paris, A. Colin, 1992. En s'appuyant sur une série de « bilans de savoirs » établis par des collégiens socialement différenciés, les auteurs montrent que si les « bons élèves » parviennent à donner un sens aux études elles-mêmes, pensées alors comme un « corps de savoirs », les « mauvais élèves », notamment de milieu populaire, soumis à des attitudes ritualistes où le savoir ne fait pas sens, n'ont qu'un rapport d'extériorité aux disciplines scolaires.

pense extérieure au travail scolaire lui-même. En cinquième, il peut s'agir d'« un paquet de bonbons », ou d'« un peu d'argent de poche ». Il arrive que cette attitude soit fortement encouragée par les parents, voire par certains enseignants. La récompense opère, au moins dans un premier moment, et parmi les couches moyennes, comme un substitut efficace à l'intégration du primaire. « Au début de l'année, j'en avais marre de travailler. Enfin, je n'aime pas travailler. Alors j'ai un peu laissé tomber en milieu de trimestre et ma mère a dit à moi et à ma sœur : si vous avez un bon bulletin, vous aurez une augmentation. Alors je me suis remise à travailler. » A la récompense, s'ajoutent la punition et la contrainte familiale. Qu'elle soit bien ou mal acceptée, il ne fait pas de doute, aux yeux des collégiens, qu'elle fait partie des motivations. Si les élèves de cinquième acceptent encore, pour la plupart, le bien-fondé de l'obligation scolaire, « c'est pour notre bien que les parents nous obligent », en troisième, les collégiens soulignent surtout la contrainte pure. « Parfois les parents nous disent : surtout travaille pour toi, parce que tellement qu'on a peur de se faire gronder par les parents pour une mauvaise note, on travaille, on travaille, on a de bonnes notes et en fait c'est comme un peu si on voulait les satisfaire. » Les réprimandes familiales entrent dans les motivations. « C'est un peu de motivation si ma mère m'engueule. »

L'« effet enseignant ». Même si les professeurs n'ont pas la toute-puissance des maîtres d'école, ils restent un élément important de la motivation et du découragement scolaire. En cinquième, leur poids est encore déterminant. « C'est surtout le prof qui compte parce que si le prof est gentil, on adore la matière. » Par contre, « ce n'est pas la peine d'aller en cours quand tu n'aimes pas le prof. » L'intérêt de la matière est directement commandé par le rapport à l'enseignant. « C'est le prof qu'on aime, qui nous passionne. Je n'aimais pas trop le français mais en sixième j'ai eu une super-prof et ça m'a fait aimer le français. » Mais le mécanisme peut se renverser. « Et puis après tu as une prof nulle et... je change. » Même s'il perd quelque peu de ses facultés « magiques », le poids du professeur reste encore dominant chez les élèves de troisième. « Ce qui motive, c'est l'encouragement des professeurs. » Il faut que le professeur manifeste un véritable engagement pédagogique. « Le prof de physique, on sent qu'il a envie qu'on réussisse. C'est la première fois de ma vie que je vois un prof qui en dehors des cours nous fait bosser. Aux récréations de 13 h 30 à 14 heures, il nous fait faire des exercices, refaire des interros... il a vraiment envie qu'on réussisse. »

Le caractère flou des perspectives, le changement même du collège, le sentiment diffus d'entrer dans une société qui n'offre pas une place à chacun engendrent des sentiments d'inquétude et de peur. Dans l'immédiat, bien des élèves ont peur du redoublement. « Comme je n'ai vraiment pas envie de redoubler, je me fais peur et je me mets tout de suite à travailler. » « Ma mère me dit : tu vas redoubler ta cinquième, et j'avais peur, j'étais sec, le soir je ne parlais plus. » Le redoublement est une mise en cause personnelle. « Je vais être nulle, je n'y arriverai jamais, j'aurai 3 de moyenne. » Mais elle repose aussi sur un sentiment d'abandon et de déchirement du monde adolescent. « Ça me fait très peur parce qu'il y a les amis qui partiront et tous les bons de la classe. Et souvent les redoublants de l'année dernière on les oublie totalement. Ça me fait peur d'être oublié du collège et de mes amis, de mes copains. Je ne serai plus invité à des boums ou n'importe quoi. » « C'est la pire des menaces. » La peur renvoie aussi à l'anticipation d'un avenir souvent perçu comme sombre et difficile. C'est alors la motivation par l'épouvante. « Pour me motiver, je pense aux choses les plus pires qui pourraient m'arriver si je ne travaillais pas, ouais, chômeur, ANPE, éboueur, vendre *Macadam*, SDF... » La peur, devenue angoisse, peut stimuler, participer de la formation d'une motivation. « Mettons on fout rien pendant une semaine et puis après on pense à plus tard, quand on aura vingt ans et tout et on se dit : plus tard, peut-être que je regretterai de ne pas avoir travaillé. Alors bon, ça nous met un coup et puis on y va quoi ! »

Grandir

Alors que les écoliers vivent dans une continuité relative leur statut d'enfant et leur statut d'élève, les collégiens font l'expérience d'une véritable tension, voire d'une rupture entre l'élève et l'adolescent. Avec l'adolescence se forme un quant-à-soi non scolaire, une subjectivité et une vie collective indépendantes de l'école et qui « parasitent » la vie scolaire elle-même. Toute une sphère de l'expérience des individus se déroule dans le collège, mais sans lui.

Grands et petits

Aucune période de la vie n'est, autant que l'adolescence, définie par l'emprise des interrogations sur le fait de « grandir » [1]. Cette préoccupation est constamment renforcée par les attitudes des adultes. « Oui, on me le fait remarquer tout le temps : qu'est-ce qu'elle est grande, elle a grandi depuis la dernière fois, elle a pris au moins cinq centimètres ! C'est toujours la même chose et ça m'énerve. » Les collégiens sont pris dans les désajustements constants de l'enfance et de l'adolescence, ils ne vivent plus dans

1. Cf. numéro spécial d'*Autrement*, « Les 10-13 ans, et le problème de grandir », septembre 1991.

un monde homogène et sont toujours trop grands ou trop petits. L'épreuve de Gulliver encadre leur univers social. Toute leur existence est soumise aux changements des ordres de grandeur en fonction des situations et des interlocuteurs. « Quand on est en primaire, en CM2, on est les plus grands, les rois. Et après, quand on passe en sixième, on est les petits. » « Ça dépend de la personne avec qui on se trouve, si c'est un petit, on va se sentir plus adulte, si c'est un plus grand, on va se sentir inférieur, je sais pas. » D'ailleurs, les adultes participent activement à l'entretien de cette sensation. « Chez moi, ça dépend. Des fois on me prend pour une trop petite quand ça les arrange et puis quand ils me demandent quelque chose : maintenant, tu es grande. » Mais c'est bien au collège que s'éprouvent le plus nettement ces disparités de « grandeur ». Les élèves se redécouvrent « petits », sans être protégés pour autant comme des petits. « Il y a une sixième, le premier jour de la rentrée elle s'est faite bousculer par un troisième et elle est tombée et pendant deux semaines, elle a eu une foulure et elle avait ses béquilles. » « Ils t'écrasent là. Ils te disent : oh les petits sixièmes ! »

La disparité des grandeurs informe aussi les hiérarchies subjectives de maturité. Pour les « grands » de troisième, les « petits » sont toujours trop « petits. » « Des fois, je me demande ce que je fais là parce qu'il y a des petits, ils ont rien dans la tête ; on les voit, ça joue à la corde, ça joue à la balle. » Cette observation s'accompagne de l'impression permanente que, désormais, les petits grandissent plus vite. « A nos générations, les filles elles sortent de plus en plus jeunes ; quand on regarde les plus jeunes que nous, elles deviennent plus délurées. » Mais aux représentations des grands il faut opposer les opinions des petits. Et là, le sentiment est plutôt unanime, pour les « petits » de cinquième, les « grands » de troisième ne sont jamais assez « grands ». « Là, les troisièmes, ce sont des gros crétins, vers la fin du lycée, ça commence à être un peu mieux. » Le degré de maturité joue comme un signe de distinction personnelle au sein de l'univers collégien. « On est à un âge où il y en a qui sont très mûrs et d'autres qui ne le sont pas. Je me prends pas pour une femme, mais il faut une mentalité un peu plus avancée qu'une qui se prend pour une gamine qui essaie de faire la femme et qui tout compte fait... » Dans la désorganisation générale des « grandeurs », les collégiens sont toujours « inadaptés », ils jouent faux et ne se sentent jamais là où ils devraient être exactement. Cette épreuve provoque chez les plus petits une nostalgie de l'enfance et de l'école élémentaire, quand le monde était clair et intégré. « En sixième quand on parle du primaire, c'est inoubliable. On se rappelle des souvenirs et on aimerait bien encore les vivre. On se dit que c'était le bon temps, on était bien, on s'amusait, on était grand. On avait un peu plus d'autorité qu'avant d'entrer en sixième, c'était mieux quoi ! » Quelques-uns ne veulent plus grandir. « J'ai envie d'être bébé à mort ! » « Oui, moi aussi, je fais une régression. » Ce sont surtout les élèves de cinquième appartenant aux classes moyennes qui abandonnent l'enfance à regret. « Quand on rentre au collège, c'est comme si on devait grandir mais d'un coup sec. Comme si on ne devait plus avoir ses souvenirs d'enfance. Comme si on nous privait de tout ça. J'ai encore des jeux de tout-petit et j'y joue encore très bien et il n'y a pas de honte. » « J'ai des Barbies, des poupées, et j'ai toujours peur quand j'invite des nouvelles copines, qu'elles se moquent de moi c'est vrai. » A l'inverse, les élèves de troisième veulent grandir, mais non sans craintes. Le lycée est appréhendé comme un monde de libertés où « au moins le midi, on peut aller au Mac Do ». Le contrôle familial devient pesant. En tout cas, il faut l'affirmer devant les autres pour signifier sa « grandeur ». « Quand je vais quelque part, je suis obligée de me justifier, alors que quand je serai plus grande je ne serai pas obligée de me justifier envers ma mère ou envers mes parents. » Le fait de devenir grand est associé à une série de caractères positifs : on a plus d'« assurance », on est plus « raisonnable », plus « indépendant »...

Le désir de rester petit et de grandir à la fois porte tous les collégiens. Il domine les relations à l'intérieur de la classe qui paraissent toujours désajustées, les élèves sont à la fois trop grands et trop petits et se reconnaissent à des signes subtils de maturité. Au cours d'une année passée dans une classe de cinquième, j'ai (F. Dubet) pu observer les transformations des élèves, notamment des filles qui changent leurs manières de s'habiller du jour au lendemain et cessent d'être des petites filles. Au fur et à mesure de ces transformations, les couples d'élèves assis côtc à côtc en classe se font et se défont pour accorder les maturités perçues. D'autres, en grandissant, se rapprochent d'un camarade, resté petit, pour en être le protecteur, le grand frère ou la grande sœur ; ils marquent ainsi leur grandeur. Contre ces tensions multiples et mouvantes, les collégiens s'enferment dans le présent face à un avenir inquiétant. Les collégiens veulent grandir mais expriment ouvertement la peur de grandir. « On a peur de rater notre vie, peur de devenir autonome. » « Oui, c'est ça, je préfère qu'il y ait mes parents derrière moi. » Le discours peut prendre une tonalité cynique. « Je préfère rester adolescente, on est peinard, on est là avec les parents. » Dans tous ces jeux de grandeur, la culture de masse adolescente tient une place essentielle en distribuant les codes de la maturité dans les vêtements, les goûts musicaux...

Filles et garçons

Aux tensions des « grandeurs », il faut ajouter celles des genres [1]. La vie collégienne est dominée par une vive opposition des sexes. Garçons et filles

1. La différenciation sexuelle prend pourtant différentes formes selon les domaines de la socialisation (travail, autonomie, intérêt politique) et selon l'origine sociale des adolescents. Cf. J.-C. Passeron, F. de Singly, « Différences dans la différence : socialisation de classe et socialisation sexuelle », *Revue française de science politique*, vol. 34, n° 1, février 1984 ; voir aussi M. Duru-Bellat, *L'École des filles*, Paris, L'Harmattan, 1990.

partagent la classe en deux espaces distincts, ne mangent pas ensemble et ne fréquentent pas les mêmes endroits dans la cour. Dans quelques groupes de recherche, ils se sont placés de part et d'autre de la table. Ceci n'empêche ni les amitiés, ni les flirts, ni les amours, mais ils se déroulent sur un fond de « guerre » des sexes et d'affirmation exacerbée des stéréotypes. Du point de vue scolaire, les filles affichent un comportement plus conforme aux exigences de l'institution scolaire et un plus grand sérieux [1]. Les élèves eux-mêmes signalent que les filles sont décrites comme « plus sérieuses », ce qui est dénoncé par les garçons comme une injustice. « Les profs préfèrent les filles aux garçons. » Les garçons se projettent dans l'avenir comme des chefs de foyers. « Quand on est au service militaire avec un appartement, une fiancée ou pas, on doit avoir ses responsabilités. » Les filles appréhendent déjà leur rôle de ménagère. « Tu dois faire le ménage et tout, oui, la cuisine et tout. J'aime bien la faire de temps en temps mais bon tous les jours... » Les garçons affirment leur virilité en faisant partie d'une « bande » – « si on va chez quelqu'un, on est quinze » –, alors que les filles ont des affinités plus réduites : « moi, je préfère rester dans la rue avec une ou deux copines ».

A la frontière des deux sexes, les incidents et les agressions se multiplient. « De toute façon, toutes les filles dans ma classe, elles sont folles. On dit une bêtise sur elles, on fait des jeux de mots ou un truc comme ça, je me prends des baffes de tous les côtés. » Les filles affirment haut et fort leur plus grande maturité. « Les filles, elles ont une croissance plus rapide que les garçons. Elles grandissent plus vite physiquement et mentalement. » Les garçons restent des petits. « On le voit quand, en pleine interro ou en cours, d'un seul coup on entend : caca, je ne sais pas mais... Encore, quand les garçons jouent à l'attrape en troisième. C'est limite quoi ! » Les garçons jouent parce qu'ils sont petits, les filles parlent parce qu'elles sont grandes. Les garçons sont agressifs. Il y a trois types de filles : la « super-chiante », la « bien cool » et la « salope qui se fait tous les mecs ». La typologie des filles, moins violente, est de même nature : les « cons », les « biens » et les « pas biens ».

Évidemment, ces stéréotypes croisés laissent une chance aux jeux amoureux mais ils fondent l'agression des garçons [2]. Les filles suivent souvent, subissent toujours, se révoltent parfois. Elles doivent apprendre à se « protéger ». « La dernière fois, il faisait assez bon l'après-midi, je suis venue avec une jupe et pas de collant, j'avais mis des petites chaussettes et j'arrivais en cours comme ça. Et quand je suis passée, il y avait les grands qui

1. Cf. G. Felouzis, *Le Collège au quotidien*, Paris, PUF, 1994.

2. Selon certains travaux, au collège les garçons accepteraient plus facilement que les filles une définition négative de leur sexe (une situation se renversant à l'âge adulte). Cf. P. Tap, *Masculin et Féminin chez l'enfant*, Paris, Privat, 1985. Mais dans la vie de groupe, et surtout dans la classe, il paraît bien que ce sont les garçons qui imposent la « définition » des situations.

me regardaient et ma jupe est assez courte et je n'aime pas qu'on me regarde. » « Comme quand on a été à la piscine, on avait la trouille que les garçons disent des choses sur nous. Là aussi, on était complètement stressées et le soir je n'ai pas mangé, rien. En fait, ils étaient aussi stressés que nous avec leurs airs de rien. » Malgré leur « peur », les garçons ne cessent pas de se moquer des filles. « Elles sont hyper-grosses, celle-là, elle est bien foutue, elle est mal rasée, en plus ils disent des choses, mais ce n'est pas vrai quoi. » Les flirts n'échappent pas à la menace des stéréotypes des filles et à la « frime » des garçons. « Il n'y a que des garçons frimeurs. Il y a une fille qui veut sortir avec lui, elle lui demande, et il va vite le dire à tous ses copains. » Les garçons se vantent. « Ils vont même plus loin, ils racontent des trucs ; ils sortent avec une fille, ils la laissent tomber et ils vont raconter à leurs copains qu'ils l'ont laissée tomber eux, qu'ils ont fait des trucs avec elle. » Certes, les filles ne sont pas dupes du jeu des garçons. « Les garçons aussi ils ont un cœur, mais ils le montrent pas, ils sont machos. » « Ils sont comme les filles, mais en fait, ils le cachent. Ils veulent pas le montrer. » Elles savent que les garçons sont « doubles ». « Quand il est avec ses copains il se croit le plus beau, le plus fort, qu'il peut sortir avec toutes les filles et que quand il est avec toi c'est vraiment la petite puce qui saute. La puce je l'écrase. »

La subjectivité des collégiens se forme au sein de clivages multiples. Les grands et les petits, les garçons et les filles, les bons et les mauvais élèves brisent la continuité des catégories scolaires et des identités personnelles. Mais aucun des éléments qui forment l'expérience collégienne n'est vraiment stable : ni la conformité aux normes scolaires, ni l'utilité perçue des études, ni l'identité personnelle. L'expérience collégienne est dominée par les clivages et les tensions.

Les épreuves collégiennes

Le collégien est tenu d'établir une distance avec l'école et avec la famille, en s'appuyant sur le souci de construction d'un quant-à-soi et sur l'identification au groupe de pairs. Mais si l'intensité de cette mise à distance varie en fonction des publics sociaux, dans tous les cas, le collégien est confronté à l'écartèlement et à la combinaison nécessaire de ces différents domaines et processus : il apprend le « métier d'élève [1] ». L'expérience collégienne est dominée par l'affirmation progressive d'un principe de subjectivation

1. En effet, c'est au collège que les élèves apprennent l'« affiliation » à l'institution scolaire. Cf. A. Coulon, *Ethnométhodologie et Éducation*, Paris, PUF, 1993, en particulier le chap. V.

adolescente opposé aux logiques scolaires. A la différence des enfants, pour lesquels le principe recteur du jugement est celui du Bien et du Mal, du Juste et de l'Injuste, les collégiens recherchent une « authenticité », souvent confondue en fait avec le conformisme groupal et les codes des cultures adolescentes[1]. Mais ce mouvement vers l'authenticité n'est souvent fait que d'oppositions et de réactions. La formation d'un sujet ne procède plus de la seule intégration des attentes, mais des tensions entre les diverses dimensions de l'expérience collégienne.

Tensions entre l'intégration adolescente et les normes scolaires

Les frictions entre le groupe de pairs et les exigences de l'école dominent le collège[2]. Elles sont latentes dans le climat de la classe et dans les rapports ambivalents des collégiens avec la discipline et les enseignants[3]. L'opposition se manifeste par l'omniprésence du bruit dans la classe. Le bruit relève moins d'une contestation scolaire que de l'envahissement du collège par le mode naturel d'expression des adolescents. Les élèves le savent bien, puisqu'ils soulignent la dissociation entre le bruit et les compétences ou la sympathie envers un enseignant. « On peut s'entendre bien avec une prof, et faire aussi du bruit. En français, la prof elle est cool quoi, même pendant les devoirs on discute entre nous. Elle a pas d'autorité mais par contre, elle sait se faire respecter. » Pour les enseignants, le bruit est insupportable, pour les élèves, c'est une manière de s'exprimer, et toute volonté de le maîtriser est vécue comme un contrôle disciplinaire. Ce fait, à leurs yeux, tient lieu d'évidence : « Le silence je crois pas que ça existe. » On peut même penser, à la limite, que le bruit est à la parole adolescente ce que le souci de la face est à leur personnalité. Dans les deux cas, il s'agit d'avancer « couvert ».

Mais le caractère instable de cette opposition est évident dans les critiques

1. Rappelons que, du point de vue du chercheur, il importe peu que cette authenticité soit un leurre, il faut la considérer comme une définition culturelle du rapport à soi propre à la modernité, qui, de ce point de vue, a « inventé » l'adolescence comme le moment de cette découverte.

2. Dans la version classique que J.S. Coleman a donné de cette tension, il y aurait même à l'œuvre une opposition entre une sous-culture adolescente et les normes scolaires : l'attrait du prestige dans le groupe de pairs étant plus fort que celui du prestige attaché à l'activité scolaire. Conclusion trop générale qui a été nuancée en fonction des origines sociales des élèves, mais aussi du fait de la compatibilité réussie, chez certains élèves, entre les deux systèmes normatifs. Cf. J.S. Coleman, *The Adolescent Society*, New York, The Free Press, 1961.

3. Il faut insister sur le mot « ambivalent ». Dans la plus grande partie de la littérature interactionniste, l'échange scolaire n'est qu'un conflit éternel entre enseignants et élèves à tel point qu'on est en mesure de se demander comment les élèves, au-delà de l'obligation légale et familiale, peuvent continuer à aller, tous les jours, au collège...

que les collégiens portent à la discipline scolaire toujours perçue comme nécessaire et excessive. Dans un premier temps, ils dénoncent le « tout disciplinaire ». « Le collège, c'est l'enfer sur terre. » Mais la dénonciation de la discipline est toujours associée au constat de sa défaillance quotidienne. Les phrases se succèdent en toute continuité et opposition. On signale que « le principal on ne le voit presque jamais dans les couloirs » et qu'« on peut rien faire sans qu'on ait une engueulade ». Au fond, les collégiens ne contestent jamais jusqu'au bout la nécessité de la discipline. « Des fois je me dis : au collège on a plein d'interdictions. Et puis en fait, quand j'y pense, des fois, je me dis qu'on n'en a pas tant que ça. Parce que nous on est tellement habitués à faire n'importe quoi. »

Mais c'est à propos de la relation pédagogique que cette ambivalence est particulièrement manifeste, traversée par un double mouvement d'attachement et de détachement. Que le dernier soit manifeste et excessif, et le premier dénié et coupable, ne doit pas induire en erreur. La relation pédagogique au collège est bel et bien constituée par les deux éléments. Du point de vue des élèves, deux groupes s'observent toujours, s'affrontent parfois : « Eux » et « nous »[1]. Séparation et proximité, les rumeurs vont bon train. « Il paraît qu'il y a des profs qui font des dépressions nerveuses. Il y a une prof qu'on entend pleurer tout le temps. » « En fait les profs, c'est pour qu'ils aient une réputation, parce que si ils ne mettent pas d'heures de colle ou de punitions... je crois qu'ils se croient. » Dans cette vision des choses, les punitions changent quelque peu de nature, elles manifestent l'agressivité opposant ces deux mondes. « Y a des choses... je voudrais pas dire sadiques mais... Ils arrivent à nous mettre des heures de colle le mercredi après-midi. » Les punitions sont ressenties comme un effet de la méchanceté des professeurs. D'un seul coup, les différents principes de justice se fondent dans ce seul spectre critique. Le pouvoir des enseignants devient arbitraire et pervers. « Il y a une prof, elle était en cours et vraiment elle avait des préférés. A un moment je n'ai pas levé le doigt et elle a fait exprès de m'interroger juste pour m'embêter. Elle sait que je ne sais pas donc elle m'interroge. » « L'année dernière, j'ai fait cinq ou six ans de musique, je m'en rappelle plus, et la prof ne m'interrogeait pas. Elle m'interrogeait pas parce qu'elle savait que je connaissais les réponses. Et à la fin de l'année elle m'a mis : doit faire des progrès. Alors ça ! Elle m'interrogeait pas, et après, elle met ça ! »

La tension entre les professeurs et les élèves n'est pas la guerre, car chacun des pôles est un réseau d'identifications. D'une part, les normes scolaires exigent, « psychologiquement parlant, un processus d'identifica-

1. L'aspect oppositionnel entre enseignants et élèves a souvent été mis en lumière dans la littérature interactionniste. Déjà dans l'étude pionnière de W.W. Waller, l'opposition est à la fois un conflit entre deux communautés et un conflit entre générations. Cf. W.W. Waller, *The Sociology of Teaching*, New York, Wiley & Sons, 1967.

tion avec le professeur, qui pousse à bien agir en classe dans le but de plaire à la femme professeur, laquelle est souvent soutenue par les parents[1] ». D'autre part, les normes du groupe de pairs lui-même, qui permettent l'indépendance vis-à-vis des adultes, confèrent la reconnaissance des semblables. La classe est le lieu du conflit entre ces deux sources majeures d'identifications. Mais, sauf dans des cas extrêmes, il est difficile de conclure à l'opposition radicale entre ces deux univers. Au sein même de cette division, ou de ce rejet, se love une demande affective, difficile ou impossible à exprimer, parce que, au fond, illégitime aux yeux de tous. La recherche d'une relation affective, enfantine ou « amoureuse », avec le professeur s'exprime le plus souvent en termes de frustration. Au collège, on n'a pas le droit de manifester un intérêt pour un enseignant, mais il est tout à fait légitime d'exprimer sa déception face à l'indifférence des enseignants. « Des fois c'est la prof de math, elle nous dit : bon à 15 h 50, vous vous en allez parce que j'ai un coup de téléphone à donner. On enregistre nous, quand ils nous sortent ça ! » L'opposition à l'enseignant est infléchie par une déception liée à la non-reconnaissance. « Ce qui est hyper-énervant aussi c'est quand la prof nous parle et qu'elle nous regarde pas. Alors ça ! Pour la prof de dessin, on est inodores, on est incolores... » « Les profs, en dehors de cours ils en ont rien à foutre de nous. Ils sont payés pour faire huit heures par jour par exemple, et puis le reste ils n'en ont rien à foutre quoi, c'est tout. » Ces remarques manifestent une demande qui ne peut se formuler directement, sous peine de trahir. Elle apparaît dans l'agacement de cette élève de troisième, excédée par le ton bureaucratique de ses bulletins. « Ce qui me fait rire, c'est l'appréciation : peut mieux faire, courage. C'est toujours ça. » Elle aimerait d'autres commentaires. « Je ne sais pas moi : malgré des résultats faibles, Séverine participe, ou des trucs comme ça. Que je n'ai pas de si bons résultats que ça, mais que quand même j'existe, je suis dans la classe quoi ! Mais en fait ce n'est pas du tout ça. »

En réalité, le triangle pédagogique de l'école primaire est devenu plus clair et plus dur. Plus clair : il n'y a pas de fusion à chercher avec l'enseignant. Au contraire, il s'agit d'affirmer sa subjectivité contre l'enseignant. Plus dur : la demande de reconnaissance, encore légitime pour les enfants, devient l'objet de tous les soupçons au collège. A terme, c'est aux yeux mêmes du collégien que cette attente est illégitime ou inavouable. Le triangle cède le pas à une danse impossible où tout le monde se marche sur les pieds. Le groupe sur l'enseignant parce qu'il s'agit toujours de résister à la tentation de collaborer avec lui. L'enseignant sur l'élève parce qu'il croit toujours percevoir une demande et n'arrête pas de faire des avances, qui sont toujours sinon mal vécues, au moins mal jugées par le collégien. A l'opposé, s'il se replie derrière son rôle professionnel, il déçoit ce même

1. Cf. T. Parsons, « La classe en tant que système social », *in* A. Gras (éd.), *Sociologie de l'éducation*, Paris, Larousse, 1974, p. 60.

élève. Enfin, l'élève contre lui-même : plus il manifeste un ostracisme envers l'enseignant, plus il refoule ses propres demandes, la pression du groupe de pairs lui interdisant de les admettre.

Rien ne montre mieux ce jeu que la capacité des collégiens de se placer du point de vue des professeurs à travers une empathie et l'appel à un enseignant capable d'instaurer son autorité. Les critiques se renversent. « Quand il y a des élèves qui font le gros bordel dans les classes et qu'ils arrivent à faire craquer les professeurs, je trouve que ce n'est pas bien. Qu'ils essaient de se mettre à la place du professeur et de voir si un élève ferait ça, comment ils agiraient ? Là, ils verraient qu'il ne faut pas faire ça. » Cette empathie conduit même vers la désapprobation morale de ses camarades et de soi-même. « On avait une prof qui se faisait insulter, c'est le mot quoi, elle se faisait insulter. Des fois, on lançait un papier et elle allait le ramasser et après, on en lançait un autre dans l'autre coin quoi ! Va chercher ! On entendait dans la classe ! C'était horrible pour le professeur. » Mais les élèves ne peuvent échapper au jeu du groupe, c'est horrible, mais c'est « plus fort que nous ». Ils éprouvent de la « pitié » et ils finissent à en appeler à l'autorité capable de les soulager de leur propre violence.

La relation entre les collégiens et les enseignants est de nature fort instable : elle bascule constamment soit vers une relation d'autorité, voire de force, vécue comme telle, soit vers une relation affective difficile, voire interdite. En fait, la relation pédagogique elle-même n'est rien d'autre que ces déplacements et ces glissements [1].

Tensions entre l'authenticité et les performances scolaires

Une part de l'authenticité individuelle se manifeste dans le refus de l'obligation d'un travail scolaire dont le sens, nous l'avons vu, devient problématique. On grandit en opposant ses libertés au travail. « Moi je laisse passer d'abord les loisirs et après le travail. Je m'y prends au dernier moment. Par exemple j'ai tout le week-end pour faire un gros boulot, eh bé je m'y prendrai le dimanche soir à 10 heures. » D'autres vont même jusqu'à refuser la primauté de l'obligation scolaire. « Je vois pas pourquoi je travaillerais plutôt que de sortir. » A terme, la vie adolescente s'inscrit comme le revers du sentiment d'obligation scolaire. « En fait c'est pour les copains qu'on vient. Ce n'est pas pour travailler. » Parfois une véritable opposition s'installe entre les hiérarchies scolaires et les hiérarchies juvé-

1. C'est pourquoi le travail scolaire est lui-même une négociation quotidienne au sein de la classe, une relation qui oscille entre l'imposition de l'ordre par des moyens coercitifs et l'appel à des modes consensuels d'interaction. Cf. P. Woods, « Le travail scolaire : quelques perceptions d'élèves », in *Ethnographie de l'école*, Paris, A. Colin, 1990.

niles. Les registres de grandeur s'opposent, celui qui est « grand » dans le domaine scolaire est jugé « petit » dans l'univers de l'adolescence, puisque plus on se plie aux attentes des adultes, plus on est petit[1]. Le groupe de collégiens se détache de la logique de la performance scolaire. Bien que la rivalité scolaire de tous soit des plus banales, il faut la nier ou la condamner. La compétition scolaire est considérée par le groupe de pairs comme un legs de l'enfance et devient un thème relativement tabou. Non que la concurrence scolaire n'existe pas, au contraire, mais elle ne se manifeste que sous forme de critiques. Si le groupe de collégiens est incapable d'enrayer la pratique, il leste la concurrence scolaire d'une valeur douteuse.

Mais l'opposition à la concurrence est surtout manifeste dans la volonté de mettre à distance l'épreuve de l'échec et le risque de la mise en cause de l'image de soi. Pour contrer les jugements scolaires, les collégiens recourent à la conception du travail comme garant de l'égalité fondamentale de tous. Bien que déjà présente à l'école primaire, ce n'est qu'au collège que l'idée selon laquelle à un travail égal doit correspondre une note égale, devient le ciment de toutes les interprétations des performances[2]. Mais la consolidation de cet argument s'accompagne encore, au collège, de la reconnaissance des différences des dons et des talents. Autrement dit, au collège émerge un double mouvement contradictoire : d'un côté se consolide l'idée de l'interchangeabilité absolue des performances individuelles en fonction de la masse de travail, et, de l'autre côté, survit encore la conviction, si forte à l'école primaire, que la note mesure un don et que l'échec est une preuve d'« idiotie ». C'est au collège que se manifeste avec le plus d'acuité la contradiction entre ces deux propositions. Les élèves passent sans solution de continuité d'un volontarisme sans faille à un innéisme sans fissures.

D'abord l'universalité de l'effort. Il s'agit, sous ce registre, de disculper l'erreur ou l'échec. « Personne est bête. C'est parce qu'ils savent pas le faire c'est tout. Ils savent pas exploiter ce qu'ils disent. » Bons ou mauvais élèves sont fondamentalement égaux car si certains échouent c'est parce qu'« ils veulent pas travailler, mais ceux qui veulent travailler ils peuvent : faut vouloir d'abord ». « A la base on est tous pareils mais après, y a ceux qui bossent et ceux qui bossent pas. » Le postulat de l'égalité de tous implique la responsabilité de chacun. « C'est de notre faute, ça ne tient qu'à nous. Si on a envie de remonter, on remonte, en général les mauvais élèves c'est ceux qui le veulent. » Mais à peine les collégiens viennent-ils d'affirmer le primat de la volonté, que les discours se retournent. Ils acceptent le fait qu'« il y en a qui ont beaucoup plus de facilités que d'autres ». Chacun raconte alors son expérience personnelle, brisant ainsi le postulat

1. Cf. L. Boltanski, L. Thévenot, *De la justification*, Paris, Gallimard, 1991.

2. D'autant plus fortement que les collégiens ont moins tendance que les lycéens à contester les évaluations et surtout à les considérer comme un reflet fidèle de leur travail. Cf. C. Barre de Miniac, A. Bounoure, M. Delclaux, *Professeurs, Élèves, Parents face à l'évaluation*, Paris, INRP, coll. « Rapports de recherches » nº 4, 1985.

égalitaire. « Moi, je mets beaucoup de temps pour apprendre mes leçons alors, résultat, je n'arrive pas du tout à m'avancer. Moi, il me faut quatre heures tous les soirs, je finis à 8 heures. » Un élève évoque ses difficultés d'apprentissage : « Hier, par exemple, j'ai passé trois heures à faire mes exercices de maths sur les fractions, je n'ai rien compris. » Les autres l'« enfoncent » tout naturellement : « Quoi, mais c'est simple comme bonjour, j'ai mis une demi-heure. » Tous acceptent l'évidence du talent. « Des fois on se défonce à fond pour avoir des bonnes notes et puis elle, elle fait rien et puis paf ! 17, 18. » Les collégiens balancent entre une authenticité reposant sur l'égalité de tous, et un univers des performances scolaires brisant sans cesse cette croyance. Il semble que plus les élèves grandissent, plus ils s'attachent au principe égalitaire, et plus les échecs qui démentent cette conviction provoquent de blessures profondes et inavouables.

L'authenticité désirée et le conformisme juvénile

L'univers de la subjectivité collégienne est dissocié. D'un côté, l'hyperconformisme adolescent est le support d'une possibilité de critique morale des adultes. De l'autre côté, il y a la volonté de défendre une subjectivité fragile contre tout ce qui la menace et la déstabilisc dans le groupe de copains. Le collégien éprouve toujours, à ses propres yeux, à la fois la vertu du juge et l'insécurité du coupable. S'il ne fait qu'affirmer intellectuellement l'unité indissociable de la morale et des sentiments, c'est-à-dire l'expression de soi comme clé de l'authenticité, il ne cesse de connaître leur dissociation [1].

Le retournement de l'« authenticité » individuelle en conformisme de groupe n'est jamais aussi clair qu'à propos du corps et du « look » [2]. Le corps adolescent, toujours encombrant, est un signe irrévocable de soi. « Je commence à devenir grande et je me trouve pas belle, on a des gros complexes. » Face à la « vérité » de son corps il y a le choix des vêtements. Le malaise du corps n'est que rarement évoqué en public, tandis que l'« authenticité » du look est constamment affirmée. « Je m'habille comme je veux », c'est-à-dire comme les autres. Les vêtements visent beaucoup moins à montrer un corps, qu'à le voiler derrière un uniforme adolescent. « On veut pas dire qu'il faut s'habiller cool, mais à la limite, il faut pas exagérer. » Et même quand on affirme sa féminité, il s'agit moins de dévoiler son corps que de s'identifier, par les vêtements, à une figure culturelle de la féminité. « A Noël, j'ai eu des chaussures montantes parce qu'il y a tout le monde

1. C'est à l'adolescence que la tension est la plus forte entre une tendance introdéterminée et une tendance hétéro-déterminée. Cf. D. Riesman, *La Foule solitaire*, *op. cit.*

2. Cf. D. Hebdige, *Subculture. The Meaning of Style* (1979), Londres, Routledge, 1989.

qui porte des chaussures montantes, il faut s'habiller à la mode. » « Je m'habillais toujours petite fille et on se moquait de moi et il y a des filles qui m'ont dit de venir avec ma poupée Barbie, alors maintenant j'ai changé je me suis mis un jean et un sweat. » Tôt ou tard, tous finissent par se cacher derrière un look impersonnel. Même la plus petite différence est difficilement supportable. « La dernière fois, j'ai mis un chapeau et en plus je l'aime bien ce chapeau et tout le monde me regardait et au bout d'un moment, j'en avais marre, je l'ai enlevé et voilà ! » Le résultat est alors inévitable : « Tout le monde a le même genre. »

Mais c'est dans le jeu des plaisanteries adolescentes que la tension entre l'authenticité et le conformisme est la plus manifeste. Le collégien s'aperçoit qu'il est en porte à faux devant ses copains, soit parce qu'il affiche un détachement excessif, soit parce qu'il adhère trop à l'opinion du groupe. En pensant faire ce que le groupe attend de lui, le collégien s'en trouve décalé. Par exemple, s'il est vrai que « personne veut le dire, mais en fait tout le monde veut s'acheter des vêtements et des chaussures de marque », l'engagement excessif dans cette attitude provoque le rejet du groupe. « Quand il y a quelqu'un qui a trop de marques, tout le monde dit : oui, c'est le riche, c'est le gros bourgeois. » Bref, c'est de mauvais goût, il faudrait porter des vêtements du dernier cri déjà usés pour ne pas avoir l'air de suivre aveuglément le groupe. Le résultat est le même face à l'affichage d'une indifférence excessive. Par exemple, cet élève ayant redoublé deux fois au collège affirme qu'il « s'en fout ». « Mes parents ils pensent rien hein ! Ils pensent que je fais ce que je veux. C'est moi qui dirige ma vie. » Un camarade de classe ne le rate pas : « Quel homme ! » Le groupe tolère jusqu'à un certain point le déploiement de la singularité, et la pénalise dans d'autres cas. La rhétorique collégienne participe, comme la moquerie chez les enfants, au processus de subjectivation. La non-conformité avec le groupe, décrétée par le groupe lui-même, pousse vers l'individualisation. A l'inverse, et non sans paradoxe, plus le collégien maîtrise le jeu du groupe et moins il a la possibilité de se détacher du conformisme adolescent. Souvent, le leader, contraint de diriger le contrôle du groupe sur lui-même, finit par s'enfermer dans un tel contrôle de lui-même qu'il en « égare » son « authenticité ».

La face

Les tensions et les désajustements entre les exigences de l'intégration scolaire, le souci de la subjectivation et les intérêts scolaires sont tels que les collégiens sont « obligés » de porter des jugements et des critiques contradictoires, de dire tout et son contraire et de ne pas savoir parfois ce qu'ils veulent vraiment. En termes d'identité personnelle et de formation d'eux-mêmes, les collégiens se dotent d'une « face » leur permettant de gérer ces tiraillements. La « face » opère comme un mécanisme de protection mais aussi comme un moyen de réduction de la complexité, une manière de gérer ces réalités contradictoires et de donner l'image d'une autonomie. Le souci de la « face » est directement proportionnel à l'intensité des épreuves collégiennes.

La face et l'« hypocrisie »

Les fortes tensions de l'expérience scolaire contraignent les collégiens à maîtriser les diverses interactions sociales à l'aide d'une face. La face n'est pas un « masque » mensonger, une image de soi instrumentalisée pour autrui. Les collégiens ne se servent pas du masque pour manipuler ou pour tromper l'autre. Le but de la face est de préserver une subjectivité constamment menacée. C'est pourquoi, à leurs yeux, une aussi grande distance sépare la face de l'« hypocrisie ». Par la face, il s'agit d'être faux pour pouvoir être « vrai » ; par l'hypocrisie, il s'agit de paraître vrai pour être « faux ». La première est au service de la formation de la subjectivité, la seconde, au service de la « prétention ». La distinction est certes subtile, mais elle est évidente pour les collégiens. Que la face ne se confonde pas avec l'hypocrisie, on le constate dans la manière dont elle opère. A la racine du souci de la face, il y a toujours un excès émotionnel. Toutes les dénégations affichées par les acteurs sont marquées par un « sentimental manque de sentiment », comme l'a écrit si précisément W. Faulkner. En effet, grâce à la face on peut affronter un événement difficile. D'une part, on nie l'effet de l'événement sur soi : « je m'en fous », et, d'autre part, on laisse entrevoir, par l'excès même du détachement, l'effet de l'événement sur soi. Par exemple, lors de la remise de notes médiocres aux parents : « On se passe un savon, c'est tout, ça passe. Ils reçoivent mon bulletin, j'ai de mauvaises notes, et alors ? Je vais me faire engueuler peut-être la journée mais demain, ça passe, c'est pas grave, je souffre un petit moment et c'est tout. » De toute façon, rassurons-nous, « ça rentre par une oreille et ça sort par l'autre ». La « dissimulation » d'une épreuve difficile ne trompe personne, les copains « comprennent » toujours, mais elle permet de construire un espace d'intimité « à l'abri » des autres. Les collégiens le savent. « Y en a, c'est leur caractère et y en a qui le font exprès. » La « dissimulation » est au cœur de la sociabilité adolescente parce qu'elle permet à tous de construire, paradoxalement, un rapport authentique à soi-même. A la différence des interactions adultes dirigées par une logique stratégique, sous l'emprise de la « tenue » et du « rang », et de la nécessité d'aider l'autre à sauver sa face, les interactions adolescentes sont guidées par le souci obsessionnel de sauver sa propre face[1]. Une part de l'incompréhension entre adultes et adolescents provient d'ailleurs de cette situation. Pour les adultes, l'authenticité consiste à s'affirmer par la « sincérité » de ses sentiments et de ses convictions, alors que, pour les adolescents, l'authenticité ne peut se construire que par une mise à distance.

L'intensité de l'engagement dans la « face » est liée à la nature des épreuves collégiennes. Plus l'écart entre les dimensions de l'expérience est important, plus l'enlisement dans une perte de maîtrise du processus s'accentue. La face peut devenir une manière de résister aux stéréotypes négatifs projetés par les professeurs, notamment dans les établissements populaires. Alors, la face se réifie et se transforme en « frime ». Le collégien glisse ainsi vers la « mauvaise foi ». La frime devient un « mensonge à soi-même ». « Pourquoi est-ce qu'on cache son jeu ? C'est une issue de secours, un défi pour voir si on peut cacher son jeu ! » On finit par se prendre au jeu. Une fois lancé dans cette voie il n'y aura plus de repos. Il faut démontrer aux autres et à soi-même que l'on n'a pas conscience de frimer, et il n'y a que la frime pour se rassurer. Comme dans la « mauvaise foi » si bien analysée par Sartre, il s'agit de mettre en place « un certain art de former des concepts contradictoires, c'est-à-dire qui unissent en eux une idée et la négation de cette idée[2] ». Mais cette ambiguïté propre de la mauvaise foi finit par échapper à tout contrôle, l'élève n'arrête pas de circuler, de glisser entre ces deux extrêmes. A terme, il perd la maîtrise de ce qu'il cache. « Je sais pas. Il a rien à cacher. C'est au cas où il lui arrive une crasse, ça lui fait une issue de secours. Il aime bien jouer avec le feu ! »

La « frime » se fige, tôt ou tard, autour d'un stéréotype. Dans le cadre scolaire, ce processus opère à travers la mise en place d'un système parallèle de classement des individus. A la performance et aux conduites scolaires, s'oppose la « réputation » dans le groupe de pairs. L'acteur ne perçoit plus son travail de « présentation de soi » comme une œuvre propre, mais comme l'intériorisation d'une exigence collective dont il ne peut plus se déprendre. Le collégien est alors défini par l'absence à soi-même. Dans le cadre scolaire, un mouvement de résistance est à la racine de ce processus. Une stigmatisation scolaire et/ou sociale doit être renversée. Le groupe se replie sur lui-même et devient un monde de la « honte » et de l'« honneur », de la « faiblesse » et de la « puissance ». Par tous les moyens, il s'agit d'évincer la « culpabilité » individuelle en faveur de la stigmatisation collective des « stigmatiseurs ». A terme, le collégien se « laisse entraîner », il agit en fonction des attentes, implicites ou explicites, de ses copains, il fait ce qu'il pense que les autres attendent de lui et répond aux défis que les autres lui imposent. « Il y en a qui fonctionnent pour le groupe, rien que pour le

1. Cf., parmi d'autres ouvrages d'E. Goffman, *Rites d'interaction*, Paris, Éd. de Minuit, 1974.

2. J.-P. Sartre, *L'Être et le Néant*, Paris, Gallimard, 1943, p. 92.

groupe. » Le processus d'entraînement est souvent le même. On commence par établir un « caractère » : « Je peux pas rester une heure comme ça, sans rien dire ou sans rigoler, c'est ma nature quoi. » Ensuite, on finit par s'avouer sous l'emprise du regard des autres : « Par exemple, je fais du sport, je fais de l'athlétisme et là-bas, c'est encore pire, ces gens-là quand ils me voient, il faut toujours qu'ils viennent autour de moi, enfin, si ils ont envie de rire, ils viennent vers moi, parce que moi, je suis pas calme. » Enfin, le collégien est contraint d'incarner, « pour de vrai », un stéréotype : « Quelquefois, ça m'embête mais là, j'ai l'habitude », tout en parvenant à reconnaître qu'« on me pousse à faire ça ». Aveu difficile, l'individu se rassure lui-même : « C'est pour moi, pas pour les autres que je joue au guignol. » Portés par cette dérive extrême, bien des collégiens vont jusqu'à la rupture, jusqu'à l'exclusion de l'établissement, car « c'est trop difficile de changer de réputation ».

La plupart des collégiens construisent leur expérience à l'aide d'une « face » sociale trop emplie d'insécurité et d'instabilité pour être confondue avec la maîtrise des moyens de présentation de soi décrite par E. Goffman. Le collégien se socialise par la face tout en étant un acteur à la recherche d'une impossible subjectivité. Le souci de la « face » est enraciné dans des situations précises, dans des interactions réglées par des contraintes sociales plaçant les acteurs devant des situations à maîtriser. Les jeux de la dissimulation varient ainsi en fonction des publics sociaux et de la nature des classes, mais aussi de l'âge et du sexe.

La face et les sentiments

L'amitié. Comme l'amitié enfantine, l'amitié adolescente est marquée par le sceau de la confiance[1]. La bonne copine est « celle à qui on confie tout, à qui on peut tout dire, qui ne répétera pas ». L'amitié adolescente appelle la confidence[2]. Mais la logique de la face en rend l'expression difficile. Être l'ami de quelqu'un consisterait alors à partager un secret inexistant, à permettre sans arrêt à l'autre de se défendre et de « craquer ». A terme, le véritable ami est celui qui sait que l'autre est avant tout défini par sa difficulté à s'accepter, par les limites de son dégagement envers les adultes, celui qui connaît le caractère si aléatoire de sa subjectivité. A cette amitié « passive » il faut opposer une amitié « active », celle qui participe

1. N'oublions pas que le thème de l'amitié, ou plus largement de l'engagement émotionnel, occupe une place majeure chez les adolescents du *Bildungsroman*. Cf. D. Cohn Plouchart, « Le roman de formation », *in* P. Kahn, A. Ouzoulias, P. Thierry, *L'Éducation. Approches philosophiques*, Paris, PUF, 1990 ; L. Dumont, « Aux sources de la *Bildung* », in *L'Idéologie allemande*, Paris, Gallimard, 1991.

2. Pour R. Sennett, l'imbrication de l'amitié et de la confidence est le propre de toute société intimiste (cf. R. Sennett, *Les Tyrannies de l'intimité*, *op. cit.*).

au processus de construction de la subjectivité grâce à la « critique ». En critiquant son ami, toujours défini par une très forte vulnérabilité au regard des autres, mais en lui donnant en même temps les preuves de son amitié, se constitue une subjectivité plus autonome parce que capable de s'affirmer face aux autres. L'essentiel de l'amitié adolescente ne réside pas dans le dévoilement de soi mais dans la capacité à accepter, de la seule personne dont on peut vraiment l'accepter, une critique de soi [1]. L'adolescent a des amis pour apprendre à résister au jugement des autres. D'où le caractère conflictuel de l'amitié adolescente. L'ami nie la fausse authenticité pour obliger l'autre à s'individualiser, ce qui explique l'instabilité des amitiés collégiennes. « Moi, ma meilleure copine... y a des hauts et des bas. J'ai toujours changé de meilleures copines. » Il faut bien cerner le mécanisme. La sociabilité au collège est fortement marquée par les critiques et les rumeurs. Les critiques sont parfois bénignes : « Trisomique ! connard ! des critiques à la con quoi. » D'autres fois, la critique est plus douloureuse : « Le collège est bourré d'hypocrisie. » La méfiance est de rigueur, puisque « si quelqu'un fait trop confiance, il va pas s'en tirer ». « De toute façon y a de la méfiance ! Chacun se méfie de l'autre. Tout le monde est obligé d'être hypocrite. On aime pas l'hypocrisie mais un jour ou l'autre de toute façon on est obligé de l'être hypocrite. C'est un engrenage. »

C'est au sein de cet univers qu'il faut replacer l'art de la critique collégienne. La véritable trahison devient l'indifférence et, surtout, l'arrêt de la critique intime. On n'a rien à dévoiler aux autres, mais on a tout à cacher. C'est pourquoi le bon couple d'amis adolescents n'arrête pas de se critiquer constamment. « Mes amies critiquent tout ce qu'on fait. » Tout y passe : le corps, les peurs, les amours, les échecs scolaires, les parents, les vêtements. Mais à travers ce jeu de la critique amicale, les collégiens construisent un monde personnel, privé, plus autonome parce que détaché de l'emprise du conformisme culturel adolescent. Au collège, l'ami est un critique engagé.

L'amour. La faiblesse de la subjectivité adolescente rend particulièrement difficile l'expression du sentiment amoureux. Par l'amour, l'adolescent parcourt les extrêmes de sa subjectivité. « Déjà il y a un truc, c'est que quand un mec demande à sortir on se sent plus belle encore... on voit qu'on plaît aux garçons, c'est agréable. » Sans doute y a-t-il dans la relation amoureuse des collégiens le désir d'explorer son propre Moi avec l'aide d'un partenaire [2]. Ici l'individu veut être aimé et reconnu mais il a peur d'être abandonné. C'est ce qui produit la temporalité si particulière des amours ado-

1. Le jeu de la critique est ainsi consubstantiel à l'obsession de sécurité présent dans les amitiés des adolescents, toujours sous la peur d'être abandonnés ou trahis, un sentiment qui ne s'estompe qu'à la fin de l'adolescence. Cf. E. Douvan, J. Adelson, *The Adolescent Experience*, New York, J. Wiley, 1966.

2. Cf. E.H. Erikson, *Adolescence et Crise* (1968), Paris, Flammarion, 1972 ; C. David, *L'État amoureux*, Paris, Payot, 1971.

lescentes. Le chagrin d'amour précède l'amour, avec la timidité, la peur de se déclarer, la peur d'être abandonné, la recherche des preuves d'amour, la peur d'être ridicule... « Si tu prends un râteau avec elle, ça calme vite. »

La crainte de se dévoiler commande l'ensemble des techniques utilisées pour faire part de son amour. Les membres des groupes insistent sur l'obsession de la mise en scène de la déclaration d'amour. A la limite, c'est la seule chose qui semble faire problème. D'abord, il y a la demande directe, une formule non exempte de vantardise. « Tu ne te prends pas la tête, tu y vas et puis tu lui dis et puis voilà. » Elle est parfois atténuée grâce au téléphone. « Demander devant, moi, je trouve ça impossible, le regarder dans les yeux et dire : tu veux sortir avec moi ? Non, par téléphone je trouve ça encore. » Il y a aussi l'éternelle lettre d'amour. « Moi si j'aime, je lui dis pas, je pourrais jamais, je lui écris une lettre. » « J'aimerais bien des lettres, mais par rapport aux garçons ils trouveraient ça plutôt ringard. » Reste alors, au moins pour certaines filles, le recours à la séduction. « J'attends qu'il demande. Tu vas pas demander à un gars de sortir avec toi, tu te fais remarquer par lui, montrer qu'il t'intéresse quoi et puis après, lui, par la suite, si tu l'intéresses aussi, c'est lui qui va faire le premier pas, mais moi, je préfère quand ça se fait tout seul. » Au fond, on aimerait bien n'avoir rien à faire.

Et l'entremetteur ? Ce n'est qu'en cinquième que l'on peut encore recourir à ses services. « On attend un petit moment et après, si vraiment il plaît, on dit à la copine de lui demander, et après elle va lui demander, elle lui dit : y a une fille blonde, tu lui plais bien. Après il cherche, il cherche et quand il croit avoir trouvé, si ça lui plaît il dit ouais, il dit la réponse. Ils prennent rendez-vous, quand ils savent qu'ils sortent ensemble. » En troisième, ce n'est plus possible, l'amour n'est plus au service de la cohésion du groupe. Alors, le recours aux médiateurs est une « ruse » pour cacher aux autres sa timidité et personne n'est dupe. « En général, quand on envoie un copain, à part si la fille a envie de sortir avec toi, mais en général elle rigole. » « Ça fait gamin. Ça fait trop gamin, un mec qui envoie un copain pour dire : ouais je voudrais sortir avec toi. » Au fond, on envoie les copains pour se « montrer », c'est-à-dire cacher sa timidité devant les copains. Les collégiens cherchent, par tous les moyens, à se protéger. « Les mecs tu leur dis non, ils se retournent, non, je ne voulais pas, gnagnagna... Moi j'avais un copain, chaque fois qu'il se prenait des râteaux, il était là, non c'est pas vrai, c'est un poisson d'avril. »

Les collégiens disposent de deux langages pour parler de l'amour : un discours « romantique », empli de références au récit de l'amour éternel, et un discours « thérapeutique » centré sur le besoin de grandir. Dans l'amour romantique, on ne finit par aimer qu'à travers la mise en scène d'un imaginaire amoureux [1]. Toutes les constantes du récit amoureux sont à l'œuvre, l'une après l'autre. D'abord, bien sûr, la durée. Toutes les histoires courtes

1. Cf. D. Martuccelli, « La conspiration de l'amour », in *Décalages*, Paris, PUF, 1995.

seront jugées, et condamnées, au nom du véritable amour. « Mais ce n'est pas de l'amour ça ! Tu restes une semaine ou deux avec une fille ou un garçon, je ne vois pas vraiment ce qui pourrait y avoir en amour quoi. » « Ce sont des petites amourettes de collège, en fait, c'est juste pour se faire une réputation, c'est tout. » Les premières « vraies » histoires d'amour sont placées sous le signe de l'impossibilité : le copain idéal est parti dans un autre collège, l'histoire est interdite par les parents... L'imaginaire amoureux peut alors se déployer librement. « Fred, je l'ai vraiment aimé et je l'aime encore je crois. Ça fait un an et demi, j'arrête pas de penser à lui et quand je vois un garçon mignon je le compare à Fred et ça fait que du coup... Depuis j'ai l'impression que j'arriverai plus à être amoureuse de quelqu'un d'autre parce que je compare toujours à un autre et ce sera toujours lui. »

Mais parfois les collégiens abandonnent le discours romantique et parlent comme des « thérapeutes » de l'âme. L'amour devient un bon investissement psychologique et toutes les phases de l'amour sont alors relues dans cette optique. Notamment le nombre et la durée des histoires d'amour. Le romantique valorise l'amour éternel, le « thérapeute » valorise le changement et son utilité. « Si tu le gardes tout le temps, ça ne sert à rien, je trouve qu'il faut avoir plusieurs copains. » D'ailleurs, l'abandon fait partie de la vie. « C'est la vie, c'est normal, si tu ne l'aimes pas, tu le largues et puis voilà. » L'amour devient intéressant dans la mesure où il donne de l'assurance, il permet de grandir. « C'est ça aussi qui nous développe, qui nous fait grandir. Sans l'amour ce serait difficile de vivre, moi je pourrais pas grandir. » « Dans certains cas ça peut aider quand même ! Quand on n'est pas bien dans sa peau ça peut t'aider à surmonter des trucs. »

C'est à travers ces deux modèles discursifs que s'énonce l'intérêt pour les séries télévisées « à l'eau de rose » comme outils d'une éducation sentimentale[1]. Dans les groupes, les étapes de la discussion sont toujours les mêmes. Après une réaction initiale de dénégation, on avoue : « J'ai un peu honte de dire à l'école que je regarde *Hélène et les Garçons*, qu'on se moque de moi quoi. Des fois, je faisais croire que je ne regardais pas alors qu'en réalité je suis plantée devant la télé et je regarde avec plaisir quoi. » Puis, c'est le déferlement critique. « C'est pas très bien. En plus, on ne s'y croit pas. En plus, ils jouent mal, c'est hyper-monotone, on s'endort devant la télé. » « De temps en temps je regarde parce que c'est bête et c'est tellement bête que ça me fait rigoler. » Le monde des séries n'est pas réel. « Mais tu as vu cette chambre qu'elle a, c'est la seule à avoir une chambre étudiante ! Ça ne montre pas la vie d'aujourd'hui. » Enfin, on confesse la signification pour soi de ce type d'émissions ou de revues. D'un point de vue « romantique », on avance la compréhension des codes de l'amour,

1. D. Pasquier, « "Hélène et les Garçons" : une éducation sentimentale », *Esprit*, juin 1994.

même sous forme critique. « Mais si tu embrasses un garçon, c'est une preuve d'amour quand même. » « Une fois j'ai pris *Salut,* un jour j'ai vu dedans : comment séduire ton petit copain, c'était vraiment débile, c'était des bêtises. Si je fais ça, là, laisse tomber ! » D'un point de vue « thérapeutique », les collégiens soulignent le rôle de ces séries dans leur développement personnel. « Tu apprends des trucs qui t'instruisent. Je regarde *Hélène et les Garçons* parce que ça me parle, je ne sais pas moi, oui des petits flirts et tout, c'est marrant de temps en temps. Il y a Joana qui est un peu comme moi. »

Prise dans le souci de sauver sa face, l'expression de l'amour est toujours une expérience difficile : il ne suffit pas seulement de vaincre ses peurs intérieures, encore faut-il parvenir à résister à la moquerie, et le « véritable » amour établit une rupture avec le monde de la vantardise, de la drague et de la collection. La honte vient de ce que rien n'est secret, au collège comme à l'école primaire. Mais cette publicité de l'intime change radicalement de signification. A l'école primaire, un des buts du jeu amoureux est précisément que « ça se sache ». Au collège, il n'y a d'amour que dans la mesure où il est soustrait au regard des camarades. « Au collège, ils te font la honte devant tout le monde pour mieux t'embêter. » « Quelquefois ça dégoûte parce que tu ne veux pas qu'il y ait des gens qui sachent que tu sors avec une fille. Tu préfères que personne ne le sache. » La meilleure preuve de l'amour au collège, ce n'est pas la timidité, mais le silence. Rien ne s'oppose aussi clairement à l'amour que la drague, pour les filles comme pour les garçons. La drague vise le groupe, l'amour en détache. « Je parle, ouais, celui-là il est mignon j'aimerais bien sortir avec lui, mais je parle pas vraiment des trucs sentimentaux qui me touchent vraiment. » Pour les garçons, « on dit pas, on dit rien ». La profusion de discours relatifs à la déclaration d'amour s'oppose fortement au silence de l'intimité amoureuse. La subjectivité adolescente est assez forte pour défier le groupe, mais encore trop faible pour livrer toute l'étendue de sa faiblesse. L'amour au collège ne sera rien d'autre qu'une manière privilégiée de s'accepter soi-même, qu'une marque de la liberté qui, selon Nietzsche, permet de « ne plus rougir de soi ». L'amour est tout autant le fait de « ne pas avoir de complexe devant lui, ni rien », que le fait qu'« il n'ait pas honte de nous face aux copains ». L'épreuve de l'intimité se prolonge par la mise à l'épreuve devant le groupe. « Je sors avec lui et il y avait des filles qui me faisaient : ouais il est pas tellement bien, pourquoi est-ce que tu sors avec lui, qu'est-ce que tu lui trouves ? Je disais : ben moi je l'aime, je l'aime, c'est pas leur vie. » « Ça m'est déjà arrivé une fois que ma copine n'aime pas mon petit copain, je lui ai dit : tant pis. » Pour les garçons : « Si je sors avec une fille et qu'y a un copain qui me dit qu'elle est moche, je lui dis que c'est pas toi qui sors avec, c'est moi ! C'est tout. Même s'il pense qu'elle est moche, c'est bon quoi. » L'amour est un des premiers « je » de l'individu contre le « nous » du groupe. Et il se peut même qu'une partie de la nostalgie des amours adolescentes dans la vie adulte provienne du rappel de cet acte fondateur. Au collège, l'amour brise la face.

*

* *

L'expérience collégienne est dominée par un éclatement des dimensions qui la structurent. Ce phénomène provoque une sorte de désajustement constant des relations et des identités. Ni le conformisme enfantin, ni les calculs d'utilité, ni la subjectivité adolescente ne sont en mesure de stabiliser cette expérience. Alors, les collégiens abandonnent les identités conçues comme des intériorisations de rôle, pour les apprentissages des jeux de la face au sein desquels ils parviennent, plus ou moins, à construire un processus de subjectivation[1]. Ils oscillent sans cesse du conformisme à la rupture en fonction des rythmes que leur imposent leurs origines sociales, leurs résultats scolaires, leur sexe et leur âge. C'est à ce moment-là qu'ils acceptent ou refusent un « destin »[2]. Dominée par la face, cette épreuve ne se stabilise jamais et entraîne une subjectivité vide, oscillant entre la recherche d'une authenticité impossible et un conformisme social perçu comme « hypocrite »[3]. C'est pour cette raison que les collégiens ne sont jamais pleinement les membres ou les citoyens de leur établissement.

Mais la matrice générale de cette expérience varie très fortement en fonction des contextes sociaux et des performances scolaires. Les différences apparues à l'école primaire se marquent très fortement. C'est pour cette raison qu'il nous faut maintenant analyser le travail de groupes formés dans des établissements nettement contrastés.

1. D'un point de vue génétique, E.H. Erikson caractérise la genèse de l'identité à travers huit étapes, chacune spécifiée par la résolution d'une « crise » : à l'adolescence ce serait notamment la « crise d'identité » et la « crise d'intimité » – certains auteurs inversant l'ordre des crises pour les garçons et les filles – avant de parvenir au sentiment de « confiance de base » de la personnalité. Cf. E.H. Erikson, *Enfance et Société* (1963), Neuchâtel, Delachaux et Niestlé, 1974, et *Adolescence et Crise*, *op. cit.* Le mérite des travaux d'Erikson est la forte imbrication qu'il établit entre la genèse de l'identité et les processus sociaux ; pour notre part, nous nous sommes attaché, de manière complémentaire, à déceler l'adolescence à partir de ces dimensions sociales.

2. Pour un exemple historique célèbre d'un processus de subjectivation par scission de son groupe d'appartenance, cf. l'étude réalisée sur Luther par E.H. Erikson, *Luther avant Luther* (1958), Paris, Flammarion, 1968.

3. J. Starobinski, *Jean-Jacques Rousseau. La transparence et l'obstacle*, Paris, Gallimard, 1971.

6
Un collège de banlieue

Le temps du collège n'est pas seulement celui de l'adolescence décrite dans les « séries collèges » diffusées à la télévision et donnant l'image d'un monde scolaire sans école, sans classe, sans apprentissage, un monde sentimental réduit à la seule confrontation des jeunes et de la discipline des adultes. Le temps du collège est aussi celui des premières épreuves, des grands clivages scolaires et sociaux. L'espace relativement homogène de l'école primaire laisse la place à des carrières scolaires et sociales tranchées quand les bons élèves et les moins bons sont répartis dans des classes et des filières les conduisant vers des destins différents. La scolarité obligatoire du collège n'est pas automatique ; une première orientation est possible en fin de cinquième, et, après le brevet des collèges, que plus du tiers des élèves n'obtiennent pas, se décident les grands choix entre l'enseignement général et l'enseignement professionnel. Le voile romantique de l'enfance ne cache plus les divisions sociales, et les collèges apparaissent extrêmement différents les uns des autres en fonction de leur recrutement social, de leurs espérances de succès, de leurs projets pédagogiques. Les parents et les enseignants le savent bien dans leurs stratégies de choix des collèges, de même que les pouvoirs publics qui ont mis en place des politiques spécifiques comme les ZEP, centrées, le plus souvent, sur les collèges.

En fonction des établissements et des contextes sociaux, l'expérience collégienne se présente de manière très différente. On peut penser que si la structure de cette expérience reste stable, conforme au raisonnement présenté dans le chapitre précédent, les termes de cette expérience ont des contenus spécifiques. Surtout, ils sont définis par des relations de tensions plus ou moins vives. L'expérience collégienne est dominée par une tension esssentielle opposant le monde juvénile et celui de l'école. Mais dans les collèges les plus populaires, cette tension est renforcée par la distance ou le « conflit » entre le quartier et l'établissement. Élèves et enseignants élaborent deux versions complémentaires et opposées de ces tensions, et tout se passe comme si les élèves ne pouvaient se construire comme des collégiens et comme des individus que dans cette économie de l'expérience scolaire. Nous ne traiterons pas ces tensions comme des facteurs d'échec, moins encore comme des conduites pathologiques, mais comme une modalité de la socialisation.

Le collège et le quartier

Le collège envahi

Situé au cœur d'une cité de HLM de la rive droite de Bordeaux, le collège de Garonne est un petit établissement de moins de 300 élèves accumulant *a priori* toutes les difficultés. Les enseignants et l'équipe de direction ont le sentiment que leur établissement est menacé par une cité dominée par les problèmes sociaux : pauvreté, chômage, désunions familiales, immigration... Les habitants qui avaient quelque liberté d'action ont déménagé, et, de même que la cité ne serait plus habitée que par des familles captives, les élèves du collège seraient tout aussi captifs. Les bons élèves et ceux qui viennent des classes moyennes se détournent de l'établissement. Les professeurs paraissent souvent découragés et, si le taux de rotation professionnelle est faible, c'est sans doute parce que beaucoup terminent leur carrière dans cet établissement après avoir occupé des postes beaucoup plus éloignés de la région et de sa capitale. L'établissement se sent écrasé par sa mauvaise réputation et le souvenir d'un coup de couteau porté à un garçon lors d'une bagarre entre deux élèves, il y a quelques années, est encore dans toutes les mémoires, celle des enseignants et celle des élèves. Longtemps, l'image de la violence s'est imposée à ce petit collège sur lequel couraient les rumeurs les plus alarmantes : racket, trafics de drogue, violences contre les enseignants... Le fait que les actes incriminés restent le plus souvent incertains, improbables même, n'empêche pas la rumeur de courir et d'imposer une réputation dont le collège ne parvient pas à se défaire.

Qu'il soit fondé ou non, ce stigmate définit la nature des liens entre le collège et le quartier. Pour les enseignants et pour l'équipe de direction, les difficultés pédagogiques et scolaires, les problèmes de discipline paraissent échapper au domaine strictement scolaire. Les performances des élèves, leurs comportements, leur passivité ou leur agressivité sont perçus comme les expressions directes d'un quartier « à problèmes ». L'école construit sur du sable tant la crise économique et morale de la société détruit les fondements de son action. La description du quartier par les enseignants s'apparente à une longue litanie : les parents sont trop indifférents ou, au contraire, trop proches de leurs enfants. Trop protecteurs, ils sont trop violents ou trop laxistes. Ils ne saisissent pas l'importance des études ou affichent des ambitions démesurées... Du point de vue des enseignants, les parents ne trouvent jamais la bonne distance à l'école, ils en font toujours trop ou pas assez. Ainsi, ils soutiennent systématiquement leurs enfants ou, au contraire, demandent aux professeurs de les battre. Ils n'ont pas de projets pour leurs enfants, ou ils en ont trop. Plus souvent encore, ils « s'en fichent » et sont pédagogiquement incapables. Il arrive aussi que cette image se mêle à un sentiment de pitié à l'égard des enfants démunis, perdus, victimes d'une crise sociale qui les déracine et les éloigne de l'école. La pauvreté est endémique, les enfants sont délaissés par leur famille, et l'on admet bien volontiers que leur agressivité ou leur désintérêt s'expliquent pour de bonnes raisons dès lors qu'ils sont les victimes de la société.

En fait, les jugements des enseignants procèdent de plusieurs registres. Ils tiennent probablement à l'ethnocentrisme des classes moyennes face à un monde populaire devenu étranger. Aucun enseignant ne vit dans le quartier où il travaille et bien souvent les conduites populaires les plus « banales » sont perçues comme pathologiques. Le fait, par exemple, de jouer dans la rue le soir après l'école est vite perçu comme le signe d'un abandon. De même, il n'est pas certain que la pauvreté des familles soit réellement mesurée car, du point de vue des professeurs, les familles consomment mal : les élèves parviennent toujours à se procurer des confiseries, et que dire des méfaits de la télévision dans ces familles suréquipées en magnétoscopes... Mais ces jugements relèvent aussi du registre de la compassion des adultes devant des souffrances réelles : le manque d'argent pour acheter un classeur ou pour participer à une sortie, la solitude quand les familles sont défaites et que les enfants s'en plaignent, le poids des contraintes ménagères pour les filles... Bref, les enfants sont à la fois coupables et victimes, comme leurs parents. Enfin, ces jugements participent de la lassitude de professionnels qui ont le sentiment d'être écrasés par le poids des problèmes sociaux et qui ont l'impression de s'épuiser sans croire vraiment à la possibilité de changer l'ordre des choses. Tous ont plus ou moins tenté de répondre à ces problèmes, beaucoup se sont mobilisés dans divers projets et le bilan mesure plus facilement les déceptions que les succès. Mais quelle que soit la nature de tous ces jugements, tous soulignent une rupture du processus d'intégration, tous désignent l'absence de continuité entre le monde social et le monde scolaire. Cette rupture ne conduit pas les professeurs à se définir comme des « conquérants » ou des « missionnaires » face à la société. Ils se perçoivent plutôt comme les défenseurs d'une forteresse assiégée ou comme des professionnels placés dans une situation impossible et qui doivent d'abord défendre les conditions d'exercice de leur métier.

Dans un registre bien différent, la rupture entre l'école et le quartier est aussi vivement perçue par les élèves. Ce quartier, avec ses petits immeubles et ses tours, n'est pas des plus dégradés, mais il est enclavé entre une rocade et une zone ancienne de petites maisons. Les élèves interrogés en font un portrait sombre qui prolonge celui des enseignants. « C'est un quartier défavorisé, vraiment triste, vous sortez, vous voyez les seringues par terre, tout le temps des bagarres... Vous fermez les volets, vous entendez des personnes en train de se battre, de s'insulter, vous ne pouvez pas dormir.

La nuit, je rêve de fusils et c'est tout le temps. Il n'y a pas un jour, et même à Noël, ils ne pourraient pas faire la paix. » Bien plus que la pauvreté, c'est l'image de la désorganisation sociale qui s'impose. Les relations entre les groupes et entre les générations sont souvent agressives. « Les anciens sont pas toujours sympas, il y a des groupes, ils devraient habiter dans des maisons, comme ça on ne serait pas ennuyés. » Le quartier est décrit comme dangereux et, même s'il n'y a pas de « vraies » bandes, les élèves racontent des histoires de bagarres avec ceux des autres cités. Tous évoquent le racket, même ceux qui n'en ont pas été victimes racontent les mêmes anecdotes de chantage pour des « pains au chocolat ». Les grands font peur aux petits, les groupes font peur aux solitaires et les garçons font peur aux filles qui ne se sentent pas « très en sécurité ». Non seulement elles craignent d'être agressées, mais elles ont peur des injures et des rumeurs par lesquelles les garçons peuvent les atteindre en les « traitant » de filles faciles. « Si mon père apprend ça, il me tue. » « Je me sens en sécurité, mais si je descends, c'est seulement pour prendre l'air, c'est tout. » Ce sont moins des faits, souvent vagues, qu'un climat général qui pèse sur la cité à travers une logique du défi et de l'insulte. Les élèves expliquent qu'il ne faut pas se mêler des conflits et des provocations dans lesquels ils risquent toujours d'être pris malgré eux. « Moi je fais celui qui s'entend bien avec eux, mais je les aime pas trop. » La logique des conflits et des tensions repose sur une loi tacite du silence car il ne faut ni dénoncer, ni se trouver pris dans une querelle qui ne s'éteindra pas aisément dans le vase clos du quartier.

Bien sûr, la délinquance et la violence sont toujours celles des autres, car s'il importe de se démarquer d'un quartier « horrible, mal fréquenté », le quartier reste « son » quartier. La stigmatisation subie appelle l'autocritique. Ce souci de démarquage est d'autant plus vif que le quartier a la réputation d'être une « cité d'Arabes ». Lors des entretiens individuels, soulignons bien ce point de méthode, chacun se laisse aller. « Y a des étrangers, j'en connais, c'est pas des cadeaux. » « J'aime pas les Arabes, pourtant il y en a qui sont sympas, mais il y en a qui sont ici et qui font la loi, ce sont eux les chefs et je suis pas d'accord pour ça. » Et puis les immigrés se connaissent et se serrent les coudes, « alors je ne dis rien, mais il y en a beaucoup qui font les grands ». « C'est la racaille, c'est un quartier chaud, avec plus d'Arabes que de Français, il faut être bien avec eux, sinon on est traités de raciste et puis l'ambiance ne serait pas très bonne parce qu'ils veulent se faire des copains. » Mais au sein même des propos racistes, les élèves interrogés individuellement expliquent qu'ils ont tous des copains arabes, que beaucoup sont sympas et que, souvent, « les Français, ils sont pires ». Tout autant qu'un racisme banal proprement dit, « les Arabes, d'après ce qu'on voit à la télé », ces propos manifestent le sentiment de vivre dans un monde anomique et incertain où les relations sont peu prévisibles, où l'on ne peut compter que sur soi et sur quelques amis, et, surtout, où l'on se sent prisonnier. « Si on pouvait, on déménagerait. »

A côté de la désorganisation sociale et de la spirale des défis qui rendent les relations si difficiles, les élèves interrogés tentent aussi de renverser le stigmate. Dans le mouvement même où ils critiquent leur quartier et s'en démarquent, ils dénoncent aussi la mauvaise réputation qui les emporte tous indistinctement. Les autres quartiers sont bien pires, là-bas il y a de « vraies » bandes alors qu'ici « c'est des copains ». Le racket et la drogue, « c'est des histoires » montées en épingle pour nuire au quartier. La mauvaise réputation du collège est injuste car le collège voisin est bien plus « nul », mais « on » ne le dit pas. Alors, la mauvaise image se retourne et le quartier dangereux devient « sympa ». « On dit que c'est des délinquants, il y en a pas toujours et comme ils se connaissent entre eux, il n'y a pas de problèmes. » Le défi devient l'autre face de l'amitié, une manière d'entrer en relation et de s'évaluer, comme dans une épreuve chevaleresque. Philippe s'est fait racketter et s'est battu, c'est la loi du genre. « Après ça on est devenus copains, il faut faire ça pour devenir copains, c'est bizarre. » « Je me suis battu avec un Arabe, après on se serre la main, c'est comme si on était des frères. » Un autre garçon, qui se dit pourtant prêt à organiser une « ratonnade », raconte comment il fut témoin d'une bagarre : « J'étais juste à côté, heureusement qu'il y avait un ami avec moi, qui est Algérien d'ailleurs, parce que, même si je les aime pas, j'ai bien des amis arabes. » Ainsi, la logique du défi et de l'hostilité de tous contre tous se retourne en une face de solidarité car on vit ensemble, les difficultés sont communes et la galère de cette banlieue n'empêche pas la vie de la rue et des squares, l'amitié et la solidarité. Il se dégage alors l'image d'un bonheur de la vie du quartier, celui des jeux et des parties de football, des aventures et des secrets partagés, des amours enfantines et juvéniles, des « rigolades » et de la complicité des groupes d'âge.

C'est cette vie-là que les professeurs ne comprennent pas tant elle tourne le dos aux modèles des classes moyennes et aux attentes de l'école. « Les profs, ils nous disent : vous devez acheter ça et ils s'en foutent bien des problèmes d'argent de nos parents. » Ils ne comprennent pas aussi que « les filles doivent tout faire » à la maison, s'occuper du ménage et des petits. Les professeurs ne comprennent pas non plus que les parents immigrés accordent une grande place à l'école tout en ignorant tout de ses règles. Mais surtout, disent les élèves, le collège ne comprend pas le monde de la rue, il ne perçoit que du désordre dans un mode de vie qui n'est pas seulement le fruit de la misère, qui est aussi une manière de vivre ensemble et de s'amuser. Les élèves pressentent bien que leur façon de vivre est méprisable quand les garçons se vantent et que les filles se maquillent trop. Ils pressentent bien que leurs histoires de famille sont vite perçues comme pathologiques, aussi ne tiennent-ils pas à ce qu'elles s'exposent dans l'école. On sait bien par exemple que le divorce, expression de la liberté dans les classes moyennes, devient la manifestation d'une crise dans les classes populaires qui n'ont pas les moyens culturels de le rationaliser et les ressources économiques nécessaires pour en payer le prix[1].

Il ne faut pas retourner le misérabilisme en populisme, la pauvreté en culture du pauvre, mais la perception du quartier par les élèves est nécessairement double. Le premier principe de l'ambivalence tient à ce que le quartier stigmatisé est aussi le quartier où l'on vit et que les élèves se placent tour à tour du point de vue du stigmate, qui est largement celui de l'école, et du point de vue du quartier. Ils dénoncent et défendent leur quartier dans le même mouvement et n'ignorent rien de la tension qui oppose les exigences de l'école et la vie du quartier. Le second principe de l'ambivalence tient au quartier lui-même qui apparaît simultanément comme un réceptacle des problèmes sociaux où les familles cohabitent souvent difficilement, tout en étant l'espace social des enfants et des adolescents, celui de leurs jeux, de leurs aventures et de leurs amitiés. S'il existe une dimension communautaire du quartier, elle vaut surtout pour eux.

Le collège protège

Le coup de couteau porté par un élève à un de ses camarades voici quelques années a fait l'effet d'un véritable traumatisme. Il n'est pas un seul entretien qui ne l'évoque, y compris chez ceux, professeurs ou élèves, qui n'étaient pas au collège à cette époque. Depuis cette période, le collège a été « repris en main » par l'équipe de direction. Un système disciplinaire assez rigide vise à réprimer toutes les conduites qui pourraient dériver du quartier vers le collège : bagarres, injures, vols, provocations... Il s'agit de montrer que le collège est un autre monde, distinct du quartier, par des règlements, par une porte automatique que le concierge seul peut ouvrir, et par l'établissement d'un *no man's land* de quelques dizaines de mètres autour de l'établissement où les élèves sont tenus d'adopter des conduites « correctes ». La grande majorité des enseignants soutient cette politique dans la mesure où elle leur garantit des conditions minimales d'exercice professionnel. Elle est d'autant plus nettement approuvée qu'elle ne prétend pas aller au-delà, qu'elle n'engage aucune réforme pédagogique et n'empiète pas sur le territoire de la classe ; les professeurs se sentent soutenus mais restent autonomes.

Alors que le principal incarne l'ordre et la discipline, son adjointe adopte une posture plus maternelle et plus compréhensive à l'égard des élèves. Toujours ouvert, son bureau enregistre les plaintes et les pleurs des élèves

1. Il est vrai que les familles monoparentales, celles où la mère est seule dans la quasi-totalité des cas, sont beaucoup plus affectées par le chômage : J.-C. Kaufmann, « Vie hors couple, isolement et lien social : figures de l'inscription relationnelle », *Revue française de sociologie*, XXXV, 1994.

qu'elle connaît personnellement. C'est elle qui s'efforce de rendre les punitions plus « intelligentes », qui aide à faire les devoirs, qui collabore avec les travailleurs sociaux et qui essaie d'arrondir les angles avec les professeurs. « La principale adjointe, elle sert beaucoup, elle est comme une animatrice, ça se passe pas trop bien avec le principal, mais avec la principale adjointe, ça se passe bien. » Ce travail est beaucoup moins visible aux yeux des professeurs qui, par exemple, ignorent l'éducateur de prévention auquel un local a été ouvert dans le collège afin qu'il reçoive les élèves et leurs parents.

Cette division du travail entre la répression et l'écoute est nettement perçue par les collégiens qui appréhendent ainsi le collège comme un système politique particulier dans lequel tous, petits et grands, parviennent à se repérer. La barrière qui limite l'entrée des injures et des provocations à l'intérieur de l'établissement est approuvée par les élèves. Le collège préserve des dangers et des défis du quartier. L'ordre et la discipline de l'établissement instaurent une certaine paix, ils permettent aux élèves de défendre leur collège contre une réputation injustifiée et les protègent de la violence diffuse. « Le principal a su calmer quelques esprits. » « Y en a qui menaçaient les profs : ouais, foutez pas la merde, parce que je vous attrape à la sortie et je vous fais une tête au carré, et les profs, même que c'est des profs, ils ont pas des armures. Maintenant c'est plus calme. Je me sens plus protégé à l'intérieur qu'à l'extérieur. »

Les élèves opposent un « avant » violent à un présent pacifié. « Il y a pas souvent des disputes depuis qu'ils ont fait le nouveau règlement, il y a pas trop de problèmes en fait, c'est avant qu'il y en avait. » Mais les élèves, sauf les « lécheurs », ne sont pas solidaires du pouvoir du principal qui ne procède plus totalement de l'autorité « naturelle » des adultes. D'ailleurs les élèves « n'aiment » pas le principal et ne cherchent pas à lui plaire. Ce pouvoir ne relève pas non plus d'un « contrat », même si le règlement intérieur se présente, c'est la mode aujourd'hui, dans le langage du contrat. Les élèves n'abandonnent rien à une autorité démocratique. A leurs yeux, le « système politique » du collège est celui d'une tyrannie éclairée, d'une tyrannie pondérée par une fonction d'écoute qui les protège contre eux-mêmes. « Il a eu raison de me coller parce que je suis en retard et j'habite près. » Les collégiens de Garonne ne sont plus des enfants qui obéissent spontanément aux adultes. En tout cas dès la classe de cinquième, ils ne sont pas les citoyens d'une cité scolaire en intériorisant la morale commune et certains droits. Ils sont plus proches des sujets de Hobbes acceptant la tyrannie d'un seul afin de se protéger de la violence de tous contre tous. (Mais on verra que ce qui vaut pour l'ordre du collège n'est pas forcément transposable dans la classe.) On peut illustrer cette fonction de protection du collège à propos de deux thèmes : celui du racisme et celui de la place des filles.

Comme nous l'avons déjà évoqué, les sentiments racistes les plus violents peuvent s'exprimer dans les entretiens individuels portant sur la vie de quartier. « Je suis raciste à 99 %, on nous dit de ne pas être racistes, mais on nous pousse à l'être. » « Les ratons, il y en a trop, ça me sort de partout. » « Si les étrangers viennent pour foutre la merde, c'est pas la peine, ils n'ont qu'à rester chez eux. » Les jeunes issus de l'immigration parlent aussi de racisme : « Sortez de chez moi, petits sauvages... Vous envahissez la France », leur lancent les Français. La discrimination, ou un racisme plus diffus, est aussi évoquée par ces élèves. S'il va de soi que les professeurs ne sont pas racistes dans leurs propos et leurs comportements les plus manifestes, il n'empêche que certaines attitudes sont interprétées en termes racistes : « Ils disent tous qu'ils sont pas racistes, mais par exemple, il y a un étranger qui lève le doigt, un Arabe, et un Français qui lève le doigt, il passera la parole au Français. » « Il y a des profs, ils jugent mal, si c'est un Arabe. » Même si on n'observe guère de manifestations explicites de racisme chez les enseignants, il est bien évident que les élèves peuvent en percevoir des manifestations plus subtiles tenant par exemple à des anticipations négatives de résultats [1]. Il n'est pas exclu non plus que la dénonciation du racisme procède d'une rationalisation des élèves en difficulté qui se dédouanent ainsi de leurs échecs en les attribuant au racisme des professeurs ; l'argument raciste est surtout mis en avant par les élèves qui échouent, notamment les garçons [2]. Il n'y a rien de surprenant à ce que les sentiments racistes circulent dans l'école, mais dans l'école même, et dans les rencontres de groupe, ces sentiments ou ces idéologies n'ont pas droit de cité. Lors des discussions de groupes, les élèves affirment l'absence de racisme et refusent d'en parler : il n'y a pas de racisme au collège et la coupure avec le quartier fait de l'école un territoire neutre où le racisme est tabou. Un « dérapage » entre deux filles maghrébines à propos du foulard a été immédiatement réprimé par l'ensemble du groupe. Ainsi la laïcité est vécue comme une neutralité interdisant l'expression du racisme afin de préserver la paix scolaire. Hors du collège, cet interdit n'a pas d'effet et les élèves les plus racistes disent même qu'il « les pousse à être racistes » car il repose sur une « répression » des sentiments et des opinions [3]. N'en déduisons pas que l'école doit tout autoriser, mais ne surestimons pas autant son efficacité si l'on en juge par les doubles propos des élèves.

De la même manière que le collège Garonne neutralise le racisme, il protège aussi les filles qui dénoncent la manière dont elles sont traitées dans le quartier, avec le chantage à la réputation exercé par les garçons, et

1. J.-P. Payet, *Collèges de banlieue*, *op. cit.* ; E. Slawski, J. Scherer, « The Rhetoric of Concern : Trust and Control in Urban desegregated School », *Anthropology an Education Quarterly*, X, 4, 1979.

2. J. Favre, *L'Expérience scolaire des enfants de migrants en primaire et au collège*, DEA, université de Bordeaux II, 1993.

3. Sur ce mécanisme, cf. M. Wieviorka *et al., La France raciste,* Paris, Éd. du Seuil, 1992.

par leur famille. « Je suis bien en fille, mais il y a des fois où je me demande pourquoi c'est les filles qui doivent tout faire, pourquoi c'est pas les garçons qui devraient faire la cuisine, pourquoi c'est tombé sur nous justement ? » Par contre, au collège les filles sont bien traitées par les professeurs : « Le collège c'est bien, surtout pour les filles, parce que les filles, en rentrant chez elles, c'est le ménage par rapport aux garçons. » Non seulement le collège est juste avec les filles, mais il permet une complicité entre les filles à propos de leurs histoires d'amour et de leurs flirts. Là, les parents n'en savent rien. « Heureusement, sinon, ils me tueraient. » Ici encore, la distance de l'école au quartier protège en établissant une égalité des sexes qui cesse hors de l'établissement. Le collège établit l'égalité des looks et des styles, puisqu'il n'y a pas de « BCBG », « des fringues de marque à trois cents balles », dans ce collège « on est tous pareils ».

Le déclin des évidences

Quand s'éloignent les évidences du conformisme enfantin, le sentiment de subir une « violence » scolaire, esquissé à la fin du cycle élémentaire, se développe au collège. Cette violence-là n'est pas physique, quoique les obligations de calme et de silence ne soient pas négligeables. Elle n'est pas uniquement symbolique, provoquée par la rencontre de deux cultures et de deux langues [1]. C'est une violence sociale, celle qui « oblige » les élèves à se contrôler, à se mobiliser, à s'intéresser, à travailler en ne comptant que sur leurs propres forces. Dans le collège populaire, fût-il pacifié comme celui de Garonne, la relation de base des jeunes et de l'école est celle de la « guerre » froide.

Pour les élèves de Garonne, le renforcement réciproque des attentes familiales et des attentes scolaires se défait peu à peu. Ce n'est pas que la culture sociale soit antiscolaire et que les familles ne partagent pas les valeurs de l'éducation [2]. Au contraire même, si l'on en croit les propos des élèves et des parents rencontrés (chap. 3), personne ne néglige l'école et tous affirment son utilité et sa légitimité. « Il faut travailler, c'est normal, il faut être sage en cours, c'est notre devoir. » Mais entre ces discours et l'expérience des élèves il n'y a pas de principe de continuité. Ainsi, du point de vue des élèves, les attitudes et les conduites de leurs parents

1. P. Bourdieu, J.-C. Passeron, *La Reproduction*, *op. cit.* La violence symbolique est celle du langage et de la culture qui apparaissent comme des registres particuliers de domination sociale fortement intériorisés par les acteurs. Le thème de la violence est ici plus proche de la conception de P. Willis qui souligne la résistance sourde des élèves (P. Willis, *Learning Labor. How Working Class Lads get Working Class Jobs*, Farnborough, England Saxon House, 1977).

2. Cette observation recouvre celle de B. Charlot (B. Charlot, E. Bautier, J. Y. Rochex, *École et Savoir dans les banlieues... et ailleurs*, *op. cit.*).

paraissent mal ajustées, non pas aux valeurs scolaires, mais à la manière dont ils vivent l'école. Parfois, l'intégration normative devient une pression externe et les élèves ont peur. « Je peux pas parler à mon père comme je parle à ma mère. Il est trop sérieux, il ne prend pas les choses à la rigolade. Quand tu rentres et que tu as une mauvaise note, pendant une semaine, il va t'en parler et t'en reparler... Même à ma mère, il y a des choses que je peux pas dire, elle va les répéter. » L'obligation scolaire est vécue comme une violence par bien des élèves qui ont peur, peur des « baffes » paternelles, des punitions, peur que les parents sachent... Aussi s'efforcent-ils d'intercepter les bulletins trimestriels, de calmer leurs parents en leur racontant des histoires, quitte à reporter les conflits en fin d'année, au moment du jugement final. « Les bons parents, il faut qu'ils s'occupent des enfants sans gueuler. » « J'en ai ras le bol de les avoir tout le temps sur le dos, qu'ils me laissent un peu en paix, j'ai envie de me révolter et de leur montrer que ça sert à rien de gueuler. » Devant ces propos largement développés dans les groupes de recherche, d'autres collégiens se plaignent au contraire de l'indifférence familiale et se sentent abandonnés. « Ma mère est en cure de sommeil, mon père il s'en fout un peu. Je parle surtout à mes voisines ou même à la tante de mes voisines. » « Moi, ma grand-mère signe mon carnet à la place de mes parents. » « Mon père, il s'en fout, il regarde même pas si j'ai fait mes devoirs. » D'autres parents encore paraissent trop ignorer le fonctionnement réel de l'école. « Je lui dis que j'essaie de faire mon possible, j'essaie de dire : tu dis ça, mais t'as jamais essayé de m'aider, toi, t'as jamais dépassé le CM2, alors tu peux pas savoir ce que c'est, comment c'est dur. » Quant aux quelques bons élèves de ce collège, ils sont largement restés des enfants, des « petits » pour lesquels l'école et le travail restent « naturels ». En fait, ces élèves, comme Alexandre, ne savent pas dire pourquoi ils travaillent bien à l'école, sinon parce que l'école va de soi. Souvent, il s'agit de collégiens de classes moyennes « égarés » dans le collège, mais, dans bien des cas aussi, ce sont des élèves dont les familles ont établi un « ordre moral domestique » qui prolonge les « motivations » de l'école élémentaire. L'enfant est surinvesti, comme élève[1].

Toutes ces évocations des parents ne sont pas des portraits des parents des classes populaires, il faudrait pour cela recourir à d'autres méthodes. Elles signifient seulement que bien des collégiens des classes populaires font l'expérience d'un désajustement du principe d'intégration qui reposait sur une quasi-fusion de l'école et de la famille à l'école primaire. Cette rupture est sans doute « normale » car c'est par la distance ainsi créée que les acteurs grandissent et s'individualisent, qu'ils « jugent » leurs parents et éprouvent leur solitude. Mais cette épreuve semble beaucoup plus vive dans le collège Garonne que dans l'établissement « efficace » que nous avons aussi étudié (chap. 7).

1. B. Lahire, *Tableaux de familles*, *op. cit.*

Le monde des évidences scolaires est d'autant plus fragile, que le sentiment de l'utilité des études et des projets reste faible et que les élèves manifestent même une véritable peur de l'avenir. Sur ce registre-là, l'enfance qui s'éloigne est idéalisée, perçue avec la nostalgie attachée aux expériences « rondes » et pleines ; les adolescents ont une vision romantique de leur enfance.

Il en est du principe d'utilité des études comme de l'obligation scolaire : personne ne la discute mais elle ne s'incarne pas pour autant dans la subjectivité des élèves. Cette évidence idéologique n'est pas une évidence psychologique. Certains élèves semblent avoir quelques projets d'avenir qui ne soient pas de vagues rêveries et, surtout, qui soient directement attachés à leurs études. Il s'agit des collégiens que leurs échecs scolaires ont mis en demeure de choisir un projet. N'ont vraiment de projets que ceux qui y sont « obligés ». Jean-Philippe « préfère être en troisième STI que de rien foutre et être chômeur » ; il a déjà sa place dans la section mécanique d'un lycée professionnel. Cédric, en quatrième STI, passera un BEP électronique car il sait ce qu'il aime, il « bricole la CB » avec son père. Les autres collégiens, à l'exception des quelques bons élèves pour lesquels l'avenir à court terme est évident, sont dans une situation paradoxale. Ils acceptent la loi commune selon laquelle le collège prépare les meilleurs au lycée général ou technique, et les autres à l'enseignement professionnel. Mais cette croyance est loin de suffire car ils savent que « ça sera dur » et parce qu'ils n'abandonnent pas toujours les projets enfantins : pilote, docteur ou prof de math... Ainsi l'avenir est-il à la fois incertain et effrayant. « Je sais que la seconde générale ça sera hyper-dur, et la prof, elle nous ramollit carrément le courage. » L'école dit aux élèves qu'il n'y a pas de salut en dehors des études, en tout cas pas de salut honorable, et en même temps elle dit, ou suggère, qu'ils n'y parviendront probablement pas. « On nous ment pas, mais on nous cache la vérité. » « Si on n'est pas intello, même si on a 12 de moyenne, on va rien faire. »

Parfois le message est moins ambigu mais plus paradoxal encore : « Le prof principal a dit que les études ça servait à rien, que c'est pas en faisant des études qu'on trouverait du travail. » L'orientation en STI et en BEP est présentée et perçue comme infamante. Presque toujours, on préfère redoubler que d'aller en STI, chez les « débiles ». De même, on préfère la seconde générale au BEP. Au mieux, les élèves s'accommodent. « Quand on m'a dit que je pouvais pas aller en seconde, je l'ai pris très mal. Mais bon, je me suis rendu compte moi-même que je pouvais pas. » Mais en même temps, le bac reste un objectif incertain, les élèves savent qu'ils auront des difficultés d'emploi dans le cas où ils réussiraient. Lors d'une rencontre entre le groupe des élèves de troisième et de quatrième, et deux lycéens, cette peur de l'avenir s'est manifestée de la façon la plus nette. « On se voit inférieurs par rapport au lycée. » « C'est quelque chose qui me fait peur, le prof, il écrit rien du tout au tableau, c'est à toi de prendre les notes », dit Simplice, dont nous apprendrons qu'il est pourtant un « frimeur » réputé. « On nous dit que c'est dur, beaucoup plus dur qu'au collège. »

« Je suis bien comme je suis, dit une élève de cinquième, je suis dans le monde de l'enfance, j'ai envie d'y rester parce que, quand on voit ce qui se passe à l'extérieur, eh bien, ça donne envie de rester dans sa coquille. » A l'enfance, souvent idéalisée, s'oppose un futur catastrophique. « Moi j'ai pas envie de grandir, ce sera la fin du monde avec toutes ces conneries qui se passent : avec la pollution, puis avec les maladies qu'on vient de trouver, le SIDA, le cancer, les trucs comme ça, tout le monde va crever. » « L'avenir, ça sera la fin du monde et moi, j'ai pas envie, c'est chiant ce truc-là. Ça sera comme au moyen âge, on voyait des trucs avec des rats et tout... » Comme le dit un élève de troisième : « On est trop jeunes pour choisir. » Aussi l'avenir est-il plus effrayant qu'attirant et si les élèves veulent grandir, comme individus, ils ne veulent pas forcément devenir des élèves plus grands.

La désagrégation des évidences de l'intégration ne laisse pas la place à une conscience claire des projets et des intérêts. Tout au plus se manifeste une conscience salariale. « S'il y avait pas les notes, j'irais plus à l'école, je travaille pour les notes. Les notes c'est comme un salaire. » Ceci explique que les collégiens de Garonne éprouvent les plus grandes difficultés à se *motiver*. Et là, leur discours est exactement parallèle à celui des professeurs. Ni la perception de leurs intérêts futurs, ni la continuité des normes ne donnent un sens immédiat à l'école. Ces collégiens perdent leur enfance sans anticiper clairement leurs bénéfices futurs. Quant à leur subjectivation, leur sentiment de devenir plus grand et plus autonome, il se construit contre l'école.

Grandir contre l'école

Pitres et bouffons

L'expérience des collégiens est organisée autour d'une tension centrale opposant les pitres et les bouffons. Il ne s'agit pas d'un conflit qui opposerait les conformistes aux déviants, mais d'une « structure » de l'expérience collégienne qui, dans le collège populaire, est d'une grande netteté. La « violence » scolaire, provoquée par l'affaiblissement des évidences antérieures, se transforme en une tension interne aux élèves, celle qui oppose un effort de subjectivation au monde scolaire lui-même.

Pitres et bouffons sont les deux faces du même ensemble : les bouffons collaborent, les pitres résistent. Le pitre dénonce l'école et tout ce qui en procède est « nul », la cantine comme les cours. Si le pitre est dans l'école, son honneur est de ne pas y participer subjectivement et de refuser, par principe, tout ce qui relève de la forme scolaire. « Les profs ont toujours raison, même si on a raison, on a toujours tort et je peux pas supporter les gens qui bouffonnent. » Un élève pense même que parler des enseignants, c'est déjà collaborer : « Arrêtons de parler des profs, il n'y a pas que les profs. » « Il faut pas aimer les profs, ils sont hypocrites, ils racontent n'importe quoi les profs. » Non seulement le vrai pitre ne collabore pas, mais il détruit la situation scolaire. Simplice est un virtuose de la pitrerie. Roublard et drôle, il affiche la naïveté du soldat Chveik pour déstabiliser les situations scolaires : il pose des questions idiotes ou décalées, brise le rythme du cours. Véritable pitre, il pousse cette stratégie jusqu'au sacrifice suprême, celui de ses performances scolaires car il ne s'abaisse pas à travailler, ou, en tout cas, à travailler comme on le lui demande. Mais le pitre n'est pas un « délinquant », bagarreur, voleur ou occupé à ses petits trafics. Il oppose sa « personnalité » et son courage à l'école, c'est là son honneur et quel qu'en soit le prix : « Mes parents me prédisent un avenir sombre. »

Le pitre oppose sa « grandeur » personnelle aux normes scolaires qui en font « un petit ». Le pitre est « grand » dans la vie et « petit » à l'école[1]. Il affirme qu'il y a deux intelligences : l'intelligence individuelle qui se prouve dans la vie sociale, et l'intelligence scolaire. « J'en connais qui travaillent mal mais qui sont pas bêtes... dans la vie en dehors ils sont très intelligents. » « Les bons élèves, tous les mêmes, dehors ils savent rien. » « Quand on est mauvais, on peut être plus intelligent qu'un bon élève. » Le pitre oppose l'intelligence personnelle et l'intelligence de la vie aux jugements scolaires. Il résiste et se protège d'un jugement scolaire qui ne doit pas l'atteindre. Dans la vie, il est aussi grand que les professeurs, sinon plus parce qu'il habite un quartier difficile où la mise à l'épreuve de soi est bien plus sérieuse que celle de l'école. Il est vrai aussi que les élèves qui ont déjà redoublé sont grands physiquement, alors que les bons élèves sont plus jeunes et plus petits. Dans la vie, leur hiérarchie ne fait pas de doute, mais, dans la classe, ce sont les élèves âgés et faibles qui sont traités comme des « petits », alors que les « têtes de classe » sont traitées comme des grands, moins contrôlés, moins abreuvés de consignes...

Cette « vie » qui permet d'être « grand » et de s'opposer à l'emprise scolaire est nettement contrastée selon les sexes. Les garçons optent pour un style « voyou »[2]. Ils affichent leur courage, le sens de l'honneur qui les conduit à ne rien lâcher dans la logique des défis. Ils ne cèdent pas aux professeurs, « répondent », affichent leur indifférence ou leur mépris,

1. P. Rayou, *Seconde, modes d'emploi*, Paris, Hachette, 1992.
2. T. Parsons, « Age et sexe dans la société américaine », in *Éléments pour une sociologie de l'action*, Paris, Plon, 1955.

n'avouent jamais une faute devant l'ennemi, ou bien l'avouent avec indifférence afin de manifester leur mépris des règles scolaires. Il leur faut montrer qu'ils se soumettent à la force sans en reconnaître la légitimité. Je ne crois pas que l'on puisse interpréter cette logique d'action comme une simple transposition, dans l'école, de la culture ouvrière ainsi que le suggère P. Willis dans le cas de la Grande-Bretagne[1]. Ceci tient à ce que les dimensions communautaires de la culture ouvrière française n'ont jamais eu la consistance et la cohésion qu'elles peuvent avoir dans l'Angleterre industrielle. Si nous voulions interpréter la pitrerie des garçons comme la simple manifestation d'une culture venue du dehors, c'est probablement plus vers les logiques de rage et de galère qu'il faudrait se tourner[2]. Mais il semble plutôt que l'on doive interpréter la pitrerie dans le contexte scolaire car la tension des pitres et des bouffons se manifeste dans tous les aspects des expériences collégiennes. Mais elle devient beaucoup plus aiguë dans le collège populaire parce que les élèves sont évidemment plus éloignés de l'école, mais aussi parce qu'ils mobilisent des modèles de virilité juvénile et populaire pour *construire* la pitrerie, non pour se conduire dans l'école comme dans la rue. La pitrerie est spécifiquement scolaire.

Si les garçons adoptent un style « voyou » et sont d'ailleurs considérés comme tels par bien des enseignants, les filles mettent en avant leur féminité. Les enseignants les accusent de ne penser qu'aux garçons quand ils n'adoptent pas des formules moins euphémisées et plus injurieuses à propos de leur maquillage et de leurs vêtements. Les filles affichent leur féminité et leur sexualité contre l'école[3]. La pitrerie féminine n'agresse pas directement les professeurs, elle ne chahute guère, elle ne s'oppose pas frontalement au collège. Les filles affirment leur « grandeur » en montrant qu'elles sont déjà des femmes, ce qui déstabilise les enseignants et les enseignantes bien plus profondément que ne le fait la provocation masculine. Elles ont l'air de jouer le jeu, mais elles montrent qu'elles sont ailleurs, indifférentes à la rumeur et aux remarques blessantes. Ces filles ont mauvaise réputation, mais les collégiens leur accordent le droit d'être elles-mêmes et, secrètement, les admirent.

« On a une copine [en cinquième], elle est assez vieille, enfin assez âgée par rapport à notre moyenne dans la classe. Bon, elle se maquille, c'est normal. Et Mme B., souvent quand elle a de mauvaises notes, bon c'est pas sa faute elle est pas bonne élève, et chaque fois elle lui dit : tu ferais mieux de moins te maquiller. Elle lui parle comme ça et elle lui crie après pendant un moment.

1. P. Willis, *Learning to Labour*, *op. cit.*
2. F. Dubet, *La Galère*, *op. cit.*
3. A. Mac Robbie, « Working Class Girls and the Culture of Feminity », in *Women Take Issue*, Women's Studies Group Ed., Londres, Hutchinson, 1978, p. 96-108.

– Ça la regarde pas de toute façon si elle se maquille, elle fait ce qu'elle veut.

– C'est vrai, c'est injuste, parce qu'elle est pas bonne élève, elle doit pas lui parler comme ça. »

Face au pitre, le bouffon est un véritable « collabo ». Au lieu de s'en tenir au mieux à une neutralité, il choisit les professeurs contre le groupe, il choisit d'être élève et de rester petit. « Les bouffons, c'est ceux qui rapportent, qui lèchent. » Un bon élève est toujours soupçonné de bouffonnerie. « En principe, les élèves qui travaillent bien et tout, la plupart c'est des bouffons. » Et les bouffons sont exclus de la vie collective : « Ils ont même pas de copains, ils sont toujours chez eux, à la récréation, ils sont toujours avec leurs livres. » « Chouchous » des professeurs, les bouffons sont des égoïstes prêts à tout pour réussir. « Ils veulent pas nous aider. Il y a certains bons élèves, s'ils ont pas appris vous lui donnez une réponse, et la semaine d'après, c'est vous qui n'avez pas appris, vous lui demandez la réponse et il vous dit : t'avais qu'à apprendre. Il nous dit : laisse-moi étudier, lâche-moi les baskets. »

Si l'on peut repérer quelques pitres « purs » et quelques bouffons tout aussi purs, le collège n'est pas dominé par la guerre des pitres et des bouffons car chacun est à la fois pitre et bouffon. Chacun veut être à la fois pitre et bouffon et l'idéal le plus élevé, celui qui incarne la plus forte maîtrise de l'expérience collégienne, est offert à ceux qui parviennent à être de bons élèves sans jamais rien céder à la bouffonnerie. C'est le cas de Xavier qui se présente comme un pitre sachant s'arrêter quand « il a trop poussé », qui dit maîtriser les deux intelligences, celle de l'école et celle de la vie, qui parvient à être grand dans l'école et dans la vie. Il est populaire avec les enseignants sans les aimer, il est populaire dans le groupe, tout en étant performant en classe. Cette maîtrise de l'expérience collégienne permet d'être à la fois un individu et un élève, de concilier la « personnalité » et la performance, la socialisation et l'individualisation.

Mais cette figure est un idéal et il n'est pas exclu que Xavier se « vante ». Peu importe. De manière plus quotidienne, la pitrerie oppose un contre-contrôle social à celui du collège. Si personne n'est tenu d'être un pitre, la répression de la bouffonnerie est sans appel. Le bouffon n'est pas seulement isolé et rejeté, il est soumis à des menaces sourdes. « Si tu rapportes, il te disent : ça y est, tu es mort. Ils savent que c'est toi surtout, et si c'est toi, alors ils te tapent, c'est sûr. » En fait tous sont soumis à la pression du groupe et craignent de se trouver en position de bouc émissaire. « Quand tout le monde aime pas quelqu'un, on l'aime pas, il vaut mieux. » L'ami de l'exclu est exclu à son tour, et, comme aucun secret ne se garde, mieux vaut ne pas chercher à « bouffonner » discrètement. Ceux qui travaillent bien doivent alors payer une sorte de tribu. Ainsi, Alexandre sait bien que « ce n'est pas parce qu'il est le meilleur qu'il doit faire son prétentieux ».

Pour se faire accepter, il « fait le fou », plaisante, chahute un peu en classe, il essaie de démontrer qu'il ne bouffonne pas. « C'est sûr qu'il est intelligent, mais il faut qu'il se déchaîne entre les devoirs. » « Le bon élève, il peut être apprécié, mais il doit faire comme s'il n'aimait pas la classe. » Au début de l'année, Christelle, la meilleure élève de sa classe de cinquième, était assise devant et levait volontiers le doigt pour répondre au professeur. Traitée quelquefois d'« intello » et de « bébé », elle a peu à peu glissé vers le fond de la classe près de camarades plus chahuteuses, n'a plus répondu aux questions orales. Insensiblement, elle s'est habillée comme une « grande » et s'est imposée comme une des personnalités de la classe[1]. La plupart des élèves ne sont ni des pitres ni des bouffons, non pas en adoptant un rôle original, mais en consacrant toute leur énergie à ne pas se faire remarquer, ni sur un registre ni sur l'autre. Ils essaient de traverser cette épreuve en se tenant un peu à l'écart, critiquent discrètement les pitres et les bouffons qui en font « trop » et donnent un peu le change sur chacun de ces registres. Cette dualité est souvent vécue comme une épreuve, mais un élève ne peut pas se retirer sans courir le risque de ne plus être élève : « Être élève, j'en peux plus. »

La classe agitée

La tension des pitres et des bouffons contribue à déstabiliser les relations pédagogiques et soumet le professeur à l'exigence de construire une classe qui ne va pas de soi. Au collège de Garonne, les élèves tracent le portrait de quatre types d'enseignants qui sont quatre manières de définir la classe. Laissons de côté les professeurs chahutés, ceux qui ne parviennent pas à faire la classe. La « gentille » est la figure idéale du professeur qui parvient à réaliser la quadrature du cercle de la fermeté, de la justice, de la compétence et de la sympathie. La « sévère » s'intéresse aux élèves pour les faire travailler ; « j'aime les profs sévères parce qu'au moins elles n'ont pas de chouchou ». Enfin la « mauvaise » ne fait que tenir la classe et n'aime pas les élèves. Elle est aussi « hypocrite » parce qu'elle fait croire aux parents, lors du conseil de classe, qu'elle s'intéresse aux élèves. Ces « types » de professeurs doivent être considérés comme des manières de construire, de « fabriquer » la classe, bien plus que comme des « caractères » ou des techniques d'enseignement.

Au collège Garonne, comme partout ailleurs, il y a des classes calmes, d'autres chahutées, d'autres plus incertaines. Des enseignants parviennent à « tenir » leur classe, d'autres plus faiblement, d'autres encore pas du tout. Des enseignants punissent méthodiquement les élèves, d'autres jamais. L'ordre de la classe, le travail réalisé, la nature des relations pédagogiques

1. Observation *in vivo* dans une classe de cinquième.

relèvent des choix, des méthodes et probablement de la personnalité des enseignants. Ce sont eux qui bâtissent la classe dont l'ordre ne s'impose pas naturellement ; en ce domaine, l'« état de nature » serait plutôt le désordre. Si les élèves de sixième se conduisent encore comme des « petits », il leur arrive d'appeler le professeur maman, très vite la classe est formée comme un arrangement spécifique sur une base de critique et d'hostilité. Pour le dire autrement, avant même que de faire son cours, le professeur est tenu de faire la classe, d'établir le calme, des règles de vie communes souvent si fragiles qu'elles doivent être réaffirmées sans cesse.

Si l'enseignant n'est pas précédé d'une réputation bien établie, toute rentrée est définie par les élèves (par les professeurs aussi) comme une mise à l'épreuve de l'enseignant. Quel niveau sonore est-il capable de supporter ? En reste-t-il aux seules menaces ou est-il en mesure de les mettre à exécution ? Est-il possible de négocier les notes et les devoirs ? Peut-on le faire dériver vers quelques lubies personnelles pour éviter l'ennui du cours... ? « Au début de l'année, on teste le prof. »

M'étant (F. Dubet) placé dans la situation d'un enseignant débutant dans une classe de cinquième d'un collège de ZEP, j'ai pu faire l'expérience de ces mises à l'épreuve. Les bavardages continuels, le freinage systématique – il manque une règle, un crayon, un cahier –, les tentatives de chahut par des plaisanteries souvent drôles définissent d'emblée la situation comme un rapport de forces. Il peut même s'agir de forces physiques. Dès la première heure, j'ai demandé à un élève de changer de place, il a refusé et tout le monde a attendu ma réaction. J'ai dû le porter à sa nouvelle place et j'étais, à ce moment-là, heureux qu'il soit petit et que je sois un homme. Répugnant à donner des punitions, j'ai vécu pendant deux mois dans le bruit constant des objets qui tombent, des fous rires, des prises de parole mimétiques – tout le monde lève le doigt sans avoir entendu ou attendu la question, les interventions à contretemps sont banales... Certains élèves murmurent avec une voix de stentor, d'autres ne parlent jamais car ils ont peur du groupe et du professeur, certains écrivent vite, d'autres lentement et tout élève qui ne fait rien s'occupe à autre chose qu'à la classe. Au bout de deux mois, j'ai dû réaliser une sorte de coup d'État à froid, punir, exiger que le carnet de correspondance soit posé au coin de la table et rappeler régulièrement que j'étais le « patron ». Paradoxalement, les élèves ont paru soulagés de sortir d'une situation qui n'était ni le chahut ni le calme de la classe, mais une sorte d'agitation épuisante. Ce n'est qu'après avoir répondu au test des élèves que l'on peut passer vers un autre type de relations [1].

1. La naïveté de ma première manière de faire la classe reposait moins sur des idéaux ou des illusions pédagogiques que sur mon expérience de professeur d'université : le calme et le silence y sont acquis, l'intérêt intellectuel est capable de mobiliser les étudiants, et ceux qui n'aiment pas le cours peuvent s'absenter. Or, si le registre de l'intérêt intellectuel peut parfois se manifester chez les élèves de cinquième, il n'est certainement pas l'élément à partir duquel se construit la classe.

Toutefois, pour les collégiens, il importe d'abord que le professeur « tienne la classe », fixe des règles et des consignes, établisse une situation prévisible. En ce sens, il existe une demande d'ordre dans la classe pour qu'elle ne se détruise pas elle-même dans l'agitation, le « souk ». « Il y a des classes pour se défouler », des classes où le professeur est victime des élèves. « Quelquefois on est sadique, on la fait pleurer, je la plains... Mais on peut pas s'empêcher. »

Mais il ne suffit pas de tenir la classe, encore faut-il que cette autorité n'apparaisse pas comme un abus de pouvoir. Le professeur peut être autoritaire, mais il ne sera jamais tout-puissant, comme le maître d'école, sauf à terroriser les élèves. « Ils ont trop de pouvoir, ils se prennent pour les rois. » Les enseignants les plus sévères peuvent être perçus comme des « sadiques ». « Ils gueulent tout le temps, il ne se passe pas un cours sans qu'un prof gueule. » Les élèves décrivent ces professeurs qui veulent absolument tout contrôler, qui punissent beaucoup, qui ne passent sur aucun manquement et qui finissent par effrayer les élèves. « A chaque fois que j'entre dans sa classe, ça y est, j'ai mal quelque part, j'ai mal à la tête ou au ventre, c'est vrai. Quand elle commence à parler, ça y est, quand elle gueule en plus, j'arrive même pas à travailler, j'arrive même pas à réfléchir. » Les élèves de Garonne pensent qu'il devient légitime de se venger : « ça fait du bien une vengeance ». Mais comme on ne peut se venger à l'intérieur du collège, ceux qui s'y sont essayé l'ont payé cher, on se venge en dehors, contre la voiture notamment.

La mise à l'épreuve initiale et renouvelée en cours d'année procède de l'épuisement de formes « naturelles » d'autorité, de l'apparition nettement formulée de capacités critiques, de la distinction de plusieurs registres normatifs et de plusieurs principes de justice. La classe divise le groupe qui se perçoit comme homogène. « Des profs travaillent avec certains élèves qui sont intelligents, qui répondent, et ils s'occupent même pas de ceux qui ont des difficultés, et les autres, ils ressentent de l'indifférence et ils vivent mal ! C'est injuste parce qu'ils sont là pour apprendre à tout le monde, et pas à ceux qui savent. » « Certains profs s'intéressent à cet élève parce qu'il a une tête à être bon. » La plainte des bons élèves de l'école élémentaire se sentant délaissés par les maîtres est remplacée par celle des collégiens faibles qui se croient abandonnés. A l'opposé, le bon professeur s'occupe de toute la classe. « Elle a une bonne façon de travailler, elle s'inquiète si on n'a pas compris, elle répète dix fois, elle fait tous les rangs : est-ce que tu as compris, si vous n'avez pas compris, levez le doigt, n'ayez pas honte. »

Le professeur doit être juste et il ne doit pas humilier les élèves ; c'est là sa faute capitale. « Il y a une prof, elle a rendu le devoir en disant : je vais même pas me torcher avec ça. Elle est dégueulasse de faire ça. » Les élèves essaient alors de se venger « parce qu'on peut pas juger l'élève que par ses notes ». Dans ce cas aussi, les collégiens pensent qu'ils ont le droit de se venger. On attend du professeur qu'il traite la classe comme un ensemble d'individus, c'est-à-dire, qu'il soit « sympa ». Il n'est évidemment pas très facile de définir cette sympathie. Il faut sans doute être juste et respectueux des personnes. Mais le bon professeur doit aussi posséder le sens du rythme et des nuances. Tous les élèves insistent sur le fait qu'il doit être capable d'alterner le travail et la détente. « Il faut un temps pour travailler, un temps pour rigoler, on peut s'arrêter, on peut discuter. » L'enseignant doit aussi s'intéresser à chaque élève et le comprendre. Bref « on aime bien les profs qui nous aiment bien », ceux qui possèdent une véritable capacité de sympathie. Cette disposition permet de tenir compte des efforts des élèves parce que « celui qui travaille et qui a de mauvaises notes, c'est pas forcément un mauvais élève ». « Si le professeur est sympa, on a envie de travailler pour le récompenser, on a envie de le récompenser par le travail. » A l'opposé, les professeurs les plus détestés sont ceux qui détestent les élèves et les méprisent. « Y a des profs qui nous aiment pas et qui nous le disent. Ceux-là ils nous disent : ouais, on vient pour enseigner, si vous n'êtes pas contents, ça nous gêne pas et de toute façon, on connaît beaucoup de choses... C'est pour le salaire quoi ! » Du point de vue des élèves, le profeseur n'existe que par sa « personnalité », c'est-à-dire par une capacité toute personnelle d'intégrer les exigences contradictoires de la classe.

« C'est un métier dur, à des moments, on les comprend. » Les collégiens concèdent que « le bon prof marche sur un fil » parce que toutes les qualités attendues peuvent facilement se retourner en défaut. L'autorité devient violence, la justice devient indifférence, la sympathie devient faiblesse... Cet équilibre est si instable, si fragile, si « construit » par le professeur avant même que de faire la classe, que les élèves pensent que la relation pédagogique peut toujours déraper. La classe est dominée par l'« énervement ». C'est la classe qui se défait, c'est l'élève envoyé chez le principal, ce sont les défis réciproques quand montent les affaires d'honneur : « Il a pas le droit de me parler comme ça. » Les collégiens savent qu'ils ne sont pas les seuls à avoir peur : « Je pense que les profs se défendent derrière les heures de colle... Certains, ils se cachent derrière les règlements. » Et c'est dans ces affaires d'honneur que les problèmes de violence menacent car, dans cette situation scolaire, les élèves se retrouvent dans les jeux de défi du quartier. Ni le maître ni l'élève ne peuvent céder, le premier ne « tiendrait » plus sa classe, le second serait un bouffon et, si n'intervenait pas un tiers, le principal ou son adjoint, l'énervement passerait à la violence. C'est sans doute en raison de cet énervement que le thème de la violence est aussi fort dans les collèges populaires où nous avons travaillé, y compris dans les établissements où il n'y a pas de violences réelles, pas de faits de violence, mais une situation tendue qui porte la violence dès que la classe se délite et que l'enseignant ne veut pas l'abandonner au chahut[1]. L'élève

1. R. Quivy, D. Ruquoy, L. Van Campenhoudt, *Malaise à l'école. Les difficultés de l'action collective*, Bruxelles, Faculté universitaire Saint-Louis, 1990.

passe à la violence parce qu'il ne peut plus « frimer », parce qu'il est « coincé ». « Si un prof me touche, je le tue. »

La frime

Cet énervement provient d'une logique de frime. Là où les élèves sont socialisés par la « face », par l'apprentissage de la maîtrise des images de soi, les collégiens de Garonne le sont par la frime qui résulte de la tension extrême entre le pôle du pitre et celui du bouffon, tension tenant elle-même à des facteurs sociaux objectifs. La frime ne consiste pas seulement à tenir la face entre le pitre et le bouffon, elle établit aussi une distance entre les émotions personnelles et leurs expressions sociales, donnant ainsi une tonalité parfois douloureuse à l'expérience collégienne.

Pour frimer, il faut d'abord « se cacher par rapport à la personne qu'on est ». « Quand on parle sérieusement, on passe pour des nases. » Le problème de la frime tient à ce que l'« authenticité » des sentiments et des jugements personnels ne parvient plus à être exprimée. Il reste une sorte d'émotion brute et de protection acharnée de la face. Car, en perdant la face, le collégien perd son identité et révèle surtout qu'il n'y a rien de bien maîtrisé derrière la face. Alors que l'acteur goffmanien est un « entrepreneur » de ses diverses faces, gérées en fonction d'objectifs stratégiques, les collégiens sont plus portés par la logique de la face qu'ils ne la contrôlent[1]. Ceci explique la dialectique du conformisme et du souci d'authenticité : « On s'habille comme on aime, on se sent plus libre... mais on aurait honte, on trouverait ça bizarre de pas s'habiller comme les autres. » La frime explique aussi l'absence de véritables confidences et le souci de se préserver de la curiosité des adultes. « Le métier des profs est d'enseigner, pas de s'occuper des affaires privées. »

La frime oblige à pousser le jeu plus loin. Elle est la forme radicale de la face dans une logique de défi consistant à souligner qu'on « s'en fout ». « Je préfère avoir un zéro plutôt qu'un vingt, à quoi ça sert. » Ainsi certains élèves de Garonne ne peuvent littéralement pas choisir de bien travailler sans risquer de perdre la face et se retrouver démunis. C'est comme s'ils préféraient payer le prix des échecs que d'abandonner une face qui n'entraînerait pas seulement la perte d'un rôle, mais la découverte d'une vacuité intérieure. En fait, les collégiens savent qu'ils friment et qu'ils jouent faux. « Les autres, ils pensent que c'est ça et nous on sait que c'est pas ça, et puis après on croit que c'est ce que les autres disent. » « On est plus aimé quand on fait rire les autres, alors qu'au fond de nous on souffre, on est une autre personne. Il faut faire plaisir à deux personnes, à ses parents et

1. E. Goffman, *Les Cadres de l'expérience,* Paris, Éd. de Minuit, 1991.

à ses copains. Il faut jouer le jeu d'être mauvais élève devant ses copains, mais aussi donner l'impression aux parents qu'on est bon. »

Mais s'il est si dur « de se cacher », c'est que les collégiens de Garonne, comme tous les adolescents, sont placés dans des tensions plus fortes entre les logiques des pitres et celles des bouffons. La frime s'en trouve donc accentuée et nombre d'élèves ne veulent pas et ne peuvent pas devenir « sérieux » sans craindre d'éprouver l'extrême difficulté d'être « authentiques ». Quand nous avons expliqué le mécanisme de la frime aux élèves avec lesquels nous avons travaillé, nombre d'entre eux ont choisi de frimer plus encore et de suivre Simplice, le leader en ce domaine. D'autres, au contraire, sont tombés dans un état de grande tristesse et de prostration. En reconnaissant leur frime, ils admettent une sorte d'« incomplétude ». Aussi les collégiens de Garonne sont-ils portés à refuser les relations « sérieuses », comme les conversations sur les projets d'avenir par exemple, parce qu'elles interdisent de frimer, et sont littéralement déprimantes. De ce point de vue les collégiens sont invités à construire des projets à l'âge où ils sont subjectivement les moins armés pour ce travail.

On a parfois considéré que la crise de l'adolescence était un privilège de la bourgeoisie [1]. Alors que les jeunesses populaires étaient contraintes par une mise au travail précoce et le poids des nécessités, la jeunesse bourgeoise se voyait offert le temps des incertitudes et des états d'âme propices aux émois de la crise de l'adolescence. Depuis longtemps déjà, l'allongement de la scolarité a élargi l'adolescence à d'autres groupes sociaux et, puisque l'adolescence a partie liée avec l'école, les tensions de l'expérience scolaire ne font pas effet sur ce qu'on appelle communément la crise de l'adolescence comme crise d'identité. La logique de la face et de la dépendance à autrui s'y trouve sensiblement renforcée et l'identité du sujet y paraît plus fragile encore. La jeunesse des collèges « difficiles » a reçu une adolescence plus lourde encore à traverser. Non seulement le sujet se constitue dans les tensions banales de l'expérience scolaire, mais nombre de collégiens de ces quartiers se construisent contre l'école car la frime n'est pas seulement une expression cristallisée de la face, c'est aussi un mode de résistance aux catégories du jugement scolaire. Alors que les élèves en difficulté paraissent écrasés par leur intériorisation des jugements scolaires, ceux qui friment le plus sont aussi ceux qui en appellent à d'autres valeurs et à d'autres principes, ceux qui permettent de grandir sur un registre qui échappe à l'école, ceux qui trouvent là une dignité dont l'école les prive. C'est là que la frime peut basculer de la seule défense de la face à la violence, de la défense de soi à la critique non formulée de l'école. La frime est une expression

1. Ce thème est abordé de plusieurs manière par P. Ariès, *L'Enfant et la vie familiale sous l'Ancien Régime*, *op. cit.* ; P. Huerre, M. Pagan-Reymond, J.-M. Reymond, *L'adolescence n'existe pas*, Paris, Éd. universitaires, 1990.

mineure de la « rage » de la galère en même temps qu'un moment de la socialisation.

*
* *

Au collège de Garonne, les grands mécanismes de la reproduction sont à l'œuvre, comme ailleurs. La bonne volonté scolaire des familles ne se transforme pas en attitudes éducatives efficaces du point de vue de l'école. Et cette étude n'ajoute rien à ce que l'on sait déjà. Ce n'est pas son objet. Cependant la distance de la société à l'école ne signifie pas que l'école n'ait pas une action propre, même si les enseignants perçoivent avant tout le manque et la distance. Le collège populaire participe de l'ensemble scolaire et les élèves, comme les autres, adhèrent aux mêmes modèles de l'excellence scolaire et des études longues. Ils n'ont pas vraiment moins d'ambitions que les autres ; elles sont seulement beaucoup plus vagues et plus « idéologiques », distantes de l'expérience. Cette école participe aussi de la socialisation. Mais cette expérience repose sur un principe de tension entre l'école et la société. Les élèves ne sont pas seulement distants de l'école, ils lui résistent et se forment dans cette capacité de résistance ou, plus exactement, dans leurs capacités de construire leur expérience dans cette résistance. Toutefois, cette résistance est vaine, sans autre débouché que la violence et la souffrance. Ici, la domination sociale engendre d'abord une forme de frime, d'aliénation comme distance de soi à soi. Si cette analyse ne caractérise évidemment pas tous les élèves des collèges populaires – certains réussissent, la plupart ouvrent leurs images du monde –, rien n'efface totalement la violence d'un rapport à l'école qui ne peut plus reposer sur la seule force de l'intégration normative et qui ouvre une distance entre la socialisation et la subjectivation. Mais la subjectivation est malheureuse et déniée.

7
Un bon collège

Les tensions de l'expérience collégienne sont apparues extrêmement vives dans le collège populaire. Elles le sont beaucoup moins dans le bon collège de classes moyennes. Là où l'on observait une distance entre l'école et la société, les familles essaient d'assurer une continuité et, parfois même, elles vont au-delà des attentes de l'école en renforçant sans cesse les demandes de performances. Là où l'avenir paraissait incertain et dangereux, le collège est encore le temps d'une scolarité « naturelle » dont chacun mesure l'importance surtout par crainte de déchoir. La tension entre l'adolescence et l'école, entre les pitres et les bouffons, existe aussi dans le bon collège, mais elle est adoucie parce que les collégiens acceptent plus volontiers l'emprise des catégories scolaires sur l'image qu'ils ont d'eux-mêmes. Bref, l'expérience des collégiens de classes moyennes est beaucoup plus « scolaire » que celle de leurs camarades des classes populaires. Ils restent plus longtemps « petits », et ils éprouvent plus fortement le « stress » d'une épreuve scolaire que les autres, habités d'abord par un sentiment de violence. La forte emprise des catégories scolaires sur l'expérience des élèves nous a conduits à nous intéresser à deux groupes contrastés issus d'une « bonne » et d'une « mauvaise » classe. Ce choix s'explique par le fait que les élèves placés dans des positions « extrêmes » mettent mieux en évidence la nature de leurs expériences, mais aussi parce que, les parcours scolaires n'ayant rien d'automatique en dépit du poids des déterminants sociaux, il fallait s'intéresser au cas déviant des « ratés » d'un système [1].

1. Pour une présentation de l'établissement et de son évolution, cf. O. Cousin, *L'Effet d'établissement. Étude comparative de douze collèges*, thèse de doctorat, université de Bordeaux II, janvier 1994.

L'école, les familles, l'adolescence

La continuité scolaire

Les collégiens opposent volontiers le style éducatif « contractuel » et plus « libéral » de la maison, à celui de l'école. Certains ont le sentiment d'être mieux traités chez eux, « beaucoup mieux, dix fois mieux ». « Avec mes parents, je peux plaisanter, je suis libre, ils ne prennent pas tout de suite mal les plaisanteries. » Comme le dit joliment une collégienne de cinquième : « Nos parents, c'est notre famille, c'est notre vie mais l'école ce n'est pas notre vie... Les professeurs, ce n'est pas notre famille même si c'est notre destin. » Mais le style libéral n'empêche pas un contrôle méticuleux car, si les enfants peuvent faire ce qu'ils veulent, il importe de savoir ce qu'ils font. Les collégiens jouissent d'une certaine liberté, d'une relation « décontractée » avec leurs parents, sous réserve qu'ils obtiennent de bons résultats à l'école. C'est surtout là que le contrôle s'exerce[1].

L'essentiel réside dans le renforcement familial des demandes de l'école. « Moi, avec l'aide aux devoirs, c'est une heure avec mon éducatrice. » Certains mobilisent des relations. « J'ai ma voisine d'en face, elle va faire professeur d'anglais et l'année dernière, j'étais nul en anglais et elle venait à la maison tous les soirs, m'expliquer ce que je n'avais pas compris. » « Cette année je suis descendue en math alors il y a notre voisin, il est très gentil, il est jeune, il fait des études de médecine et il m'aide. » Dans la plupart des cas, ce sont les parents eux-mêmes qui se consacrent à cette activité scolaire. « Des fois, il y a quelque chose que je ne comprends pas, je demande à mes parents. Mes exercices de math, la majorité ce sont mes parents qui les font. Ils me disent la réponse, ils n'écrivent pas parce que ça se voit mon écriture. » « Un jour, j'ai fait une rédaction le soir même. C'était un jour, je repoussais, je repoussais et le soir même on l'a faite. J'ai eu 19, c'est ma mère qui l'a faite presque ! » Massivement en cinquième, un peu moins en troisième, le travail à la maison est fait « avec » les parents. Cette aide paraît si naturelle qu'elle participe parfois du sens même des études. « Moi, il faut que mes parents soient là parce que sinon je n'arrive pas à me décider. » La participation des parents ne va pas sans quelques pressions et désagréments, car les parents n'ont ni la patience ni la distance des professeurs. « Hier, je ne comprenais pas les fractions et c'est vrai que j'avais un peu l'air ahuri. Mais je ne le faisais pas exprès et il y a mon père qui se met à dire : je déteste quand elle fait cet air-là, on dirait qu'elle le fait exprès. Comme si je faisais exprès de ne pas comprendre. » « Mon

1. P. Perrenoud, *La Fabrication de l'excellence scolaire*, Genève, Droz, 1984.

père, je m'en rappelle, une fois je n'avais pas compris, ma mère était à côté, elle regardait la télé et la première fois je n'avais pas compris, et après il me met tout de suite la réponse et il me dit : tiens c'est ça ! Et puis ma mère qui commence à dire : dis donc tu as de la patience ! C'est vrai que si on nous donne le résultat, comme ça, sans aucune explication, on ne peut pas... »

De la cinquième à la troisième, des bons aux mauvais élèves, et au-delà des différentes stratégies déployées, il s'agit toujours de maintenir la pression, de produire une responsabilité individuelle et une volonté de réussite. « Jusqu'à maintenant ils me laissaient seul mais là comme mes notes ont diminué, ben ils me font plus confiance... » Pour les parents, comme pour les profs, l'essentiel ce sont les notes, un élève disant même qu'il a « l'impression que l'important c'est plutôt l'effet d'avoir une mauvaise note que d'avoir compris ou pas ». Selon quelques collégiens, les parents « ne regardent que les mauvaises notes ». « Quand je rentre à la maison, je dis : maman j'ai eu un 20 en conjugaison, 13,5 en math, et elle me fait : et les mauvaises ? Et c'est tout le temps comme ça. » D'autres ont peur. « Quelquefois mon père, quand je lui dis ma moyenne générale, il me fait peur un peu donc ça me motive donc j'essaye de faire mieux. » Pour les bons élèves qui doivent le rester, aucun faux pas n'est consenti. « En fait j'ai pratiquement tout le temps des bonnes notes et là, l'autre jour comme je suis nulle en histoire, j'ai eu 8,5 et j'avais peur que ma mère me gronde parce qu'elle est habituée à ce qu'on lui sorte tout le temps des bonnes notes... Et puis en fait elle ne m'a pas grondée, comme c'était la première de l'année elle ne m'a rien dit. C'est sûr que si je leur ramène d'autres mauvaises notes, je vais me faire... » Les ruses sont toujours les mêmes. « Parfois on ne dit pas les bonnes notes. Quand on a bien entassé un groupe de bonnes notes et qu'on a un petit groupe de mauvaises, on dit les notes qu'on a eu aux parents, et après ils nous pardonnent parce qu'on a eu une bonne note qui rattrapait une mauvaise... C'est un peu parce qu'on a peur. » Les stratégies peuvent être extrêmement sophistiquées. « Moi je m'arrange pour que ma mère ne me punisse pas. Par exemple, je ramène un 17 et un 8. Je lui dis : tu préfères entendre la bonne ou la mauvaise ? Elle me dit : ben vas-y, dis la mauvaise et après tu me dis la bonne. Alors je dis le 8 en sciences nat et après le 17 en math, et là bon ça y est. » Mais tous n'ont pas cette chance-là : « Moi je lui dis d'abord le 8 et après le 5 alors... » Toutefois, dans cette situation, on peut encore imaginer une autre ruse : « Quand on a deux mauvaises notes en même temps, on en dit une et l'autre la semaine d'après. » En troisième, la description du contrôle des parents est plus honteuse, les élèves sont plus grands et ont plus de libertés, mais les collégiens pensent que les parents « suivent le travail, un peu trop même ». « Les parents, ils ne me tapent pas, ça non mais ils me disent : tu n'as qu'à travailler plus. Alors des fois, quand j'en ai marre, je viens regarder la télé, ils commencent à m'engueuler, ils me disent : tu sors de la télé, tu vas travailler. Mais j'en ai marre, une journée de boulot, j'ai fait mes devoirs... » Beaucoup se plaignent des punitions fréquentes : « privée de sortie, privée de télé, privée de... ». Si l'on ne parle pas de violences dans le bon collège, il est évident qu'au-delà de la face collégienne qui affiche une indifférence bien des élèves ont le sentiment de vivre « sous pression ».

Mais n'oublions pas que le style éducatif des classes moyennes est libéral, et que le poids du contrôle sur la scolarité est associé à un impératif d'épanouissement et de liberté. Les collégiens sont soumis à des injonctions contradictoires[1]. Les parents exigent une chose et son contraire : une demande de performance scolaire, et l'incitation à l'épanouissement adolescent. « C'est ce qu'elle dit ma mère : écoute ne te rends pas malade, tu verras bien. Et puis en fait quand je ramène ma note, elle dit : tu essaieras de te rattraper la prochaine fois. » Pour certains élèves, il s'agit d'un véritable cercle vicieux. A travers les demandes de performances, et le nombre d'activités extra-scolaires dans lesquelles ils les encadrent, les parents de classes moyennes produisent une « pression » qu'ils voudraient bien, par ailleurs, annuler. Il ne fait pas de doute que bien des collégiens combinent aisément ces deux exigences, mais il n'empêche qu'elles ne sont pas, par nature, compatibles et qu'elles engagent un type d'expérience bien particulier.

Une adolescence contrôlée

La vie adolescente est une et divisée. Une, car les modèles de consommation culturelle sont désormais largement les mêmes pour tous les adolescents au-delà des appartenances sociales[2]. Divisée, car la culture adolescente n'est pas vécue de la même manière selon les positions sociales des acteurs. A la relative indépendance des collégiens des classes populaires, liée à la vie de la cité, s'oppose la subordination des élèves du bon collège aux demandes familiales, y compris quand elles exigent de l'autonomie. Les parents interviennent plus ou moins discrètement dans les choix amicaux. « Ce sont les parents qui gèrent un peu avec qui on doit sortir. » « Si j'ai un copain qui plaît pas trop à mes parents, si il fait une sortie, je sais que j'ai une chance sur deux de ne pas y avoir droit. » Mais la principale forme de contrôle est de nature « structurelle », elle consiste à multiplier les activités organisées telles que la musique, le sport, la danse, les mouvements de jeunesse... « Compétents », les parents sont des auxiliaires de

1. G. Bateson, *Vers une écologie de l'esprit,* Paris, Éd. du Seuil, 1977, 1980, 2 vol.
2. M. Choquet, S. Ledoux, *Adolescents*, Paris, La Documentation française-INSERM, 1994. Selon leur étude, l'âge est une variable plus influente que l'appartenance sociale.

la scolarité en poussant leurs enfants vers des activités éducatives dont ils pensent qu'elles seront, à terme, scolairement utiles. « Je fais de l'allemand en dehors du collège, je prends des cours de piano, de saxophone, je fais du cheval... » Dans tous ces cas, les loisirs organisés s'opposent aux jeux spontanés de la rue et de la cité, et participent d'un effort éducatif rationnel et maîtrisé. La multiplication de ces activités évite que les enfants « traînent avec on ne sait qui » et, surtout, elle induit une véritable « pédagogisation » de la vie adolescente. Ces activités procèdent d'une extension de la forme scolaire, bien qu'elles soient plus libres et plus expressives. « Dans les activités hors collège, c'est toi qui prends l'initiative, tu prends l'initiative de faire quelque chose parce que ça te plaît, parce que t'aimes ça ! Ici, tu pourras jamais faire. T'as le prof qui est toujours derrière toi pour te dire : fais ci, fais ça, et quand t'es dehors, c'est toi qui prends ton initiative. » Mais l'essentiel tient à ce que l'encadrement des activités est guidé par un projet pédagogique. Et parfois, les collégiens se sentent un peu « obligés » de se livrer à une activité qui prolonge l'esprit compétitif de l'école. Ils passent des concours musicaux, sont sélectionnés dans des équipes sportives où l'on ne peut pas dire que la décontraction et l'« épanouissement » soient la règle. Il suffit d'observer l'angoisse des joueurs de tennis en herbe qui disputent des matchs « au couteau », avec leurs parents et leur entraîneur accrochés au grillage. D'ailleurs, la plupart des adolescents abandonnent ces activités après les années de collège[1].

Grâce à ce contrôle indirect, l'adolescence ne s'érige pas contre l'école, elle est, tout au plus, à côté. La construction du monde des copains est soumise aux exigences familiales et scolaires. Les amitiés ne sont pas parasitées par des fréquentations qui détourneraient trop des objectifs scolaires. Par le jeu des invitations aux « boums », il n'est pas rare que les mères s'efforcent de suggérer un petit ami aussi performant que leur propre enfant. La hiérarchie des activités est fortement maintenue. Les parents s'assurent que les devoirs sont faits à l'avance et, dans la plupart des cas, le droit de regarder la télévision, de sortir et de recevoir des amis ne s'obtient qu'une fois les tâches scolaires accomplies. L'« osmose » entre les dispositions culturelles familiales et les exigences scolaires se renforce par l'homologie de la vie scolaire et de la vie hors de l'école, évitant ainsi une coupure entre les deux sphères. La tension entre la vie sociale et la vie scolaire, entre l'élève et l'adolescent se trouve fortement atténuée. Dans une large mesure, la liberté adolescente est le salaire de la réussite scolaire, l'individualisme expressif est soumis à l'efficacité de l'individualisme « utilitariste ».

1. J.-P. Augustin, *Les Jeunes dans la ville*, Bordeaux, PUB, 1991.

Les études

Les sens des études

Le « sens » autonome des études n'apparaît pas plus affirmé dans le bon collège que dans le collège populaire. Là aussi, le monde des évidences enfantines s'est défait sans être relayé par un véritable intérêt intellectuel et par la finalité d'un projet précis. Mais la convergence des attentes familiales et des demandes scolaires, ainsi que l'évidence du fait même d'être au collège, permet de construire un « métier » d'élève efficace et maîtrisé. L'« habitus » scolaire ne suffit pas toujours, et le jeu des punitions et des récompenses vient pallier ses défaillances. Parfois, ces mesures sont interprétées comme une forme de chantage. « L'année dernière, on devait m'offrir un maillot de bain, un miroir et puis je n'ai pas eu mon brevet et je ne suis pas passée en seconde. Moi je ne trouve pas ça normal... c'est comme du chantage. » « C'est le chantage de toute façon, les parents. » Les parents, qui doivent souvent leur position à leurs diplômes, rappellent sans cesse les risques de chute et d'exclusion. On n'a pas beaucoup à gagner en réussissant au collège, mais on a tout à perdre. « Ils disent qu'il faudrait que je remonte les notes, que je vais être au chômage. C'est : tu seras un clochard. » Comme les lycéens, les collégiens se sentent aujourd'hui engagés dans une aventure dangereuse. « L'école, c'est pour plus tard. Si je ne vais pas en cours, j'aurai quelques problèmes dans la vie. » « C'est vrai quand on dit que le destin est dans la main du professeur. C'est vrai, parce que plus grande, je ne veux pas faire femme de ménage. » Ce type de motivation « négative » – on court moins pour avancer que pour ne pas tomber –, pèse parfois. « Je n'ai plus envie d'aller à l'école du tout, ça me dégoûte. » Mais tous savent qu'ils iront « en seconde pour faire plaisir à tout le monde, j'y vais contrainte et forcée »[1].

Si le collège apparaît comme une étape indispensable pour se protéger du chômage, il n'est certainement plus considéré comme suffisant. Bien sûr, les diplômes sont toujours nécessaires : « Il faut quand même avoir le bac. Et même il faut avoir le brevet maintenant pour être femme de ménage ! » L'extension du chômage crée un sentiment d'incertitude quant à la valeur même des diplômes. Une « cassure » apparaît, aux yeux des collégiens des couches moyennes, au cœur même du « pacte » implicite garantissant la valeur des études. Les collégiens se sentent poussés dans

1. Pourtant, c'est bien parmi les bons élèves de ce type de public qu'on a pu constater l'existence des savoirs scolaires faisant sens (cf. B. Charlot, E. Bautier, J.-Y. Rochex, *École et Savoir dans les banlieues... et ailleurs*, *op. cit.*).

une course en avant, une surenchère, car même si les diplômes ne valent plus grand-chose, il n'y a que les diplômes qui valent quelque chose[1]. La peur face à l'avenir est à la base de l'ethos du travail. Les collégiens savent qu'il leur faudra multiplier les efforts et les stratégies scolaires. « Maintenant, il ne va plus falloir choisir son métier, il va falloir savoir faire plusieurs métiers. » « Pour avoir un métier, il faut avoir beaucoup de diplômes parce que maintenant c'est très dur, donc il ne faut pas perdre de temps. Autrement on va rester à l'école jusqu'à 30 ans. » « Il faut gagner du temps, arriver à avoir des diplômes en peu de temps, pour pouvoir en avoir plusieurs. Et si on n'arrive pas à faire un métier, arriver sur un autre. » Et le groupe d'acquiescer : « Voilà, c'est ça ! »

Des élèves efficaces

Pour la plupart des collégiens, l'orientation est un « faux » obstacle, leur origine sociale les met à l'abri de cette épreuve. Ils font l'économie des « projets » personnels, tant leur survie dans le système scolaire paraît garantie. Certes, « il faut faire attention aux filières qu'on choisit parce qu'on va pas prendre un métier où c'est le chômage complet. Parce que ça sert à rien de faire des études hyper-prolongées si c'est pour rien avoir après ! ». Mais il s'agit là d'une préoccupation à très long terme puisque s'impose une seule voie digne et toute tracée : l'entrée en seconde dans un lycée d'enseignement général. A la différence des collégiens des classes populaires, ici, le parcours scolaire se déroule déjà avec le vif sentiment que la course à la réussite est bel et bien entamée, même si l'essentiel reste encore à parcourir. Ces collégiens ont pris le départ d'une course d'endurance, et ils doivent acquérir le « métier » qui leur permettra de survivre, sinon de triompher.

Comme tous leurs camarades, les collégiens efficaces apprennent vite à mesurer les investissements et les coûts en raison du poids respectif des matières, des manies des professeurs, des coups de collier à donner, des ressources à mobiliser... Mais, dans la mesure où la tension des pitres et des bouffons est bien plus atténuée chez eux qu'elle ne l'est dans le collège populaire, dans la mesure aussi où leurs parents possèdent une longue habitude de l'école, ils développent une capacité à jouer des relations avec les professeurs qui participe pleinement de leur métier. Ils disposent d'un sérieux avantage « communicationnel ». « Avec la prof, il y deux ans, je faisais exprès d'être gentil avec elle. Je faisais semblant de travailler et elle

1. Pour une présentation des mécanismes d'attachement imaginaire à la valeur nominale des diplômes lors des processus d'inflation des diplômes, cf. J.-C. Passeron, « L'inflation des diplômes. Remarques sur l'usage de quelques concepts analogiques en sociologie », *Revue française de sociologie*, XXIII, 4, 1982.

me disait : participe en classe. » Grâce à cette stratégie, « je suis passé en quatrième, je sais pas comment. Y avait certains profs qui m'aimaient bien, y en avait d'autres qui m'aimaient pas. J'ai su être avec ceux qui avaient le plus d'appui quoi ! Faut savoir avec lesquels être ! Et eux, ils ont toujours dit que j'étais agréable, sympathique... Mme C., c'est notre prof d'histoire-géo, elle m'aime bien Mme C., ben elle a beaucoup d'appui ! ». Ces stratégies de relations peuvent aussi recourir aux interventions des parents qui « savent parler » aux enseignants, mettre en évidence leur bonne volonté et leurs compétences éducatives. Ainsi, une élève de troisième, jugée trop timide par les professeurs, a été encouragée par sa famille à être déléguée de classe afin d'acquérir une confiance en elle lui permettant, en retour, d'améliorer ses relations avec les enseignants. Au vu des résultats scolaires, la stratégie fut efficace.

Mais il serait absurde de conclure que la proximité entre leur univers social et le monde scolaire fait basculer ces collégiens sous l'emprise totale d'un conformisme scolaire [1]. Le collège est aussi un champ d'action où les élèves jouent avec les ressources dont ils disposent pour étendre leurs marges de manœuvre. Une des stratégies consiste à ne jamais collaborer, sans s'opposer pour autant, par la dénégation et l'absence de responsabilités. Il y a le rituel des phrases toutes faites quand on est convoqué par le principal : « j'ai rien fait », « c'est pas ma faute ! », « c'est toujours moi qui prend », « j'étais pas le seul », enfin « qu'est-ce que j'ai fait ? ». Selon les élèves, « ça c'est des bonnes phrases ». Il faut avoir les réflexes rapides. « Vous avez une minute ! Le temps que vous descendiez pour aller voir le principal, vous avez une minute pour trouver une belle excuse. » La logique de la frime n'étant pas assez forte pour conduire au conflit, il faut toujours nier. « Moi je me vois pas aller dire que c'est ma faute en tout cas. Non mais je préfère nier en bloc, tout en bloc, mais jamais je dirai que c'est ma faute quoi. » Devant les punitions, chacun développe des stratégies en fonction de ses aptitudes. C'est ainsi que les filles, surtout les « petites » de cinquième, déploient plutôt des techniques d'apitoiement. « Je me mets à pleurer quand ils me disent que je vais avoir une heure de colle, alors ils me l'enlèvent... » [2].

Le métier d'élève s'apprend dans la salle de classe où la « bonne » stratégie n'est pas de surenchérir dans la passivité ou la fausse activité, mais plutôt de s'appliquer à « distraire » l'enseignant, à freiner en essayant

1. Dans une étude portant sur des écoles privées d'élite en Angleterre, on a pu même observer que l'attitude de « conformisme » scolaire n'était que marginale, la principale attitude des élèves étant une « manipulation » habile du système de règles afin d'obtenir une vie commode à l'école. Cf. Wakeford, *The Cloistered Elite : a Sociological Analysis of the English Boarding School*, Londres, MacMillan, 1969.

2. Nous verrons, chap. 8, que les professeurs ne sont pas dupes et que, bien souvent, ils ne trouvent pas les bons élèves des bons collèges très « sympathiques » : ils sont « dissimulateurs » et « lâcheurs ». A bien des égards, les mauvais élèves sont plus agréables, mais le travail est tellement plus difficile avec eux !

de le détourner de son objectif. Mais à ce premier stade, encore bon enfant et « gentil », succède toute une panoplie d'actions diverses par lesquelles les élèves « déstabilisent » le professeur[1]. Évoquons quelques exemples. Face à l'excès de travail, quand un professeur donne des devoirs mais « ne se soucie même pas des autres matières », la classe envoie les délégués, joue sur les relations pressenties entre les enseignants, ou peut recourir au chahut. Pour énerver un professeur « on parle », « on ne fait pas le travail », « on fait tout le contraire de ce qu'elle nous a dit », « on fait rire la classe », « on perturbe la classe ». Parfois, il s'agit de « surpasser » le professeur. « De toute façon, y a des profs qui sont plus faibles, enfin, ils se sentent pas sûrs d'eux, alors... » « Soit ils n'ont pas d'autorité du tout, soit alors ce sont des nouveaux, ils viennent tout juste de débuter dans l'enseignement alors ils savent pas comment s'y prendre. » La perception de la personnalité du professeur est des plus subtiles. « Quand elle dit qu'elle va mettre une sanction, elle le fait, tandis qu'une autre, elle le dit, on sait qu'elle le fera pas donc... Elle a peur de certains élèves. » « Y a des profs, dès qu'on les voit, on voit tout de suite les plus faibles et les plus forts. Comme Mme B., celle-là on la fèche toute l'année, ça c'est clair. » Alors que dans le collège populaire le chahut peut être une forme de vengeance et de conflit, c'est ici un défoulement collectif sur le maillon le plus faible de l'organisation. Le chahut n'est pas un défi, mais une libération où la montée aux extrêmes est toujours calculée et sagement pratiquée. « Elle a commencé à m'engueuler, je lui ai dit : j'ai pas envie d'aller chercher les autres, et je suis restée à ma place. Elle m'a dit : va les chercher. Et j'y suis pas allée. Voilà ! Sinon tu descends chez le principal. Et j'y suis pas allée quand même... Elle me menace, mais en fait elle le fait pas, donc je reste. » Dans quelques cas, afin de protester contre un professeur, les plus grands choisissent la grève sur le tas. « Un prof qui voulait pas nous avancer un cours, alors on s'est assis et on n'a rien fait pendant tout le cours. Et puis elle nous a interrogés et on répondait pas... Ou alors on disait n'importe quoi. » Là aussi, il faut que le professeur soit perçu comme faible.

Le métier d'élève efficace s'acquiert à travers toute une série de pratiques déviantes qui ne sont nullement un défi à l'école. La triche permet de résister aux différentes pressions scolaires. D'abord celle des parents. « Parfois quand on copie, c'est un peu la faute des parents, parce qu'on a peur, on n'a pas étudié sa leçon. Si on a une mauvaise note, on va se faire gronder par les parents, c'est un peu ça aussi. » Ensuite, à cause de l'importance de la sanction scolaire. « Pour nous, c'est notre avenir ! En fait la note détermine notre avenir ! Si vous avez en dessous de 10 chaque fois, c'est

1. La « définition de la situation » doit, selon bien des enseignants, s'imposer dès le premier cours ; certains allant jusqu'à affirmer que c'est la nature de la première rencontre qui détermine le succès ou l'échec de l'année. Cf. S. Ball, « Initial Encounters in the Classroom and the Process of Establishment », *in* P. Woods (éd.), *Pupil Strategies*, Londres, Croom Helm, 1980.

sûr que vous allez pas passer dans la classe supérieure. » L'enjeu justifie les moyens : « Regarde, ce matin je suis arrivé en anglais : contrôle ! Pardon ? J'ai pris le livre sous la table et voilà. Je me paye une bonne note. » Mais la fraude autorise aussi la réalisation pratique de l'autonomie normative du monde des collégiens. Les règles sont claires. Il ne faut pas en abuser : « Celui qui demande tout le temps, toute l'année... tout le monde le laisse tomber. On peut demander quelques services mais il ne faut pas trop exagérer. » Il faut respecter l'autre : « Il faut apprendre à respecter l'autre. Il a ses idées. Par exemple en rédaction, quand j'ai de bonnes idées, je les marque et je n'aime pas que les autres me les piquent... Quand on copie sur son copain ou copine sans lui demander, on le trahit. » Enfin, il faut honorer ses dettes : « Quand on demande à quelqu'un une réponse et qu'après il nous demande quelque chose, on lui dit. Comme ça, ça peut marcher. » « C'est donnant, donnant. » « Il y a des gens qui veulent qu'on les aide, mais ils ne veulent pas aider les autres... Alors, quand il redemande, je l'envoie balader. » Toutes ces règles implicites montrent que la fraude participe de la reconnaissance des valeurs morales et passe par la transgression. Autrement dit, les collégiens se dégagent des règles scolaires au nom d'une morale de la réciprocité jugée plus élevée que le strict respect des règles, surtout dans la mesure où elle ne transforme pas les conditions fondamentales de la compétition et où personne n'est dupe. « Si je vois une bonne note sur mon bulletin et que mes parents me disent : c'est bien, tu as eu une bonne note, et que dans ma tête j'ai copié, ce n'est pas bien. » « Ça marche peut-être envers le professeur mais envers nous, ça ne marche pas. Ça ne nous aidera jamais et on ne comprendra pas plus tard. » Par la triche, dans un seul et même mouvement, le collégien peut affirmer son autonomie morale et énoncer son adhésion aux valeurs de l'institution. En ce sens, elle participe des mécanismes classiques de la déviance tolérée dans laquelle la transgression des normes établit, à terme, l'adhésion conformiste. Tout se passe comme s'il fallait enfreindre la règle pour en éprouver la réalité.

Bons et mauvais élèves

Dans le collège efficace, les classements et les critères scolaires l'emportent sur toutes les autres dimensions de l'identification. Organisée autour d'une compétition latente, l'expérience des élèves est tributaire des jugements scolaires plus que partout ailleurs. Plus qu'à l'école primaire où l'enfance et la relation personnelle au maître assurent une protection relative, plus que dans le collège populaire où la vie juvénile est autonome, et plus qu'au lycée, nous le verrons, où la vie personnelle ne se laisse pas totalement enfermer dans le monde scolaire. Il faut dire que le bon collège est organisé de la manière la plus nette par la hiérarchie des bonnes et des mauvaises classes. Les élèves de troisième n'ignorent rien de ce système. « A chaque début de l'année, comment dire, ils mélangent pas les classes, c'est-à-dire qu'il y a la troisième B, c'est la meilleure et puis après les autres. » Ce classement est sans cesse renforcé par les comparaisons quotidiennes auxquelles les classes sont soumises. « On nous compare tout le temps à la troisième B. Ça m'énerve. Les troisièmes B ont mieux travaillé que vous aujourd'hui ! »[1].

La bonne classe

La performance

Dans ce type de classe, la scolarité est dominée par la course à la réussite. Bien sûr, il y a toujours, à côté, le monde de la sociabilité adolescente, mais il est plus que jamais envahi par la concurrence et la performance qui commandent l'image que les élèves ont d'eux-mêmes. Être mieux classé qu'un autre veut dire qu'on lui est supérieur. Le climat général de la classe est soumis au primat de la concurrence et le jeu des moqueries est largement subordonné aux performances de chacun. La crainte d'être dépassé ou rattrapé peut être affirmée publiquement, sans honte. « Ce qui me stresse, c'est qu'au début de l'année j'étais très bonne en allemand et l'année dernière aussi parce que mon père en fait et j'en fais en dehors. Et quand je vois qu'il y en a qui me dépassent, qui se mettent tout le temps à répondre et que je ne comprends pas, ça me stresse parce que j'étais super-bonne et je ne sais pas pourquoi mais comme ça commence à monter, je n'y arrive plus. » Les collégiens ont une mesure très exacte de leur valeur. « Il y en a un qui est dixième, et l'autre est onzième, et celui qui est dixième va dire : je suis meilleur que toi, je suis dixième et toi tu es onzième. » Le jugement scolaire déborde le seul registre des performances. « J'en connais dans la classe : je suis meilleur que lui, j'ai deux dixièmes de plus que lui, c'est un idiot, je le bats. » Certains préfèrent sortir de la course, mais c'est malgré tout la compétition qui s'impose et l'on ne peut afficher un détachement crédible que si les performances le permettent. Il faut rester dans le peloton. « Si je travaillais comme une folle, je pourrais avoir cette année 16, mais je n'ai aucune envie de travailler alors ça me fait 15 et puis voilà, je suis contente. » Mais tout de suite les collégiens se ressaisissent car ils ne peuvent se déprendre de ce qu'on l'on attend d'eux. Il faut au moins échapper à la « médiocrité ». « Parce qu'avec mes parents qui sont cultivés,

1. Sur les effets scolaires des classes homogènes, cf. la série d'études présentées à ce sujet *in* W. Tyler, *School Organization*, Londres, Croom Helm, 1988, en particulier le chap. VII.

je pourrais être très bonne mais... Je déteste ce 12,1 de moyenne, c'est moche comme nombre, je préférerais avoir 14 ou 15. Je trouve que ce n'est pas assez 12. » Bref, « peut mieux faire ». Dans la bonne classe, on ne recourt pas aux investissements saisonniers. « Si j'ai eu trois bonnes notes d'affilée, ça veut dire que je peux y arriver, donc la quatrième, autant avoir une bonne note aussi. » Le discours des élèves adopte, au mot près, celui des athlètes qui se sentent quittes quand ils ont « donné le maximum ». « Il faut toujours faire plus, il faut se donner à fond. » Sportive aussi est l'obsession de la précision dans la mesure des performances. « 16,9 de moyenne, bien sûr, ça compte les dixièmes. » Même si des élèves affirment travailler pour eux-mêmes et ne pas avoir « besoin de se comparer aux autres », il reste que la compétition s'impose avec l'« égoïsme » des bons élèves qui « t'envoient balader parce qu'ils ne veulent pas que tu aies une bonne note », et surtout « parce que la note c'est comme une sorte de jugement quoi ! ».

La moquerie

Alors qu'en général la moquerie vise les comportements, les sentiments, les opinions, et qu'elle s'efforce de ne pas relayer les jugements des professeurs, dans la bonne classe, la moquerie, les « jettes », repose sur des considérations scolaires. En cinquième, la crainte de la moquerie scolaire est omniprésente. « Des fois on nous pose une question, on a la bonne réponse et on a peur de s'exprimer. Parce que si ce n'est pas vrai, on a peur de dire une bêtise. Parce que sinon tous les autres se moquent, tu te fais jeter. » « On a peur de la honte, que tout le monde te traite d'idiot. » « On sait qu'à la récréation on va nous dire : tu es nul, tu ne connais même pas ça, retourne au CP. » Il faut souligner ce phénomène très particulier, car dans les autres classes aussi les élèves n'osent pas répondre, mais c'est pour d'autres raisons. Ils craignent que le professeur se moque d'eux et, surtout, ils ont peur, si leur réponse est fausse, que leurs camarades se moquent d'eux non parce que leur réponse est fausse, mais parce qu'ils ont fait de la « lèche ». Au pire, ils riront avec le professeur, mais ils ne construisent pas la moquerie sur les jugements scolaires. En troisième, la moquerie est déjà nuancée par la montée d'une égalité adolescente limitant une adhésion aussi profonde aux jugements scolaires. Certains refusent alors la moquerie. « Je suis à l'école, il se paie un 14 et j'ai 10. Ou alors le contraire, j'ai 14 et il a 10, je m'en fous. Je vais pas dire : tu es une pipe. Non mais c'est vrai. » Mais le contrôle social de la moquerie est remplacé par une forte intériorisation des jugements scolaires. « Pour le travail scolaire, je pense que ça nous blesse qu'il y ait quelqu'un qui nous dise : tu es nul, j'ai deux points de plus que toi. Parce que c'est plus dur pour y arriver. Quelqu'un qui aura beaucoup travaillé, il aura 10 de moyenne et l'autre aura travaillé moins mais comme il a plus de facilités, il aura 12 de moyenne et s'il se fout de sa gueule, l'autre ne va pas apprécier. » Tout se passe comme si l'importance des blessures potentielles limitait l'agressivité des concurrents. Toutefois la concurrence ne disparaît pas pour autant, mais le vaincu est suffisamment malheureux pour qu'on ne s'acharne pas sur lui.

Le bon élève

Dans la bonne classe, il n'y a pas vraiment de double hiérarchie. « Ce sont les bons en fait qui se moquent de nous parce qu'il y en a qui ne peuvent pas tout savoir, mais les très bons qui savent toujours tout, après ils te disent : mais non, ce n'est pas ça, réfléchis. » Les bons font la loi, les autres suivent. Le bon élève est l'objet de sentiments pour le moins ambivalents. Incarnation du désir de réussite, il se trouve à la croisée des sentiments de jalousie. Souvent convoité, parfois admiré, rarement aimé, à moins qu'il n'ait cette grande habileté d'avoir l'air de s'opposer à l'école et de s'excuser de sa réussite, ce qui en fait une « star ». Dans la bonne classe du bon collège, le bon élève n'est pas l'objet d'un rejet ouvert. C'est là toute la différence avec d'autres situations scolaires et sociales, il n'a pas besoin, pour être respecté, de chercher à être populaire. Il lui suffit de ne pas se faire détester. A moins d'être odieux, donc banni, il sera le *primus inter pares*. Dans un univers où l'on n'arrête pas de se comparer aux autres, la comparaison avec le premier de la classe a un parfum particulier. Comme l'avoue cette élève, « Elle veut toujours voir : tu as eu quelle note ? Alors si j'ai eu moins qu'elle, alors là elle a un sourire jusqu'aux oreilles. » Le bon élève sait pertinemment qu'il n'est pas toujours bien vu, que l'« opinion générale » à son égard n'est jamais complètement arrêtée. D'un côté, le premier de la classe, en fait, le plus souvent, la première de la classe, dans la mesure où elle est épaulée par tant d'éléments objectifs, peut se contenter d'une stratégie « sympa et discrète ». Elle aide les autres et elle ne la « ramène pas ». « Anne est meilleure que moi, je vais lui demander de m'aider et elle va m'aider parce qu'elle peut. Et qu'elle n'est pas con à dire : je n'ai pas envie qu'il ait une meilleure note que moi alors je ne vais pas l'aider. » D'un autre côté, le bon élève peut jouer la distinction scolaire contre la sociabilité adolescente. « Quand un professeur lui parle, c'est moi, il n'y a que moi. C'est le centre de la classe. » « Ils prennent un peu trop la tête, ils disent : j'ai toujours la meilleure note. » « Et puis elle est là : oui, c'est moi qui parle, attention. » Ni élève, ni professeur, ni fille, ni garçon, cette élève a vite trouvé son surnom : « Hermaphrodite ».

Le mauvais élève

Le mauvais élève de la bonne classe est loin d'être l'inverse parfait du bon élève. Il n'est pas une figure populaire. Certes, il fait rire les autres, mais ce n'est pas sans quelque condescendance. En cinquième, la situation de ces élèves est même intenable. « Le premier de la classe est avec des bons, et le mauvais élève veut venir et on lui dit : non, dégage, tu es nul, on ne veut pas de toi, on est sûr de perdre. Ou alors si tu vas jouer avec eux, au foot ou au basket, ils te lancent le ballon dans la figure, des trucs comme ça, quoi. » « Ou alors, ils disent : tais-toi, tu travailles pas, quand on est le dernier de la classe, on se la ferme. » Le mauvais élève ne peut même pas en appeler à une culture antiscolaire. Il n'a même pas droit à l'anonymat devant des tiers : « Ils te ridiculisent devant les autres et ils nous font honte quoi ! Par exemple, il y a d'autres copains qui arrivent, on ne les connaît pas et que les autres connaissent. Ils demandent : c'est qui lui ? Et eux ils répondent : lui, c'est un gros nul, c'est le gros tachon de la classe, il ne sait rien du tout. » Et si l'intensité et les formes de la moquerie changent profondément en troisième, l'attitude, au fond, reste semblable. « Quand on lui pose une question, tout le monde se moque ou presque quoi ! » Bien sûr, le mauvais élève peut étaler, en dehors de la classe, ses habiletés sportives ou sa camaraderie, mais, placé au milieu d'un univers concurrentiel, il sera avant tout défini par ses piètres performances scolaires. Contraint par la situation, il entre alors dans un jeu de frime qui le mène jusqu'à l'adhésion au stéréotype du cancre. Il était un mauvais élève, il devient un cancre. Aux autres de l'enfermer dans ce rôle : « Lui ça l'amuse, c'est pour ça qu'il est comme ça. Il se fait rejeter, il fait tout pour se faire remarquer. »

Comme c'est souvent le cas dans des situations très compétitives, les élèves « moyens » se définissent par leur ballottement entre les deux extrêmes. Ils ont peur d'être les victimes toutes désignées de la moquerie de la classe, moquerie à laquelle ils participent avec enthousiasme car, s'ils n'espèrent pas atteindre le sommet, ils craignent avant tout de dégringoler en queue de peloton. Ils sont inquiets et plus que sensibles aux jugements des professeurs. « Les devoirs, les exercices, on angoisse parce que si les professeurs vérifient, on ne les a pas faits, ils te disent : tu n'es pas sérieuse, tu n'as pas fait tes exercices. Alors que ça nous arrive une fois par an, ça y est on est catalogué pour vingt ans. » Dans la bonne classe, rien n'est plus dangereux que d'être tenu pour un fumiste, un « branleur ». Ces élèves ne cessent pas de se justifier. « La prof croit bien sûr qu'on n'a pas révisé mais ça c'est dû au stress aussi. »

Le stress

Les collégiens de la bonne classe décrivent longuement le poids de l'école sous la forme du stress, de la pression constante et de la peur d'échouer [1]. « On a les boules dans la gorge. » « On se rend malade, je me dis : oui, ça ne va pas et tout, et à force, au fur et à mesure, ça ne va pas. » « On essaye de décompresser. On essaye de penser à autre chose ou des trucs comme ça. Mais quand on a ça dans la tête jusqu'au moment où on doit le faire, on y pense quoi ! Même si on essaye de se distraire à côté. » Le stress est si présent qu'il peut être considéré, par les collégiens, comme le responsable

1. Pour les conséquences psychologique des classements scolaires, cf. P. Mannoni, *Des bons et des mauvais élèves*, Paris, ESF, 1986.

de certaines contre-performances. « Quand je suis devant ma copie, c'est le gros trou, je ne me souviens plus de rien... Je révise jusqu'à une heure du matin, je dors quatre heures, enfin, c'est vraiment le gros stress et je me dis : j'ai révisé pour rien, et puis voilà. » Certains utilisent, déjà, des médicaments. « L'année dernière, je captais complètement et le docteur m'avait donné de la vitamine, mais j'étais toujours au radar. » Ce stress est d'autant plus pénible qu'il ne peut être partagé. « On n'en parle pas souvent, on essaye de penser à autre chose entre nous, déjà qu'on stresse pour un contrôle, alors si on stresse ensemble ce n'est pas la peine. » « On ne va pas être tout le temps, j'ai peur, et tout parce que c'est mon caractère et puis je n'ai pas à le faire subir à tous les autres. » Bien des élèves du groupe de recherche disent qu'ils implosent, silencieusement, dans le stress, mais aussi dans la fatigue. « Des fois on n'a pas le temps. La dernière fois, je ne sais plus dans quelle matière on devait lire trois ou quatre pages, c'était un vendredi en plus, je n'avais pas le temps, j'avais des cours personnels, je ne pouvais pas. » « Ce qui est embêtant c'est qu'on a fait une journée de travail et on arrive le soir, il faut passer deux heures à faire nos devoirs et des fois, si on n'a pas compris... » « Moi aussi, le soir devant mes devoirs, je reste comme ça, je me dis : qu'est-ce que je vais écrire ? Qu'est-ce que je fais ? Je n'ai pas envie... »

La mauvaise classe

Tous les élèves du bon collège ne sont pas de bons élèves [1]. Regroupés dans les mauvaises classes du bon collège sont les vaincus de la compétition, stigmatisés par le poids de leurs échecs [2]. Toute leur expérience se ramène tôt ou tard à cette évidence, et leurs témoignages oscillent sans cesse d'une frime explosive et joyeuse vers une « déprime » sombre.

Au départ, il y a le stigmate à travers lequel les collégiens s'affirment et expriment leur désarroi [3]. « Notre classe, c'est la pire. » « En fait tu deman-

1. N'oublions pas qu'ils pourraient être des élèves moyens ou bons dans un autre établissement, tant les échelles de jugement peuvent varier d'un collège à l'autre. Cf. M. Duru-Bellat, A. Mingat, *De l'orientation en fin de 5e au fonctionnement du collège, Cahiers de l'IREDU*, 46, 48, 51, Dijon, IREDU, 1985, 1988, 1992.

2. Une expérience tellement marquée par l'école qu'il ressort une grande similitude entre les discours des mauvais élèves au-delà de leurs origines sociales. Pour une comparaison avec les mauvais élèves des collèges de banlieue, cf. J.-P. Payet, « Ce que disent les mauvais élèves », *Les Annales de la recherche urbaine*, n° 54, novembre 1992.

3. La théorie de l'étiquetage signale que la déviance est créée par l'institution des règles dont la transgression constitue la déviance, et par l'application de ces principes institués à des individus les ayant transgressés ; la déviance est le résultat d'un jugement social. Cf. H. Becker, *Outsiders*, Paris, Métailié, 1985. Pour une présentation exhaustive des travaux sur l'étiquetage à l'école, cf. A. Coulon, *Ethnométhodologie et Éducation*, *op. cit.*, p. 108 *sq.*

des à un professeur quelle classe il veut pas avoir, il dit : la troisième E. C'est sûr. » « Les professeurs, ils voient la troisième B ils sont contents, ils voient la troisième A, pareil, et la troisième E alors là : plus de sourire. » Évidemment, les collégiens sont capables de résister à ces images, en leur opposant la réalité « intérieure » de la classe. « Nous on la trouve bien cette classe. » Et puis, cette situation n'a pas que des inconvénients. « Pourquoi y a pas de sanctions ? Ils peuvent pas nous virer. On est trop. Quand t'es obligé de virer la moitié de la classe... » [1]. Dans la bonne école, les mauvais élèves ne peuvent pas opposer le monde de la rue, celui des « deux intelligences », scolaire et sociale, aux catégories du jugement scolaire. Pour les professeurs, ce sont de mauvais élèves et pas des victimes des injustices sociales. Aussi, la capacité de résister au stigmate est des plus faibles et les élèves se sentent maltraités. « Chaque fois qu'on demande quelque chose c'est refusé. » « Quoi qu'il arrive dans l'établissement, on est des branleurs alors c'est toujours nous ! » Le thème de la persécution pointe parfois. « Y a un mois, y a un professeur qui a dit : la troisième E c'est une classe où y a que le bordel, y a que des cancres... Oui, et y a tous les professeurs qui se sont mis à trouver : tiens, celui-là dans mon groupe, ah oui ben tiens, y a lui et lui dans la classe qui gênent et les autres ne travaillent plus. Après ce qu'ils ont fait ? Ils ont fait une liste ! Ils ont fait une liste de tous ceux qui les perturbaient, enfin, soit-disant à l'époque, et on a retrouvé dans presque tous les cours, tout le temps les mêmes. » Le sentiment de stigmatisation est si fort qu'il appelle l'idée de complot : « Y a une alliance entre eux quoi » [2].

Les récits des itinéraires personnels sont eux aussi dominés par la conscience d'être stigmatisé. « On est en troisième et depuis la sixième vous avez un dossier où c'est marqué dessus que vous êtes agité... Vous arrivez en début d'année et ça y est ! Le professeur il vous... Je sais que l'année dernière quand je suis arrivé, au bout de deux mois j'étais cadré par le professeur, je pouvais plus rien dire, je pouvais plus rien faire... il m'interrogeait même plus. » Évidemment, ces élèves pratiquent avec talent, humour et autodérision comme une manière de se couler dans le stigmate tout en s'en dissociant « au fond ». Ils plaignent les professeurs qui ont la malchance de les avoir. « Je suis là depuis la sixième, chaque année quand on vient, pour les professeurs c'est vraiment une peine de m'avoir dans leur classe quoi. » Les collégiens se définissent eux-mêmes comme des

1. Ne perdons pas de vue que certains enseignants aiment bien les classes « sympathiques » et faibles qui leur laissent une plus grande autonomie pédagogique et leur permettent de s'attacher à des élèves qu'ils peuvent « sauver » ou « aider ».

2. Toutes proportions gardées, la « mauvaise classe » est alors l'équivalent fonctionnel, au sein d'une continuité entre les familles et le collège, des « sous-cultures » d'adolescents opposés aux normes scolaires. Pour un aperçu de l'importance de ce thème dans la sociologie britannique de la déviance scolaire, cf. V.J. Furlong, *The Deviant Pupil*, Milton Keynes, Open University Press, 1985.

« fumistes », des « petits branleurs », des « fainéants », tout en se sachant emportés par un destin. « De toute manière, même si je me calme, même si je devenais raisonnable, y aurait des antécédents. »

Face au stigmate, les collégiens développent une forte conscience de groupe dirigée contre les enseignants, et assurant un fort contrôle des individus. Ici, on ne lâche personne. « Si quelqu'un fait quelque chose on le défend, on le dénoncera pas... On est soudés. » « Même si une personne fout le bordel dans la classe, et qu'on doit prendre la sanction à cause d'elle, même si on l'aime pas, eh ben on la dénoncera pas. » Tous ont besoin de cette protection. Face à la stigmatisation scolaire, les collégiens ont besoin de se percevoir comme un bloc, et d'affirmer, au-delà du vraisemblable, l'unité sans faille de leurs amitiés. Grâce à cette cohésion, une timide inversion normative peut se manifester. Les « autres », les bons des bonnes classes, ne seraient que des « tarés ». « Le week-end ce n'est pas pour se détendre, au contraire, eux, c'est : tu viens réviser et tout. Que nous, ça sera : viens, on va au cinéma. » Mais l'école pèse trop pour s'en défaire et ces collégiens savent qu'ils ne sont unis que par ce qui les isole chacun dans une souffrance irrémédiablement intime : leur échec.

Alors que, dans le collège populaire, la frime s'appuie sur un personnage social, celui du bouffon auquel chacun se sent plus ou moins tenu d'adhérer, ici, les mauvais élèves oscillent de la frime à l'aveu. La blessure scolaire, constamment rouverte dans ce bon collège, est trop profonde pour que la souffrance, pour honteuse qu'elle soit, ne se manifeste pas de manière irrépressible. « Quand tu vois que tu redoubles, tu te crois vraiment le dernier des abrutis. » « C'est une honte de redoubler, quand tu vois des copains qui partent et tout... » « Ça m'a fait mal de redoubler ! Moi, je veux pas redoubler, je veux pas reredoubler ! Je supporterais pas quoi ! C'est trop con. » Or, ces collégiens ne contestent pas la sanction elle-même. Certains se résignent. « Je reprends les bases que je n'avais pas l'année dernière et puis voilà. » D'autres se coulent dans le discours du collège. « Ce n'est pas une punition, au contraire, ça nous aide. » « C'est une deuxième chance pour le brevet. » Enfin, tous assument la responsabilité de leur échec, en l'expliquant par le défaut de travail comme une ultime manière de se préserver. « C'est complètement de ma faute. C'est moi qui me suis dressé un mur et puis je n'ai pas voulu le surmonter. » « Je n'ai pas fourni assez de travail, l'année dernière, c'est tout. Ce n'est pas pour autre chose. J'ai mérité de redoubler. »

La mise en scène collective de cette souffrance ne va pas de soi, elle implique un recours massif à la frime. « Je travaillais plus et après j'ai redoublé, ce qui est normal quoi. Je pouvais pas passer, à part en trichant, mais j'avais la flemme de tricher. » On peut aussi afficher son insouciance. « J'avais envie d'avoir du temps libre. » Certains affectent de n'être pas concernés. « Alors là, à la fin de l'année j'apprends que je redouble, ça me trotte dans la tête pendant une heure et après j'oublie tout, je suis en vacances. » La frime ici n'est pas un mensonge, ce n'est qu'une des manières possibles d'annoncer la vérité par quelques précautions. Tout d'un coup, ces collégiens sortent de la frime et reviennent à la grammaire de la souffrance, comme ce « cancre », tout attendri, qui se rappelle du choc de sa première heure de colle au collège : « La première fois que je me suis tapé une heure de colle, je me suis dit : mais qu'est-ce que c'est ce truc ? J'ai trouvé ça idiot. Je m'en rappelle, ça m'a marqué. » L'événement n'a été que le début d'une longuc « carrière ». Il sèche les cours, « comme ça me faisait chier, je me cassais et je rentrais chez moi. Je me cassais parce que j'en avais marre et puis, euh, je me suis attrapé plein d'avertissements, des trucs comme ça... J'étais hyper-énervé ! Je rentrais chez moi et le seul truc qu'on disait de travers je gueulais ! J'ai dû sécher, en une année j'ai dû sécher trois, quatre mois en gros en deux ans. » Et pourtant, à ce moment précis, le témoignage sort de la frime. « Le matin quand je rentre dans le bus, le matin quand je rentre dans le collège, j'ai envie de faire demi-tour quoi ! De repartir chez moi. Je sais pas. J'ai plus envie de voir ces professeurs qui m'emmerdent. Ouais, c'est souvent, c'est presque tous les jours. Des fois, le matin je me lève plus tard que d'habitude et j'arrive des fois une heure en retard. Ça me gonfle tellement que ça m'intéresse même plus. » Trop loin, trop personnel, trop dur, la frime sera de retour. Pensant être allé trop loin dans l'aveu, ce collégien avertit ses camarades : « Si je me sens vraiment euh, enfin si on me gonfle un peu quoi, le mec je l'attrape... »

La dynamique de la mauvaise classe est totalement différente de celle de la bonne classe. A la compétition organisée se substitue une sorte de danse de groupe visant à maintenir un désordre organisé [1]. Cependant, le caractère désordonné du chahut est savamment construit. « C'est un roulement, c'est par exemple, un jour y en a un qui va arrêter de faire le bordel et après il va se remettre dans le bain et c'est un autre qui va vouloir arrêter et c'est tout le temps un roulement donc... Ce sera toujours continuel. » Les élèves sont dans une spirale et personne ne peut vraiment arrêter le tourbillon. Tout le monde est entraîné dans une classe « agitée ». Tout le monde y trouve son compte. « Les élèves qui font rien, ils sont bien contents quand même quand y a la grosse pagaille en classe. » « Quand tout le monde rigole, si tu rigoles pas t'as franchement l'air bête hein. » Les élèves les plus timides ne résistent pas. « Parce que lui, quand on déconne, il déconne, mais quand tout le monde travaille, il va travailler. C'est un opportuniste. »

A la différence de la bonne classe où les bons font la loi, ici ce sont les

1. Le chahut dans ce type de classes et de publics apparaît comme une combinaison des deux grandes formes de chahut repérées par J. Testanière. Du chahut « traditionnel » il conserve son caractère global (il est le fait de tous les élèves) et son caractère stratégique (on vise avant tout les matières subalternes), mais il participe aussi parfois du chahut « anomique » quant au caractère explosif (J. Testanière, « Chahut traditionnel et chahut anomique », *Revue française de sociologie,* VIII, 1967).

« cancres » qui dictent les règles. D'ailleurs, les sanctions virtuelles de la désobéissance au groupe attestent ce changement. Ici, c'est l'intimidation bon enfant. « De toute façon les filles, elles ont pas le choix. » Quant à ceux qui voudraient arrêter, ils ne peuvent pas le dire ; « peut-être ils le pensent tout bas ». Le « chef » le sait : « Ils ont peur. Mais ils ont pas du tout à avoir peur. Je comprends pas pourquoi ils se plaignent pas. » Les autres lui rappellent ses propres règles : « Eh ! S'ils se plaignent, alors c'est pas bon pour eux. »

Tous ne sont pas également mauvais dans la mauvaise classe, il y a aussi des bons parmi les mauvais, qui seraient bien entendu des mauvais parmi les bons. L'indifférence condescendante des relations entre les bons et les mauvais élèves au sein d'une bonne classe est ici remplacée par une véritable guerre froide. Pour le bon élève, le cancre incarne à lui tout seul l'injustice d'un système scolaire qui l'a placé là où il ne devrait pas être. Pour le cancre, le bon élève rappelle l'emprise de l'école et la faiblesse de la cohésion d'un groupe toujours prêt à trahir. Si, dans le groupe de recherche, leurs accrochages sont aussi fréquents, c'est qu'ils sont les deux moitiés d'une même réalité. Leur conflit met en scène la conversation intérieure de tous. Tout y est. De l'envie à la haine de soi.

Le chef : « Mais Frédéric, si t'es pas content t'as qu'à changer de classe. »
Le bon élève : « Eh ! J'ai demandé tu vois. »
Un autre élève : « Je suis sûr que t'as demandé à partir dans la quatrième ! »
Le bon élève : « Tu veux être avec tes copains qui vont pas travailler... Parce que là on peut pas travailler. On peut pas. »
Un autre élève : « Ben t'as qu'à partir. »
Le bon élève : « Mais je peux pas ! On n'a pas voulu. »
Un autre élève : « Eh bé t'as qu'à insister hein ! »
Le chef : « Oh bébé, t'as envie de partir pourquoi ? »
Le bon élève : « Parce qu'ici on peut pas travailler. »
Le chef : « Eh bébé ! M'énerve pas je te fous dehors ! »

Il y a quelque chose de tragique dans le cancre de couche moyenne. Tout le prédispose à un avenir scolaire radieux. Tout son univers social est bâti autour de cette exigence. Et voilà qu'il se découvre en échec, stigmatisé, rejeté, peut-être « orienté » dans le pire des cas. La culture des jeunes, celle de la rue et du quartier ne peuvent pas réellement le soutenir car il est le produit de la seule école. Certes, il essaie d'immerger le collège dans la culture adolescente, le bruit, le refus des règles, la frime, mais il ne reste défini que comme un mauvais élève. Il ne peut construire sa subjectivité que de manière « réactive », à défaut de pouvoir être vraiment conflictuelle. Il reste prisonnier du rejet du collège. Le « cancre » ne peut pas oublier l'école. Tous les chemins y ramènent. Tous ses exploits renvoient à l'école. Pur produit de l'école, c'est en son sein qu'il doit sauver sa face puisqu'il est devenu, par la force des circonstances, un homme d'honneur. « Quand t'arrives dans la classe, qu'on te connaît pas, le premier qui m'emmerde je lui en colle une. »

La frime devient une affaire grave. Sans elle, il est nu et ne peut cesser de se vanter de ses exploits. Il lui arrive de se montrer fier de sa renommée. « T'as pas entendu ce qu'elle t'a dit. Une fois elle a dit : les profs se souviendront toujours de ceux qui ont une bonne moyenne et de ceux qui foutent le plus le bordel. Moi déjà, ils se souviendront de moi. » Le *crescendo* sentimental de la dénégation est tel qu'il serait ridicule s'il ne montrait pas autant de désarroi. « Moi je m'en branle de la moyenne ! Je m'en fous de la moyenne, je m'en fous des profs, je m'en fous du bahut ! ».

*

* *

Si l'on voulait se placer du point de vue éducatif et, plus encore, du point de vue de la subjectivation dans l'expérience collégienne, la comparaison des deux établissements contrastés conduirait à un résultat surprenant. Dans la mesure où l'expérience des bons élèves du bon collège est beaucoup plus intégrée, beaucoup plus assise sur des continuités culturelles et sociales, elle maintient un primat des catégories scolaires et des attitudes que l'on pourrait considérer comme « enfantines ». En fait, ce n'est pas de cela qu'il s'agit car l'entrée dans la compétition amorce aussi un mode de subjectivation qui ne se réalisera que plus tard, dans une tension entre l'individualisme expressif de la jeunesse et la recherche des performances. Certains de ces élèves parviendront à combiner ces deux dimensions, au sein même de leurs études avec la découverte des « passions » scolaires. Les bons élèves parlent comme l'école et comme leurs parents, alors que les élèves du collège populaire, placés au centre de tensions plus vives, paraissent parfois plus « mûrs » et ont un discours plus réflexif et plus complexe, y compris les bons élèves du collège populaire qui doivent surmonter des épreuves de même nature que leurs camarades. Au fond, les élèves les plus « maltraités » sont les mauvais élèves des bons établissements, ceux qui ne peuvent échapper aux catégories scolaires qui les invalident à leurs propres yeux et qui ne disposent d'aucune ressource pour se décaler de cette épreuve.

De toutes les manières, l'image du collège apparaît extrêmement troublée si l'on considère les expériences des élèves. Dans tous les cas, le collège s'accommode mal de l'autonomie adolescente, il ne sait pas quoi en faire. Centré sur des objectifs de performance et de sélection, il ne parvient plus à prendre véritablement en charge les échecs. Il ne trouve pas non plus de véritable point d'équilibre avec l'objectif d'une éducation pour tous prolongeant, dans une large mesure, les ambitions de l'école primaire. Le collège apparaît toujours décalé. C'est dans l'expérience des professeurs que ce décalage est le plus visible.

8
Les professeurs

De même que les collégiens sortent du monde « paisible » et intégré de l'enfance et de l'école élémentaire, les professeurs de collège se démarquent nettement de l'univers des instituteurs. Au collège, dès que les élèves sont moyens ou faibles, dès que la situation scolaire est loin de leur paraître évidente, les professeurs sont tenus de construire, au jour le jour, cette situation à travers diverses épreuves où ils engagent fortement leur personnalité. Le clivage du *statut* et du *métier*, de l'ordre du système et de l'ordre de la personnalité, déjà observé chez les professeurs de lycée, est plus profond encore chez les professeurs des collèges où les finalités de l'école sont perçues comme plus nettement contradictoires, où l'hétérogénéité des élèves et le poids de l'adolescence déstabilisent plus nettement encore l'image de la profession[1]. Le métier de professeur exige de hiérarchiser et de combiner des orientations divergentes et instables. L'enseignant doit communiquer des savoirs évalués par des collègues et un diplôme, le brevet des collèges ; il doit aussi construire des « relations » avec les élèves, tant l'exigence de l'« expression » des élèves apparaît aujourd'hui comme un impératif et une médiation de l'apprentissage ; il doit enfin établir un ordre scolaire permettant à la classe de se dérouler. Ce travail répond à la fois à des contraintes objectives tenant à la nature des élèves, et à des variables de personnalité d'autant plus fortement engagées que le professeur jouit d'une grande marge d'autonomie et d'initiative quant à ses choix pédagogiques[2].

Dans une large mesure, l'expérience des professeurs peut être analysée dans un rapport d'homologie avec celle des élèves. L'évidence de l'ordre scolaire ne s'impose plus, quand elle n'est pas relayée par une forte intériorisation de l'utilité des études. Alors l'élève échappe à l'école et se

1. Ce chapitre reprend certaines des analyses déjà développées dans F. Dubet, *Les Lycéens*, *op. cit.*, chap. VIII. Portant sur les professeurs de collège et non pas les enseignants de lycée, il s'efforce aussi d'aller « plus loin » dans l'analyse de l'expérience des acteurs.

2. Comparé à celui des instituteurs, le métier de professeur a toujours été caractérisé par une plus grande indétermination des tâches ; il est plus proche d'un « art », idéalisé dans un cliché charismatique, que d'une profession technique. Cf. D. Lortie, *Schoolteachers : Sociological Study*, Chicago, Chicago University Press, 1975.

réfugie dans une subjectivité juvénile ascolaire ou antiscolaire. C'est là que l'enseignant doit « conquérir » un public qui lui échappe sans cesse, qu'il se met à l'épreuve en tant que personne, qu'il ne paraît plus exister que dans sa subjectivité. Le poids de cette expérience intime a conféré au groupe de recherche une tonalité et un climat bien particuliers. Bien que tout ne soit pas négatif et sombre au collège, le discours des enseignants est dominé par la souffrance, comme si l'expérience ne pouvait se dire et se maîtriser que dans les sentiments de difficulté et d'échec [1]. Quelques enseignants ont mal vécu cette intervention sociologique, et ils l'ont reproché aux chercheurs : ils ont eu le sentiment de ne jamais parvenir à trouver un ton juste entre la « langue de bois » des idées toutes faites, et le ton d'une « confession » trop intime pour s'accommoder des modes d'analyse des sociologues. On ne passe pas aisément du « on » au « je », comme si le « système » et l'expérience personnelle de l'enseignement étaient deux mondes irréductibles [2]. Cette « crise » dans le groupe de recherche n'est pas sans liens avec la nature même de l'expérience des enseignants de collège [3].

L'idéal et le statut

La chute

Si le discours des enseignants apparaît aussi souvent plaintif et pessimiste, c'est sans aucun doute parce qu'il ne se décline qu'à l'ombre d'une image idéale écrasante de l'école, image si forte que les échecs effacent les succès. Il n'est pas utile de parler de « vocation » pour saisir le poids de cette représentation. En effet, la plupart des membres du groupe réfutent ce terme pour évoquer un choix professionnel plus aléatoire, tenant aux hasards de la vie ou aux conséquences inévitables des études entreprises. Le mot « voca-

1. Notons que ce n'est pas là un simple effet de recherche. Les conversations banales dans la salle des professeurs et la cantine du collège où F. Dubet a enseigné durant un an sont, elles aussi, dominées par le thème des difficultés du métier. On ne se parle jamais de ses plaisirs et de ses succès, au risque de se vanter, et tout se passe comme si l'expérience enseignante ne pouvait se communiquer que dans la plainte.

2. Ce chapitre porte sur le travail d'un groupe d'enseignants volontaires et n'est donc pas « représentatif » de l'ensemble d'une profession elle-même hétérogène au-delà d'éléments d'identification communs fortement définis. Sur une présentation générale de la sociologie des enseignants, cf. M. Hirschorn, *L'Ère des enseignants*, Paris, PUF, 1993 ; J.-P. Obin, *La Crise de l'organisation scolaire*, *op. cit.* On lira toujours avec profit H. Hamon, P. Rotman, *Tant qu'il y aura des profs*, Paris, Éd. du Seuil, 1984.

3. C'est le départ de deux membres de ce groupe qui a conduit F. Dubet à demander un poste en collège afin de passer de l'autre côté d'une expérience présentée comme totalement impénétrable.

tion » est souvent même rejeté avec un certain agacement. Seule, une enseignante évoque sa dette à l'égard d'une école qui l'a « sortie » de la classe ouvrière, et le devoir de transmettre aux enfants ce qui lui a été donné. C'est d'ailleurs elle qui est la plus amèrement déçue par son travail, ayant le sentiment de ne pas être mise en mesure de réaliser ses objectifs d'égalité sociale et d'émancipation culturelle. Au cours des entretiens individuels, les professeurs n'évoquent pas, non plus, une image enchantée de leur passé scolaire : ils ne se présentent pas comme des élèves parfaits formés par des professeurs tout aussi parfaits, ils ne vivent pas leur travail comme le long deuil d'une période dorée où ils étaient eux-mêmes des élèves.

Cependant, les professeurs s'accommodent mal du présent car ils ne se défont pas d'une représentation achevée et « totale » de leur rôle, de l'image d'une plénitude professionnelle, d'un temps sans date où l'école était en harmonie avec les élèves et avec la société. Les professeurs ne cessent de se définir en regard d'une figure idéalisée d'eux-mêmes. Même s'ils éprouvent du bonheur dans leur travail, rien ne les console vraiment de la distance qui les sépare de cet idéal qui rend le témoignage de leur expérience si souvent critique, autocritique et désenchanté. Beaucoup de membres du groupe ne se définissent pas par leur seule spécialisation disciplinaire, et ne réduisent pas leur rôle à la seule transmission de savoirs scolaires. Ils pensent être tenus d'apporter autre chose aux élèves, les éléments d'unc culture humaniste ou scientifique capable d'atteindre la subjectivité des élèves, de les marquer, de forger un esprit critique. Et tous évoquent ces moments de grâce où ils ont eu l'impression d'y parvenir, que ce soit au travers du latin, du français ou des mathématiques. Mais le reste du temps, la routine scolaire éloigne de cette figure « charismatique » du professeur. Aux yeux des membres du groupe de recherche, le professeur doit aussi être capable de construire une relation confiante et affectueuse avec les élèves où l'ordre de la classe s'impose naturellement. Or, rien ne semble moins naturel que cet ordre quand le chahut ou le « zapping » menacent, quand une minorité d'élèves trouble sans cesse la classe, quand les élèves sont « ailleurs ». Aucun d'entre eux n'accepte de ne faire effectivement classe que pendant une faible part de l'heure, aucun d'entre eux ne punit sans quelque malaise. Enfin, le professeur doit être juste ; non seulement il doit traiter les enfants de manière équitable, mais il doit aider les plus faibles sans sacrifier les meilleurs, il doit créer de la justice face à un monde injuste. Or, les enseignants de notre groupe, et probablement au-delà de ce groupe, participent tous d'une culture critique et ils n'ignorent pas que l'école sépare, divise, accentue les écarts... L'ancrage des « vulgates » sociologiques, qui sont des connaissances communes et pas forcément des erreurs, n'a rien à envier à celui des vulgates psychologiques dénoncées par les sociologues [1].

1. L'influence des diverses théories de la reproduction des inégalités sociales à l'école est telle que ces théories fonctionnent à la fois comme des rationalisations, des « prophéties créatrices » et des stigmatisations déniées.

Parce qu'il se donne d'aussi fortes exigences, parce que la pratique quotidienne apparaît toujours limitée et incomplète, le groupe est particulièrement friable à la critique venue du dehors. Souvent, il la réfute pour la forme, et l'accepte dans le fond. Nous sommes au plus loin des périodes où l'école libératrice faisait la leçon à la société. La « société » prend sa revanche.

Lors de sa première rencontre, le groupe reçoit le patron d'une très importante entreprise. Celui-ci affirme que l'école ne « va pas si mal », notamment en ce qui concerne la formation des élites. Il évoque son propre passé scolaire, les classes préparatoires, les concours, les grandes écoles où, souligne-t-il, les jeunes apprennent les vertus essentielles du travail et de la compétition. Les professeurs ne refusent pas cette apologie de l'agressivité et du « mordant » : « Vous seriez notre élève modèle. » Mais ils n'ont pas souvent affaire à ce type d'élève et n'ont guère le sentiment de participer à la formation d'une élite. Ils se déclarent « obsédés » par le chômage, sachant que les élèves en difficulté n'ont que très peu de chances de s'en sortir. Alors que l'économie choisit les meilleurs et les plus qualifiés, il leur échoit la part maudite de la formation, celle qui opère les grands tris entre les futurs travailleurs et les futurs exclus. « Quand je suis devant une classe de trente élèves, je peux me dire, et c'est une évidence, il y en a trois dans l'état actuel des choses qui ne trouveront pas de boulot, qui seront RMIstes, il n'y a pas de doute, c'est évident. » Mais cette fatalité qui s'abat sur l'école n'est pas le levier d'une critique générale du système économique. L'école est « trop conformiste », dit le patron, elle devrait développer l'esprit de critique et de « contestation », les élèves sont dépourvus d'initiative et de confiance en eux. Alors qu'il faut des « battants », les élèves sont des « wagonnets qui ont passé des aiguillages ». Les professeurs ne se défendent guère. Non seulement ils subissent leur rôle dans la sélection des exclus, mais ils ne défendent pas les valeurs d'une culture scolaire face à la logique économique. Aucun d'entre eux n'oppose la justice des règles scolaires à l'injustice des règles de la compétition sociale. Bien sûr, disent-ils, ce n'est pas l'école qui crée le chômage, mais ils sont trop peu assurés de la valeur des modèles éducatifs scolaires pour les opposer au discours patronal qui se saisit, lui, des principes de créativité et d'expression dont l'école avait cru avoir le monopole, quand la société industrielle était symbolisée par l'aliénation du travail à la chaîne.

Les parents d'élèves invités dans le groupe reprennent certaines des critiques précédentes. L'école est coupée de la société. « On demande que la société transmette à nos enfants un savoir et principalement des armes face à la société, actuellement, c'est pas des armes, c'est plutôt des acquis. » Or la société est devenue difficile, « il va falloir que nos enfants lèvent les manches ». Pour les parents, les enfants sont toujours les mêmes, mais la société a changé et l'école ne suit pas. Là, les professeurs se défendent car l'école ne fait que subir les problèmes sociaux et, plus largement, les mutations des pratiques éducatives des familles qui « démissionnent ». Les parents sont à la fois des « consommateurs d'école » qui ne se soucient que de la carrière de leurs enfants, et ils n'assurent plus leur rôle éducatif, s'en déchargent sur l'école. Les élèves « zappent », ne parviennent plus à fixer longtemps leur attention. Ils sont peu « motivés » car il n'y a plus assez d'autorité familiale pour soutenir les efforts de l'école. « Ils consomment le savoir qui leur convient à certains moments de leur vie. Souvent ils ne font pas d'efforts, parce que, bon, il n'y a plus une certaine contrainte qui existait il y a une vingtaine d'années. » « Les parents se débarrassent des enfants et des adolescents qui sont un peu gênants. » Puis la discussion prend un tour plus aigre avec les accusations portées par les parents. « Les profs sont peu motivés », ils sont trop souvent absents, ils méprisent les élèves : « classe lamentable, ils sont illettrés ». Quand les enfants connaissent des difficultés, les parents se font humilier par les enseignants qui ne comprennent pas leur souffrance, ils se replient toujours derrière une défense corporatiste en se protégeant mutuellement, quoi qu'ils en pensent individuellement[1]. Le plus étonnant n'est pas que les enseignants résistent faiblement à ces critiques venues « du camp d'en face », disent-ils en manière de plaisanterie, mais c'est qu'ils les trouvent souvent justifiées, même si aucun d'entre eux ne se sent personnellement responsable. Eux-mêmes connaissent des collègues peu défendables, « il y en a, comme partout », beaucoup ont été ou sont des parents d'élèves insatisfaits, beaucoup savent la brutalité des conseils de classe et la dureté de certains collègues. Surtout, ils se conduisent eux-mêmes comme les parents éclairés qu'ils critiquent. Un des membres du groupe explique sa stratégie lors d'un entretien individuel : « Mon mari, instituteur, s'est occupé de nos enfants, il les a pris dans sa classe. Donc il n'y avait pas de problèmes. Ça ne sortait pas de la famille. Dans la classe d'application, tout se passe très bien. Niveau collège, c'est moi qui les ai eus. Ça s'est bien passé, j'ai demandé de ne pas les mettre avec certains professeurs. Les classes de type I avec les professeurs certifiés, les classes de type II avec les PEGC, tout ça, j'ai trié. Les classes étaient bien meilleures que les classes mêlées de maintenant. Dans le second cycle on a fait une infraction à la règle, on les a mis dans le privé où les classes littéraires n'étaient pas des classes dépotoirs comme dans le public... Ça a posé des problèmes de conscience, surtout à mon mari, pur produit de la laïque. » Des problèmes de conscience, sans doute en existe-t-il si l'on en croit les longues discussions dans le groupe de professeurs où beaucoup choisissent leurs principes et ne les violent pas de manière aussi caricaturale. Mais il n'empêche que les professeurs aussi

1. Nous avons entendu exactement les mêmes propos et les mêmes reproches lors d'une rencontre entre deux parents d'élèves et un groupe composé de psychologues scolaires, de conseillers d'orientation et de conseillers d'éducation. De la même manière, les membres du groupe acceptaient les critiques des parents et ne parvenaient pas à rompre la solidarité avec les collègues.

sont des consommateurs d'école et des consommateurs particulièrement bien informés. « C'est dégueulasse, mais c'est l'intérêt de nos enfants. »

Finalement l'école n'est pas seulement déstabilisée par les mutations économiques, elle l'est aussi par la montée de nouvelles demandes éducatives. « Avant, on était l'instruction, quand les enfants étaient pas instruits, on les virait. Maintenant on les garde. » Les enfants et les adolescents, parce qu'on doit les prendre en charge comme tels, déstabilisent les fonctions de l'école. « Finalement, les enfants nous échappent, aussi bien à vous parents qu'à nous professeurs. » Ils ont un monde à eux, celui de l'adolescence, des amis et des médias qui leur apportent des informations que les adultes ont l'impression de ne plus comprendre. « Ils ont les moyens matériels et techniques de créer un monde à eux. » Aussi, « On ne peut plus enseigner bêtement » et les familles, comme les professeurs, sont dépossédées. Il leur faut « résister », « donner un esprit critique », résister, surtout à la télévision qui accroîtrait sensiblement le niveau d'information, « tout en se maintenant au niveau d'une espèce de rêve éveillé ». L'information des médias est perçue comme un flux non hiérarchisé, non organisé, mais qui, en ouvrant sur le monde, obligerait l'école à sortir d'un univers purement scolaire.

L'école apparaît comme « un monde à part », un monde en chute aussi, bien que son emprise sur la distribution des positions sociales ne cesse de se renforcer avec la massification scolaire. Et c'est peut-être cette emprise-là qui l'affaiblit tant. La société abandonne l'école. « J'ai le sentiment d'être lâché complètement par les autres... Tout le monde s'en fiche du moment qu'on garde des gosses. » Face aux travailleurs sociaux invités dans le groupe, cette impression de chute est fortement associée à un sentiment de culpabilité, car les problèmes sociaux envahissent le collège et les enseignants se sentent démunis. Même s'il arrive que l'école « sauve » quelques élèves, elle ne fait souvent que sanctionner des processus d'exclusion qui la dépassent. Les professeurs du groupe savent bien que les jugements scolaires débordent le seul cadre de l'éducation et que l'échec scolaire résulte d'une injustice sociale et anticipe un échec social. Aussi, ce groupe de professeurs de collège accepte bien souvent la plupart des critiques qui lui sont adressées. Les professeurs, et plus encore le personnel spécialisé – psychologues scolaires, conseillers d'éducation, conseillers d'orientation...–, sont des intellectuels dans la mesure où ils possèdent de fortes capacités d'analyse et de critique. Ils connaissent les diverses théories de l'échec, celle de la « reproduction » comme celles des effets de stigmatisation. Ils n'ignorent pas les mécanismes de blocage et d'exclusion qui les dépassent et auxquels ils participent malgré eux. Ils ont participé à des stages, écouté des conférences, ils ont lu des livres consacrés à l'éducation. La plupart d'entre eux ont perdu leur « naïveté », leur confiance dans une institution devenue à leurs yeux à la fois trop puissante et trop fragile. Ils sont d'autant plus défensifs et inquiets, se sentent d'autant plus paralysés que cette information et cette capacité d'analyse ne se transforment pas, loin de là, en capacités d'action équivalentes.

Le statut

Face aux interlocuteurs extérieurs et quoi qu'ils en pensent, les enseignants jouent la solidarité. Ils taisent ou atténuent sensiblement leurs dissensions pour défendre la « maison ». Ils supportent d'ailleurs très mal qu'un chercheur parle à ce propos de « duplicité ». Autant la critique peut être vive entre soi, autant personne ne déroge à la solidarité de corps. De la même manière, les critiques de l'école et des collègues sont beaucoup plus vives dans les entretiens individuels que dans le travail de groupe. A travers toutes ces défenses, il est évident qu'une large part de l'identité des enseignants est définie par leur statut et qu'ils y sont très attachés. Tout ce qui pourrait y porter atteinte n'est pas négociable, et il va de soi que tous les collègues doivent défendre l'unité de l'Éducation nationale et ses règles essentielles de fonctionnement. Au-delà de fractions multiples, la défense du service public et du statut, de la fonction telle qu'elle est définie par l'organisation, apparaît comme le principe d'unité de l'identité enseignante. De ce point de vue, il n'y a pas de différences sensibles entre les syndiqués et les autres [1]. La manifestation massive du 16 janvier 1994 contre l'abrogation de la loi Falloux doit son succès à ce qu'elle a défendu le statut, en être, c'était vraiment être enseignant. La présence d'un travailleur social dans un collège où il disposait d'un bureau est apparue « insupportable ». C'est un « viol » comme tout ce qui paraît mettre en cause l'identité fondamentale des professeurs : « J'ai choisi d'être prof, pas nounou. » On peut comprendre les angoisses des parents, il n'est pas question de leur céder. On peut aussi accorder quelques qualités à l'apprentissage en entreprise, il n'est pas question d'en abandonner le contrôle, c'est une affaire de principe... La défense du statut, dans la mesure où elle est garantie par des lois « universelles », peut aussi avoir valeur éducative en raison de cette impersonnalité même qui assure la neutralité de l'enseignant. « Tu as fait du bien à un élève sans t'en rendre compte parce que tu l'as traité normalement, parce que tu as été juste. » Ainsi, il faut faire bloc et se protéger de la trop grande influence des parents. Pour se protéger, mais aussi pour les protéger : « On viole la vie privée des élèves et des parents. » Sur ce plan, le statut et sa neutralité distinguent les professeurs des travailleurs sociaux pouvant se mêler d'une vie privée qui doit rester à la porte de l'école [2].

Cette logique du statut, qui verrouille les rapports avec l'extérieur, est

1. Cf. A. Robert, J.-C. Mornetta, « Les professeurs aujourd'hui, le syndicalisme, la profession », *Revue française de pédagogie*, 109, 1994.
2. D. Glasman, *L'École réinventée ?*, Paris, L'Harmattan, 1992.

souvent associée à une véritable susceptibilité statutaire, à une logique de l'« honneur » à l'intérieur de l'organisation. Il ne faut pas creuser bien loin pour voir émerger les différences statutaires. PEGC, agrégés et certifiés peuvent aisément travailler ensemble, il est rare qu'ils oublient totalement leur rang. Même s'il nous semble que depuis quelques années le poids de ces micro-identifications s'est sensiblement atténué, il reste sous-jacent et se réactive à la moindre tension. Il est vrai que l'Éducation nationale a multiplié les statuts de ceux qui accomplissent des tâches identiques : des personnels qui doivent assurer les mêmes tâches et les mêmes responsabilités devant les mêmes élèves ont des services et des salaires différents. Une sorte de lutte des corps, institutionnalisée par les syndicats, se superpose à des activités identiques. Les professeurs sont parfois extrêmement sensibilisés aux différences de traitement, aux injustices et aux avantages, aux privilèges du grade et de l'ancienneté, et bien souvent encore c'est en ces termes qu'ils interprètent leurs relations professionnelles. Au problème du rang se superpose celui du territoire. Les territoires accordés aux équipes de direction sont l'objet de surveillances minutieuses. Le groupe de psychologues scolaires, de conseillers d'éducation et de conseillers d'orientation que nous avons réuni a consacré la plus grande part de ses débats à définir les territoires de chacun. Jusqu'à quel point peut-on intervenir dans la pédagogie, dans l'organisation de l'établissement, dans les décisions d'orientation... ? Quel est le pouvoir et le champ d'intervention des uns et des autres ? Sans cesse les frontières sont reconstruites et redéfinies pour ces professions au statut plus mal assuré que celui des enseignants. Et tous ces intervenants ne cessent, eux aussi, d'en appeler à une définition statutaire de leur rôle, aux textes administratifs qui les établissent, tout en soulignant le fait qu'ils sont des fonctionnaires de l'Éducation nationale, comme les autres.

Que les professeurs défendent un statut, cela n'a rien d'étonnant. Mais il est plus surprenant d'observer que la défense du statut aux diverses frontières extérieures et intérieures est associée à une solide critique de ses effets. Il paralyse les initiatives, impose des objectifs irréalistes, rend le travail collectif difficile. Bref, si le statut protège, il « infantilise » et gêne le travail. Alors, le statut change de nom et s'appelle le « système ». Les carrières sont construites par l'ancienneté, par les « points » et par l'ordinateur. Les collègues incompétents sont intouchables, les programmes sont ce qu'ils sont, les décisions les plus banales sont engluées dans l'administration, les règles impersonnelles ne tiennent pas compte des spécificités locales, il faut « truquer » pour obtenir des conditions favorables, et c'est d'ailleurs à cette capacité que se reconnaît un principal efficace. L'absence de contrôle, elle-même liée aux règles du statut, puisque souvent les inspections sont rares, fait qu'« il ne se passe jamais rien, à moins que ça soit très grave ». Et s'il ne se passe jamais rien de négatif, il ne se passe aussi jamais rien de positif dans la mesure où l'impossibilité de sanctionner les uns implique l'impossibilité de récompenser les autres. Les règles bureaucratiques qui garantissent une justice impersonnelle n'interdisent pas les milliers de petites injustices qui consistent à traiter de la même manière ceux qui s'engagent dans leur travail et ceux qui sont en retrait[1].

Cette ambivalence à l'égard du statut produit toute une série de doubles discours. Ceux qui valent pour l'extérieur et ceux qui valent entre soi, ceux qui valent pour les autres et ceux qui valent pour soi. Et bien souvent ces discours peuvent être contradictoires. Ils réclament à la fois une liberté et le maintien de la règle, ils dénoncent le poids de l'administration et souhaitent sa présence. Ils conduisent à approuver les principes des réformes et à en refuser les applications, ils entretiennent une méfiance à l'encontre du « système » toujours soupçonné de vouloir écraser les acteurs sous le poids des contrôles, et de les abandonner à eux-mêmes. Au bout du compte, cette ambivalence finit par opposer profondément le discours de l'expérience personnelle, celui du « Je », à celui du « Système », celui du « Nous » et du « On ». Ceux qui comprennent individuellement les parents des élèves s'en défient collectivement, ceux qui voudraient personnellement changer leurs manières de travailler défendent collectivement les traditions, ceux qui critiquent le conservatisme et le corporatisme des syndicats se placent volontiers sous leur aile protectrice...

Alors pourquoi se maintient cet attachement au statut ? On pourrait évoquer le poids des traditions et de la culture enseignante. On pourrait aussi décrire les mécanismes de l'administration et le poids des syndicats[2]. Mais ces explications ne renvoient pas à l'expérience la plus immédiate des enseignants, car si l'identité des enseignants est aussi fortement ancrée dans le statut, c'est parce que l'impersonnalité bureaucratique apparaît comme le meilleur garant de l'autonomie de l'espace réel de la pratique, à savoir le métier et, plus précisément encore, la relation pédagogique. En effet, le statut entoure et protège le métier comme les murs d'une forteresse. Pour employer le langage de M. Crozier et E. Friedberg, la règle aménage et protège une zone d'incertitudes d'autant plus vaste que la règle est abstraite et rigide. Ainsi, comme l'observe J.-M. Chapoulie, les professeurs du secondaire vivent mal l'inspection, mais fort peu la désapprouvent dans la mesure où elle les protège de toute intervention extérieure[3]. De la même manière,

1. Nous avions montré combien ce mécanisme pouvait nuire à la mobilisation des collèges puisque les professeurs les plus engagés dans les actions collectives finissaient par se décourager, ne voyant pas leur activité reconnue par la règle bureaucratique. Cf. F. Dubet, O. Cousin, J.-P. Guillemet, « Mobilisation des établissements et performances scolaires. Le cas des collèges », *Revue française de sociologie*, XXX, 2, 1989.

2. A. Bergougnioux, M. Mourioux, *La Forteresse enseignante. La FEN,* Paris, Fayard, 1987 ; B. Toulemonde, *Petite Histoire d'un grand ministère : l'Éducation nationale*, Paris, Albin Michel, 1988. Sur une vison de l'intérieur particulièrement sage et informée : A. Legrand, *Le Système E*, Paris, Denoël, 1994.

3. J.-M. Chapoulie, *Les Professeurs de l'enseignement secondaire. Un métier de classes moyennes*, *op. cit.*

on peut critiquer les collègues, on peut aussi être soumis à leurs critiques, tout en restant préservé de toute intrusion, et seul maître dans sa classe, seul maître d'un métier qui est fortement associé à la mise en jeu de sa personnalité. « Je m'estime pas responsable du comportement de mes collègues. » Mais en même temps « je fais ce que je veux dans la classe » car « on n'est pas choisis par des gens, mais par l'ordinateur ». « La bureaucratie, on finit par l'accepter comme le salaire à payer pour une liberté après, c'est un peu le prix à payer. » Ainsi, l'anonymat et parfois l'absurdité de la règle garantissent l'intimité d'« un métier d'individualistes ». Il faut beaucoup de courage, de confiance en soi ou de conviction pour prendre le risque d'enfreindre cette loi non écrite. « Il y a deux jours, j'ai dit ma façon de penser à un collègue, eh bien il y a eu un mouvement de recul, tout le monde a mis son nez dans son casier. Je me suis fait plaisir, j'ai eu le courage, mais c'est très difficile. » Autant on peut discuter, dans une salle des professeurs, des idées les plus générales, de l'évolution du monde et de la société, autant on peut aussi y parler de sa vie personnelle, autant il n'est pas facile d'y parler du métier de chacun, de la manière dont il fait la classe, comme si le plus intime de la personnalité se dévoilait là [1].

Le métier et le système

La classe fragile

Si l'on s'accorde aisément sur ce que doivent être la classe et les objectifs visés par les professeurs, il n'empêche que ces finalités paraissent difficiles à accorder et que la relation pédagogique est perçue comme fragile et incertaine dans sa nature même. Pour employer les concepts de L. Boltanski et L. Thévenot, on pourrait dire que plusieurs « grandeurs » ou plusieurs « cités » s'y juxtaposent et qu'elles sont faiblement compatibles, non pas dans les principes que l'on peut toujours concilier idéologiquement, mais dans les décisions les plus pratiques [2]. L'exercice du métier se présente comme une série de dilemmes et de renoncements, accentuant ainsi une sensibilité aux échecs bien loin de « refléter » des échecs objectivement mesurables. Mais on ne peut guère réussir simultanément sur tous les registres de jugement.

1. Notons que la plupart des jeunes enseignants font d'abord l'apprentissage de cette règle en découvrant que l'on ne parle pas de la classe en salle des profs, et c'est aussi pour eux l'apprentissage de la solitude, et parfois d'un certain désarroi quand ils rencontrent des difficultés avec leurs classes.

2. L. Boltanski, L. Thévenot, *Les Économies de la grandeur*, Paris, PUF, 1987 ; *De la justification., op. cit.*

Le thème de l'hétérogénéité des élèves résume l'ensemble des tensions de l'expérience des professeurs de collège dans la mesure où les différences de niveau des élèves appellent des différences de méthodes et d'attitudes, d'objectifs même. Il va de soi que les enseignants ont une image relativement précise du niveau des compétences et des connaissances que doivent posséder et acquérir les élèves. Or le collège de masse crée de grandes disparités. Dans les collèges les moins favorisés, certains élèves ne savent pas lire et écrire couramment alors que les programmes fixent un seuil d'exigence élevé. « On peut pas faire une dissertation en sixième parce que, déjà, ils savent pas écrire, ils arrivent sans savoir lire. » Le système ne maîtriserait plus la sélection des élèves, « il n'y a plus de décisions de passage ». « On nous accuse de trop les faire redoubler. » Les classes de niveaux homogènes que la grande majorité des établissements mettent en place, en l'affirmant plus ou moins publiquement, restent des solutions frustrantes. Si elles facilitent le travail des enseignants, elles créent très rapidement des filières de relégation que personne n'accepte de gaieté de cœur. Si la classe est hétérogène, « il y a un niveau moyen qu'il faut donner, et très souvent, ce sont les bons élèves qu'il faut sacrifier par rapport aux autres ». Mais au moment même où les niveaux des élèves, disent les enseignants, ne cessent de se diversifier, les programmes sont ressentis comme étant de plus en plus exigeants et « intelligents ». « Depuis vingt-cinq ans, on a ouvert les portes de l'école et, en même temps, on a introduit des outils très difficiles à acquérir pour la masse des élèves et c'est ça notre problème central. » Il est beaucoup plus difficile d'acquérir des compétences intellectuelles que de simples informations, et les enseignants pensent que la scolarité était plus facile au temps du « par cœur » et des exercices longuement répétés. Alors que le niveau paraît baisser, les ambitions se sont accrues [1]. Les professeurs décrivent une contradiction à laquelle ils peuvent d'autant moins se soustraire qu'ils restent attachés à leur discipline et qu'ils vivent comme un recul toute « révision à la baisse » des programmes [2].

1. Apprenant sur le tas le métier de professeur de collège, l'ambition du programme fut ma première surprise en histoire et géographie. Programme intelligent et bien fait sans doute, mais n'ayant que peu à voir avec les élèves de ma classe de cinquième. Là où le programme me donnait une heure, il m'en fallait au moins trois afin de m'assurer d'une compréhension élémentaire des élèves. Il fallait, par exemple, dans la même heure, réaliser un diagramme de croissance de population et une pyramide des âges, tout en comparant les démographies de la Chine et du Japon. En histoire, il fallait dire « deux mots » des querelles théologiques opposant Rome à Byzance à des enfants dont la culture religieuse est pour le moins flottante. On acquiert vite la conviction que le programme est un stock ouvert ou un vague fil conducteur, mais qu'il a été élaboré pour des enfants qui n'existent pas, en tout cas qui n'existent pas dans une classe de cinquième d'un collège populaire. Même si cette option peut se routiniser, il reste qu'elle est constamment frustrante et engage dans un cycle de doutes et de déceptions puisqu'on est toujours « en dessous » (F. Dubet).

2. La révision des programmes de collège n'est pas acceptée de bon cœur.

On pourrait imaginer que cette tension se résolve par une division du travail entre les enseignants. Aux uns les bonnes classes et les bons élèves, aux autres les autres. C'est bien souvent le cas dans la pratique avec le jeu des cartes scolaires et des dérogations qui constituent des établissements d'élite et des établissements « poubelles ». C'est aussi le cas au sein des établissements avec la formation de classes « vitrines », latin-grec ou latin-physique, et de classes faibles [1]. Mais cette solution pratique reste, au fond, inacceptable dans la mesure où elle entre en contradiction avec certains des idéaux fondamentaux de l'école publique. « Il y a l'échec, c'est une réalité. Les parents, ça les rend malades, nous, ça nous fait mal aussi, les gosses sont malheureux. La solution jusque-là, c'est de rendre l'autre responsable. On trouve de plus en plus l'autre responsable. » Cette culpabilité fait que l'on ne peut jamais pleinement se réjouir d'enseigner aux bons élèves des bons établissements dans la mesure où l'on n'ignore rien des mécanismes de fabrication de ces élèves. « Il arrive d'avoir des consommateurs d'école qui vous utilisent de façon cynique, il faut bien le dire. Ce sont les enfants des classes supérieures, enfants de cadres, d'ingénieurs, de professions libérales qui se regroupent par le jeu des options dans certaines classes. Ce sont des classes difficiles à gérer, cet état d'esprit est quelquefois détestable. Les parents attendent de nous que nous formions l'élite. Ils surveillent de façon très étroite, ils s'angoissent énormément sur les progressions, les rythmes, la rapidité... » « L'objectif de socialisation n'existe plus » et l'on ne peut vivre dans la seule conscience quiète des performances scolaires. En fait, la performance et l'égalité apparaissent comme deux objectifs divergents et chacun doit composer avec cette incompatibilité. Que faire avec les « têtes » et les « queues » de classe, quel temps leur consacrer, comment noter sans survaloriser les uns et sans décourager les autres ? Les discussions sur la notation illustrent bien ce type de débat dans la mesure où l'on ne note pas seulement un travail, mais aussi un individu qu'il ne faut pas humilier et enfermer dans une spirale d'échecs. « On fait semblant de les traiter comme les autres, de les considérer comme les autres. En réalité on leur met 5 quand on sait que ça mérite même pas d'être corrigé. C'est la comédie absolue. » De la même manière, faut-il faire redoubler les élèves faibles au risque de les enkyster dans les échecs, ou bien faut-il les stimuler en les laissant passer, au risque de créer une illusion ? « Que faire des élèves en difficulté, on leur serine qu'il faut aller le plus loin possible. Ils finissent par croire qu'ils vont pouvoir et en fait, ils peuvent pas. Ils finissent par nous en vouloir. » Tous ces débats n'ont pas de fin, tous ces débats n'ont pas de véritables solutions, tout au plus aboutissent-ils à des arrangements locaux insatisfaisants.

Au problème du niveau, de la performance et de l'échec, s'en superpose

1. Dans le collège où j'ai (F. Dubet) enseigné, les taux de succès au brevet blanc se répartissaient ainsi : troisième A, 0 % ; troisième B 80 %, troisième C 25 %.

un autre, tout aussi classique, lié à la nature de la relation entretenue avec les élèves. Il ne s'agit pas d'un choix entre instrumentalisme et expressivité, mais du sentiment que la relation scolaire ne va plus de soi comme une simple relation d'apprentissage. Les élèves ne pourraient entrer dans l'apprentissage que par le biais d'une relation affective les liant à chaque enseignant. C'est aujourd'hui une conviction établie. « Il y a deux extrêmes entre lesquels on ne peut pas choisir : l'enfance et la connaissance. » Les membres du groupe n'adoptent pas la relation pour la relation, mais ils ne peuvent plus ignorer que le savoir n'est pas médiatisé que par lui-même, et qu'ils sont mis en jeu, qu'ils le veuillent ou non, par leurs capacités de mobiliser les élèves. « On dit souvent que les élèves ne comprennent rien, or, ce n'est pas qu'ils ne comprennent rien, ce n'est pas qu'ils n'ont pas les moyens, mais c'est qu'il y a un blocage quelque part. Il n'y a pas que l'intellectuel qui fonctionne en classe, il y a l'affectif aussi. Et donc, il n'y a pas seulement la technicité du prof qui est en cause, il y a aussi une relation personnelle qui doit exister entre l'élève et le professeur, et il y a un domaine, là, qui est le domaine de l'affectif. » Pour banals qu'ils soient, ces propos ne sont pas complètement naïfs car ils n'affirment pas que le bonheur de l'élève est la garantie de son succès. « Vous voudriez que les enfants soient heureux à l'école, mais ce n'est pas possible. » Il ne s'agit pas de séduire et de plaire, il faut que les relations des professeurs et des élèves soient « positives », y compris dans le conflit : « Une personnalité se structure avec les obstacles, avec les difficultés. »

« On est éducateur, papa, maman, psychologue », et, qu'on le veuille ou non, ceci paraît d'autant plus inévitable que la « motivation » des élèves est loin d'être acquise. Les discours des professeurs sont parfaitement complémentaires de ceux des collégiens. « Les élèves ont une incapacité à se concentrer, à se motiver, à avoir un goût de l'effort. Il faut vraiment se dépenser énormément pour motiver une classe et arriver à faire qu'ils s'intéressent. » Cet effort semble d'autant plus violent que les collégiens paraissent, aux yeux des enseignants, intellectuellement « immatures » et psychologiquement « autonomes ». Ils sont immatures parce qu'« ils ne veulent pas réfléchir » et que les méthodes pédagogiques sont de plus en plus actives. « On leur demande des trucs difficiles, sans être sûr qu'ils en sont capables. » Ils sont autonomes en raison de la distance entre les principes d'effort et de sérieux de l'école, et l'autonomie reconnue à l'adolescence. Les collégiens ont une vie propre, amicale et amoureuse, qui les éloigne de l'école au sein même de l'école. Ils ne sont jamais acquis d'emblée et doivent être conquis.

Cette liberté, cette entrée massive de l'adolescence au collège, a bousculé bien des conduites scolaires considérées comme allant de soi : le silence par exemple. « Avant, on avait la trouille du prof, on ne bougeait pas mais on rêvait beaucoup. Moi je sais que le cours magistral ça permet de rêver. C'est extraordinaire, on regarde le prof qui parle, et puis on est ailleurs. Et c'est vrai, eux, effectivement, ils ne feignent pas, ils n'ont plus envie, ça se voit. » Les professeurs veulent mobiliser des élèves qui, sans forcément beaucoup d'agressivité de leur point de vue, ne le désirent pas. « On les voit tirer le rideau. » Au lieu de manifester tous les signes extérieurs de l'attention, ils « zappent », ils font autre chose, bavardent, jouent avec leurs crayons, griffonnent, se déplacent, créant une sorte de bruit de fond que les plus anciens des enseignants ont du mal à supporter [1]. Le professeur ne peut plus se reposer sur le « faire semblant » de la classe, parler à dix élèves et laisser dormir les autres.

Alors, une grande partie du temps est consacrée à l'installation d'un ordre scolaire dans la classe. Il faut « tenir » la classe, rappeler les règles, s'adresser à tous, lâcher la bride, la reprendre, car la quiétude ancienne n'est plus acquise, et, dans le meilleur des cas, elle inquiéterait puisque les élèves doivent participer. « Les enfants ont besoin d'une loi... La relation, elle est pas seulement basée sur l'apprentissage, mais aussi sur la socialisation. C'est-à-dire qu'on doit apprendre à un élève comment on se comporte dans un groupe et quelle relation on a avec un individu. » « Je n'ai pas été formée pour affronter les réalités qui sont les miennes actuellement, quand les enfants n'avaient pas besoin d'autre chose que d'un enseignement disciplinaire. » Parfois, la « relation » ne désigne qu'une guerre sourde dont le professeur sort victorieux quand il est parvenu à « tenir » la classe. Mais, comme pour les élèves, la situation naturelle est celle du conflit : « Il y a le sentiment que les élèves sont contre les profs et les profs contre les élèves. »

Le métier de professeur ne consiste nullement à appliquer les règles et les normes d'un statut car, disent les acteurs, ce rôle ne permet pas de faire la classe. Il est tout au plus un ensemble de règles et d'exigences souvent contradictoires que chaque enseignant doit être capable d'accomplir en fonction de ses élèves et de ce qu'il est. Il doit en particulier fabriquer une relation scolaire qui ne lui préexiste pas totalement [2]. C'est pour cette raison que ce métier lui appartient « personnellement », qu'il n'est certainement pas réductible à des techniques et qu'il ne peut s'accomplir que sous de solides protections statutaires.

1. Entrant dans une classe de cinquième près de quarante ans après l'avoir quittée comme élève, j'ai (F. Dubet) perçu ces comportements comme du chahut et de l'agression. Mais à l'évidence, c'est ainsi qu'on se conduit dans la plupart des classes et le niveau de tolérance de mes collègues était bien plus élevé que le mien, fixé sur une image traditionnelle du silence et de l'ennui acceptable.

2. C'est ce qui rend si utiles les travaux sur l'ethnologie de la classe. Cf. S. Delamont, *Readings on Interaction in the Classroom*, Londres, Methuen, 1984 ; G. Felouzis, *Le Collège au quotidien*, *op. cit.* ; H. Mehan, *Learning Lessons. Social Organization of the Classroom*, Cambridge (Mass.), Harvard University Press, 1979 ; P. Sirota, *L'École primaire au quotidien*, *op. cit.* ; P. Woods, *Ethnographie de l'école*, *op. cit.*

L'établissement incertain

Entre la « solitude » de l'enseignant dans la classe et les statuts définis par l'organisation, il existe toute une série d'espaces intermédiaires. Le principal d'entre eux est l'établissement dont nous savons qu'il ne fut longtemps en France qu'une unité administrative, qu'un agencement de classes, de programmes et de moyens sans réelles capacités d'action autonome. L'établissement n'était pas un acteur et il n'apparaissait pas nécessaire qu'il le fût dans la mesure où la forte congruence des attentes des enseignants et de leurs publics pouvait assurer une régulation du système. Accompagnant la création du collège unique, diverses réformes, mesures et incitations ont visé à constituer l'établissement comme une véritable unité pédagogique capable d'élaborer sa politique, de construire des projets, d'inviter les enseignants à harmoniser plus fortement leurs activités. De fait, il est apparu que tous les établissements ne se valent pas et ne sont pas identiques, y compris ceux qui reçoivent des publics similaires [1]. Il semble que les établissements capables de mobiliser les enseignants et de restreindre la diversité des objectifs et des méthodes obtiennent de meilleurs résultats, et même dans le cas où leurs performances n'en sont pas améliorées, comme dans celui des ZEP, la mobilisation a un effet positif sur le climat de la vie scolaire [2]. Ces données confortent une sorte de bon sens sociologique, et les enseignants du groupe de recherche savent bien que la coordination du travail et la poursuite d'objectifs partagés ne peuvent qu'améliorer les performances des élèves et le travail de chacun. La critique adressée aux enseignants « cyniques », à ceux qui se bornent à faire la classe sans passer par la salle des professeurs, à ceux qui s'abstiennent de toute action collective, est suffisamment constante pour montrer que la nécessité de construire le collège comme un acteur collectif organisé est désormais reconnue.

Mais il y a loin de cette reconnaissance aux pratiques, car la création de l'établissement comme un acteur collectif brouille l'ordre du statut et risque de livrer le métier aux regards de tous. C'est ce que nous apprend la rencontre du groupe et d'un principal de collège particulièrement actif en appelant aux « projets d'actions éducatives », au travail en équipe, à diverses actions concertées de remédiation... Personne ne discute du bien-fondé de tels objectifs, mais, face à ce discours convaincu, le groupe est extrêmement méfiant, voire hostile. Le principal ne fait que gérer la pénurie, et les projets les plus exaltants s'épuisent faute de moyens et de continuité. L'autonomie

1. O. Cousin. *L'Effet établissement. Étude comparative de douze collèges, op. cit.*
2. D. Meuret, « L'efficacité de la politique des zones d'éducation prioritaires », *Revue française de pédagogie,* 109, 1994.

de l'établissement, c'est le « système D » où le principal consacre tous ses efforts à obtenir des moyens auprès de l'administration et des élus. Le discours « publicitaire » du principal est perçu comme une nouvelle manifestation de la langue de bois administrative. « Madame a des valeurs très bonnes. J'ai l'impression d'avoir assisté pendant deux heures à ce qu'offrait le CDDP autrefois à la télévision : une classe modèle. J'ai l'impression de voir un principal modèle. Je ne reconnais pas les divers principaux que j'ai eu le plaisir de connaître. » « Tout ça, c'est du discours et derrière il n'y a rien. Et quand il n'y a rien c'est pire que tout. »

Derrière les idées les plus généreuses, il n'y aurait que la recherche de moyens supplémentaires. Le « projet » est un mot magique auquel on ne croit plus, « c'est le moyen d'avoir des heures supplémentaires, le contenu, quelquefois il me laisse sceptique ». La politique de l'établissement est-elle autre chose que l'expression de l'ambition des principaux soupçonnés de devenir des stars alors que les professeurs sont les soutiers de la machine ? « De temps en temps, on devrait replonger les chefs d'établissement devant une classe, comme ça. Je crois qu'il y a, à un moment, une perte de vision de ce qu'est une classe, un groupe d'élèves. » Non seulement ces politiques d'établissement sont perçues comme un cadre vide, un ensemble de « gadgets », mais elles confèrent aux principaux un pouvoir que les enseignants ne leur reconnaissent pas. Déjà, ce pouvoir apparaît souvent exorbitant avec la capacité d'aménager les horaires et de tout petits avantages, déjà les principaux ont leur cour infantile : « C'est Versailles et Louis XIV ! » Alors, il n'est pas question de renforcer leur pouvoir sous le prétexte d'organiser le travail d'équipe. « J'accepte le principal comme courroie de transmission ; ce que je regrette chez certains chefs d'établissement, c'est de me faire passer par charisme des choses que je n'accepte pas. » Parfois, la philosophie même du projet d'établissement est refusée, car il en est des professeurs comme des élèves : le projet librement choisi rend son auteur responsable de son échec. « Comme ça, s'il échoue, il l'emmagasine comme sa responsabilité propre. » « Les profs ont vécu ça comme leur propre échec... Ça les engage dans des trucs qu'on peut pas mener à terme. » Plus encore, la formation de l'établissement se fait aux dépens de l'autonomie de chacun. « J'ai l'impression que, dans votre établissement, la pédagogie est envahissante, ça m'attire par certains côtés et j'ai peur de me laisser envahir. » « Le plus dangereux, c'est la manipulation souriante » parce qu'elle divise les enseignants, en opposant ceux qui acceptent de s'engager dans les projets à ceux qui refusent de suivre.

Il est bien évident que la violence de ces réactions participe d'une défense du statut et de l'autonomie du métier face à un discours « modernisateur et orgueilleux » enfermant les professeurs dans leurs « archaïsmes » et leurs « routines », face à un discours qui réduit l'enseignement à une technique et non pas à un mode d'engagement de la personnalité. Les enseignants se défendent de ces projets comme les ouvriers de métier se sont opposés à la chaîne, quitte à paraître réactionnaires. Mais il ne faudrait pas en rester à cette image de la résistance au « progrès », à cette opposition du conservatisme et du changement. En effet, les professeurs multiplient les liens de travail, beaucoup s'engagent dans des projets novateurs, beaucoup d'entre eux ne comptent ni leurs heures, ni leur peine sans pour autant se départir de cette méfiance à l'égard du discours venu d'« en haut ». Mais ces projets et ces engagements partent tous d'une logique du métier, d'une part, et des affinités électives, de l'autre. On s'efforce de répondre à un problème vécu et de travailler avec des collègues dont on se sent proches sur le plan des orientations de travail. La dissociation du statut et du métier est telle que le travail commun ne se réalise que s'il vient du bas. Le principal efficace est alors celui qui soutient ces initiatives, les protège et leur donne les moyens. C'est le contraire d'un manager offensif, et d'un bureaucrate ; le premier « casse » l'établissement et le second l'endort. On peut ne pas se satisfaire d'une capacité d'action collective aussi étroite, mais ne perdons pas de vue qu'un grand nombre de collèges sont loin d'en être dépourvus, et que, au fil des quinze dernières années, le travail collectif s'est sensiblement accru. De toute manière, l'autonomie du métier est si forte que l'on n'imagine guère un renforcement des régulations à la base instauré par décret.

La déception d'une génération

L'expérience des professeurs n'est pas indépendante d'un climat social et d'un moment de l'histoire de l'école et de l'histoire des membres du groupe dont la plupart enseignent depuis plus de vingt ans. La conception du métier s'inscrit dans une histoire collective et individuelle dominée aujourd'hui par le scepticisme, par l'épuisement de l'optimisme qui a accompagné les projets de massification scolaire.

Cette génération, encore centrale aujourd'hui, est issue de Mai 68 ou de sa nébuleuse. Utopique et critique dans les années soixante-dix, modernisatrice dans les années quatre-vingt, elle se perçoit aujourd'hui comme sceptique et fatiguée[1]. « J'ai une simple constatation en ce moment dans mes classes. Moi aussi je suis de 68 et quand je pense à tout ce qu'on a fait pour acquérir le droit à la parole... Et maintenant dans les classes, tout ce qu'ils espèrent, c'est qu'on ne leur donne pas la parole. Ils veulent surtout qu'on les repère pas, qu'on les voit pas. Ils veulent bien rester là sans bouger et moi, je me découvre comme une vieille dame de 68. » Bien sûr l'école n'a pas été changée, les inégalités se sont maintenues ou accrues et

1. Les plus jeunes que nous avons rencontrés ne semblent pas très différents, comme s'ils étaient socialisés à l'histoire de leurs aînés, comme s'ils partageaient le « roman familial » de la profession.

les élèves ne semblent pas plus heureux aujourd'hui qu'hier. Mais les tentatives de changement plus limitées laissent aussi sceptiques : « Tout le monde y va de sa petite réforme, mais ça ne change pas. » Les pratiques de remédiation mises en œuvre dans les années quatre-vingt ne soulèvent guère l'enthousiasme. « Je fais du soutien avec les élèves en difficulté, ça n'a jamais changé les choses, c'est un échec total. Par contre du point de vue relationnel, ça marche. C'est souvent une illusion, mais c'est une illusion nécessaire. Quelquefois, il faudrait des talents d'hypnotiseur, là j'arrive à mon point d'incompétence. Ça me dépasse, je préfère passer la main. » La remédiation hors du collège, l'aide aux devoirs, ne laisse guère plus d'espoir. « Je suis allé au centre social pour les devoirs du soir. Dans le collège, j'étais le seul volontaire. C'est vrai que, du point de vue relation, ça se passait très bien, je n'ai aucun problème avec ces gamins. En plus c'était 95 % de Beurs, je le suis à moitié, donc il y a quelque chose qui jouait, je parle la langue. Mais, qu'est-ce que ça a changé au plan scolaire ? Franchement rien. » Deux croyances essentielles se sont défaites : la massification scolaire n'accroît pas l'égalité des chances ; le souci de l'élève et de son bonheur n'a pas d'effet mécanique sur ses performances scolaires. Mais les professeurs n'acceptent de renoncer à aucun des termes de ces équations démembrées.

Le groupe se laisse alors emporter par un sentiment d'impuissance et de lassitude extrême : l'enseignement est inutile, même avec les bons élèves. « Les bons, qu'ils m'aient moi ou le voisin, ils ont acquis les outils pour apprendre, ils n'ont pas besoin de moi. La queue de classe, c'est affreux, c'est horrible, je n'ai aucune action avec eux, à part communiquer, essayer d'apporter un sourire, une gentillesse. » Le désespoir s'installe et, avec lui, une certaine haine de soi. « La classe est une sorte de rituel, c'est une messe sans Dieu. Je suis là, ils sont là. On ne sait pas pourquoi, mais on est là. On a un certain nombre d'heures à passer ensemble. » « Je donne des pistes, des aides, je suis persuadée que ça ne sert à rien. Oui, mais il faut que ça soit comme ça parce qu'il n'y a rien de pire que rien. » Les professeurs parlent alors comme les plus hostiles de leurs élèves, quand tout paraît devenu vide. Ils décrivent les collègues qui se défendent par l'élitisme et la méchanceté. « Ils finissent par oublier que ce sont des élèves, ils les traitent de tarés », et, « comme on n'a plus de pouvoir, donc, en contrepartie on en veut à tout le monde ».

Chacun est seul face à son métier et l'expérience enseignante se défait et se retourne contre elle-même. De la même manière que les collégiens sont souvent proches d'un état dépressif quand ils sont contraints de ne plus frimer, leurs professeurs s'épuisent à donner un sens à leur travail, un sens qu'ils ne trouvent souvent plus qu'en eux-mêmes, quand les utopies et les projets se sont épuisés les uns après les autres. Les « contradictions » du système scolaire sont intériorisées comme des épreuves personnelles.

Alors, pourquoi continuer, pourquoi ne pas s'enfermer dans un ritualisme et un retrait qui permettraient de survivre et de « faire semblant » ?

Le métier et la personnalité

Les épreuves et les preuves

Le métier est formé d'une série d'agencements d'objectifs et de méthodes perçus comme une mise à l'épreuve de la personnalité, c'est un accomplissement subjectif. Et c'est ce qui en fait le prix car, au-delà des critiques adressées aux élèves, à leurs parents, au système et à la société, il apporte quotidiennement les preuves de sa valeur. Il est donc vécu avec excès, aussi bien dans la souffrance, que les enseignants décrivent volontiers, que dans le bonheur, dont il est plus difficile de témoigner.

Les enseignants travaillent avec ce qu'ils sont, avec ce fameux « sens de l'autorité » qui s'acquiert sans doute au fil des années mais qui reste perçu comme une caractéristique de l'individu [1]. « En punissant les élèves, je suis dans une situation dramatique... Comment m'imposer avec ce que je suis ? Je ne suis pas quelqu'un de très autoritaire. » « Mon problème d'autorité naturelle, c'est mon obsession, j'en ai parlé à mon médecin. » Et ce « problème » est d'autant plus douloureux que la logique du statut et de l'honneur interdit d'en parler, les autres faisant semblant de l'ignorer. « Moi, j'ai eu de la chance, j'ai eu des collègues qui avaient l'honnêteté de dire qu'ils rencontraient des problèmes. » Mais en règle générale, un professeur peut se noyer dans l'indifférence. « L'échec des élèves ça fait mal, on se sent médiocre », et la peur de l'échec, la peur tout court, ne quitte jamais complètement. « Moi, il y a des nuits où je ne dors pas, la nuit qui précède la rentrée, c'est une nuit blanche tous les ans. On a beau se dire, c'est moi en tant qu'adulte, c'est fonction de la personne, c'est facile à dire. » Pour bien des enseignants, cette épreuve inavouable se répète toutes les heures sans qu'il s'agisse pour autant de la peur d'être chahuté ou incapable, c'est la crainte de l'épreuve même d'une heure de cours qui appellera une mobilisation totale de soi-même. « J'y vais à reculons, c'est dur d'imaginer l'énergie qu'il faut déployer. » Évidemment, tous ne craignent pas cette mise à l'épreuve avec la même intensité, et de toute façon il ne peut être question de laisser paraître ses craintes. « Mais certains que je croyais insensibles, c'est la larme à l'oeil, on sent que ça ne va pas, ils sont dans un état très critique. » Alors, les stratégies de protection se multiplient. Le cynisme, la « vacherie », l'indifférence peuvent permettre de s'accommoder d'une

1. R. Sennett, *Autorité*, Paris, Fayard, 1981.

épreuve renouvelée depuis des années. Mais comme le notaient les collégiens qui n'ignorent rien de cela : « Ça se voit que les profs ont peur et se défendent. »

Cette mise à l'épreuve négative n'est que l'autre face d'une expérience plus discrète encore, et plus délicieuse, car le sentiment de succès ne peut être attribué qu'à soi, qu'à ses qualités propres, à son charme, à son intelligence... « Il y a du plaisir, le jour où ça a marché. » « Il y a le plaisir de la relation quand on a fait progresser un enfant. » Ce plaisir n'est pas seulement « narcissique », renvoyant au seul sentiment d'être aimé des élèves. C'est aussi le bonheur de transmettre un savoir, de faire entrer les enfants dans une culture, de se convaincre que l'on est utile et qu'ils ne seront plus exactement les mêmes après la classe. « J'ai envie de leur donner des racines, de leur faire comprendre comment ils sont là et pourquoi ils sont là. Grâce à l'étude du latin et du grec, j'ai trouvé des racines et je me suis sentie dans une culture... C'est le plaisir de transmettre des valeurs. » Une enseignante d'histoire n'hésite pas à évoquer des moments de grâce. « Le changement indicible d'un élève, c'est difficile de décrire ce changement, cette mutation. Vous vous prenez pour Dieu, vous dites : c'est dû à moi. C'est une erreur peut-être, mais c'est un plaisir extraordinaire. »

Cette face de l'expérience est absolument liée à la précédente, car « on est très dépendant de l'image qu'on nous renvoie... Quand ça ne marche pas, on tombe dans la dépression ». Tout ce vocabulaire est sans doute excessif car le métier d'enseignant est aussi fait de routines et d'ennui, mais le cœur de cette expérience, là où les enseignants se vivent comme des sujets, ne se donne que dans ce langage de l'émotion. « Quand ça marche bien, il y a de quoi avoir un peu de fierté, quand ça marche pas, ça nous laisse pantelant, fatigué. » *A contrario*, l'indifférence affichée ne trompe guère car elle rend la classe invivable puisqu'il faut supporter l'hostilité, sinon la haine des élèves. En fait, l'indifférence est, dans la plupart des cas, le masque présenté aux collègues, une manière de creuser plus encore la distance du statut et du métier. Ce repli sur soi n'est pas seulement défensif car les professeurs savent que la reconnaissance du succès, comme de l'échec, n'appartient qu'à chacun d'eux, qu'au jugement qu'il porte sur sa propre expérience. La sensibilité, même exacerbée, aux appréciations des autres n'enfreint pas la règle de l'intimité d'une expérience envahissante. « J'y pense tout le temps, c'est pénible en ce sens que ça me bouffe ma vie privée. »

Existe-t-il des types de professeurs ?

On peut être tenté de définir des types de professeurs en croisant leurs attitudes, leurs choix idéologiques et leurs représentations professionnelles[1]. Ces exercices sont légitimes et ne manquent pas d'intérêt dans la mesure où ils privilégient les représentations des élèves et de l'école en fonction de divers axes : la sélection, le rôle des relations avec les élèves, le choix des méthodes... Les modernes s'opposent alors aux traditionnels, les « pédagogues » aux ritualistes, les professeurs centrés sur l'élève à ceux qui sont centrés sur les savoirs... Toutefois, notre recherche éloigne de ce type de représentations dans la mesure où l'expérience des professeurs paraît fort distante des affirmations de principe et englobe un ensemble d'attitudes plus pragmatiques, tenant aux conditions du travail imposées par les caractéristiques des élèves, et plus psychologiques, tenant à la mise en jeu de la personnalité. De plus, l'extrême distance du statut au métier invite à la plus grande prudence classificatoire car il y a un grand risque à accoler deux registres de discours indépendants, à faire comme si les positions de principe avaient quelque lien avec les pratiques. L'image qu'un professeur peut donner de lui à d'autres adultes et à ses collègues n'a souvent pas de rapports avec la manière dont il se comportait en classe et avec la façon dont les élèves le perçoivent : telle « peau de vache » du conseil de classe est adorée des élèves pour sa gentillesse, tel autre, tenant de la psychologie et des méthodes actives, apparaît aux élèves comme indifférent et hostile. Les déclarations de principe et les professions de foi ne sont pas forcément le meilleur indicateur des pratiques[2].

L'expérience des professeurs de collège se présente comme un montage hétéroclite. « Je revendique l'ambiguïté, le droit de dire que j'aime mon métier et qu'il me fait peur, le droit d'avoir peur pour mes enfants qu'ils ne réussissent pas aussi bien que les meilleurs de mon collège, le droit de dire que je suis différente des autres et de défiler sous la pluie avec tout le monde, le droit de rester et d'avoir envie de partir, de me plaindre et de me croire géniale quelquefois. Voilà. » Les membres de notre groupe de recherche ont refusé de se définir autrement que comme des individus particuliers combinant des aspirations et des tendances particulières et consacrant la plus grande énergie à refuser de se laisser enfermer dans des images donnant à leur expérience une cohérence qu'elle ne possède pas. Il est vrai que « l'acteur tout seul sur scène » n'est jamais le même parce que le public change, comme les humeurs. « Il n'y a pas de méthode pédagogique, il y en a plein, ça dépend des enfants. » L'expérience des professeurs

1. L. Demailly, « Contribution à une sociologie des pratiques pédagogiques », *Revue française de sociologie,* XXXVI, 1985 ; *Le Collège : crise, mythes et métiers, op. cit.*

2. C'est ce que montrent les travaux sur l'« effet enseignant » (cf. chap. 11). Les psychologues scolaires du groupe que nous avons constitué ont longuement discuté des diverses théories capables d'orienter leurs pratiques : psychologie génétique, psychanalyse, psychologie cognitive... Mais tous ont admis que les choix théoriques souvent tranchés, issus de leurs formations, n'avaient guère de conséquence sur des pratiques souvent très proches, organisées selon une série de choix pragmatiques. Les options théoriques sont plus des manières de se présenter aux autres que des principes d'action.

n'est pas nécessairement congruente, guère plus que celle de leurs élèves déchirés entre les « pitres » et les « bouffons »[1]. « Je suis différente selon les classes... C'est un défi, j'aime bien voir comment je vais m'en sortir. » Toutes les classes sont différentes et ont leur « personnalité » qui change en cours d'année, tous les élèves sont eux-mêmes différents et, quoi qu'il en coûte, le professeur est commandé par ces changements. Les élèves ne s'y trompent d'ailleurs pas quand ils disent que le bon professeur est celui qui est capable de les accompagner dans ces mouvements, de changer de ton, de rompre les rythmes, de concilier les inconciliables en étant à la fois ferme et ouvert, gentil et pas familier, juste et soucieux de chaque élève, ambitieux et attentif aux difficultés... La métaphore théâtrale si souvent employée par les enseignants pour parler de leur métier ne signifie pas que les professeurs jouent des personnages qu'ils ne sont pas, mais qu'ils sont tenus de s'adapter à des classes jamais conquises[2].

Plus on s'éloigne des registres du statut, moins le discours de l'expérience est celui de la maîtrise absolue d'un métier, plus il se fait inquiet et critique des « grandes affirmations » qui ont un air de langue de bois. « Le choix, c'est l'émergence de la personnalité », dit un professeur. Les affinités professionnelles reposent moins sur des principes idéologiques et pédagogiques que sur des manières d'être, et les membres du groupe de professeurs ne s'individualisent et ne se reconnaissent que dans la perception des diverses manières d'engager leur personnalité dans la classe. Quatre postures apparaissent de façon relativement stable[3]. La première est centrée sur les savoirs et le professeur en appelle à l'identification des élèves : « admire-moi » dit le professeur, vite accusé par les autres d'être « mégalo » et « prétentieux » quels que soient ses choix et ses techniques. La deuxième posture, centrée sur les savoirs et sur la règle, vise à construire un ordre et une obéissance : « écoute-moi », dit le maître rapidement soupçonné par ses collègues d'être « sadique ». Puis apparaissent les professeurs centrés sur eux-mêmes et sur l'épanouissement des élèves, ceux qui les « maternent » sont accusés de séduire pour séduire, d'être « démagogues » et « hystériques » ; « aime-moi » disent-ils aux élèves. Enfin, d'autres, centrés sur autrui et l'épanouissement de leurs élèves, « aiment » les élèves et sont dominés par la culpabilité et la dépression car jamais les élèves ne répondent pleinement à cette demande : « je vous aime ».

Quelle que soit la valeur de cette typologie psychologique qui doit être

1. F. Elbaz rend compte de cette hétérogénéité quand il distingue plusieurs dimensions indépendantes du métier de professeur : la situation, les variables sociales, l'expérience acquise, les options théoriques et les dimensions idiosyncratiques (F. Elbaz, *Teacher Thinking. A Study of Practical Knowledge*, Londres, Cromme Helm, 1983, cité par M. Develay, *Peut-on former les enseignants ?*, Paris, ESF, 1994).

2. M. Postic, *La Relation éducative*, *op. cit.*

3. C'est B. Dumora, professeur de psychologie à l'université de Bordeaux II, qui, participant à cette recherche, a proposé ce raisonnement au groupe, raisonnement dans lequel il s'est reconnu après avoir refusé les typologies sociologiques plus classiques.

étayée par des études cliniques, il reste que c'est sur ce registre-là que les enseignants s'identifient et parviennent à donner du sens et de la cohérence à leur expérience professionnelle. C'est ce qui la rend à la fois si pénible et si intéressante à leurs yeux, parce qu'elle est une mise à l'épreuve de soi. Le rôle s'éloigne de la personne et, du point de vue des professeurs, le collège est moins une organisation qu'un système de relations humaines juxtaposé à une bureaucratie.

*
* *

L'expérience des professeurs peut être analysée comme un système de décomposition des rôles, une dissociation du statut et de la personnalité. Les identifications de statut et les identifications du métier se séparent, créant une tension entre le système et les acteurs voisine de celle que vivent les élèves qui se protègent de l'école. Cette situation pourrait être perçue comme un état de crise endémique dans la mesure où elle accentue la culpabilité des individus et, par conséquent, un rapport critique au collège et à ses acteurs. Le thème de la « motivation » est aussi central chez les professeurs que chez les élèves.

On peut imaginer que cette expérience est très fortement associée à la nature même du collège dans lequel se nouent aujourd'hui des attentes contradictoires. Première étape de l'enseignement secondaire, il est soumis à une exigence de performance et de sélection que les enseignants ont l'impression de peu maîtriser avec la masse hétérogène des élèves. Mais le collège est aussi l'école de tous et prolonge l'idéal intégrateur de l'école élémentaire. Aussi les professeurs ont l'impression de ne jamais pouvoir choisir sans trahir une de ces deux finalités. Et tous les collèges, tous les enseignants balancent sans cesse, à l'exception des collèges de l'élite qui sont la première étape de l'excellence, et des établissements des quartiers défavorisés où l'impératif de socialisation l'emporte sur celui de la performance. Mais rien ne dit que dans ces deux cas l'expérience des professeurs soit plus confortable car personne ne renonce facilement à la totalité d'un projet éducatif. A ces demandes du système, il convient d'ajouter l'ambiguïté même des élèves qui sortent de l'enfance sans pour autant s'engager dans la rationalité des carrières lycéennes utiles, et qui élaborent une subjectivité de plus en plus indépendante de l'école. Ce sont les professeurs qui doivent les réconcilier avec l'école, ce qui ne se réalise souvent qu'au prix de leur engagement comme individu.

La comparaison de l'expérience de collège avec celle de leurs collègues de lycée montre de très grandes similitudes [1]. Même dissociation du statut et du métier, même engagement de la personnalité. Mais les professeurs de

1. F. Dubet, *Les Lycéens*, *op. cit.*

lycée ont cependant une expérience moins éclatée pour deux raisons essentielles. Leurs identifications disciplinaires sont plus fortes, comme l'impose l'organisation des études lycéennes, et, surtout, les mécanismes sélectifs produisent des publics plus homogènes, réduisant ainsi les tensions du métier et engendrant une diversité parallèle à celle des publics lycéens. Comparée à l'expérience des instituteurs, d'un côté, et à celle des professeurs de lycée, de l'autre, l'expérience des professeurs de collège est le meilleur indicateur des ambiguïtés de ce niveau de la scolarisation.

Au lycée

9

L'expérience lycéenne[1]

L'expérience des élèves de l'école élémentaire est largement construite autour d'un principe d'intégration. Celle des collégiens se forme autour d'une tension entre une logique de subjectivation adolescente et le maintien dans un conformisme scolaire et familial. Le temps du lycée est celui de la formation d'une expérience plus complexe parce que chacun des principes qui la constitue acquiert de l'autonomie et se trouve redéfini. Les mécanismes de la socialisation deviennent plus hétérogènes et le travail de l'acteur sur lui-même est plus intense. C'est là que l'individu émerge pleinement de la socialisation scolaire ou, au contraire, qu'il se sent emporté par le sentiment de sa destruction et de son incapacité.

Le problème de la finalité sociale des études, de leur utilité, s'impose aux lycéens alors qu'il était tout au plus latent au collège. Les lycéens sont engagés dans un rapport d'utilité à leurs études qui acquièrent un sens dans la perspective des projets d'avenir. Les élèves se définissent par les espérances de carrière, de promotion ou d'insertion professionnelle, associées à leur position dans un système constitué de hiérarchies multiples et affinées. Cette dimension de l'expérience s'accorde ou, au contraire, entre dans une tension avec ce que l'on peut appeler la « vocation ». En effet, les lycéens voient se former des intérêts intellectuels autonomes qui ne sont plus perçus comme strictement dépendants du charme des professeurs, des attentes des parents ou de la réussite elle-même. De ce point de vue, les lycéens sont des « intellectuels en formation » capables de s'engager dans un rapport à la connaissance susceptible de les « motiver », de leur donner le sentiment de participer de la formation de leur personnalité. A l'opposé, l'absence d'intérêt intellectuel peut être plus lourdement vécue quand le conformisme scolaire ne suffit pas à étayer les « motivations ». Enfin, l'intégration sociale devient plus complexe car le lycéen est aussi un jeune qui se voit reconnaître une certaine autonomie dans l'organisation de sa vie, dans ses choix, ses goûts et ses relations. Dans quelle mesure cette expérience juvénile est-elle compatible avec la vie scolaire, dans quelle mesure

1. Ce chapitre reprend l'essentiel des analyses et des conclusions issues d'une recherche précédente exposée dans F. Dubet, *Les Lycéens, op. cit.*

peut-on « grandir » dans la vie tout en étant pris dans l'organisation scolaire ?

Les expériences lycéennes peuvent être définies comme le travail que les individus réalisent sur eux-mêmes en combinant ces diverses logiques et ces diverses rationalités. Et alors que les uns sont socialisés et individualisés dans l'école, les autres se construisent à côté ou contre l'école. Tout dépend de la nature des épreuves imposées aux acteurs et de la façon dont ils les interprètent et les franchissent.

On ne peut pas parler de l'expérience lycéenne au singulier car, bien plus qu'à l'école élémentaire et au collège, les situations des élèves se diversifient et les écarts se creusent. Les filières, les méthodes, les perspectives offertes, les compositions sociales des divers publics se distinguent nettement, au point que l'on peut se demander ce qu'il y a de commun entre un élève âgé de 17 ans en terminale scientifique dans un grand lycée du VIe arrondissement, une élève âgée 20 ans préparant un baccalauréat technique dans la banlieue Nord, et un garçon préparant un BEP de menuiserie dans un lycée professionnel de province. Il est évident qu'ils ne partagent que la « structure » de leur expérience, que son organisation, mais que ni leurs projets, ni leurs façons de vivre, ni leurs manières de travailler ne se ressemblent. C'est à cette structure, à cette forme générale de l'expérience lycéenne que ce chapitre est consacré.

Les choix et les stratégies

Un « marché » scolaire

Depuis plus de trente ans, avec une phase de forte accélération au début des années quatre-vingt-dix, le lycée s'est considérablement massifié. Le taux des élèves inscrits en terminale dépasse largement aujourd'hui les 50 % d'une classe d'âge[1]. Mais alors que la massification du collège n'a pas introduit de diversifications institutionnelles des formations, celles-ci n'y sont que latentes et cachées, le lycée se complexifie au fur et à mesure qu'il se massifie. Cette diversification procède selon plusieurs mécanismes.

1. Sur la croissance des effectifs des lycées et leurs compositions sociologiques, il existe une importante littérature : les diverses éditions des *Données sociales* de l'INSEE ; P. Esquieu, « La vague lycéenne : un défi pour les années quatre-vingt-dix », *in* INSEE, *Données sociales,* 1993 ; *Géographie de l'école*, ministère de l'Éducation nationale, Direction de l'évaluation et de la prospective, 1993 ; G. Langouët, *La Démocratisation de l'enseignement aujourd'hui,* Paris, ESF, 1994 ; *Repères et Références statistiques sur les enseignements et la formation,* publiés tous les ans par le ministère de l'Éducation nationale.

Le premier d'entre eux est le grand clivage opéré à la fin de la classe de troisième entre l'enseignement général et l'enseignement professionnel. En fonction de leurs résultats scolaires – brevet des collèges, appréciations du conseil de classe, choix des familles –, les élèves de troisième sont orientés vers l'un ou l'autre de ces deux ensembles. Mais chacun d'eux est lui-même fractionné en une multitude de filières très finement hiérarchisées à partir des performances scolaires des élèves. Il existe des voies royales de l'enseignement général, de l'enseignement technique et de l'enseignement professionnel, il existe aussi des filières de relégation. En règle générale, les orientations des élèves sont étroitement corrélées à leurs performances, et plus une filière accueille de bons élèves, plus elle est prestigieuse. On observe ainsi des sortes de « luttes de filières » au sein de ce système, car les professeurs essaient de maintenir ou d'améliorer le rang de la filière où domine leur spécialité en y recevant les meilleurs élèves possible. Dans la mesure où cette hiérarchie est clairement établie et perçue par les élèves, les familles et les professeurs, le choix négatif devient essentiel : l'élève s'oriente par défaut vers la formation la plus prestigieuse disponible, une fois que les premiers choix ont été fermés. En règle générale les formations scientifiques dominent le jeu, et les formations les plus pratiques, celles qui mobilisent le moins de connaissances abstraites, se placent au bas de l'échelle [1].

Au système des filières, il convient d'ajouter d'autres critères de classement tenant à la place du lycée dans l'espace de formation local. Certains établissements dominent et sont des « premiers choix » publics ou privés, alors que d'autres apparaissent comme des « choix » secondaires ou des « choix » de relégation. A côté des « donjons » qui dominent les « marchés » locaux, souvent par le biais de classes préparatoires prestigieuses, se tiennent des établissement « moyens », et d'autres qui ne sont que des « derniers choix », c'est-à-dire des quasi-obligations [2]. Ajoutons que, au sein des établissements, des classes *a priori* identiques sont souvent elles-mêmes hiérarchisées en fonction du niveau des élèves.

Le lycée apparaît donc comme un monde complexe et fractionné dont la massification considérable a été associée à une démocratisation absolue – toutes les catégories sociales ont accru leurs chances d'accéder au baccalauréat –, mais dans lequel la démocratisation relative, les écarts de chances entre les divers groupes n'ont guère bouleversé le jeu. Les bonnes filières reçoivent les bons élèves des catégories sociales favorisées, les autres, les

1. Il peut y avoir des exceptions à cette règle comme celle de la filière S. TI (ancienne E), à la fois technique et prestigieuse. Mais, tout en étant plus lourde et aussi difficile que la filière S, elle est moins prestigieuse, car elle reste technique. Au sein de la hiérarchie générale, chaque établissement peut avoir une politique propre concernant les positions de filières proches comme SES et L.

2. R. Ballion, F. Œuvrard, *Le Choix du lycée*, Paris, Laboratoire d'économétrie de l'École polytechnique, ministère de l'Éducation nationale, 1989.

moins bons élèves des catégories les moins favorisées. Ce n'est plus le seul baccalauréat qui est discriminant, mais le type de baccalauréat. Seules les filles paraissent avoir gagné sur l'ensemble de la période de massification, en dépit du maintien d'une ségrégation sexuelle[1]. Au bout du compte, la reproduction sociale paraît l'emporter. Cependant elle ne se réalise plus en amont du lycée, mais au cours de toute la formation selon un mécanisme que J.-M. Berthelot qualifie de « diffusion régressive des enjeux[2] ». L'ensemble des résultats acquis, des choix d'options, l'âge de l'élève, le type de collège dont il est issu... fixent les chances d'accéder à telle ou telle filière. Toutes les caractéristiques scolaires et sociales des élèves finissent par agréger leurs effets pour fixer la place du lycéen, la somme des petites différences crée les grands écarts.

Est-il alors raisonnable de parler de « marché » et de « choix » quand on observe une telle rigidité des mécanismes de formation des carrières scolaires ? Sans doute ces deux notions sont-elles largement métaphoriques si l'on pense que le marché est une situation de concurrence pure, et le choix, la libre expression du calcul et du désir. Mais si l'on utilise ces notions de façon beaucoup plus « micro-économique », les individus se trouvent placés sur un marché limité et doivent faire des choix. En fonction des ressources dont ils disposent, ils doivent choisir telle ou telle formation et entrent nécessairement en concurrence avec les autres dans ces divers moments de décision. Évidemment, les uns ont beaucoup de ressources, les autres n'en ont guère et, comme sur un « vrai » marché, ils ne choisissent que ce qu'ils peuvent choisir. Mais, du point de vue des acteurs, il existe une « obligation » d'être libre, une obligation de choisir même si l'on finit par choisir ce qui était inévitable, tant au sommet avec les classes scientifiques et les classes préparatoires, qu'en « bas » avec les formations de relégation et les classes d'attente. Au lycée, comme ailleurs, on ne choisit pas toujours ce que l'on désire, mais on est malgré tout tenu de choisir, ce qui contribue à façonner l'expérience des lycéens et à construire leur rapport aux études.

Les paradoxes du projet

Tout se passe comme si l'échelle des prestiges et des opportunités était clairement définie dans l'espace des choix perceptibles par les lycéens, les élèves connaissant les hiérarchies des filières qui les concernent et que les établissements formulent de façon particulièrement nette. Ils savent en particulier que les formations les plus prestigieuses offrent aussi des chances objectives d'accéder à des emplois qualifiés et, parfois même, à l'emploi

1. C. Baudelot, R. Establet, *Allez les filles*, Paris, Éd. du Seuil, 1992.
2. J.-M. Berthelot, *Le Piège scolaire*, Paris, PUF, 1983.

tout court[1]. Les lycéens sont tenus d'inscrire leurs études dans un projet d'avenir plus ou moins précis, ou dans le projet d'études visant ce projet d'avenir. Si le projet professionnel est souvent vague, voire exceptionnel, il reste que les études peuvent être définies par les portes qu'elles ferment définitivement. Par exemple, les lycéens savent que les études littéraires, à moins d'ouvrir vers une classe préparatoire, leur interdisent à tout jamais certaines professions.

Ainsi le choix des élèves est-il, le plus souvent, un choix négatif orientant vers ce qui paraît le moins éloigné de l'idéal visé. Le « projet contraint », pour autant que la formule ne soit pas paradoxale, s'impose comme un type dominant de projet. L'élève choisit ce qui reste. Il doit alors transformer cette obligation en projet afin que ses études aient, à ses yeux, du sens et de l'utilité. Le projet se construit sur un travail de deuil et de reconversion. Les lycéens sortent du monde de l'enfance et de l'adolescence collégienne, où le projet est encore une rêverie et un désir, pour entrer dans un monde sérieux où le projet est la mise en rapport de fins et de moyens. Or le champ des possibles, élargi pour les formations prestigieuses, est plus étroit « en bas » où le projet est parfois déjà engagé dans un apprentissage professionnel. Rien n'indique que cette épreuve soit toujours tragique et mal vécue, car les lycéens intériorisent souvent les aspirations de leur classe sociale et peuvent avoir la prescience de leur destin ; ils rêvent alors de ce à quoi ils peuvent prétendre. Toutefois, dans une école démocratique de masse où chacun peut prétendre à tout, il n'y a pas d'ajustement naturel des aspirations et des ressources, et tous les élèves ont plus ou moins accepté l'idéal d'une réussite avec lequel ils doivent composer.

Quand cette reconversion est difficile, quand l'horizon paraît trop vague et trop obscur, les lycéens peuvent s'enfermer dans un simple projet d'attente scolaire. Le lycée devient l'organisation qui prépare à un baccalauréat, qui confère une position sociale, qui construit un avenir à très court terme. On passe le baccalauréat parce que c'est indispensable sans bien savoir à quoi il est indispensable. Il permet d'envisager des études supérieures fort imprécises et dont les élèves des filières techniques en particulier n'ignorent rien des difficultés. Le lycée permet de prolonger la jeunesse sans préparer réellement l'avenir, il diffère le moment des choix. Il organise une file d'attente. Mais il reste nécessaire de « s'accrocher » car les élèves savent que le diplôme protège du chômage, ce qui reste vrai, et surtout que l'échec au lycée peut constituer un handicap, voire un stigmate. Si rien ne dit qu'un baccalauréat faiblement prestigieux ouvre l'avenir, l'échec peut être une « qualification » négative. Le projet lycéen est alors de survivre dans le système.

Le paradoxe du projet est le suivant : plus les élèves sont bien placés et disposent de fortes ressources pour se projeter dans l'avenir, plus ils sont

1. J.-M. Berthelot, *École, Orientation, Société*, *op. cit.*

tentés de différer leurs projets et de confier leur avenir à leurs seules performances scolaires. Le projet consiste à passer le meilleur des baccalauréats dans le meilleur des lycées, pour entrer dans la meilleure des classes préparatoires afin de passer le meilleur des concours. Bref, très souvent, le projet des bons élèves est de rester des bons élèves le plus longtemps possible. Il est vrai que ces lycéens sont souvent plus jeunes et qu'ils savent que plus le moment des choix sera repoussé, plus les projets seront de niveau élevé. Par contre, les élèves les plus mal placés sont tenus de faire des projets, de prendre des décisions, d'envisager une mise au travail plus précoce. Mais eux, ils ne possèdent guère les ressources du choix et doivent s'engager librement dans les seules formations qui leur sont offertes. En ce sens, le thème du projet, tel qu'il est repris par l'institution, est paradoxal, voire pervers, car il pousse au choix et à la responsabilité personnelle ceux qui ne peuvent pas vraiment choisir. La rhétorique institutionnelle du projet demande aux « vaincus » de se concevoir comme les auteurs de leur échec. « Du choix positif à l'acceptation résignée », se décline toute une longue chaîne de projets qui sont autant de manières de donner sens aux études quand approchent les échéances adultes et que s'éloigne le monde des scolarités automatiques enfantines et collégiennes [1].

Entre l'utilité et la vocation

Le goût et les intérêts

Bien des élèves rencontrés lors de notre précédente enquête sur les lycéens se déclaraient satisfaits [2]. Cette satisfaction résulte, pour une grande part, de la congruence des projets, de la perception de l'utilité des études, et de la vocation, du sentiment d'investissement intellectuel dans l'apprentissage. Le mot « vocation » doit être pris ici dans son acception weberienne, comme la réalisation subjective de soi dans une activité professionnelle, conception débarrassée du pathos de l'accomplissement total de l'individu dans une création. La vocation renvoie au sentiment d'accomplissement dans le travail scolaire et dans l'accès à la connaissance.

Le temps du lycée est celui de l'affirmation des goûts et des choix intellectuels. Les élèves se révèlent matheux, scientifiques, littéraires, se

1. F. Œuvrard, « L'orientation en lycée professionnel : du choix positif à l'acceptation résignée », *in* INSEE, *Données sociales*, 1990.

2. Il est difficile de se faire une idée de ce taux de satisfaction car nous avons pu observer que nous obtenions des réponses extrêmement différentes selon la méthode utilisée, les enquêtes par questionnaire donnant un taux de projet bien plus élevé que les entretiens.

découvrent un goût pour certaines disciplines, parce qu'ils y réussissent souvent, mais aussi parce qu'ils y développent des talents, parce qu'ils y acquièrent le sentiment de progresser, parce que le travail n'est pas toujours une contrainte, et, plus encore, parce qu'ils peuvent y acquérir l'impression de se former et de se développer. Les scientifiques « bouquinent » des revues scientifiques, les littéraires lisent au-delà du programme, les passionnés d'histoire se documentent, les heures d'atelier sont prolongées par du « bricolage » personnel[1]... Alors que le thème de la vocation n'apparaît quasiment jamais au collège, il se développe largement au lycée dans la mesure où les élèves distinguent leurs jugements sur les diverses disciplines des jugements relatifs aux professeurs qui les enseignent. Au lycée, la connaissance participe de l'image de soi sans être réductible à la performance, et les élèves peuvent se percevoir comme de « vrais » littéraires ou de « vrais » scientifiques, même si la sociabilité juvénile freine l'expression publique de ces intérêts qui doivent trop à l'ordre scolaire. La vocation est toujours un peu cachée[2].

Il n'est pas indispensable que les élèves éprouvent une vocation pour que le problème de la vocation s'impose à eux. En effet, l'absence de vocation, comme l'absence de projet, pèse tout autant sur l'expérience scolaire que son affirmation. En parlant de l'ennui, les lycéens évoquent cette absence. Comment se « motiver » quand rien de ce qui est scolaire n'intéresse vraiment ? Alors les élèves décrivent le vide intellectuel, l'ennui, l'incapacité d'entrer dans le travail scolaire, les conduites ritualistes, le sentiment d'étrangeté profonde aux études. La culture scolaire ne devient que scolaire. Elle se détache de l'expérience vécue : les langues vivantes deviennent mortes, la littérature n'apprend rien sur soi, les mathématiques et les sciences ne suggèrent rien du plaisir de comprendre, l'histoire, la philosophie et l'économie ne disent rien du monde « réel »... Le temps des apprentissages scolaires devient gris.

Aux marges des enseignements eux-mêmes, se forme un milieu intellectuel au lycée. Dans le jeu des relations et des amitiés se tisse une opinion publique politique et esthétique car on n'est plus jugé seulement en fonction de ses attitudes, mais aussi de ses « idées » et de ses « goûts ». Alors que les collégiens jouent encore, les lycéens discutent, se forment comme des personnages à travers leurs styles, leurs opinions, leurs attitudes, leurs choix moraux. Bien sûr, la classe de philosophie ne couronne plus systématiquement les études par l'accès aux grandes idées et aux grands débats, et les lycéens ne sont plus guère une intelligentsia en formation. Mais il reste

1. L'analyse des lectures des élèves est un bon indicateur de ce rapport vocationnel aux études. Cf. F. de Singly, *Les Jeunes et la Lecture, Éducation et Formation*, 24, 1993.

2. On notera, par exemple, la quasi-disparition du « style intello », encore à l'honneur dans les années soixante comme un affichage public de la vocation philosophique. Il ne semble persister que dans les grands lycées parisiens.

quelque chose de cette activité de critique et de positionnement dans la vie lycéenne elle-même. On cherche à connaître les opinions des professeurs, à savoir ce qu'ils pensent de l'actualité et du monde au-delà de la seule sympathie qu'ils inspirent. La vie scolaire ouvre au monde des idées et des débats publics.

Rien n'est bien neuf dans tout ceci, dans ces formes discrètes d'intellectualisme qui échappent souvent au regard des professeurs. Mais ce qui paraît plus nouveau, c'est le renforcement de la tension entre l'univers de ces goûts et la logique des choix et des carrières, la tension entre les vocations et les intérêts scolaires. L'ordre des disciplines est fixé par le « marché » scolaire, alors que celui des goûts relève du jeu des hasards et des nécessités qui se nouent tout au long de l'histoire d'une vie. A côté des « vrais » scientifiques par exemple, se tiennent les masses de lycéens qui choisissent une filière scientifique parce qu'ils sont, plus simplement, de bons élèves qui ne veulent pas hypothéquer l'avenir. Bien des élèves sont devenus littéraires ou économistes par défaut : ils n'ont pu accéder aux filières scientifiques. La logique du projet se heurte à celle des goûts, celle des intérêts à celle des vocations. L'« heureuse harmonie » qui pouvait caractériser le temps des lycées d'élite s'est brisée avec la massification. La gratuité des héritiers n'est plus que résiduelle et la certitude des intérêts bien compris n'est plus acquise aux boursiers. Quelle que soit l'intensité de cette tension, il est clair qu'elle s'impose aujourd'hui à la plupart des lycéens comme un problème, comme un conflit des intérêts et des passions [1].

L'instrumentalisme scolaire

Tous les élèves mettent en œuvre avec plus ou moins de bonheur les diverses aptitudes, les stratégies, les calculs, les routines du métier d'élève. Le terme de métier peut sembler parfois abusif pour les enfants et les jeunes collégiens qui n'acquièrent pas une position réflexive élaborée sur leurs propres pratiques. Au collège, le travail est encore une évidence pour les bons élèves, il va de soi et n'émerge vraiment comme un problème à résoudre que chez les élèves plus faibles. Au lycée, la charge de travail, la diversité des méthodes d'enseignement, le poids des contrôles, l'horizon du baccalauréat, et surtout la distance entre les goûts et les intérêts, font apparaître plus nettement le métier d'élève et développent un instrumentalisme scolaire.

Par le jeu des coefficients et des carrières anticipées, les élèves mettent

1. Une réforme récente tente de remédier à cette tension en créant diverses filières d'excellence, notamment des filières littéraires. Il restera à savoir dans quelle mesure cette réforme peut changer les mœurs des conseils de classe, les demandes des familles, et, surtout, comment elle pourra changer la nature des demandes en aval, celles de l'université et des classes préparatoires qui sélectionnent leurs publics en établissant la domination des filières scientifiques.

en place de véritables stratégies d'investissement[1]. On travaille les matières importantes, en laissant de côté les autres, ou, au contraire, en multipliant les options pour améliorer la moyenne. Les élèves travaillent en fonction des bénéfices escomptés et certaines disciplines, à leurs yeux non rentables, peuvent être délaissées. Cet instrumentalisme engendre une demande de prévisibilité des effets du travail. Autrement dit, c'est la nature de l'exercice de contrôle qui commande l'apprentissage, et les exercices répétés, les contrôles continus, le recours aux annales placent souvent les élèves dans une posture plus proche de l'entraînement sportif que de l'apprentissage intellectuel. Les élèves doivent apprendre à lire les demandes des professeurs qui sont beaucoup moins explicites qu'au collège ; il leur faut saisir leurs diverses manies, leurs manières de noter, leurs goûts, pour réduire ce qui est perçu comme le poids de l'arbitraire et du hasard. La classe de seconde, souvent vécue comme anomique, est consacrée à l'apprentissage de ce métier[2]. La description du métier de lycéen par les élèves consiste alors à recenser les méthodes jugées efficaces, les ruses, parfois les conduites magiques, qui permettent de rester dans le peloton, sinon de réussir. La fraude fait partie de cet instrumentalisme. Elle est moins perçue comme une faute morale que comme un moyen de se tenir à niveau en utilisant le réseau des amis, l'expérience des promotions antérieures, l'adresse et le sens de l'anticipation. Tant que cette fraude ne bouleverse pas la hiérarchie de la classe, tant qu'elle évite seulement le décrochage, elle est tolérée de la même manière que les légères infractions au code de la route facilitent la circulation. Dans la mesure où les lycéens doivent aussi composer avec une vie personnelle qui s'enrichit, des loisirs informels ou organisés, des temps de repos, dans la mesure aussi où il leur apparaît souvent impossible de satisfaire à toutes les demandes des professeurs, le métier de lycéen vise aussi à organiser la vie et le travail de la façon la plus rationnelle possible. Comme bien des salariés, les lycéens veulent réussir leur vie professionnelle et leur vie personnelle, ce qui implique une gestion rationnelle du temps et de ses investissements.

Au collège, le bon professeur est chaleureux et « tient » sa classe. Au lycée, ces vertus ne disparaissent pas, mais le bon professeur est avant tout efficace. Il « boucle » le programme et développe des apprentissages conformes aux modes d'évaluation, eux-mêmes proches des règles des examens. Le « charisme » de l'enseignant, sa capacité de susciter, de stimuler et de conforter les vocations ne sont pas sans importance. Mais les élèves attendent qu'il couronne une efficacité pédagogique, permettant à chaque élève d'être, à son tour, le plus efficace et le plus rationnel possible.

1. Cf. la thèse d'A. Barrère, *Sociologie du travail scolaire. Le cas des lycéens*, université de Bordeaux II, 1996.

2. P. Rayou, *Seconde, mode d'emploi, op. cit.*

La chaîne du mépris

Un thème a couru toute la recherche conduite voilà six ans auprès des lycéens : celui du mépris. Ce n'est ni le poids du travail, ni celui de la discipline et de l'organisation que les élèves dénoncent, c'est le sentiment d'être dans un système traversé par une chaîne de mépris, par la menace latente d'une destruction de l'image de soi.

Le sentiment de mépris résulte d'abord de la structure même du système scolaire dans la mesure où la hiérarchie des filières, des classes et des établissements est construite sur un mécanisme de relégation par les échecs relatifs. Chacun se définit par le niveau atteint, mais aussi par celui qu'il n'a pas atteint. La deuxième terminale S se sent méprisée par la première, les littéraires par les scientifiques, les économistes par les « purs » littéraires, les anglicistes par les germanistes, les hispanisants par les anglicistes... La chaîne est infinie et se prolonge dans l'enseignement technique et professionnel où les élèves continuent à parler de l'enseignement « normal » pour désigner les filières générales. Les BEP et les baccalauréats professionnels sont rangés selon une stricte hiérarchie. L'ordre des établissements est lui aussi ordonné par la chaîne du mépris ; les bons lycées se distinguent des établissements « poubelles » (l'expression n'est pas de nous) et, dans un marché scolaire local, tous les élèves ont intériorisé l'échelle des prestiges et des jugements.

Il arrive que le mépris se révèle explicitement dans les propos et les attitudes des professeurs ; il est alors ressenti comme une injure et une humiliation. Mais, en règle générale, le mépris se manifeste de façon plus diffuse parce qu'il est partagé par les enseignants eux-mêmes qui se sentent « méprisés » quand ils se voient affecter des élèves « méprisables ». La répartition des bonnes et des mauvaises classes laisse sourdre une rivalité latente entre les professeurs et entre les établissements qui se classent de manière tacite en fonction de la qualité de leurs élèves. Implicitement, le niveau des élèves est un indicateur du niveau des professeurs qui tentent de se réserver les meilleurs élèves, ne serait-ce que pour maintenir le rang de leur discipline et de leur grade. Administrativement, un agrégé d'un grand lycée parisien « vaut » un agrégé d'un lycée de banlieue, en réalité il « vaut » un peu plus, comme ses élèves, et la chaîne du mépris est intériorisée par les professeurs qui s'identifient, en fait, à leurs élèves.

Le sentiment de mépris procède aussi de la tension des passions et des intérêts. Les lycéens pensent que leur « véritable personnalité », leurs goûts, leurs talents, leurs difficultés sont ignorés des professeurs qui ne les considèrent que sous l'angle de leurs performances et de leurs exercices scolaires, qui les voient uniquement comme des élèves. Le sentiment de mépris participe de la relative indifférence affective et intellectuelle des lycées mobilisés sur les seules performances et sur la seule efficacité pédagogique. Les élèves ne s'intéressent à rien, pensent les enseignants, les professeurs ne s'intéressent qu'aux résultats et aux programmes, disent les élèves ; au-delà des notes, ils nous ignorent. Ainsi, la vie personnelle et la vie scolaire se séparent, les lycéens ont l'impression d'être transparents, de ne mobiliser qu'une part limitée d'eux-mêmes dans leurs études, la vraie vie est ailleurs et, de leur point de vue, elle est méprisée. Elle est d'autant plus méprisable que leurs origines sociales et leur culture les éloignent de l'école, de ses codes culturels, de ses attentes implicites. Le lycée reste dominé par une culture à la fois scolaire et « bourgeoise », une culture dont les sous-entendus restent à jamais fermés aux vagues nouvelles de lycéens.

Il existe encore une dimension plus cachée du mépris, plus secrète parce que chacun l'éprouve dans la solitude. Elle apparaît avec l'échec, quand se brise la correspondance entre le travail accompli et les performances réalisées. Dans leurs formes, les jugements scolaires ne portent que sur des épreuves scolaires, ils préservent les personnes : une mauvaise note s'explique par un manque de motivation, un travail insuffisant, une absence d'attention... Mais bien des élèves qui travaillent, qui se sentent motivés et attentifs, échouent malgré tout. Ils n'ont alors d'autre solution que se sentir incapables, nuls, « bêtes », « pas faits pour les études ». Quelles que soient les attitudes des enseignants et de leurs amis, ils doivent s'accommoder d'une image dévalorisée d'eux-mêmes car ils ont échoué dans des épreuves formellement justes où des semblables réussissent sans travailler plus. La peur de l'échec ne renvoie pas seulement à la crainte de compromettre l'avenir, elle est plus encore la crainte diffuse d'être conduit à se mépriser soi-même. Les élèves qui échouent s'enfoncent dans le silence, le retrait et le malheur, d'autres se retournent contre l'école afin de préserver leur propre identité.

La vie juvénile

De l'adolescence à la jeunesse

Le collège pour tous doit composer avec l'adolescence, le lycée doit faire avec la jeunesse. Alors que le lycée d'autrefois n'accueillait qu'une faible part d'une classe d'âge, il pouvait maintenir la jeunesse hors les murs par la rigueur des disciplines scolaires, par la séparation des sexes et par la faible reconnaissance de la jeunesse elle-même dans la société. La jeunesse était un épisode de la vie bourgeoise, elle était brève et contrainte pour la plupart des individus travaillant de manière précoce. La jeunesse s'est imposée comme une expérience de masse au fur et à mesure que les études se sont allongées, au fur et à mesure que l'acquisition des statuts adultes s'est faite par la médiation des qualifications scolaires. La jeunesse a partie liée avec l'école et, plus les études s'allongent, plus la jeunesse s'allonge aussi, moins elle est une simple transition éphémère [1].

La jeunesse est constituée par deux grands types d'épreuves. La première est celle d'une relative incertitude statutaire : les jeunes ne sont ni des enfants ni des adultes, et doivent « entrer » dans la vie, acquérir une autonomie tout en restant dépendants des adultes. Cette incertitude, entre autonomie et dépendance, qui a pu être considérée comme une situation d'anomie et de crise, est une suspension des contraintes réelles, un moratoire. La seconde épreuve tient à ce que la jeunesse est le temps de l'apprentissage et du diffèrement, de l'investissement dans des formations préparant un statut professionnel plus ou moins anticipé. S'il n'est pas « utile » d'être jeune longtemps dans les sociétés de stricte reproduction, la jeunesse s'étire quand chaque génération doit « acquérir » les statuts d'adultes, doit franchir les étapes des classements et des reclassements. Le fait que dans la plupart des cas la reproduction des positions l'emporte au bout du compte, n'empêche pas que tout se joue dans les épreuves de la jeunesse. Ainsi, la jeunesse est à la fois un temps suspendu et un temps sérieux.

Depuis que la jeunesse est une expérience de masse dans les sociétés modernes, depuis celle de la génération du *baby boom* en France, elle s'est vu reconnaître certains attributs. L'un d'eux est la possibilité d'adopter les modèles d'une culture de masse juvénile, de se former à travers des goûts, des looks, des styles, des modes qui sont autant de manières de se mettre en scène comme jeune. Sans doute cette culture de masse, transitant notamment par la musique, est-elle largement le produit de stratégies de séduction commerciale. Elle est éphémère par définition. En même temps, la culture de masse est très précisément stratifiée en fonction des positions sociales des acteurs, de leurs aspirations et de leurs modes de distinction. Mais il reste que cette culture n'est pas insignifiante. Non seulement elle est un support important des identités juvéniles, mais elle permet l'expression des sensibilités idéologiques et sociales qui traversent la jeunesse. Le rock'n roll, le rap, le reggae, le hard rock, le punk... sont à la fois des produits de consommation courante, et des langages infra-politiques, esthétiques et moraux témoignant des mille faces des expériences juvéniles. Les principes de cette culture, ceux de l'expression et du plaisir, ceux du témoignage immédiat, ceux de l'identité de masse, tournent le dos aux valeurs cardinales de la culture scolaire : le travail, la forme académique, la vertu des épreuves personnelles [2].

1. Pour un bilan des études sur la jeunesse, cf. O. Galland, *Sociologie de la jeunesse*, Paris, A. Colin, 1991.

2. Les tentatives de faire entrer cette culture dans le monde scolaire se sont généralement soldées par des échecs ne tenant pas à la « qualité » des supports, mais au fait que la culture juvénile perd immédiatement son charme quand elle devient matière à apprentissages scolaires.

La reconnaissance de la jeunesse confère une certaine autonomie à la manière de gérer sa vie, de choisir ses amis et ses amours, d'organiser son temps, de gagner et de dépenser son argent de poche... La sociabilité lycéenne devient plus sélective et plus affinitaire qu'au collège. Elle se développe à la fois dans et hors du lycée, elle repose sur des activités partagées, sur des projets communs, sur la formation de réseaux électifs enchevêtrés où se forment les opinions et la personnalité. Le monde des flirts et de la drague collégienne laisse la place à des amours plus solides, à des couples durables, à l'apprentissage d'une vie sexuelle adulte. En même temps qu'il est demandé aux jeunes de réussir à l'école, il leur est demandé de construire une vie personnelle « authentique » et expressive. Dans les classes moyennes notamment, les jeunes sont soumis à un impératif de liberté. Les parents laissent le champ libre à une vie personnelle qui doit viser la formation d'une authenticité, d'un individualisme éthique, d'une affirmation de soi. Le contrôle social direct faiblit et se réduit parfois à la seule exigence des performances scolaires. Tout se passe comme si les familles disaient aux lycéens : « Fais ce que tu veux, du moment que les résultats scolaires sont là. » C'est alors à l'élève de prendre en charge la double face de l'individualisme moderne : celle de l'épanouissement personnel et celle de la réussite sociale, celle de l'expressivité et celle de l'ascétisme [1]. On ne grandit pas dans la vie et à l'école de la même manière et selon les mêmes échelles ; de la façon la plus pratique, les lycéens apprennent à composer entre ces deux mondes, apprennent à être à la fois des jeunes et des écoliers.

Les lycéens issus de milieux moins favorisés sont pris dans la même tension, mais celle-ci se double chez eux d'une autre contrainte. Bien qu'il bénéficie des « privilèges » de la jeunesse, un lycéen n'est pas dans la situation d'un étudiant dans la mesure où il est tenu d'effectuer son travail d'écolier à temps complet, ce qui implique une prise en charge totale par sa famille. Or ce n'est pas la situation de la totalité des nouveaux bataillons de jeunes arrivés au lycée durant les dernières années. Ces élèves sont issus de milieux peu favorisés dans lesquels les études sont une charge, et, comme ils sont plus âgés que la moyenne, ils supportent d'autant plus mal d'être un poids pour leurs parents. Ils éprouvent, plus fortement que les autres élèves, une tension entre leur autonomie juvénile et leur dépendance économique. L'enquête réalisée par R. Ballion dans Paris et sa banlieue nous

1. Les lycéens des classes moyennes sont placés au centre d'une des contradictions culturelles du capitalisme dont parle D. Bell (*Les Contradictions culturelles du capitalisme*, *op. cit.*). Il semble que cette tension est moins forte pour les filles qui subissent plus longtemps le poids du contrôle familial sur leur vie personnelle. Sur ce point, on lira avec profit les remarquables articles de synthèse de M. Duru-Bellat, « Filles et garçons à l'école, approches sociologiques et psychosociales », *Revue française de pédagogie*, 109, 110, oct.-décembre 1994, janv.-mars 1995.

apprend que 21 % des lycéens ont un emploi salarié à temps partiel [1]. Ce sont des lycéens travailleurs ou, parfois, des travailleurs qui vont au lycée. Mais si les motifs économiques dominent, ils sont loin d'être les seuls car ces lycéens désirent se former de manière autonome, préparer leur intégration professionnelle ; ils veulent grandir et mener la vie de jeunes adultes autonomes vers laquelle tout les pousse. Souvent dans des filières techniques, ces élèves ont l'impression de viser des diplômes à faible rentabilité et se tournent alors vers une autoformation « sauvage » plus rentable à terme, et surtout plus « réelle » que celle du lycée.

Les jeunesses au lycée

Traditionnellement, le lycée français n'a guère fait de place à la jeunesse et les manifestations d'une vie juvénile autonome y ont été longtemps interdites, parfois perçues comme des signes de déviance [2]. La première barrière est progressivement tombée au cours des années soixante avec la mixité, mais il s'agissait plus d'une adaptation à l'explosion de la démographie scolaire que d'un véritable projet éducatif. Les professeurs des anciens lycées de jeunes filles et les associations de parents d'élèves ont longtemps résisté à ce changement [3]. Mai 68 apparaît comme la date symbolique d'une ouverture du lycée à la jeunesse avec la critique du « lycée caserne », avec l'entrée des blue-jeans et des cheveux longs, avec l'abandon des blouses et de certaines formes d'autorité, de distance sociale et de respect.

Mais cette ouverture à la jeunesse s'apparente plus à une tolérance qu'à une véritable intégration de la jeunesse dans un projet éducatif. Les foyers de lycéens et les clubs se sont multipliés sans véritablement affecter la vie de la majorité des établissements, des élèves et de leurs professeurs. En fait, une part de la vie juvénile se déroule dans les murs du lycée, mais en dehors de son emprise, selon un principe d'indifférence réciproque. Elle est faite de discussions et de flâneries, de jeux parfois sous un panneau de basket, elle se niche dans les trous de l'organisation et de l'emploi du temps. Les élèves consacrent l'essentiel de leur temps libre au lycée à pratiquer l'art de la conversation. Dans les établissements de classes moyennes, les contraintes de la discipline sont faibles, souvent peu visibles, les élèves circulent doucement à l'abri des surveillances et des punitions. Parfois, le

1. R. Ballion, *Les Lycéens et leurs petits boulots*, *op. cit.*
2. Seuls, des mouvements pédagogiques ont essayé d'encadrer une jeunesse au lycée à travers des activités culturelles, des foyers, des clubs, souvent sans dépasser le stade des expérimentations militantes.
3. Il n'est pas inutile de rappeler ces résistances et cette évolution contrainte, au moment où la mixité scolaire apparaît comme le symbole même de la laïcité et de la modernité culturelle dans la querelle du foulard islamique.

charme des lycées de centre ville tient à la proximité des cafés où se retrouvent les élèves pour parler de la classe, de tout et de rien. Les conseillers d'éducation ont remplacé les anciens surveillants généraux, ils relèvent les absences et les retards ; souvent ils sont très proches des élèves et s'en font les avocats, assurant l'essentiel des liens entre les lycéens et l'établissement. La vie paisible des lycées de classes moyennes repose sur une règle d'évitement. Les élèves ne participent guère à l'organisation de l'établissement, ils ne font guère valoir leurs droits et, en échange, ils ne se sentent pas de devoirs. Le lycée leur laisse la liberté de choisir leurs looks, leurs styles, leurs goûts, leurs amours et leurs copains. Par contre ils jouent le jeu des conseils de classe, ne réclament pas d'équipements et d'activités organisées, ne s'intéressent pas à ce qui les regarde. Seul un noyau d'élèves entre dans le jeu que peut leur proposer un proviseur ou un conseiller d'orientation particulièrement actif. Mais la plupart des élèves attendent du lycée qu'il ne se mêle pas de leur jeunesse.

Ce tableau un peu fade souffre quelques exceptions, dans les établissements situés dans des contextes socialement « difficiles », là où les problèmes sociaux du quartier pèsent directement sur l'école. L'établissement se protège avec des portails automatiques, des surveillants, des règlements disciplinaires, parfois le soutien de la police, et l'on observe une « reprise en main » voisine de celle que nous avons décrite dans un collège (chap. 6). Les élèves ne sont pas hostiles à ce retour d'une discipline qui les protège de l'envahissement d'une violence sociale et d'une « galère » qu'ils retrouvent dans la rue (chap. 10). Parfois, ces établissements remplissent une fonction « sociale » en signalant des situations particulièrement difficiles aux travailleurs sociaux, aux magistrats, aux enseignants qui ne peuvent les ignorer. Il arrive aussi que le lycée négocie directement avec les « fauteurs de troubles », les leaders des diverses bandes et leur abandonne une part du contrôle social dans une alliance qui n'est pas sans rappeler, sur un mode mineur, celle des gardiens de prison et des caïds dans l'univers carcéral. Mais ces établissements cherchent à survivre, à résister aux problèmes qui les menacent de l'extérieur, sans pour autant construire une véritable participation des élèves à la vie de l'établissement. Il importe surtout que la jeunesse et ses problèmes restent extérieurs à l'école [1].

Quelques lycées ont construit un véritable système de participation des élèves. Le critère n'en est pas seulement la multiplication des clubs et des activités périscolaires, mais le poids réel accordé aux délégués des élèves, qui ne se bornent pas à enregistrer les décisions des professeurs. De tels systèmes reposent sur l'engagement d'un proviseur, de son équipe et d'un groupe de professeurs désireux d'élargir le rôle éducatif de l'école

1. Bien qu'il soit hasardeux de porter un jugement d'ensemble, nous avons l'impression que, depuis la période de notre dernière recherche (1989-1990), le ton général est assez nettement à la « reprise en main ».

(cf. chap. 10). Ce type de politique appelle d'autant plus de militantisme qu'il se heurte à une double résistance. Celle des élèves d'abord qui ne souhaitent pas naturellement échanger les libertés de l'indifférence contre les droits et les responsabilités de la participation ; il est plus facile de percevoir un conseil de classe comme arbitraire que de participer à ses décisions. Celle de nombreux professeurs, ensuite, qui perçoivent les droits des lycéens comme une menace contre leurs protections statutaires. Quelques affaires de journaux lycéens ont marqué les limites de ces droits.

Dans la grande majorité des cas, le lycée voit coexister la jeunesse et les études. La vie juvénile se déroule pour une grande part au lycée sans lui appartenir. Cependant, plus on s'éloigne du double libéralisme des classes moyennes, celui de la compétition et celui du droit d'être soi-même, plus ce modèle d'organisation paraît difficile à maintenir. La massification scolaire ne change pas seulement les règles de la compétition, et la finalité attribuée aux études, elle met en question le modèle éducatif lui-même en confrontant le lycée à des élèves qui ne correspondent plus aux canons « classiques » du lycéen. Une partie de la jeunesse ne coexiste pas avec l'école, elle s'y oppose ou s'en détache.

La hiérarchie des expériences scolaires

Les publics lycéens

Non sans forcer le trait, il est possible de distinguer plusieurs publics lycéens définis par leurs positions dans le système, leurs carrières, leurs « espérances » et leurs origines sociales. Ce n'est que de manière très grossière que l'on peut tenir ces dimensions pour congruentes, traçant ainsi des cadres objectifs des expériences lycéennes.

Les vrais lycéens. La mise en scène de soi des élèves des grands lycées parisiens évoque les héritiers. Les études vont de soi et le lycée n'est qu'un passage vers les classes préparatoires et les écoles plus ou moins grandes. La connivence avec la culture scolaire est tout aussi évidente. Les élèves aiment les professeurs efficaces et brillants, ceux qui les arrachent à la seule culture scolaire et leur permettront de faire la différence. La vie juvénile est aussi fortement imprégnée par les aspirations culturelles de l'école. Les élèves privilégient les loisirs « intelligents », les relations « intelligentes » et se démarquent de la culture de masse, « vulgaire et abêtissante ». Ces élèves sont détachés : la présentation de soi vise à exacerber le talent et à masquer le travail. Mais une observation plus attentive montre que le masque est des plus fragiles, qu'il ne résiste pas à la moindre difficulté et que derrière un style se développent des stratégies compétitives élaborées et « stressantes ». La peur de décevoir les familles et les professeurs qui ont misé sur l'excellence des élèves, la peur de perdre la face se révèlent au sein de ces groupes d'élèves engagés, avec la massification, dans une compétition de plus en plus vive. La compétence stratégique, y compris dans la gestion de sa vie personnelle, est hypertrophiée et implique un travail souvent considérable quand il s'agit de maintenir l'avance et d'obtenir la mention qui fait la différence. Toutefois, malgré leurs origines, ces « vrais lycéens » ne sont plus vraiment des héritiers, ce sont des compétiteurs qui ont gardé les signes d'un style qu'ils sublimeront une fois sortis de leurs épreuves scolaires. En dépit de son style, la production des classes dirigeantes est élitiste bien plus qu'aristocratique.

Les bons lycéens formeront les futures classes moyennes qualifiées. Ils ne visent pas l'excellence mais le maintien d'un niveau qui leur ouvre des études supérieures longues et encore faiblement déterminées. La concurrence scolaire est relativement neutralisée car il ne s'agit pas tant de courir en tête, que de se maintenir dans le peloton et de rester à l'heure dans une filière honorable. Ces élèves entretiennent un rapport instrumental à leurs études où le thème de la vocation n'est guère mis en scène. On travaille en fonction des coefficients en visant un ajustement précis des performances et du travail engagé : on « assure ». Les bons lycéens développent une vie juvénile relativement autonome et détachée du lycée. Le temps des loisirs ne doit pas être scolairement rentable et les élèves s'engagent pleinement dans une sociabilité juvénile qui leur permet de « s'exprimer » et de se découvrir. Le talent de ces élèves consiste à mesurer au mieux le poids de la vie scolaire et celui de la vie personnelle, à se définir à la fois comme des jeunes et comme des élèves. Conformes à l'idéal des parents de classes moyennes, ce sont des individus rationnels, « utilitaristes », et des individus subjectifs, expressifs, se préparant à être des travailleurs et des consommateurs, des adultes qui travailleront mais chercheront surtout à réussir leur vie privée. En ce sens, le monde des bons lycéens est dominé par des valeurs « féminines » car il vise à régler le problème imposé aujourd'hui aux femmes, celui de la double réussite d'une vie privée et d'une vie professionnelle [1].

Les nouveaux lycéens sont dans une situation paradoxale. Dans leur famille, ils sont souvent la première génération à s'engager dans des études secondaires longues et à s'inscrire par là dans un projet de mobilité. Mais,

1. Les « valeurs féminines » sont ici un cliché et une idéologie, ceux de la conciliation harmonieuse du privé et du public, de l'expressif et de l'instrumentalisme, comme mode de résolution de l'entrée des femmes dans le travail salarié du secteur tertiaire, notamment dans l'enseignement. Ce ne sont pas là seulement des problèmes de femmes.

dans le cadre scolaire, ils se retrouvent au bas de la hiérarchie des filières générales et dans les filières techniques. En même temps qu'ils « montent » au lycée, ils « descendent » dans la hiérarchie scolaire. Cette incongruence statutaire les place dans une situation particulièrement inconfortable. Parfois, ils se sentent « piégés ». Ils s'engagent dans des études dont ils anticipent la faible rentabilité, tout en n'abandonnant par les rêves de promotion. Leurs projets sont particulièrement inconstants, voire magiques, oscillant d'une adhésion immédiate aux discours officiels des formations, à la crainte de la précarité et du chômage. Le principe d'utilité des études se fixe mal. Les nouveaux lycéens, orientés par les échecs relatifs, éprouvent de grandes difficultés à maîtriser le métier d'élève. Fortement dépendants des professeurs, ils demandent une présence et un encadrement capables de les « motiver », évoquant parfois les conduites scolaires des collégiens. Mais ces élèves plus âgés sont aussi plus autonomes et participent d'une culture juvénile et sociale éloignée des attentes implicites de l'école. Ils vivent alors dans deux monde étanches, celui de la vie sociale et celui de l'école, sans vraiment parvenir à les rendre compatibles. Les nouveaux lycéens ressemblent plus à des employés qui vont au travail qu'à des élèves et, avec eux, l'emprise socialisatrice du lycée décline.

Les futurs ouvriers. L'enseignement professionnel n'a pas d'unité [1]. Situé « en dessous » de l'enseignement général et technique par le jeu des orientations en fin de collège, il construit lui-même ses propres filières de relégation et d'excellence. Très souvent, les premières années passées au lycée professionnel sont dominées par le sentiment d'échec et le refus de l'école, notamment le rejet de l'enseignement général qui perpétue les formes et les contenus scolaires dans lesquels les élèves ont échoué. La vie juvénile populaire paraît envahir l'établissement, créant une hostilité sourde, parfois violente, entre les élèves et les professeurs. L'enseignement professionnel est mieux accepté, les élèves ayant plus de chances d'y exceller, et reposant sur une proximité sociale et culturelle plus forte des maîtres et des élèves. Il peut alors se créer une socialisation professionnelle formant de futurs ouvriers [2]. Mais cette progression vers une socialisation professionnelle suppose que les élèves perçoivent une utilité sociale de leur formation et ne se sentent pas condamnés au chômage ; autrement le lycée est un simple lieu d'attente. Ceux qui parviennent à préparer les BEP et les baccalauréats professionnels qualifiés se réconcilient souvent avec l'école dans la mesure où l'apprentissage d'un métier, les expériences positives de stage, la proximité avec les professeurs leur permettent de découvrir l'utilité d'une for-

1. L. Tanguy, *L'Enseignement professionnel en France. Des ouvriers aux techniciens,* Paris, PUF, 1991.
2. C. Aghulon, « L'atelier du lycée professionnel, lieu de socialisation », *Éducation et Formation,* 16, 1988.

mation générale. Ces lycéens se constituent alors véritablement comme des sujets en formation car le long apprentissage du LEP renverse l'image négative d'eux-mêmes qui dominait leur expérience. Entre ces ceux types d'élèves passe la barrière qui distingue les futurs ouvriers et techniciens, de ceux qui entrent dans une longue galère de chômage et de précarité. L'expérience des élèves du LEP oscille de la déchéance au salut.

Les tensions de l'expérience

Bien des professeurs rencontrés au cours de nos différentes recherches sur les lycées adhèrent à une représentation idéale du lycéen, celle de l'Héritier. C'est à l'échelle de cette norme implicite qu'ils mesurent la valeur de leurs élèves et qu'ils s'efforcent de les comprendre. Sans le savoir souvent, ils retiennent les caractéristiques essentielles du personnage décrit par P. Bourdieu et J.-C. Passeron, mais en dépouillant leur représentation des dimensions critiques de la célèbre analyse sociologique [1]. L'imaginaire du lycée de masse reste largement fixé sur une figure de l'expérience lycéenne dont *Les Héritiers* affirmait qu'elle était déjà résiduelle au milieu des années soixante [2]. Le poids de cette norme et de cette nostalgie peut renvoyer à plusieurs causes tenant au passé scolaire des professeurs ou, plutôt, à la reconstruction de ce passé, car beaucoup d'entre eux ont été plus proches des boursiers de classes moyennes que des héritiers proprement dits. Dans les établissements accueillant les nouveaux publics lycéens, la figure de l'élève idéal est fixée par le Boursier, par celui qui adhère sérieusement aux règles et aux valeurs scolaires, par celui dont la bonne volonté conforte l'école dans ses vertus libératrices et promotionnelles. C'est pour cette raison que la jeune immigrée méritante y occupe une place symbolique centrale.

Si l'image des héritiers reste aussi présente, c'est parce qu'elle incarne une expérience scolaire fortement intégrée dans laquelle l'école remplit une fonction éducative essentielle sans prendre en charge directement l'éducation des élèves. Dans cette figure idéale, les lycéens entretiennent un rapport « gratuit » à la culture dans lequel l'utilité sociale des diplômes est à la fois évidente et déniée. Cette relation aristocratique au savoir ne devient éducative que dans la mesure où elle est couronnée par la critique des rites et de l'instrumentalisme scolaires ; l'héritier démontre son attachement à la grande culture apprise à l'école en critiquant les routines de l'apprentissage.

1. Tout un courant idéologique, que l'on pourrait qualifier à la fois de conservateur et de républicain, fait implicitement de l'héritier la figure idéale du lycée : gratuité du rapport aux études et à la grande culture, distance à l'organisation, éloignement de la culture juvénile. Pensons aux divers pamphlets ou essais de R. Debray, A. Finkielkraut, J.-C. Milner, J. de Romilly...

2. P. Bourdieu, J.-C. Passeron, *Les Héritiers. Les étudiants et la culture*, *op. cit.*

Il sait lire le « vrai » message culturel derrière les contraintes de l'apprentissage, ce qui en fait un « vrai » littéraire, un homme dont la vocation se construit à la fois dans et contre l'école. La classe de philosophie a longtemps été construite sur la réalisation explicite de ce modèle paradoxal. Par ailleurs, l'héritier n'importe pas la jeunesse et sa culture dans le lycée, mais, au contraire, il transfère la grande culture scolaire dans ses goûts et ses choix privés. Les tensions entre une culture sociale et juvénile, entre une recherche d'utilité sociale et l'adhésion à une grande culture scientifique et littéraire, sont à la fois déniées et annihilées, et l'école permet aux individus de s'identifier et de s'autonomiser dans le même mouvement.

Quant à la figure du boursier, fortement valorisée aujourd'hui à travers le personnage de la bonne élève issue de l'immigration, elle incarne une autre forme d'intégration de l'expérience scolaire. Convaincu de l'utilité sociale de ses études, le boursier manifeste un sérieux de tous les instants, mais il adhère aussi à une culture scolaire qui l'arrache à ses particularismes, à la « fermeture » de son milieu. Il aime l'école parce qu'il lui doit tout, et l'école l'aime parce qu'elle reste « libératrice » grâce à lui. Mais pour l'héritier, comme pour le boursier, les choses vont de soi, la relation pédagogique apparaît « naturelle » et, surtout, la culture scolaire est un élément de la subjectivation des individus. Elle a du « sens » au-delà de son utilité. Mais que reste-t-il du boursier quand décline la valeur des diplômes et quand la culture de masse offre d'autres possibilités culturelles ?

Sans doute existe-t-il aujourd'hui des héritiers et des boursiers. Mais ils ne sont pas la forme commune de l'expérience lycéenne dont les principes constitutifs se séparent et engendrent un système de tensions plus ou moins fortes. La formation de l'individu tient à sa capacité subjective de gérer ces tensions multiples.

La première oppose l'utilité à l'intérêt intellectuel. Comment apprendre à vivre dans deux registres qui se séparent ? Comment travailler et se mobiliser ? Dans une grande mesure, cette tension est objective, elle est d'autant plus forte que les élèves n'ont pas choisi leurs études, ou qu'ils ont l'impression qu'elles sont d'une faible rentabilité.

La seconde tension est tissée entre le monde de la culture scolaire et celui des cultures sociales médiatisées par les cultures juvéniles. Quel peut être le sens subjectif de l'apprentissage en fonction des goûts, des intérêts et des relations qui organisent le monde social et la vie juvénile ? On se trouve là face à la distribution objective des distances et des écarts entre l'école et la société.

La dernière tension oppose l'autonomie juvénile à l'organisation scolaire elle-même, à la dépendance qu'elle implique. Faible chez les bons élèves jeunes qui sont encore des « petits », elle peut devenir insupportable chez les plus âgés, souvent inscrits dans des filières peu rentables.

Le lycéen se constitue comme un sujet, c'est-à-dire comme l'auteur de sa propre éducation, quand il possède la capacité de construire son expérience, de lui donner un sens et de la maîtriser en fonction de la nature des épreuves qui lui sont imposées. Ceux qui n'y parviennent pas et qui ont le sentiment que leur expérience leur échappe, éprouvent diverses formes d'aliénation.

Maîtrise et aliénation

Les expériences lycéennes se répartissent au long d'une hiérarchie allant d'une forte maîtrise au sentiment d'aliénation. Les principes organisateurs de cette hiérarchie peuvent être définis de manière objective à travers deux types abstraits.

Au sommet se tiennent les lycéens qui peuvent s'appuyer sur un fort sentiment d'utilité de leurs études parce qu'elles vont de soi dans un projet familial, parce qu'elles sont rentables, parce qu'elles sont le moment d'un projet de vie. Ces lycéens sont aussi capables de s'approprier les dimensions essentielles d'une culture scolaire qu'ils intègrent à leur univers de connaissance, parce que leurs goûts correspondent à leurs intérêts. On peut parfaitement admettre que les goûts sont socialement produits, ceci ne change rien à l'affaire. En même temps, ces élèves ne perçoivent pas une grande distance entre leur vie juvénile et personnelle et les contraintes scolaires. Ils circulent aisément de l'une à l'autre et parviennent même à transférer l'une dans l'autre, à utiliser certains éléments de la culture de masse dans le champ scolaire, et à lire la culture de masse à travers des catégories scolaires. Évidemment, ces élèves ont de grandes chances de se situer dans les divers sommets du système scolaire, là où les tensions de l'expérience sont objectivement plus faibles, là où la socialisation et la formation de soi se réalisent dans l'école. Mais rappelons que ce type idéal de l'expérience lycéenne ne correspond jamais exactement à des figures vécues, car les lieux d'excellence exercent aussi de fortes pressions, dont celle de la performance et de la peur de déchoir.

A l'autre extrémité de la hiérarchie, se constitue l'espace d'une expérience éclatée. L'utilité des études est perçue comme faible. Les élèves restent étrangers aux fondements d'une culture scolaire réduite à des exercices. La vie réelle et la vie scolaire, la culture de masse juvénile et la culture scolaire paraissent sans lien. Bien sûr, c'est en bas du système, dans les établissements et les filières de relégation, que cet éclatement a des chances objectives d'apparaître. Mais ne perdons pas de vue que bien des formations professionnelles en sont fort éloignées et se rapprochent, au contraire, du type précédent ; pensons en particulier aux élèves qui préparent un baccalauréat professionnel. L'éclatement de l'expérience lycéenne peut être interprété en termes d'aliénation dans la mesure où non seulement les individus sont dominés, mais surtout parce qu'ils ne parviennent pas à se constituer comme des sujets contre cette domination. Ils sont étrangers à leur propre expérience scolaire, leurs études n'ont pas de sens autonome, ou bien ces significations se réduisent aux stigmates et aux échecs intériorisés. Il s'agit d'une aliénation par « étrangeté » et par « impuissance » car l'expérience lycéenne est à la fois dénuée de sens et de possibilités de maîtrise [1]. Il faut ici « réhabiliter » la notion d'aliénation car même si l'école peut être analysée en termes de domination sociale (une école faite pour les groupes dominants), il reste que sa caractéristique essentielle est d'atteindre la personnalité des individus et de les conduire à se penser dans ses propres catégories. La domination y est plus subjective que partout ailleurs, surtout dans une société méritocratique conduisant les individus à se percevoir comme les auteurs de leur vie. Toutefois, cette aliénation lycéenne ne peut pas être considérée comme une expérience totale, car les élèves ont la capacité d'y résister en se détachant de leurs identifications scolaires. Les uns se retirent, assurent le minimum de participation rituelle, « font semblant » d'être des élèves et vivent dans un temps scolaire suspendu. Les autres mobilisent la communauté juvénile contre l'école et le mépris qu'elle instille à leurs yeux. Ils refusent l'école, entrent en conflit avec elle et, ne pouvant se constituer comme des acteurs dans le lycée, s'efforcent d'y parvenir contre le lycée en opposant les catégories de l'honneur à celles des jugements scolaires.

*
* *

La forme générale de l'expérience lycéenne se module et se définit différemment en fonction des contextes et des parcours scolaires. Le portrait que nous venons d'en dresser n'est qu'une première ébauche. En effet, plus les logiques du lycée se séparent et se distinguent, moins l'expérience lycéenne est proche d'un rôle, plus elle est définie par le travail des acteurs, par leur effort de maîtriser leur expérience. La socialisation cède alors le pas à un travail de subjectivation plus net, dont il n'est pas possible de suivre tous les méandres mais que l'on peut s'efforcer d'approcher.

Il faut cependant bien souligner que la nature des épreuves et des enjeux dans lesquels se mène ce travail des acteurs sur eux-mêmes est, elle, socialement définie. Plus les lycéens sont placés au sommet du système, plus ils sont définis par sa logique interne, et plus ils sont en bas, plus ils sont définis par les rapports du système à son environnement culturel et social.

1. Le sentiment d'étrangeté s'inscrit dans la filiation de G. Simmel, *La Tragédie de la culture,* Paris, Petite Bibliothèque Rivages, 1988. L'individu ne reconnaît pas son expérience privée dans la culture objective et se sent étranger à lui-même. Le sentiment d'impuissance procède, lui, d'une tradition plus nettement critique : l'individu intériorise sa domination et la perçoit comme naturelle et méritée ; c'est l'adhésion au stigmate. Sur les tentatives d'une conception empirique de l'aliénation, cf. M. Seeman, « The Meaning of Alienation », *American Sociological Review,* XXVI, 1961.

C'est ce qui donne aux mouvements lycéens apparus en France depuis le milieu des années quatre-vingt cette forme si particulière. Il s'agit de mobilisations répondant à une menace ou au sentiment d'une menace pesant sur l'ordre des diplômes et défendant le droit des élèves de rester dans le système. Mais ce sont des mobilisations sans critique du système. Elles ne mettent en cause ni la culture, ni la forme scolaire, elles réagissent plus à une anticipation du chômage qu'à une expérience scolaire proprement dite. Les élèves situés dans les filières générales et techniques les moins prestigieuses défendent leur position par crainte de déchoir encore, tandis que les élèves des formations d'élite, celle qui se constituait en intelligentsia, fournissant les armes de l'idéologie gauchiste de la première moitié des années soixante-dix, n'est plus concernée et n'est plus une intelligentsia. Ainsi, les mouvements de lycéens sont plus des explosions que des mouvements, et les élèves apparaissent à la fois mobilisés et peu critiques. Tout se passe comme s'ils étaient inquiets pour leur avenir et peu concernés par leur vie scolaire elle-même.

10

Figures lycéennes

L'école ne fabrique pas seulement des acteurs sociaux, elle participe aussi à la formation de sujets capables de construire leur expérience. C'est là le paradoxe de la socialisation qui est aussi une subjectivation puisque l'acteur ne se réduit pas à la somme de ses apprentissages sociaux. Évidemment, ce travail de subjectivation dépend des conditions sociales, des diverses ressources dont disposent les individus et des tensions constitutives de leur expérience. Dans une expérience parfaitement intégrée, la subjectivation ne serait que le prolongement de la socialisation, n'exigeant qu'un faible travail de l'acteur sur lui-même : il lui suffirait d'être son rôle. Or, quand l'expérience sociale disperse le rôle, la subjectivation déborde la seule socialisation [1].

Il nous faut aller maintenant au-delà de la seule description des expériences scolaires pour saisir ce travail des acteurs. Ceci suppose de bien interpréter la nature de ce travail et de rompre avec l'illusion engendrée par tout récit sur soi, illusion d'une unité discursive dans laquelle, malgré les « ruptures » et les tensions, l'individu a toujours l'impression d'être le même ; c'est lui qui a vécu sa vie [2]. Ici, l'unité n'est pas introspective, elle est donnée par le degré d'intégration subjective de l'expérience, elle n'est pas un pur travail de réflexivité, mais la recomposition *pratique* d'une situation. Et puisqu'il s'agit d'expériences scolaires, il convient de situer cette subjectivation dans le rapport qu'elle entretient à l'école, ce qui ne saurait en épuiser toutes les dimensions. Nous avons distingué quatre grandes figures de la subjectivation lycéenne. La première concerne les élèves qui opèrent ce travail sur eux-mêmes dans la maîtrise des catégories scolaires ; la subjectivation prolonge la socialisation, un peu à la manière dont la *paideia* décrivait le processus. A l'opposé, la deuxième figure désigne

1. L'« intérieur » et « l'extérieur » se détachent. Dans sa remarquable étude sur la formation de l'individualité en Occident, K. Weintraub distingue l'individualisme (la relation de l'individu avec la société modelée par l'image historique du sujet) et l'individualité (la forme du moi que l'individu cherche en son for intérieur). Le brouillage des relations sociales enchevêtre les deux dimensions au sein de la notion d'individuation (K. Weintraub, *The Value of the Individual*, Chicago, The University of Chicago Press, 1978).

2. P. Ricœur, *Du texte à l'action*, Paris, Éd. du Seuil, 1986.

les élèves « aliénés », ceux qui ne parviennent pas à opérer ce travail, tout en restant pris dans les catégories scolaires. La troisième figure est celle des lycéens qui se forment à côté de l'école proprement dite, soit par le moyen des « petits boulots », soit par le biais d'une citoyenneté lycéenne. Enfin, certains élèves se subjectivisent contre l'école. Bien que toutes ces figures soient socialement situées, elles concernent des individus rencontrés dans des groupes constitués dans trois établissements : un lycée polyvalent, un lycée technique et un lycée professionnel. Les figures décrites ici ne prétendent pas rendre compte de tous les modes de subjectivation scolaire possibles. Ce ne sont ni des types purs, ni des cas aléatoires, mais des figures exemplaires.

La subjectivation lycéenne

Dans les études [1]

La figure traditionnelle de l'individuation scolaire, celle de l'héritier, se définissait par une sorte de mise à distance de soi dans l'expérience scolaire, tant l'élève était pris dans une continuité culturelle, scolaire et sociale. Désormais, l'expérience d'individuation scolaire des lycéens est d'une tout autre nature. D'une part, la distance entre la culture juvénile et le monde des études est plus grande, malgré le poids des « investissements » scolaires. D'autre part, la réussite scolaire n'est plus aussi évidente : à l'aisance de l'héritier succède la valorisation, pratique et déclarée, du travail quotidien. Le jeu du succès naturel est perçu comme un bluff et les élèves savent que l'on n'est pas « lycéen », mais qu'on le devient [2]. Pour se constituer comme sujet scolaire, il s'agit d'affronter des contraintes et de les hiérarchiser. En tout premier lieu, il faut organiser sa vie et, d'une manière ou d'une autre, être prêt à sacrifier les loisirs à la scolarité.

Ces lycéens cherchent à rapprocher leur intégration sociale de leur vie scolaire. Le recours à la construction d'amitiés imbriquées à l'univers scolaire évite la séparation radicale entre les amis et les relations de lycée. Il s'agit de viser la plus forte imbrication des deux univers : les amitiés se font et se défont, pour beaucoup, en fonction des camaraderies de classe. « Il y a la classe qui joue un grand rôle. Souvent les amis qu'on a, on les

1. Nous avons rencontré ce type d'élève parmi des lycéens en terminale S d'un lycée polyvalent de Bordeaux.

2. En réalité, ces lycéens doivent apprendre leur « métier d'élève », à travers une « affiliation » leur permettant de devenir « membres » du lycée afin de vivre comme « évident » et comme « allant de soi » l'ensemble des routines de la vie scolaire. Pour ces notions, cf. A. Coulon, *Ethnométhodologie et Éducation*, *op. cit.*

a choisis dans la classe, c'est rare de connaître quelqu'un qui n'est pas du tout dans la même classe que nous. » Dans les soirées les plus convoitées se retrouvent les amis du lycée. « C'est vrai, on s'amuse beaucoup plus dans les soirées au lycée par exemple, où on connaît tout le monde. » Les choix amicaux tracent une première distinction entre les élèves s'individualisant à travers les études et les autres. Les premiers ne recherchent guère la construction d'une singularité juvénile vestimentaire contre l'école. Les plaisirs ou les goûts personnels s'inscrivent, pour partie au moins, dans le prolongement de l'école : l'un d'eux aime l'informatique, l'autre les reportages sur l'océanographie, ou encore les livres de vulgarisation scientifique... Ces élèves ne conçoivent pas un parcours individuel en dehors de l'école. Point de salut hors de l'école. Ils ne veulent plus, comme les enfants ou comme les « bons » collégiens, gagner sur tous les tableaux en même temps. Ils réalisent des investissements extra-scolaires afin d'améliorer leurs performances scolaires.

A la différence des héritiers, ces lycéens doivent construire « rationnellement » cette continuité culturelle entre la vie personnelle et les projets scolaires. Ils doivent parvenir à une hiérarchisation claire et stricte des objectifs. « Je regarde ailleurs, mais si on doit avoir le choix, c'est sûr que la scolarité passe avant tout. » « Moi, l'année passée je faisais de la danse, j'en faisais pas mal et cette année j'ai été obligée d'arrêter. Je pouvais plus. » Ou encore, et de manière plus extrême : « Ça vaut le coup peut-être de sacrifier deux ans de sa vie pour après, peut-être, être quarante-quarante-cinq ans de sa vie heureux. » Ces élèves ne font pas vraiment le « deuil » de leur univers juvénile, ils s'efforcent de combiner dans la plus grande complémentarité les différents domaines de leur expérience. Le degré de maîtrise, grâce à la hiérarchie des choix, peut apparaître très grand. « Si jamais je voulais me consacrer à la musique, étant donné ce que la scolarité me demande, en aucun cas je ne sacrifierais la biologie ou l'histoire à la musique... Or, le rugby c'est ma passion aussi, eh bien je sacrifie le rugby aux maths, non à l'histoire et au reste. » Certes, les situations peuvent varier, mais le choix serait trop déchirant s'il n'y avait pas, à la base de ce type d'élection, à la fois un « intérêt » scolaire et une « ambition » sociale. Ces élèves rejettent avec agacement le discours d'un professeur qui défend l'image d'une scolarité axée sur le seul talent, ne sacrifiant rien à l'école et assurant une réussite exceptionnelle. Ils refusent le discours du don.

Moins rarement qu'on ne le croit parfois, les lycéens manifestent des intérêts intellectuels. Le goût pour une discipline n'est pas seulement le discours stéréotypé associé à la confirmation de sa propre performance individuelle et faisant que l'on aime les disciplines où on réussit. Leurs études ont un « sens ». Quelle qu'en soit la charge, leur travail est guidé, à leurs propres yeux, par un intérêt intellectuel, voire par une « vocation ». « Je suis passionné de mathématiques. » « Moi j'ai une passion par rapport au métier que je veux faire plus tard et ça communique avec mes études. »

Le bon enseignant transmet un savoir, mais aussi un « enthousiasme ». Le silence ne suffit plus, comme c'est si souvent le cas dans le lycée, à tenir lieu d'éloge et les témoignages peuvent être « romantiques ». « C'est important qu'il maîtrise sa matière... le prof d'histoire qui peut faire son cours comme ça, sans ses feuilles et qui sait les dates comme ça, les anecdotes... Il donne ses cours sur polycopié et pendant tout le cours il allume son rétroprojecteur, et il nous récite le cours mais alors ! Enfin, il ne nous le récite pas, si vous voulez, mais il fait son cours... Mais c'est impressionnant quoi, il a aucune feuille ! D'habitude les élèves aiment pas trop les cours polycopiés parce que c'est pas pratique, on apprend moins, alors que lui, il nous fait le cours, il nous raconte les anecdotes, alors quand on sort, on sait le cours ! On le sait ! » Il est clair que l'admiration intellectuelle renvoie ici, très directement, à un intérêt intellectuel : comme dans le roman scolaire éternel, c'est l'admiration du professeur qui commande l'éveil intellectuel. Pourtant, si l'intérêt reste trop subordonné à la personne de l'enseignant, il suffit d'un changement de professeur pour que la passion se transforme en ennui, le couple pédagogique n'a pas engendré le triangle du savoir. Mais le sens des études est tout autre quand cette appropriation devient « organique », quand cet intérêt intellectuel s'autonomise dans la mesure où il est fortement imbriqué à un projet personnel. Alors, mais alors seulement, c'est au nom du savoir que l'on se détache des savoirs scolaires. « J'aime bien lire des bouquins de physique. C'est justement pour ça que je suis un peu déçu par les cours. On a toujours cet apprentissage un peu rébarbatif ; c'est ennuyeux les cours de physique même en terminale S. En fait, quand on prend pour nos loisirs un bouquin de physique et qu'on entend parler de la découverte d'un tel et qu'on voit... je sais pas, ce n'est pas pareil. J'ai toujours l'image de la physique... »

Pour ceux qui ont fait de l'école et du savoir les outils d'une subjectivation, les désaccords *scolaires* avec les enseignants sont possibles. Chez ces élèves, les critiques de l'organisation scolaire sont précises. Ils peuvent discuter les demandes excessives de travail, accuser la mauvaise organisation des rythmes scolaires, ils peuvent se plaindre des programmes trop chargés... et jamais finis. Ils peuvent engager des discussions précises sur les exercices scolaires et les modalités d'évaluation, ou encore parler avec les professeurs invités dans les groupes de la place de la maîtrise technique dans les devoirs scolaires, et de l'expression des idées personnelles. Comme ces élèves s'engagent fortement dans leurs travaux, comme ils s'y perçoivent comme des sujets, ils veulent mesurer ce qui les concerne vraiment dans le jugement des professeurs, au-delà des évaluations de forme. Ce sont de vrais lycéens dans la mesure où ils se reconnaissent dans leurs œuvres scolaires. Leur histoire scolaire est parfois même racontée comme une longue aventure de formation de l'esprit. « Quand on est en sixième, on n'est pas apte à juger le programme de sixième, mais quand on est en terminale on se rend compte qu'il y a une évolution... Dans l'enseignement général, tout est théorique et peut-être que dans deux ans on se souviendra plus du tout du français, mais je pense que ça sert sûrement à structurer notre esprit. La formation est donnée après. » L'individu est capable de raconter lui-même sa propre histoire de vie comme une carrière dans laquelle l'acquisition du savoir va de pair avec la construction d'un avenir personnel et d'une personnalité. Dans une certaine mesure, ces élèves forment un embryon d'intelligentsia adhérant aux valeurs de la connaissance et du savoir, ils sont en mesure de les retourner contre une école qui n'est jamais vraiment, à leurs yeux, à la hauteur de sa tâche.

L'intérêt intellectuel se prolonge presque « naturellement » dans un projet professionnel. Il n'y a pas de rupture entre les goûts et l'utilité des études [1]. L'imbrication des deux est le gage d'une subjectivation scolaire. Pour ce faire, il faut, bien entendu, une forte intériorisation de l'effort scolaire, voire de l'effort tout court. « Mes parents, ils m'ont toujours dit que c'est pour moi que je travaillais et que c'est moi qui devais faire les choix. » Attitude courante des parents, mais qui n'engendre pas ici de sentiment d'angoisse. Les projets prolongent la trajectoire scolaire. La recherche d'informations étaye la stratégie, elle ne fixe pas les choix. Cette fille, en terminale S, veut être océanographe et consulte les conseillers d'orientation : « Quand on sait exactement ce qu'on veut faire, elles savent par où il faut s'orienter. Moi, j'ai un projet d'avenir, je me suis beaucoup renseignée, je sais exactement ce que c'est. » En fait, ces élèves s'appuient sur un fort sentiment de maîtrise de leur existence et, pour eux, « l'élève a la plus grande partie des responsabilités dans ce qui lui arrive ». La « vocation » intellectuelle accompagne alors une « ambition » sociale. « Cette idée de moyenne est quand même assez frustrante. Bon, on est quand même dans un lycée moyen peut-être, mais ça n'empêche pas d'avoir de l'ambition et de vouloir monter. Je compte pas rester toute ma vie classe moyenne. Si j'étais au lycée pour espérer rester classe moyenne ce serait un peu grave quand même. Être au lycée Neruda, ça n'empêche pas d'espérer monter très haut dans la hiérarchie sociale [2]. »

Cette forme de subjectivation, dans et par l'école, est sans doute plus fréquente chez les bons élèves des bonnes filières. Mais il faut se garder d'établir une superposition trop mécanique entre la réussite et la maîtrise de l'expérience. En effet, pour de nombreux élèves, la réussite scolaire permet de différer, dans l'aisance, la construction d'une subjectivation.

1. Il existe aussi un équivalent de cette individuation scolaire chez les lycéens de LEP sous forme de subjectivation par le métier. Le processus est néanmoins inverse. Pour les élèves d'enseignement général, la réussite scolaire se prolonge par un projet professionnel ; chez les lycéens du LEP, l'attachement au métier s'accompagne d'une revalorisation des matières scolaires.

2. Le lycée Neruda est un établissement récent situé dans une banlieue populaire dont il accueille les couches les plus favorisées. Ce n'est pas un des établissements réputés de l'agglomération.

Parfois même, la réussite scolaire permet de faire l'économie de tout projet personnel. Parfois, le bon élève ne construit pas forcément de hiérarchie entre les différents domaines de son expérience ; parfois il supprime sa vie juvénile. Le bon élève ne construit pas forcément un projet d'avenir en continuité avec ses études ; il arrive qu'il se limite à accomplir le destin que les institutions et sa famille lui tracent. La subjectivation lycéenne tient à la capacité de combiner deux figures de l'individu.

Les deux individualismes

Le sujet qui se constitue à l'école mobilise un certain nombre de méthodes et de techniques, sociales et personnelles, destinées à produire une personnalité autonome, éloignée de tout modèle normatif d'« humanité ». Une des inflexions majeures de l'éducation se place à ce niveau. L'école n'est pas animée par un « modèle d'homme », celui qui fut historiquement la clé des humanités et de la *paideia* : la capacité d'éduquer l'homme afin de lui transmettre sa forme véritable, sa nature humaine authentique au-delà des variations historiques [1]. A la base d'une civilisation, on a pu dire qu'il y a un modèle d'homme, un idéal vers lequel tendent les éducateurs, les artistes, les philosophes, au-delà des inégalités de condition. Un idéal qui opère dans la réalité comme une pyramide : tous doivent lui ressembler, mais chacun le fera d'une manière limitée. Ces modèles changent au gré des sociétés et des moments historiques. Ici on valorise la fierté ou la moralité courtoise, là les valeurs guerrières, là encore un mélange des trois. D'autres fois, c'est la maîtrise de soi que l'on prône comme idéal ou, à l'inverse, l'expression authentique de soi, ou, bien sûr, l'efficacité disciplinée dans le labeur quotidien. Dans tous les cas, la personnalité est informée par une culture qui fixe une image du sujet, une définition de la créativité et de l'accomplissement humain.

Tout en acceptant l'idée qu'il n'y a pas de sujet individuel sans figures sociales de la subjectivité, il faut tenir compte de l'absence d'un modèle substantif et central d'humanité. A sa place, mais sans tenir le même rôle, se déploie un individualisme « vide », de plus en plus conscient et réflexif dans ses techniques et compétences individuelles, et de moins en moins sûr quant à ses idéaux. Cet absence d'idéal « plein » vient de la coexistence de deux conceptions de l'individu. L'une est axée sur la performance, la capacité de maîtrise de l'environnement, une rationalité qui met en accord les moyens et les fins. L'autre est fondée sur l'expression, le désir d'accomplir son « authenticité », sur une raison « humanitaire » engagée dans un rapport compréhensif envers autrui et expressif envers soi-même. L'individu moderne est contraint à la gestion de ces deux univers. Parfois, les deux

1. Cf. W. Jaeger, *Paideia*, Paris, Gallimard, 1964.

individualismes ont été conçus comme des rivaux, à une rationalité instrumentale venant s'opposer un souci de libération[1]. Mais il est clair que désormais les deux principes marchent ensemble, que le sujet individuel émerge de la tension entre la rationalisation et l'expressivité, même s'il sait qu'il n'y a plus d'accord préétabli entre les capacités instrumentales et le souci de soi[2]. L'individu ne se conforme plus à un modèle culturel mais il se conçoit comme un lieu creux : il ne se construit ni par l'intériorisation d'une *paideia* ni par la seule identification à des rôles, mais bel et bien par un agencement circonscrit et personnalisé, à travers lequel il s'efforce de faire tenir pratiquement ensemble ce qui théoriquement s'oppose. La tension va bien au-delà d'un pur dilemme psychologique, elle engendre une distance de soi à soi. « Je me vois d'une façon, et j'ai l'impression que les gens me voient d'une façon totalement différente », dit un élève. L'individu moderne n'est que ce qu'il fait de cet écart.

Les lycéens font la découverte pratique, au sein d'établissements fort divers et à travers des ressources sociales très inégalitaires, de cette tension élémentaire. Pour la résoudre, ils font appel à leur « responsabilité », seul principe permettant de gérer le dérèglement moral produit par l'écart entre les deux individualismes. L'intégration des principes n'est pas assurée par un modèle culturel cohérent et unitaire, elle doit être établie par chaque acteur dans un « dialogue intérieur ». L'indétermination caractérise alors fortement ce processus, et la seule certitude qui semble s'emparer des lycéens est celle, bien limitée et modeste, qui signale que c'est au fond de chacun de nous qu'il faut puiser la vérité de son propre parcours. Les lycéens définissent leur effort personnel comme le moyen d'éviter les grands maux et les périls qui les hantent. Dans ce cas, c'est la victoire unilatérale d'un principe sur l'autre, quand se séparent totalement les soucis et les objectifs de l'expérience : soit que l'exigence de l'authenticité rende les armes devant le besoin de la performance, soit que le souci de soi devienne narcissisme. Dans un cas, la performance envahit la vie, toute la vie, le « bac d'abord » se transforme en « le bac, rien que le bac ». La vie personnelle n'est qu'une ressource à organiser et à investir. Excessive, rare, cette figure est déplaisante pour bien des lycéens : elle est à l'œuvre chez ceux qui croient n'avoir qu'une valeur dans la vie et connaître le prix de toutes les autres choses. Dans les mots des lycéens, elle représente celui qui oublie ce qu'il est parce qu'il croit être ce qu'il est : un élève. Les lycéens ne réprouvent pas seulement les « bosseurs » et les « bouffons », ils « plaignent » ceux qui se réduisent à n'être que leurs performances et avec lesquels « on ne peut même pas parler ». De l'autre côté, le souci de l'authenticité devient exhi-

1. Cf. notamment à cet égard les travaux de H. Marcuse à la fin des années soixante et au début des années soixante-dix, *La Fin de l'utopie*, Paris, Éd. du Seuil, 1968 ; *Vers la libération,* Paris, Éd. de Minuit, 1969, et *Contre-révolution et Révolte*, Paris, Éd. du Seuil, 1972.

2. A. Touraine, *Critique de la modernité*, *op. cit.*

bition de l'intimité ; tout est jugé, compris et subordonné à sa propre personne. On peut ainsi, dans certains cas, et tout en étant une figure emblématique de cet individualisme expressif, ne pas abandonner l'idée de la course scolaire, mais elle est avant tout perçue comme une sorte d'exploit : les métaphores sportives rendent parfaitement bien compte de cet état d'esprit [1].

Les lycéens refusent avec encore plus de détermination le danger de l'irrésolution, et rejettent l'incapacité des individus à s'impliquer vraiment dans le monde mais aussi avec les autres. Pour les lycéens, cette attitude n'est qu'un prolongement du moratoire subjectif de l'adolescence qu'ils jugent désormais faux. Ce qui, au collège, était un gage d'authenticité devient, au lycée, une manière de se « trahir », soi-même et les autres, une lâcheté. C'est la faute essentielle pour des lycéens, dont l'expérience, animée par l'idée de projet, implique de s'engager dans sa propre vie et de surmonter la tension entre les deux individualismes. On pourrait exprimer ces tensions de différentes manières, mais, pour les situer dans le parcours que nous avons suivi jusqu'ici, disons que le lycéen est animé par deux grands soucis. Dans le domaine scolaire proprement dit, l'affirmation d'un projet scolaire exige une maîtrise croissante des stratégies scolaires. Dans le domaine de la « vie personnelle » il y a la quête des relations pleines, où la subjectivité puisse s'exprimer librement et sans peur. Les deux processus vont dans des directions inverses : d'un côté, il s'agit de subordonner la subjectivité à l'objectivité du monde ; de l'autre côté, il y a, parfois plus dans l'imaginaire que dans la réalité, le rappel lancinant, sous la forme d'authenticité à soi et à autrui, de la valeur de la subjectivité.

Ce serait une erreur que de croire que l'enchevêtrement de ces deux modèles donne naissance à un nouvel idéal ou à une figure du « juste milieu ». Il engendre une série fortement différenciée d'agencements pratiques dans lesquels l'individu compense l'absence d'un « modèle d'homme » par des doses croissantes de réflexivité personnelle [2]. La définition sociale du sujet n'est pas autre chose que la volonté de construire des expériences où s'accordent des intérêts individuels bien compris avec des principes moraux bien tempérés. Les lycéens, au-delà de la très grande diversité des parcours et des ressources, sont ainsi, le plus souvent, des individus raisonnables. On vient de le voir en ce qui concerne leur subjectivation scolaire, mais le fait est tout aussi saisissant en ce qui concerne leur vie sentimentale. On est déjà loin ici du romantisme esthétisant des collégiens [3] ! La vie amoureuse au lycée est prise entre les tenailles des

1. A. Ehrenberg, *Le Culte de la performance*, Paris, Calmann-Lévy, 1991.
2. Cf. les études d'A. Giddens, surtout *Modernity and Self-Identity*, Cambridge, Polity Press, 1991.
3. Cf. le dossier du *Monde de l'éducation*, « Sexe, amour et lycée », mai 1992, p. 34-49. Selon un sondage d'opinion, le plus important ce sont les études et le plus grave, ne pas avoir d'amis.

deux individualismes. Les lycéens apprennent l'alternance harmonieuse entre le discours de la passion et la prise en compte des intérêts. L'amour existe, certes, mais il n'est plus l'amour « démesuré » des collégiens sans être encore l'amour engagé, parfois déjà la vie à deux des étudiants. L'amour se découvre raisonnable. Les exemples abondent. Prenons-en deux. Le premier, où l'obstacle, loin d'engager l'amour dans un dérapage obsessionnel, dissout, en toute sérénité, le couple : « On essaie, mais ça marche plus trop, donc on arrête. Je suis sorti avec une fille maghrébine et son père acceptait pas qu'elle sorte avec des Français. Donc c'était la galère, on pouvait même pas se téléphoner. Si je voulais téléphoner, ça devait être ma sœur qui appelait pour se faire passer pour une amie... J'ai pas tenu. On a eu une discussion et puis on a arrêté, c'était beaucoup mieux, pour les deux. Ça sert à rien d'engager une relation là-dessus, c'est pas bien parti. » Le deuxième, où le besoin de compagnie tient lieu d'expression amoureuse : « Moi mes parents ils sont jamais là. Je suis toujours toute seule, c'est pour ça, j'en ai marre... Mon copain vient toujours, je suis toujours toute seule. Il me tient compagnie. » Aveu trop cru, et quelqu'un lui fera gentiment observer : « Tu pourrais avoir un chien... » Les mêmes principes sont à l'œuvre dans les parcours scolaires et dans la vie personnelle : une maîtrise minutieuse de ses investissements. Il ne faut pas en faire trop, et jamais trop vite. Les engagements définitifs sont pour plus tard, et d'ailleurs, pour ceux qui sont déjà « casés », la vie « se restreint à vivre à deux, la petite popote. Ils sortent plus, ils ont plus de loisirs, ils ont plus rien. Moi je trouve que leur adolescence est fichue, ils ont rien fait... Ils ont pas profité ». L'expérience lycéenne reste prise dans cette valse scandée par la volonté de faire des investissements maîtrisés, tout en réalisant des implications authentiques. Il ne s'agit de rien d'autre que d'une version scolaire et juvénile des conflits culturels de notre société.

La subjectivation lycéenne, celle qui se déroule au lycée, n'est qu'une figure particulière de cette dualité. Mais au lieu de cliver les deux figures de l'individu, elle les accommode autour d'un rapport intégré au savoir mêlant les passions et les intérêts bien compris. Ce n'est ni la pleine vocation, ni le pur calcul, mais une combinaison des deux dans le rapport au savoir qui organise la figure la plus maîtrisée de la subjectivation lycéenne. En cela, elle n'est pas l'apanage des seuls très bons élèves, ni le seul mode de subjectivation possible.

L'aliénation lycéenne

Bien des lycéens ne parviennent pas à se percevoir comme les sujets de leur expérience scolaire. Non seulement ils ne la contrôlent pas, mais ils ont le sentiment qu'elle les détruit, sans qu'ils puissent pour autant s'en échapper. Ils sont donc aliénés selon trois grandes modalités : le sentiment d'invalidation lié à l'échec, le sentiment d'impuissance engendré par l'absence de projet, l'impression d'absurdité issu du « vide » de la culture scolaire. Même si ces diverses dimensions s'agrègent souvent chez les mêmes individus, elles doivent être distinguées dans la mesure où elles relèvent de processus différents.

L'intériorisation des catégories de l'échec

L'échec scolaire est bien autre chose que le simple ratage d'une entreprise et d'un projet, c'est un verdict qui appelle une réorganisation de la perception de soi [1]. Humilié, le lycéen peut se trouver dans l'impossibilité de se « dégager » du jugement scolaire [2]. Bien sûr, l'échec est vécu au sein d'une condition commune identifiée à la filière qui marque profondément la perception de soi. « De toute façon en général, pour les gens, la G c'est la poubelle, c'est un peu le dépotoir. » « Déjà au collège, les élèves qui sont en troisième 6 ou 7, vis-à-vis de ceux qui sont en troisième 1, qui font allemand, c'est de la merde. » La diversification des filières opère toujours comme classement au sein d'un système commandé par un modèle d'excellence unique. « Quand tu dis que t'es en G, on te demande : t'étais en scientifique avant et t'as pas réussi, c'est pour ça qu'ils t'ont mis en G. » L'obsession du classement, si présente dans l'univers scolaire, traverse toutes les séquences de la vie quotidienne lycéenne. L'enseignant rassure les élèves confrontés à des difficultés devant un problème de mathématiques en leur disant que « si on avait donné le même problème à des littéraires ils auraient mis trois heures de plus que nous parce qu'ils sont pas tellement intelligents... ». D'autres fois, c'est la classe tout entière qui est visée par le mépris enseignant. « On a eu un prof qui récemment nous a dit qu'on ferait mieux de ramasser les feuilles dehors. »

Mais l'échec scolaire est personnel et casse les groupes de pairs. « Moi, mes copains en seconde ils sont partis en G, moi en S, je les vois pratiquement plus. De temps en temps je les croise, je leur dis même plus bonjour. » Peu importe les parcours partagés, les difficultés identiques, le désespoir commun, l'échec scolaire ne génère que très rarement des identifications communes solides. Au contraire, plus les parcours des autres ressemblent au sien, plus le sentiment de perte de confiance peut s'installer.

1. Pour un aperçu institutionnel de cette notion, cf. E. Plaisance, « Échec et réussite à l'école : l'évolution des problématiques en sociologie de l'éducation », *Psychologie française*, n°s 34-4, 1989.

2. Les effets interactionnels sont loin d'être négligeables à cet égard. Pour une réflexion d'ensemble sur ces différentiels interactifs, cf. E. Goffman, « Microsociologie et histoire », *in* Ph. Fritsch, *Le Sens de l'ordinaire*, Paris, Éd. du CNRS, 1983.

L'intériorisation de l'échec scolaire s'opère progressivement jusqu'à un emballement où elle englobe le sujet. L'expérience de l'échec est plus, et autre chose, que la somme d'une série de déconvenues scolaires. On se découvre en échec. C'est particulièrement flagrant chez les élèves ayant vu leur « rang » scolaire décliner dans la classe de seconde[1]. L'expérience nouvelle alimente, souvent bien au-delà des véritables performances scolaires au collège, des récits plus ou moins enchantés du passé scolaire, comme une manière à la fois de contrer un verdict scolaire et de « s'excuser » de son inconvenance. La rupture de trajectoire est compensée par l'effort de continuité narrative : ce qui frappe le plus, chez ces élèves, est leur désir de s'approprier jusqu'au bout tout ce qui leur arrive. Mais par là même c'est l'échec qui tient lieu d'événement majeur. Toute l'histoire de l'individu paraît coupée en deux par un échec auquel on cherche des explications, et on n'arrêtera pas de chercher[2]. Quelques-uns décrivent des accidents et des erreurs d'aiguillage : « Je leur en veux de m'avoir fait passer en seconde, parce que je devais repiquer ma troisième, c'était logique. » « Le prof de math avait un niveau beaucoup plus au-dessus que le collège, je sais pas c'était des cours de maths où je comprenais rien. Je ne comprenais vraiment rien. » Mais au fur et à mesure que l'échec se banalise, le lycéen en endosse la responsabilité, comme cet élève qui, de « bon en math » au collège, redouble sa première S. « J'ai peut-être baissé les bras trop tôt, je travaillais peut-être pas assez... » Dans tous les cas, l'échec finit par envahir la totalité de la vie du lycéen. Il se découvre différent des autres, toujours sous leur regard, parfois même transparent devant l'institution. « Il y avait un dossier où ils connaissaient ma vie, sans que moi je connaisse la leur. Ça c'est lourd... » L'échec devient stigmate. « Dans la petite cour tout le monde se regarde, on traverse la cour, alors on a deux cents personnes qui te regardent traverser, c'est atroce, on est collé au mur tout le long avec personne au milieu. » « Il y a des fois où on a envie d'être seul et on est à peine arrivé le matin que... on se dit : c'est pas possible, j'ai pas envie d'y aller. »

Le redoublement signale aux yeux de tous ce qu'on savait déjà : on n'est pas comme les autres. « Il y a la séparation.... On est tout le temps avec eux, quand on redouble, on est derrière. » Le redoublement rend visible une fracture[3]. Désormais, on porte en soi une expérience qui sépare et isole.

1. Cf. S. Broccolichi, « Un paradis perdu », *in* P. Bourdieu, *La Misère du monde*, Paris, Éd. du Seuil, 1993.

2. Les interactionnistes se sont souvent penchés vers ces « accidents » biographiques, ces moments où l'acteur ne peut plus se percevoir comme « avant » bien qu'il essaie toujours de se donner une cohérence vraisemblable. Cf. la notion d'« adaptations secondaires » chez Goffman et les études d'A. Strauss, *Miroirs et Masques*, Paris, Métailié, 1992.

3. L'élévation des chances d'accès au lycée a engendré un allongement des parcours scolaires, et une recrudescence au moins momentanée des redoublements, l'âge devenant, moins que dans un passé encore récent, une source d'élimination d'élèves en

On sait qu'on n'est plus comme les autres, on interdit même aux autres élèves de pouvoir comprendre sa blessure. « Toi t'as réussi, tu sais pas ce que c'est... Tu redoubles, t'as une sorte de honte, faut le dire à ta grand-mère, elle le prend mal, t'as moins de cadeaux à Noël, c'est ça le redoublement. Ça fout les boules, tu perds tes copains, ils partent, ils vont avoir le bac l'an prochain, ils partent, tu les vois plus et toi t'es encore au lycée... c'est ça le redoublement ! » Le sentiment de honte est renforcé par une culpabilité profonde, d'autant plus intense que les parents laissent aux lycéens la responsabilité absolue de leurs parcours. « Mes parents m'ont toujours dit : tu fais ce que tu veux, tu travailles pour toi, quand tu veux, c'est ton avenir, c'est toi qui vois. Et justement le fait qu'ils me disent ça, je me dis il faut que j'arrive. » Les inquiétudes envers l'avenir se conjuguent au sentiment d'échec et finissent par engendrer une obsession. « Il y a des moments où on a envie de s'amuser et puis on s'amuse et le soir on rentre et on se dit : tu aurais jamais dû t'amuser. Tu t'imagines le temps que tu as perdu, tu aurais pu travailler... Il y a des moments qui sont comme ça... »

La récupération de l'estime de soi exige une revanche sur l'école, l'avenir exige le « deuil » de l'échec scolaire. Il arrive que ces conversions se réalisent, comme nous le verrons, au détriment de l'école, ailleurs qu'à l'école. La subjectivation se définit alors de manière parallèle à la vie scolaire : grandir, c'est avoir un travail, renoncer à l'école, s'en détacher. Mais souvent le renoncement scolaire n'est pas possible et le problème est de savoir où puiser la force de surmonter l'échec que l'école inscrit en soi, tout en restant *dans* l'école. Conversion difficile car l'échec appelle l'intériorisation des catégories scolaires. Il faut s'approprier un « destin » social et scolaire en tant qu'histoire personnelle. L'individu se dote d'un moi unifié par une histoire racontée à la première personne quand s'opère le passage d'une individualité ouverte aux regards d'autrui, à une individualité fermée, autocentrée et travaillant sur elle à partir des verdicts scolaires. Devant l'échec, on finira par assumer la responsabilité totale de son malheur. « Tout est basé sur le travail. Si j'ai bien travaillé c'est moi, si j'ai pas bien travaillé, c'est encore moi. Les profs au bout de compte, ils nous font toujours comprendre que tout est de notre faute. » A terme, l'image de soi se désocialise radicalement, au point de refuser toute responsabilité autre que la sienne. « Les profs, ils nous orientent par rapport à nos notes. C'est évident que si on a eu 2 de moyenne en français toute l'année on va pas aller en A. C'est nous en fait qui nous dirigeons par rapport à nos notes. » « Il faut être réaliste. Quand on voit que des élèves ont 18 et nous 5 on se dit bon... Y a quand même pas des surdoués dans toutes les classes : il faut

« retard ». En 1992, le pourcentage des lycéens à l'âge théorique n'est que de 33,4 % en terminale. Pour une perspective diachronique de ces évolutions, cf. G. Langouët, *La Démocratisation de l'enseignement aujourd'hui*, *op. cit.*, chap. III. Par ailleurs, le taux global de réussite au baccalauréat, toujours en 1992, est de 71,8 %.

voir les choses en face... » Mais plus on assume ses responsabilités, plus on s'enfonce soi-même. « Moi particulièrement, j'ai toujours eu l'impression que moi ça allait jamais quoi. » « On se remet en question. Des fois je me demande si c'est bien d'aller là, si j'ai le niveau. » Le recours à la « frime » collégienne n'est plus possible. « Quand on se prend vraiment une sale note et que les autres ont réussi, c'est difficile de frimer », d'autant plus que « les autres sont là pour le rappeler aussi. Il y a une petite compétition. Si on a une sale note, on s'en vante pas ».

Un seul secours semble encore disponible, limité et plein d'ambiguïté : l'échec ne concerne pas la personne et ne désigne que son travail. Cet argument est d'autant plus déployé par les lycéens qu'il rencontre, en apparence, l'accord des enseignants, qu'il est une convention générale établissant le travail comme l'équivalent universel des performances. En effet, dans un système compétitif démocratique, il importe que les jugements qui fondent les inégalités ne mettent pas en cause l'égalité fondamentale des personnes et de leurs talents. Dans la compétition, les inégalités relèvent donc du travail librement engagé et non pas des qualités de la personne. L'échec ne serait donc pas une fatalité personnelle, mais le résultat d'un manque de travail ou de mauvaises techniques de travail. « Si on veut, on peut. » Le *credo* des élèves se résume à deux affirmations : « Pas doué, oui. Bête, non. » « Je crois que personne n'est bête. Ils ne travaillent pas assez. » Bons ou mauvais élèves, enseignants, parents et chefs d'établissement, tout le monde entretient cette assertion, sans y croire pourtant toujours. C'est la convention essentielle d'un système méritocratique qui préserve les personnes et, les laissant seules face à leur échec, se préserve aussi [1].

Pourtant, pour le lycéen en échec, il ne s'agit là que d'une piètre consolation. Il peut sauver la face, mais l'assertion est loin de calmer ses doutes. Après avoir fait l'expérience intime qu'un surplus de travail n'est ni directement, ni immédiatement efficace, des lycéens peuvent accomplir la norme en arrêtant tout travail afin de se préserver. On revient sur son propre récit afin d'expliquer l'échec par le manque de travail. « Sur le coup, j'avais l'impression que je travaillais assez, mais maintenant que j'y réfléchis, c'était pas assez. » De toute manière, on affirme toujours de manière péremptoire que, « grâce au travail, j'aurais pu progresser ». Les mensonges adressés à soi-même sont d'autant mieux acceptés par l'entourage qu'ils préservent les bonnes relations et font l'économie de drames publics ; on fait comme si. Mais la mauvaise foi n'empêche pas la conscience malheureuse. L'acharnement au travail devient un acharnement contre soi. « J'ai découvert la bio et ça m'a toujours vachement intéressé, même si ça marche

1. Élargissant ce raisonnement à l'ensemble des mécanismes d'exclusion, M. Walzer explique ainsi pourquoi l'exclusion de masse n'engendre pas de conflit global [M. Walzer, « Exclusion, injustice et État démocratique », *in* J. Affichard, J.-B. de Foucauld (éd.), *Pluralisme et Équité*, Paris, Éd. Esprit, 1995].

pas trop bien. Je travaille beaucoup la bio parce que ça m'intéresse beaucoup mais ça ne marche pas... et ça m'énerve beaucoup... je n'arrive même pas à la moyenne avec le temps que j'y passe. C'est embêtant... Parfois je me dis tu dois être con ce n'est pas possible... non je sais pas. »

« Quelquefois on travaille, et puis on n'a pas les résultats, on se pose des questions.

– Faut voir si on a fourni assez d'efforts pour avoir une bonne note, parce qu'il y a des moments où on fait vraiment des boulots à la légère.

– Ouais, mais par moments c'est des blocages, tu comprends pas. T'apprends mais tu y arrives pas. C'est physiopathologique. »

On est au bout du chemin avec la cristallisation de l'échec scolaire comme un trait de personnalité, l'implosion isolée et silencieuse sur soi. « Moi je sais que l'an dernier je faisais des crises de nerfs et j'étais... en pseudo-dépression quoi. Ça allait pas... » « J'ai pas envie d'en parler ; chaque fois que j'en parle ça me met en l'air, alors j'ai pas du tout envie d'en parler. » « J'ai déprimé complètement, j'ai pris des médicaments je suis même tombée malade à cause des médicaments que j'avais pris, j'ai même loupé l'école deux mois à cause de ça. » Au bout de la course, l'échec est vécu de manière désocialisée et fortement individualisée, parfois comme la fin des espérances. « C'est vrai avec mon échec en première, je vis pas, j'ai honte de pas avoir réussi... parce que ça met en l'air tout ce que j'ai espéré depuis toujours. »

Bien des processus institutionnels renforcent la conscience malheureuse. L'obsession du « rattrapage », de la « mise à niveau », des « classes à cursus renforcé », des « cours complémentaires » et des « aides au devoir », sans parler de l'affirmation de l'égalité des chances scolaires, conspire à interdire une interprétation sociale de l'échec scolaire. Le lycéen en échec scolaire est ainsi un individu sur la défensive. Empli des discours négatifs sur soi, il est moins voué à intégrer, pratiquement, les différents domaines d'une expérience sociale, qu'à reconstituer un récit sur soi capable de neutraliser un verdict. Expression limite de l'échec, elle est inscrite comme une virtualité dans la nature même des représentations du travail scolaire qui est, pour une part, une activité « créative » et d'autoréalisation dont la représentation par excellence est, dans notre culture, l'œuvre artistique. Là où il peut y avoir identification de l'individu à ses œuvres, existe aussi le risque d'une destruction, d'une non-reconnaissance à travers les œuvres. D'un autre côté, le travail des lycéens est anonyme, impersonnel, non seulement dans son processus mais aussi dans l'échange des œuvres destinées à des inconnus, l'activité étant alors fortement objectivée et séparée de la personne de l'auteur. Le travail scolaire se place quelque part entre ces deux représentations extrêmes. S'il n'est jamais véritablement une activité créatrice au sens fort du terme, il n'est pas, même dans ses formes dégradées, un travail totalement dépersonnalisé, il est fait à la demande de quelqu'un de connu et il porte indéfectiblement la marque de son auteur. Le travail scolaire engage dans un seul et même mouvement une « œuvre » et une « personne », et si l'intériorisation de l'échec scolaire est si douloureuse, c'est parce que l'élève sait qu'il est dans son travail, justement parce qu'il n'en maîtrise pas les techniques et les rhétoriques. A l'opposé, le bon élève, qui n'ignore rien de ces techniques et de leurs rationalités, peut plus aisément se détacher de son travail et ne pas se confondre avec son statut de bon élève, il peut ne pas « s'y croire », disent les lycéens.

Le projet impossible

La perte de contrôle quotidien des études se prolonge souvent par une perte de maîtrise du processus d'orientation et, au-delà, par un sentiment d'impuissance. De fait, l'orientation n'est qu'une sélection par l'échec à partir d'une norme unique de l'excellence scolaire. L'ancien système de distribution des individus en fonction des origines sociales, et se réalisant en amont du système scolaire, est désormais médiatisé par l'école qui organise la répartition d'une génération dans les diverses activités socio-professionnelles, en dépit de l'improbable adéquation entre la formation et l'emploi [1].

Malgré les réformes successives, l'orientation reste une pratique floue à cause de la multiplication des paliers d'orientation, de l'incertitude des choix et de la complexité du jeu institutionnel. L'orientation opère en deux temps. Dans un premier moment, elle se joue dans l'interaction entre divers acteurs : les enseignants évaluent le « niveau », les familles et les élèves expriment des « souhaits », les conseillers d'orientation déterminent les « aptitudes ». Dans un deuxième moment, l'affectation devient effective en fonction du nombre des places disponibles dans les diverses filières, ce qui limite encore les choix. « Moi, comme mes capacités étaient pas suffisantes j'ai pas pu faire ce que j'aurais voulu faire... J'aurais voulu aller dans un autre établissement j'ai pas pu, donc je suis venu ici, j'ai redoublé. » Bien des élèves ne sont pas là où ils auraient voulu être. Certains en veulent aux enseignants, d'autres aux conseillers d'orientation. Les remises en cause de l'institution, bien plus fréquentes ici que dans le registre de l'échec, ne parviennent toujours pas à alimenter des positions critiques organisées. On passe du choix impossible à l'acceptation d'une contrainte [2].

L'orientation est vécue comme un parcours chaotique, comme une suc-

1. L. Tanguy (éd.), *L'Introuvable Relation formation/emploi*, Paris, La Documentation française, 1986.

2. F. Œuvrard, « L'orientation en lycée professionnel : du choix positif à l'acceptation résignée », *in* INSEE, *Données sociales*, 1990.

cession d'accidents brisant peu à peu le rapport entre les projets et la carrière scolaire. Chaque orientation ferme l'univers des possibles. « Nous on fait communication commerce et ce qu'on nous ramène c'est BTS action commerciale, mais ceux qui envisagent autre chose, par exemple droit, ben ça ils s'en foutent complètement. » « Maintenant que je suis en A, je peux plus du tout faire ce que j'ai envie de faire (kiné ou médecine) parce que ça chamboule tout. » D'autres fois, les souhaits sont ignorés. « En troisième c'est pas ça du tout que je voulais faire, je voulais être styliste. Et ils m'ont très mal orientée. » « Mon grand frère s'est retrouvé horloger alors qu'il voulait faire dessinateur en publicité. » De toute manière, le système est trop complexe. « Je trouve qu'on est mal orientés, qu'on nous explique pas bien ce qu'il faut prendre par rapport à nos choix. »

Il est difficile de fixer avec précision le moment où s'installe la perte de maîtrise des orientations. Parfois, l'orientation semble se distiller tout au long d'un parcours scolaire. « En cinquième j'ai été dans une classe un peu chahuteuse, donc j'ai décroché un peu ; en quatrième, pareil, je suis retombé avec les mêmes zigotos, donc c'était tout le temps la même chose. Après ils ont paumé mon dossier, donc à cause de ça j'ai dû repiquer ma quatrième, je suis tombé dans une classe un peu mieux. En troisième je suis tombé dans une classe vraiment bordélique, la prof a été frappée... J'ai dû avoir un truc sur mon dossier... » A l'issue de ce parcours scolaire, l'orientation n'a été qu'un diktat : « Avec les notes que t'as, tu peux faire ça ou ça... Ils m'ont dit que j'avais pas trop le choix, ils m'ont carrément collé en G. C'était ça ou alors un BEP. » Il ne reste que le redoublement comme moyen d'échapper à une orientation non voulue. « J'avais fait ma demande en SMS ici et, par faute de place, j'ai été refusée, et c'est vraiment ce que je voulais faire, donc j'ai redoublé. Mais j'avais eu déjà mon brevet. Ma deuxième troisième, ça a été peinard, les vacances. Là-dessus, comme j'avais un bon dossier, j'ai été acceptée en SMS, mais je me suis rendu compte que, tout compte fait, j'aurais dû faire autre chose, parce que maintenant ça me plaît sans me plaire. » On peut aussi accepter le redoublement pour contrer le souhait parental. « Moi, mes parents voulaient que je passe en première S : moi je voulais pas donc, tout compte fait, j'ai redoublé ma seconde et puis c'est tout ! » « Mon frère, mes parents voulaient le faire aller en S un peu par snobisme, il s'est arrangé pour redoubler, ensuite il a fait ce qu'il voulait faire. » A ces orientations négatives il faut encore ajouter les orientations « positives » où le lycéen est poussé vers le « haut » en dépit de ses aspirations scolaires et sociales. « Je voulais faire un BEP parce que je me sentais pas capable d'aller en seconde. Et puis dans ma famille tout le monde avait fait BEP. Les profs m'ont dit que j'étais bonne, ont convoqué mes parents et leur ont dit que j'avais des capacités, que je devais aller en seconde. J'ai fait une seconde, j'ai travaillé et je suis passée en première B et puis en terminale mais j'ai échoué au bac... Peut-être que ça aurait été mieux de faire un BEP. »

La marge de manœuvre des lycéens, limitée pour ce qui relève des bonnes filières, n'est pourtant jamais négligeable. Certains parviennent à leurs objectifs par le biais d'itinéraires retors. Les récits de carrière frôlent l'absurde. « En troisième, je sais pas trop ce que je faisais, je m'amusais, donc j'ai redoublé et je suis partie dans le privé. Puisque toutes mes copines redoublaient, donc je me suis dit que j'allais refaire la même chose. Je suis passée en seconde, mais là ils voulaient tous aller en S, ils travaillaient comme des malades... Ils m'ont dit : bon on va vous faire passer en A1. Mais moi je voulais pas de ça. Donc j'ai voulu revenir dans le public, et puis là problème : on récupère pas ceux qui viennent du privé. Alors j'ai fait tous les lycées et en fait c'est ici qu'ils m'ont acceptée pour une deuxième normale, pour faire après une B. »

Au lieu de stabiliser les projets en accordant les fins aux ressources, il arrive que les orientations successives les rendent plus instables et plus incertains encore. On s'est trompé de voie. « Je me suis rendu compte que tout compte fait j'aurais dû faire autre chose. » « Maintenant c'est plus ça, moi tout ce qui est sanitaire et social, ça me plaît pas trop. Je voudrais être instit maintenant. » La filière « choisie » peut aussi s'avérer trop exigeante. « Je me dis que j'aurais peut-être dû prendre quelque chose de moins difficile, et être sûr de l'avoir, plutôt que de prendre ça, il faut travailler partout et je sais pas si je vais y arriver. » Toutes ces difficultés et ces repentirs sont inscrits dans l'ambiguïté même de la notion de projet qui emprunte des éléments d'un concept « existentiel », tout en étant traversée par de fortes doses d'instrumentalisme liées à une indéniable fonction de classement social [1]. L'harmonisation entre les trois va rarement de soi pour tous ceux qui sont confrontés à l'orientation.

Certains se raidissent derrière des projets irréalistes et magiques, comme cette fille qui exprime, dans une seule et même phrase, un souhait et son impossibilité : « Moi j'aimerais bien être prof d'université, mais il faut le DEUG, la licence, la maîtrise et le doctorat et après c'est sur concours, il faut qu'il y ait une place libérée... » D'autres se réfugient vers des projets d'enfance, en retardant tout travail de deuil. « Moi c'est un projet que j'ai depuis que je suis toute petite, c'est pas un rêve. » Plus souvent encore, les lycéens découvrent qu'ils n'ont aucun projet. « Ben, j'aurais voulu être éducateur. Il faut que je me sente vraiment apte, il y a des examens. Je sais pas, je voulais être infirmière, je me pose la question. Disons, je suis assez instable, je change assez facilement d'horizon. » Les humeurs tiennent lieu de projet. « Je sais pas ce que je ferai l'an prochain, mais j'ai quand même quelques idées, par exemple je sais que j'aimerais me diriger vers l'aménagement du territoire ou, je sais pas, vers le sport... » Cette lycéenne

1. Cf. J. Guichard, *L'École et les Représentations d'avenir des adolescents*, Paris, PUF, 1993.

s'inscrira à la faculté d'histoire, avant d'abandonner quelques mois plus tard.

Pour beaucoup de lycéens, et par des voies fort diverses, l'orientation est une exigence impossible. « On sait pas tout de suite ce qu'on veut faire. » « Je vois pas vraiment ce que je vais faire l'année prochaine, je sais pas encore. » Cette situation est d'autant plus fréquente que l'urgence des projets est inversement proportionnelle aux ressources scolaires disponibles et aux espaces de choix possibles. Plus on a de difficultés scolaires et moins on a de choix de filières, et plus on est contraint d'énoncer un projet personnel. Les études risquent alors très fortement de se vider de sens. Certes, on ne peut pas réduire l'orientation seulement à une forme de sélection sournoise à travers l'intériorisation et l'acceptation progressives de l'échec scolaire, bien que les taux d'accès aux diverses filières continuent de s'ordonner selon la hiérarchie de l'origine sociale. Le jeu de l'orientation permet quelques marges de manœuvre. Comme le signale J.-M. Berthelot, malgré les fortes contraintes à l'œuvre, l'orientation n'est pas purement déterministe, même si elle se joue à l'intérieur d'un espace objectivement déterminé[1]. Mais l'orientation est plus un processus de dissolution des anciens « rêves » professionnels de l'adolescence que le lieu de constitution de véritables projets[2]. Pour les lycéens les plus mal placés, ceux qui sont orientés, il n'y a pas de projet sans abandon de leur passé, et sans acceptation d'une contrainte. Le récit du projet est souvent douloureux parce qu'il raconte la soumission à un « destin », inscrivant en soi un sentiment d'impuissance.

Le vide scolaire

Il faut maintenant nous tourner vers une troisième figure de l'aliénation scolaire. Assez répandue, elle est néanmoins difficile à aborder, tant elle est caractérisée par le désintérêt scolaire, voire la fuite[3]. Alors que les deux premières figures, celle de l'échec et celle du projet impossible, sont placées sous l'emprise de l'école, celle-ci, à l'inverse, lui « échappe ». Tout en restant à l'école, ces lycéens sont déjà « dehors », « à côté », mais ne s'inscrivent nulle part[4].

1. Cf. J.-M. Berthelot, *École, Orientation, Société*, *op. cit.*

2. On peut se demander si l'infléchissement de la profession de conseiller d'orientation vers une dimension plus psychologique n'est pas une réponse à cette dimension de l'orientation ; il s'agirait moins d'orienter les élèves que de les soutenir.

3. Ce sont évidemment des lycéens que l'on a de grandes difficultés à rencontrer dans une enquête.

4. Cette figure lycéenne se rapproche du modèle de désintérêt et de retrait scolaires observés par O. Galland dans la petite ville ouvrière d'Elbeuf (O. Galland, « Représentations du devenir et reproduction sociale : le cas des lycéens d'Elbeuf », *Sociologie du travail*, n° 3, 1988).

L'aboulie de ces lycéens, leur silence dans nos groupes de recherche contrastent vivement avec le désarroi de certains autres dont l'itinéraire scolaire est tout aussi accidenté. Un détachement paisible s'installe. « J'allais à l'école, mais c'était comme ça. » « J'ai fait deux secondes, enfin j'ai été inscrite pendant deux secondes, les faire c'est un grand mot. J'ai rien fait quoi... Non, j'étais même pas absente, j'allais pas en cours, mais j'étais là en début d'heure, je faisais : présente, et je partais cinq minutes après. » En l'absence de tout véritable intérêt intellectuel et de tout projet, les études deviennent vides. Au mieux, il reste une relation humaine avec certains enseignants, à condition de bien comprendre que cet attachement ne se transforme jamais en intérêt pour la discipline. Le lien pédagogique se dégrade dans une interaction personnelle. « J'étais jamais attentif à son cours mais ça me gênait pas d'aller parler après avec lui de ce qu'il aimait... Il aimait le rugby, je parlais avec lui de rugby. » « Elle parlait avec nous de ce qu'on allait voir au cinéma, de nos sorties. On s'est dit c'est pas possible qu'elle puisse vivre comme nous en dehors. Elle avait le même mode de vie. Ça fait drôle. » Vidée de tout contenu pédagogique, la relation avec les enseignants met en présence de simples individus avec leurs goûts et leurs opinions privés.

Ce vide scolaire peut être associé au discours d'une pure maîtrise instrumentale des études. C'est l'art de survivre. L'important n'est pas tant le travail que de faire des « coups » par la fraude ou un brusque travail, quand la situation est trop tendue. Au fond, ces élèves ne croient pas, ou font comme s'ils ne croyaient pas, à la valeur des diplômes scolaires. Aux yeux de ces nouveaux lycéens, souvent, l'investissement scolaire n'est pas rentable. Scolarisés dans des établissements peu réputés et dans les filières les moins prestigieuses, ils estiment avoir de « bonnes raisons » de ne pas accomplir davantage d'efforts [1]. Rappelons que ce jugement est loin d'être minoritaire : 17 % des lycéens seulement pensent que les diplômes sont la clé de la réussite sociale, 69 % estiment que l'école les prépare mal au monde du travail, et ce taux augmente de la seconde à la terminale, comme si le déroulement des études accentuait la conscience de leur inutilité [2]. Pour ces lycéens, l'école n'a plus beaucoup d'utilité, ni d'un point de vue objectif avec la dévalorisation des diplômes, ni du point de vue de l'intérêt intellectuel et des gratifications apportées par le succès [3]. Comment, dans ces conditions, attendre un engagement et un dévouement réels ? Mais, plutôt que de se tourner vers d'autres activités, ces lycéens évitent de construire des projets associés à leurs études. « Je veux être mère au foyer, j'aimerais bien trois enfants. Chez moi, c'est déjà moi qui fais tout. » « J'aimerais

1. Or, à moins qu'un investissement ait lieu ailleurs, cette « bonne raison » n'est autre chose que l'acceptation par l'individu de son échec.

2. Sondage CSA, *Phosphore*, mai 1993.

3. Sur la valeur des diplômes, cf. C. Baudelot, M. Glaude, « Les diplômes se dévaluent-ils en se multipliant ? », *Économie et Statistique*, 225, 1989.

élever mes enfants d'abord... J'ai envie de réussir ma vie privée, parce que le travail, c'est vrai que c'est important, mais c'est pas tout. »

Le lycée est essentiellement vécu comme un lieu de sociabilité en l'absence de toute référence au travail scolaire. Les récits du choix de l'établissement, voire du lycée idéal en témoignent. « J'aurais pu aller dans un lycée plus proche de chez moi, mais je trouvais que c'était le bahut trop campagne, les gens se ressemblent tous. Ici, on est tous très différents, c'est un enrichissement. » « L'essentiel au lycée, c'est qu'on s'y sente bien parce qu'on y passe quand même la majeure partie de notre temps. » Le bon lycée est celui « où on ne se sent pas emprisonné ». En vérité c'est la condition lycéenne elle-même qui fixe une appartenance sociale minimale. Le seul but du parcours scolaire est de rester scolarisé. « Moi, j'y crois plus, je me demande pourquoi j'y vais ; j'y vais parce qu'on me dit d'y aller, pour avoir le bac et puis j'arrête. » « Je travaille, mais je vois pas pourquoi. » Le taux d'absentéisme n'est que l'indice de cette déscolarisation « douce »[1]. La coupure avec la vie hors lycée est si profonde que ces élèves ne se perçoivent même pas comme des « lycéens à temps partiel ». « On n'a pas l'obsession de rentrer chez nous pour continuer ce qu'on a fait pendant la journée. » Cette vacuité donne un sentiment de vertige, l'impression de participer à une course sans but où l'on anticipe même les échecs futurs, tout en étant incapable d'enrayer ou d'infléchir sa propre trajectoire. L'itinéraire scolaire n'a plus d'objectif et bien des lycéens, placés dans cette expérience vide, envisagent, sans conviction, de continuer des études supérieures dans des filières longues, tout en affirmant : « A la fac, je vais me planter. » Mais que faire d'autre ?

Cette troisième forme d'aliénation scolaire est définie par un sentiment d'absurdité. Les lycéens parlent peu du monde scolaire, l'école ne les intéresse guère, et il n'est certainement pas exagéré d'interpréter cet abandon et ce retrait comme une modalité d'adaptation. L'indifférence scolaire tient davantage des « pathologies » invisibles que d'une quelconque remise en cause de l'école. C'est l'absurdité qui « protège » la personnalité : la conscience est coupée de l'expérience et ces élèves sont « aliénés » au sens premier du terme. Pourtant, leur désarroi est moins grand que celui des lycéens ayant intériorisé l'échec scolaire. Eux, au moins, peuvent dire : « Il y a longtemps que j'ai tiré un trait. » Ainsi que l'affirme cet élève : « Comme disait J. Brel, on oublie rien, on s'habitue, c'est tout. » A première vue, cette forme d'aliénation scolaire semble épargner l'estime de soi. Mais c'est au prix d'une désorientation profonde car même l'instrumentalisme n'est qu'une tactique minimale, elle n'est qu'un « moyen » permettant de satisfaire des aspirations extérieures à la situation scolaire elle-même. Le

1. Entre 11 et 18 ans, le pourcentage d'élèves régulièrement absents passe de 9 à 21 % chez les garçons et de 6 à 13 % chez les filles. Cf. M. Choquet, S. Ledoux, *Adolescents*, Paris, La Documentation française-INSERM, 1994.

vide scolaire est d'une autre nature : c'est une « implosion » de l'expérience scolaire à travers laquelle l'acteur ne peut se former comme sujet.

Formations parallèles

A côté des expériences, « positives » ou « négatives », profondément marquées par l'école, il existe d'autres figures lycéennes construites à l'extérieur du monde scolaire, voire même sous la forme d'une revanche contre l'école, ou bien encore à travers des pratiques éducatives marginales au lycée[1]. L'une et l'autre de ces modalités de subjectivation se développent, en réalité, à côté de l'école *stricto sensu.* Il faut évoquer ici les engagements véritablement « passionnels » de certains lycéens dans des activités considérées comme essentielles. Pensons à tous ces élèves qui consacrent la quasi-totalité de leur temps libre à la musique, au sport, ou à telle ou telle passion. Au fond, ils rêvent de transformer cette passion en métier et considèrent que le temps passé à l'école est une sorte de garantie minimale, le prix payé auprès de la famille pour s'abandonner à une passion considérée comme une véritable vocation. Peu importe ici que cette passion s'étiole au fil des années, que les jeunes guitaristes de rock'n roll ne deviennent pas des musiciens professionnels, que les alpinistes ne deviennent pas guides de haute montagne, que les athlètes ne gagnent aucune médaille... Ces élèves sont littéralement « tenus » par leur vocation, c'est là qu'ils ont le sentiment de se constituer comme des sujets, c'est là qu'ils grandissent et s'affirment, c'est là qu'ils s'engagent, c'est là qu'ils ont leurs amis. De leur point de vue, l'école n'est qu'une activité routinière où il faut « assurer », sans plus. Même si la plupart de ces passions ne seront pas des professions, ne perdons pas de vue cependant qu'un grand nombre d'entre elles orienteront des choix professionnels vers les métiers de l'animation, les industries de la culture et du loisir, et que tout n'est pas ici rêverie adolescente.

Les petits boulots

Les lycéens laborieux qui consacrent beaucoup de temps et d'énergie à divers petits boulots ressemblent *a priori* aux élèves « aliénés » que nous

1. Nous avons trouvé le mode de formation en dehors de l'école dans un lycée lillois, auprès des lycéens des sections techniques, notamment Sciences et Technologies de laboratoire, et Sciences et Technologies tertiaires. Quant à la subjectivation dans les activités éducatives du lycée et dans une forme de démocratie scolaire, elle est illustrée par le cas, encore exceptionnel, d'un lycée polyvalent de la banlieue bordelaise.

avons décrits plus haut. Ils disent souvent manquer de « bases », ne pas avoir été capables d'« apprendre d'une année à l'autre ». Ils disent aussi avoir été profondément déstabilisés par l'abstraction des enseignements peu convertibles en compétences pratiques. « Le problème avec les maths, c'est qu'on voit pas à quoi ça va nous servir les *x* et les *y* dans la vie. » Les « hors sujet » sont de rigueur et, à leurs yeux, une dissertation de philosophie est davantage l'expression d'une opinion personnelle qu'un mode d'argumentation. L'important c'est d'« avoir des idées vraies ». Comme ces élèves ont le sentiment que les études sont peu rentables, ou qu'elles ne peuvent suffire à assurer l'avenir, ils vont chercher ailleurs qu'à l'école un principe d'estime de soi afin de réorganiser leur expérience. Ne pouvant se constituer comme des sujets à l'école, ils décident de grandir à côté et de rompre ainsi avec une expérience qui se vide peu à peu. Cette stratégie, plus fréquente chez les élèves âgés des filières techniques, n'est pas seulement une réponse à la nécessité [1]. Pour ces lycéens, on devient grand « à partir du moment où on est rémunéré ». Le baccalauréat n'est plus, à lui seul, l'équivalent d'un rite de passage, d'entrée dans la vie adulte [2]. Pour une partie des lycéens, la maturation s'accomplit au sein de l'univers professionnel et en dehors du parcours scolaire, alors que, pour d'autres, c'est l'allongement de la jeunesse au cours des études universitaires qui permet de devenir adulte [3].

Quand l'école menace l'image de soi, la vie professionnelle est une deuxième chance, une autre façon de prouver sa valeur. Outre les difficultés économiques et familiales non négligeables pour certains, et la nécessité d'avoir une activité rémunérée afin de disposer d'un peu d'argent à soi, le petit boulot est un effort de subjectivation, un « remède » à l'école [4]. Face au sentiment d'échec et d'absurdité engendré par leur expérience scolaire, ces lycéens récupèrent une estime de soi. « On est fier quand on gagne de l'argent par soi-même », surtout dans un monde scolaire où la dépendance s'étire. Cette démarche n'est pas étrangère à la crise économique et à la

1. Pour une étude exhaustive de cette expérience, cf. R. Ballion, *Les Lycéens et leurs petits boulots*, *op. cit.* Selon l'auteur, et à partir d'une enquête portant sur le département de la Seine-Saint-Denis, cette expérience est commune à 22,8 % des lycéens pendant la période des vacances, mais, surtout, 13,5 % des lycéens ont une activité rémunérée régulière pendant l'année scolaire ; le pourcentage total atteignant 40,4 % des lycéens ayant une expérience du travail rémunéré.

2. Cf. A. Cavalli, O. Galland (éd.), *L'Allongement de la jeunesse*, Arles, Actes Sud, 1993.

3. Cf. F. Dubet, « Les étudiants », *in* F. Dubet *et al.*, *Universités et Villes*, Paris, L'Harmattan, 1994.

4. Selon l'étude de R. Ballion, *op. cit.*, les mobiles économiques répondent à différents besoins : pour 11,6 % il s'agit de subvenir à leurs besoins ; 30,6 % doivent contribuer à augmenter le budget familial, aider leur famille, s'acheter leurs outils ; enfin, 64 % n'ont pas de nécessité réelle et le font dans un souci d'indépendance financière. Une bonne majorité d'élèves affirment qu'ils continueraient à travailler en dehors de toute réelle nécessité économique.

dose de réalisme et d'inquiétude qu'elle génère chez les lycéens [1]. En acquérant de l'autonomie, l'individu se prépare aux épreuves difficiles de l'entrée dans la vie. L'indépendance s'exerce de plusieurs manières. Cette fille donne des cours de chant et travaille dans une radio : « Je vis chez mes parents, je mets une participation au loyer, à la bouffe, à tout, je me débrouille toute seule. C'est moi qui l'ai proposé. Je suis très bien là-bas, si je veux j'ai la possibilité de partir, mais ça ne m'intéresse pas. »

La plupart de ces élèves occupent des emplois non qualifiés et précaires dans les grandes surfaces, la restauration rapide et divers services, mais ils ont le sentiment de maîtriser d'autant mieux leur expérience qu'ils sortent du long diffèrement de la vraie vie imposé aux lycéens âgés. « Moi, personnellement je n'ai pas attendu pour réaliser mes passions. » L'argent gagné participe très activement à l'édification d'une autonomie : il ne s'agit pas de dépenser tout, tout de suite. Certains ouvrent des comptes d'épargne. « C'est vrai qu'on va pas vivre d'amour et d'eau fraîche, il y a le fric. On en dépense un peu, mais on en garde aussi. » On ne travaille guère pour « flamber » : « On dépense moins facilement l'argent qu'on gagne. On fait plus attention. » L'activité rémunérée éloigne du sentiment d'absurdité du monde scolaire, car la relation du travail et du salaire semble plus claire et plus maîtrisée que celle du travail scolaire et des notes. Certes, l'estime de soi obtenue par le petit boulot ne repose pas sur un travail créatif ou expressif. Le « job » n'est certainement pas un métier, mais il place l'individu dans une autre dynamique que celle de l'école. Bien des lycéens travailleurs se sentent et se savent exploités, mais ils se découvrent courageux, « débrouillards », acharnés, engagés dans de véritables mises à l'épreuve.

Il n'est pas question de proposer une vision naïve et enchantée du travail de ces élèves qui acceptent souvent des conditions inacceptables, qui travaillent plus de cinquante heures par semaine si l'on ajoute le temps consacré aux deux activités, qui délaissent peu à peu l'école... On pourrait même pousser le paradoxe et considérer que le vide de l'expérience scolaire facilite la socialisation dans un travail qui n'est devenu qu'un emploi [2]. Ce rapport à l'activité rémunérée pourrait même alors se dispenser de toute « éthique du travail » et amorcer une véritable dualisation du marché du travail. Mais ces activités doivent être comprises dans leur rapport à l'école quand les élèves ne parviennent pas à bâtir une subjectivité dans l'univers scolaire. On n'observe pas de « réinvestissement » scolaire des vertus acquises au travail. Les deux mondes restent profondément séparés. En réalité, il s'agit de deux vies parallèles et l'expérience

1. Rappelons que 31 % des lycéens pensent qu'il est « probable » qu'ils seront au chômage, et que 50 % pensent que c'est « assez probable » (sondage CSA, *Phosphore*, mai 1993).

2. Cf. J.-M. Berthelot, *École, Orientation, Société*, *op. cit.*, p. 44.

du travail rémunéré permet de dégager sa personnalité de l'emprise constante de l'échec scolaire, le baccalauréat n'étant qu'un projet minimal : « Moi je trouve que bac ou pas bac, moi mon caractère et mes habitudes, ça va pas changer. » En redonnant confiance en soi, l'expérience du travail rémunéré permet à ces lycéens de redéfinir un projet personnel détaché de la sanction scolaire.

Parfois, la découverte d'une estime personnelle s'accompagne d'un désir de « revanche » contre l'institution. Il ne faut pas négliger la force de ce sentiment même s'il ne donne que rarement lieu à des attitudes antiscolaires, mais le monde scolaire semble « niais » et enfantin. A l'inverse, le « deuil » scolaire peut être tellement radical que l'acteur se borne à survivre à l'école. Les relations avec les enseignants deviennent parfois difficiles car ces élèves sont trop « grands » pour l'école. De leur côté, les enseignants éprouvent des sentiments ambivalents envers ces élèves. Ils sont obligés de juger, souvent de manière négative, leur travail mais ils sont, pour certains d'entre eux, sensibles à la maturité et à l'indépendance des élèves. Les lycéens, quant à eux, pensent que les enseignants ne doivent pas « s'immiscer complètement dans la vie privée de l'élève », ils essaient de « protéger » la renaissance d'une estime de soi. Ils cherchent même un rapport d'« adultes » avec les professeurs, parfois à l'extérieur du lycée, dans lequel ils puissent déployer leur personnalité. Le lien pédagogique n'est qu'une interaction sociale de plus. Chez eux, la séparation entre le « métier d'élève » et la personne est extrême [1]. Par un retournement paradoxal, les lycéens travailleurs redécouvrent à l'école ce qui leur permet d'accroître leur sentiment de participation sociale : l'aisance de la culture générale. Dans les groupes de recherche, ces lycéens parlent avec une liberté et une fermeté qui tranchent avec le ton gêné et incertain de leurs camarades.

La citoyenneté scolaire

La citoyenneté au lycée est traditionnellement abordée de deux manières fort différentes : d'une part, à travers l'engagement des élèves dans des mouvements de revendication ; d'autre part, et de manière plus classique, par l'étude de la socialisation politique et du « civisme » [2]. Il existe une certaine distance entre ces deux types de phénomènes dans la mesure où, entre les cours d'instruction civique et la mobilisation collective, la vie scolaire elle-même n'apparaît pas comme un espace politique, créant ainsi une certaine contradiction entre la discipline scolaire et l'apprentissage de

1. Il va de soi que les lycéens travailleurs décrits ici occupent des emplois totalement indépendants de leur formation scolaire. Le cas des stages associés aux formations professionnelles est d'une tout autre nature.

2. A. Percheron, *La Socialisation politique*, Paris, A. Colin, 1993.

la citoyenneté par de jeunes adultes majeurs [1]. D'un côté, les mobilisations étudiantes et lycéennes défendent le *statu quo* contre toutes les réformes qui déstabiliseraient le jeu, sans réelles capacités critiques ; ces mobilisations sont hétéronomes, guidées par des micro-élites politiques, ce sont des mouvements de masse éphémères et récurrents [2]. De l'autre côté, le « civisme » est souvent réduit à l'apprentissage des connaissances institutionnelles indispensables au bon citoyen. En l'absence d'un lieu d'exercice quotidien de la citoyenneté, cet apprentissage de la vertu démocratique se dégrade au mieux en savoirs scolaires, au pire en éloge vide de la citoyenneté [3].

La faille entre ces deux ordres de phénomènes témoigne de la nature actuelle du lycée : il n'est plus une institution assurée de ses rôles et de ses buts, et il n'est pas encore une « cité » politique au sens fort du terme [4]. Dans cette situation, les modalités de subjectivation par l'exercice d'une citoyenneté lycéenne restent modestes. Pourtant, la diversification de l'offre des établissements scolaires est désormais si grande qu'il est possible de rencontrer des lycées visant à former un espace politique [5]. C'est ainsi que, dans un des lycées dans lesquels nous avons travaillé, nous avons observé les éléments d'un processus d'élaboration d'une « citoyenneté » lycéenne. Cette politique reposait sur l'affirmation de trois « droits » effectifs : un plus grand espace d'expression pour les lycéens ; la possibilité de constituer des associations loi 1901 au sein du lycée ; la gestion, par les lycéens, de quelques fonds. Les élèves ont pu refuser certains projets et décider d'en financer d'autres, ou encore voir certaines revendications satisfaites. Même si l'essentiel de la vie scolaire reste en dehors de ces droits, à savoir le fait même de définir ce qui est négociable, un certain va-et-vient s'est constitué entre les élèves et l'administration par le biais des délégués qui deviennent des acteurs influents et non plus des porte-parole intimidés. Certains délégués se sont engagés dans le jeu, ont pris des responsabilités [6].

Pour limitée que soit cette expérience, elle n'est pas sans effets sur les élèves qui ont choisi d'être délégués et se révèlent à eux-mêmes dans ces responsabilités. « On forme sa personnalité en prenant des responsabilités. » D'autant plus que le rôle de délégué n'a pas été, dans ce cas précis, la participation refuge des bons élèves qui augmentent par là même leurs

1. Pour une application au domaine scolaire de cette contradiction, cf. M. Carnoy, H.M. Levin, *Schooling and Work in the Democratic State*, Stanford, Stanford University Press, 1985. Cf. aussi R. Ballion, *Le Lycée, une cité à construire*, Paris, Hachette, 1993.

2. F. Dubet, *Les Lycéens*, *op. cit.*

3. Cf. CSA, *Phosphore, Le Nouvel Observateur*, décembre 1992.

4. C'est au sein de ce même moment socio-historique qu'il faut interpréter les débats « opaques » ou « impossibles » repérés par J.-L. Derouet, *École et Justice*, *op. cit.*

5. Cf. R. Ballion, *Le Lycée, une cité à construire*, *op. cit.*

6. Mais depuis notre recherche, et à cause du changement de proviseur, le système de délégués mis en place a été abandonné.

ressources dans la compétition scolaire. Des élèves plus faibles se découvrent comme de très bons délégués. « On y gagne une aisance avec la possibilité de parler devant une assemblée par exemple. » Pour certains, cette expérience opère comme un contrepoids face à l'échec scolaire. Grâce au rôle du délégué, aux possibilités de négociations quotidiennes avec les enseignants, ils ont pu se former une image valorisante d'eux-mêmes. « Il y a plein d'intérêt dans le rôle de délégué, c'est une fonction de relations, d'échanges. » Le rôle de délégué engage certaines attitudes face à l'école. « Ce n'est pas une question de résultats mais d'attitude, il faut qu'on soit irréprochables pour pouvoir défendre. » « Le fait d'être délégué m'oblige à être sage... J'ai observé que dans les années où j'étais pas délégué j'étais peut-être un peu plus turbulent. Ça m'impose d'être sage, d'avoir des rapports avec les professeurs qui soient pas bloqués, puisque je suis l'intermédiaire entre la classe et le professeur dans plein de cas. » « Je trouve que c'est important quand on est au lycée de faire quelque chose, de pas être simple élève assis derrière notre bureau à prendre des cours ; si on a les moyens de faire quelque chose, de changer quelque chose, il faut le faire. »

Dans cette situation où les délégués ne sont pas des « potiches », des élèves médiocres prennent conscience de leur valeur personnelle. Grâce à cette expérience, ils cessent de se percevoir à travers les seuls jugements scolaires et se dotent de nouvelles identités susceptibles de se traduire dans un « bien-être » psychologique[1]. C'est ainsi que ces délégués, lors d'une de nos rencontres, sont parvenus à tenir l'échange face au mépris latent d'un enseignant, venu leur parler de la réussite scolaire à travers sa propre expérience et surtout celle de ses enfants : élèves remarquables, artistes, frondeurs, sportifs, libres, réussissant leurs études sans rien sacrifier de talents tous aussi exceptionnels... Les élèves se sentent « lourds », « bêtes », « laborieux », eux qui ne réussissent pas aussi bien, qui travaillent, qui sacrifient des talents qu'ils ne sont même pas certains de posséder. Seuls, les délégués, élèves très « moyens » par ailleurs, parviennent à renverser, avec aisance et ironie, ces propos. « Moi je voudrais apporter l'argument comme quoi une activité sportive, même si elle prend du temps, elle change pas vraiment les résultats scolaires. Si je prends mon propre exemple, bon pendant très longtemps j'ai pas fait du tout d'activités sportives et bon j'ai eu des résultats moyens à faibles et depuis que je fais une activité sportive, en l'occurrence le rugby, mon niveau scolaire n'a absolument pas bougé... je suis toujours faible ! » En fait, les délégués parlent et résistent aux images écrasantes et humiliantes, fussent-elles douceâtres, qui leur sont données d'eux-mêmes, alors que les autres élèves s'enfoncent dans le silence et l'indifférence. De la même manière que les lycéens laborieux, ils sont les seuls à dire « je », à se réapproprier leur expérience scolaire, par la bande.

1. Pour les aspects « éducatifs » de toute participation militante, cf. D. Foss, R. Larkin, *Beyond Revolution*, Massachusetts, Bergin & Garvey Publ., 1986.

Par le biais de procédures actives de participation et de négociation, l'établissement se dote d'une capacité éducative relativement indépendante de l'apprentissage scolaire. Il trace une voie quant à la manière dont peuvent s'articuler les diverses dimensions d'une expérience scolaire à travers le jeu démocratique. La subjectivation par un exercice de la citoyenneté, même à l'état naissant, est à l'œuvre. Ici, c'est l'intégration à l'institution scolaire qui permet de hiérarchiser et d'organiser une expérience. L'individu devient un acteur du lycée dans la mesure où il n'est pas identifié à ses seules performances. Il accepte même d'échanger une partie de sa « liberté » juvénile contre des « droits » civiques. C'est à partir de cette dimension éducative fortement personnalisée qu'il faut juger ces initiatives. Pourtant, l'expérience personnelle primera sur l'exercice civique. Les élèves, au fond, ont moins le souci de se voir octroyer de nouveaux droits, que le désir de se voir mieux traités par les enseignants et par l'administration. En fait, cet engagement « démocratique » est surplombé par les formes de négation de soi induites par les résultats, les classements scolaires insatisfaisants ou les signes du mépris. L'engagement civique des lycéens est limité par l'instrumentalisme scolaire et le souci de l'expression authentique de soi. Le « public » et le « privé » ne sont pas séparés au lycée, et le rôle de délégué, lorsqu'il est véritablement engagé, ne fait que renforcer cette imbrication. C'est pourquoi, si le modèle politique du collège populaire est celui d'une tyrannie hobbesienne, l'idéal de la cité lycéenne est celui de l'authenticité rousseauiste. C'est moins le désir d'imposer une « volonté générale », sorte de transparence de la société avec elle-même, que le désir d'imposer la transparence du moi malgré les obstacles du monde. Pour ces délégués, la « vertu » civique du lycée se trouve dans leur capacité à préserver leur authenticité. C'est pour cela que cette forme de participation ne se convertit pas aisément en engagement politique, et que les mobilisations lycéennes sont relativement dissociées du civisme scolaire.

Peu contestataire, souvent fragile et dépendante du volontarisme de l'équipe de direction qui peut opposer la participation des élèves à l'« immobilisme » des professeurs, la vie démocratique du lycée est loin d'être insignifiante. Elle esquisse un espace éducatif que la tradition scolaire française a toujours refusé en considérant que l'éducation scolaire passait essentiellement par l'apprentissage d'une grande culture, par le cours sur la démocratie, plus que par la pratique démocratique. Ce système de délégués n'est pas, non plus, sans effets sur les professeurs tenus de s'expliquer et risquant de voir déstabilisés les rapports du statut et du métier. Enfin, les droits de ces lycéens mettent en cause une organisation faisant que des jeunes majeurs, adultes dans bien des registres de leur vie, sont toujours des mineurs scolaires. On comprend ainsi mieux la force des convictions et du militantisme mobilisés dans des « innovations » paraissant, *a priori*, si marginales.

Contre l'école ?

L'expérience des élèves des lycées professionnels doit être conçue comme un parcours. Partant des échecs antérieurs et d'un certain refus de l'école, il peut s'orienter, soit vers l'exclusion et une déscolarisation – les 15 % d'élèves qui sortent de l'école sans qualification –, soit vers la reconstruction d'une expérience scolaire et d'une identité individuelle par le biais d'une formation professionnelle. Les élèves de LEP oscillent entre ces deux figures [1].

La résistance

La première image qui s'impose, à travers le témoignage des élèves et de leurs professeurs, est celle de la résistance des lycéens à l'ordre scolaire. Tout se passe comme si le sujet se constituait dans sa capacité de résister à l'école, d'en refuser la légitimité, de ne jamais se prendre dans ses catégories [2].

La logique de frime apparue au collège est très fortement accentuée, elle se durcit et se cristallise en raison de l'homogénéité du groupe issu des parcours scolaires identiques, et d'une certaine unité sociale, puisque ces élèves appartiennent à la classe ouvrière, vivent dans des banlieues semblables et appréhendent des destins comparables [3]. Ces élèves sont très distants de l'organisation scolaire, et il n'y a eu quasiment aucun échange entre le groupe de recherche et les interlocuteurs invités : un proviseur, un professeur, un chef de travaux. Si ce n'est sous la forme d'un stigmate écrasant et d'une identité négative partagée, les élèves ne se perçoivent pas comme les membres d'une organisation scolaire. Simplement, cette organisation s'impose à eux à travers les personnages plus ou moins sympathiques du proviseur, de ses adjoints, des surveillants...

La relation scolaire prend d'abord la forme d'un conflit, et d'un conflit

1. Nous avons travaillé dans un lycée de Seine-Saint-Denis, avec des garçons préparant un BEP de menuiserie, et des filles en BEP de couture, d'autres de formation commerciale, BEP ou baccalauréat professionnel.

2. P. Willis, *Learning to Labor. How Working Class Lads get Working Class Jobs*, Farnborough, England Saxon House, 1977.

3. Il faudrait nuancer ce jugement pour l'ensemble des élèves de LEP, même si l'échec antérieur est vraiment un trait commun (cf. C. Baudelot *et al.*, « Les élèves de LEP, anatomie d'une population », *Revue française des affaires sociales*, décembre 1987). Dans le LEP où nous avons travaillé, ces traits d'homogénéité sont très accentués : échec massif, enfants d'ouvriers non qualifiés, forte présence d'élèves issus de l'immigration.

d'honneur. Le cours se présente comme un défi et une épreuve. « Si l'élève a une réputation, il peut pas se laisser faire. » Bien des professeurs – « on les teste » – n'ont pas surmonté l'épreuve. « Le prof d'anglais, il s'est fait menacer avec un cutter, il a compris le métier. » Ceux qui ont choisi de s'expliquer « entre hommes » ont dû s'assurer de leur force physique. Quant aux professeurs qui s'acharnent : « Vous étiez en congé de maladie, on se charge de vous y renvoyer ! » Tout ceci est présenté comme une série de franches rigolades dans laquelle le groupe se forme, et personne ne trahirait sans prendre des risques trop évidents pour qu'il soit utile de les décrire longuement : règlements de compte à la sortie.

La perception des professeurs, notamment ceux des disciplines générales, est parallèle à celle des élèves. Qu'ils parviennent ou non à dompter la classe, ils doivent s'imposer. « L'écoute n'est pas automatique, c'est la police en fin de compte : imposer que le cours passe. » « Quand il y a trois minutes de silence, j'en profite pour faire passer l'information. » Les élèves sont si éloignés des normes scolaires habituelles que l'on apprend à se contenter de faire cours cinq minutes. « Les élèves sont des martiens, de toute façon, ce sont des martiens. » Parfois le conflit s'emballe et plus rien n'est possible. Ainsi, dans ce lycée dont la réputation est peu répressive par ailleurs, toute une classe de seconde a été exclue temporairement car plus aucun cours n'y paraissait possible. Le chahut des élèves n'est ni anomique, lié à une désorganisation générale, ni traditionnel, rituellement fixé sur certains cours et à certains moments, il est *endémique*. Il fait totalement partie de la vie des élèves, c'est un état naturel qu'il appartient au professeur de transformer. C'est d'autant plus difficile que les élèves se déclarent peu sensibles aux sanctions ; ils ne vont pas en retenue, les parents ne répondent guère aux convocations. Il ne reste que l'exclusion, punition trop grave pour être appliquée légèrement.

Les filles et les garçons n'adoptent pas exactement le même comportement dans cette guerre froide, et leurs différences sont accentuées par la quasi-absence de classes mixtes dans les lycées professionnels. Alors que les garçons optent pour la provocation directe, le refus manifeste de collaborer, les filles choisissent le retrait ostentatoire. « On fait exprès de pas comprendre et on lui demande de réexpliquer. » Les filles jouent « à l'usure », mais elles sont tout aussi résistantes que les garçons. Et de même que les garçons hypertrophient l'arrogance masculine, les filles en rajoutent sur le retrait et l'« indolence féminine ». Elles sont absentes, ce qui est moins violent, mais tout aussi insupportable pour les enseignants. Les filles refusent l'ordre scolaire en le fuyant, elles recherchent des amitiés masculines « au-dessus de leur niveau », dans le lycée d'en face, elles s'affirment plus nettement comme des adultes, elles ne font que passer[1].

1. Il n'est pas exclu que le mariage soit une stratégie plus ou moins avouable pour échapper à leur dépendance et à leur situation sociale.

On peut interpréter ce conflit latent comme l'expression d'une résistance populaire à une domination scolaire, résistance qui participerait de la formation d'un sujet ouvrier, qui serait une manière de se poser en s'opposant à un ordre scolaire qui est aussi un ordre social. Trois arguments concourent à établir cette interprétation. En s'opposant aux professeurs, les élèves résistent au mépris social et scolaire qui domine toute leur vie scolaire et dont les professeurs apparaissent, quoi qu'ils en pensent, comme les agents. « C'est la poubelle ce lycée, il recrute tous les déchets. » Comme le dit une enseignante : « Les élèves intègrent dans leur manière de réfléchir qu'ils appartiennent à un autre monde, qu'ils appartiennent à la zone. Même, à la limite, l'élève qui pourrait être bon, en fin de compte il va mal digérer cette appréciation qu'on a de lui. » Pour les élèves, le chahut répond au mépris. « On se laisse pas faire, les profs, ils nous rejettent. Il y en a qui disent : vous voulez pas travailler, on s'en fout, on est payés. » « J'en ai rien à foutre que vous ne compreniez rien, travaillez ou pas, ma paye, elle arrive toujours pareil. » La sollicitude des professeurs est aussi suspecte, quand elle se penche sur les difficultés sociales et familiales des élèves. A un professeur qui demande pourquoi les élèves n'ont pas d'argent pour acheter du matériel, une élève répond : « On n'est pas des fils de rois et de reines. » « Il n'a pas à poser des questions indiscrètes : est-ce que ton père est remarié, quel âge a ton frère ? Moi je lui demande pas s'il est marié, s'il a un enfant... Ça le regarde pas, il m'a jeté du cours. » La tonalité ouvrière de la résistance s'exprime aussi par l'appel aux apprentissages pratiques, ceux dont l'utilité est immédiatement perceptible. Les matières générales sont refusées parce qu'on ne voit pas à « quoi ça sert ». « C'est des trucs d'intellos. » Les élèves opposent le travail pratique et utile aux apprentissages inutiles et dans lesquels les élèves ont toujours échoué, « c'est justement pour ça qu'on est là ».

L'apprentissage du métier

A la résistance juvénile et populaire opposée à l'école, se superpose un lien beaucoup plus positif à l'apprentissage professionnel, constituant ainsi l'autre face d'une subjectivation ouvrière puisque la fierté professionnelle coexiste avec la résistance[1]. Le clivage est absolument net. Les relations avec les professeurs d'atelier ou de la matière professionnelle principale sont d'une tout autre nature. « On rigole, mais on sait que c'est sérieux... Les profs d'atelier, ils sont clairs, ils plaisantent avec nous, les autres, ils travaillent tout le temps. » Professeurs et élèves appartiennent à des mondes proches, « ils nous comprennent ». Les relations sont plus faciles qu'avec

1. Cf. A. Touraine, M. Wieviorka, F. Dubet, *Le Mouvement ouvrier*, Paris, Fayard, 1984.

les « intellos ». « Moi, j'aime pas trop les profs qui vouvoient et qui sont trop polis avec moi. Ça m'oblige à être poli avec eux, j'arrive pas à faire pareil. Il me sort des mots intellectuels, j'arrive pas à faire pareil. » La discipline de l'atelier est supportable, on y est plus maître de son temps et de ses mouvements. Les professeurs d'enseignements professionnels ont des jugements parallèles à ceux des élèves. Le métier et leur passé professionnel sont leur univers de référence[1]. L'un d'eux dit qu'il ne se sent pas « fonctionnaire ». Les élèves, considérés comme des « barbares » par les uns, apparaissent juste un peu « dissipés » aux autres. Ces professeurs ont leurs élèves plus de dix heures par semaine et, souvent, plusieurs années de suite. « Ça crée des liens. » Comme les élèves sont âgés, il se crée parfois des relations d'adultes. « Je les vouvoie en cours, je les tutoie en dehors. Ils me draguent parce que ce sont de petits hommes et je suis pas spécialement repoussante. » Les élèves, qui peuvent se sentir exclus par la « science » d'une discipline abstraite, sont en mesure d'admirer le savoir-faire d'un professeur d'atelier. Surtout, ils peuvent réussir dans un domaine nouveau qui ne mobilise pas les savoirs dans lesquels ils ont échoué. Alors que les membres du groupe ont beaucoup de difficultés à parler de l'école, ils décrivent longuement l'atelier, leurs progrès, « l'ambiance ». Ils ne pardonnent rien aux professeurs, mais ils se montrent indulgents envers les « petites cuites », réelles ou supposées, de quelques professeurs d'atelier. Les filles n'ignorent pas grand-chose de la vie professionnelle et personnelle de leur professeur de « force de vente », qu'elles continuent à rencontrer une fois sorties de l'école.

Il ne faut sans doute pas idéaliser les relations avec les professeurs d'atelier et d'enseignement professionnel pour mieux assombrir les rapports des élèves avec les autres enseignants. Bien des exceptions infirmeraient cette règle. Mais cette dualité est cependant un élément véritablement « structurel » de l'expérience des élèves, car la finalité de l'apprentissage professionnel ne fait pas de doute. C'est à la fois un destin, un peu effrayant, et un accomplissement. Comme le dit un élève dans la même phrase : « Je crois que la première fois qu'on entre dans un atelier, on s'en souvient longtemps. On voit les machines, on va les voir toute notre vie ces machines. Mais le premier truc qu'on a fait, on a fait un petit coffre, je m'en souviendrai tout le temps. J'étais content, je l'ai fait voir à ma mère, j'étais content. » De toute manière, l'atelier s'impose. « Je sais que l'atelier, c'est notre métier plus tard. » « En atelier on achète des outils, c'est presque pour toute notre vie. L'atelier, je le fais avec plaisir, ça prend pas la tête. » L'apprentissage de l'atelier marque, il entre dans l'identité. « C'est pas qu'on est obligé d'apprendre, c'est nous-mêmes qu'on apprend. » Il marque même physiquement. Les menuisiers parlent de leurs blessures, les forces

1. L. Tanguy, *L'Enseignement professionnel en France, op. cit.*

de vente parlent de leurs tailleurs et, « dans la maçonnerie la peau qu'ils ont, c'est du carrelage qu'ils ont dans les mains ».

Les stages viennent souvent confirmer cette socialisation professionnelle. Parfois pour le meilleur : la camaraderie, les apprentissages nouveaux, le fait d'être traité en adulte, la « pièce » à la fin du stage. Parfois pour le pire : « on fait les larbins », « on n'apprend rien », « on est exploités ». Mais le stage marque un itinéraire, il s'intègre dans une histoire personnelle alors que, jusque-là, la scolarité ne semblait pas maîtrisée et s'apparentait à une série de défaites, de catastrophes.

Les professeurs et les élèves s'accordent sur l'image du parcours au LEP. On passe de la résistance à l'apprentissage professionnel. Les élèves « mûrissent », ils s'adaptent et, surtout, « les emmerdeurs s'en vont ». Ce parcours laisse de nombreux blessés sur le bord de la route. Beaucoup ont été exclus, envoyés dans d'autres établissements. Beaucoup se sont trompés d'orientation et partent ailleurs. D'autres encore « disparaissent » : trop âgés, problèmes de délinquance, galères et combines diverses... L'image de cette socialisation ouvrière à double face – celle qui associe une conscience de soi étayée par le métier à un sentiment de domination – est cependant plus une figure idéale qu'une expérience réelle.

L'école contre elle-même

Le schéma de socialisation ouvrière que nous venons d'esquisser apparaît comme un horizon que bien peu d'élèves atteignent. Pour le dire de manière théorique, ce type de socialisation est peu maîtrisé par les élèves et n'induit pas toujours une subjectivation parce que la logique de résistance est recouverte par des phénomènes d'anomie et de « galère » correspondant largement à la décomposition des banlieues rouges, et parce que la socialisation professionnelle ne s'arrache guère à la conscience obsédante de l'échec et d'un avenir improbable. Autrement dit, la résistance est écrasée par l'échec et la socialisation professionnelle, par le déclin de la société industrielle. Aussi, la plupart des élèves sont pris dans un processus de socialisation dont ils ne se perçoivent pas comme les sujets. Ils deviennent ouvriers malgré eux [1].

La résistance à l'école, pour active qu'elle soit, est loin de reposer sur une communauté sociale nettement identifiée, dans la mesure où les élèves la perçoivent comme emportée par des conduites de violence et de « guerre de tous contre tous ». En fait, la solidarité n'excède pas la seule fusion du groupe dans le chahut lui-même. Les lycéens, garçons et filles confondus,

1. C'est ce qui les distingue des jeunes ouvriers décrits *in* C. Grignon, *L'Ordre des choses, op. cit.* ; cf. aussi F. Dubet, « Comment devient-on ouvrier ? », *Autrement, Ouvriers, ouvrières*, janvier 1992.

perçoivent le lycée comme une protection relative contre la violence. La violence est un thème obsédant, elle commence aux portes du lycée, et, parfois, elle en franchit les murs. « Il y a des bandes, des racistes, ils rackettent, ils se bagarrent, ils tapent les profs, ils viennent des cités. » « La violence est partout, c'est obligé. » Et les élèves, dans une chaîne sans fin, se reprochent leur lâcheté. On ne défend pas un copain agressé, une fille raconte comment ses amies l'ont laissée seule face à un garçon qui la battait, personne n'a le courage de dénoncer les élèves les plus violents... Bref, « on a la trouille ». L'image héroïque de la résistance aux professeurs se retourne vite en demande de protection et d'assistance. Le proviseur devrait être plus ferme, il faudrait exclure les élèves, faire venir la police, garantir un minimum de sécurité dans le lycée. Mais si les fauteurs de troubles sont toujours décrits comme extérieurs à l'établissement, il reste aussi que les élèves y sont associés de mille manières, ils vivent dans les mêmes cités, l'un d'eux appartient à une bande de supporters du Paris-Saint-Germain, ils participent aux petits trafics... Si ces lycéens ne sont pas les délinquants les plus durs, ils sont partie prenante de la violence qu'ils dénoncent. Bien sûr, « c'est dégueulasse, c'est pas normal », mais les élèves s'identifient trop peu au lycée pour en prendre la défense. Ils attendent que les adultes fassent ce qu'ils refusent de faire et qu'ils dénonceront s'ils le font.

« Les vrais copains, c'est jamais en classe. » Le chahut n'est pas l'expression d'une communauté juvénile car les élèves choisissent tous leurs « vrais amis » en dehors de la classe et de l'établissement. « Ici, c'est des faux amis, c'est des balances. » « Le mec dans ma classe, même si je discute avec lui, c'est pas un ami, on dit pas à l'école ce qu'on fait dans la vraie vie. » Les membres du groupe, garçons et filles, expliquent qu'il faut survivre, ne pas se faire remarquer, ne pas chercher d'histoires car, au bout du compte, on se retrouve toujours seul. Le passage d'une résistance à l'école vers une véritable solidarité et vers un sentiment d'appartenance ne se fait pas en raison de la complexité des rapports entre les différentes « communautés ethniques » du lycée. Sans doute le racisme est-il refusé par principe, et le seul raciste affirmé de ce groupe ne se sent pas très légitime. On sait bien qu'« il y a du bon et du mauvais partout », on fait tous front contre le racisme policier. Mais en même temps, le monde du lycée et de la banlieue apparaît comme une mosaïque de « tribus » avec les « vrais Français », les « renois », les « rebeux »... Il existe, au lycée, une hostilité sans nuance contre un groupe d'Hindous, « répugnants », « sauvages », « pas assimilés », hostilité que ne partage d'ailleurs pas le jeune supporter du Paris-Saint-Germain, affirmant, au contraire, que c'est l'assimilation des Arabes et des Noirs qui est insupportable. « Il vaut mieux un étranger qui garde sa culture, il a raison. Si tout le monde se met à parler français, ça sert à rien. Quelqu'un qui veut trop chercher à prendre la confiance, c'est pas bon. » Il n'empêche que, chez tous ces élèves « modernes » et bien assimilés, les catégories ethniques sont des catégories naturelles de classement et d'identification. Ils vivent en fait dans un monde pluriethnique qui n'empêche ni les relations ni les amitiés, mais où les catégories ethniques se sont imposées comme des modes d'identification. Les filles maghrébines peuvent dire qu'elles détestent les Arabes, elles se sentent toujours « étrangères ». D'emblée les élèves se désignent en ces termes avant que de passer à des identifications plus individuelles. Si le sentiment d'appartenir à la zone est partagé par tous les élèves, il est fractionné en identités plus fines, celles des cités et des origines ethniques, bien plus que par un lien, fût-il ténu, à la classe ouvrière. Les opinions politiques de ces élèves, majeurs pour la plupart, sont, elles aussi, au plus loin du monde ouvrier et de la banlieue rouge ; ils ont le sentiment d'être exclus de la politique de la même manière que la politique les exclut.

Devant la force du sentiment d'exclusion dont le thème de la violence n'est qu'un des symptômes, les élèves ont une image vague et inquiétante de leur avenir et demandent à l'école de les protéger, de les maintenir entre parenthèses tout autant que de les préparer à l'avenir [1]. Tous ces élèves de BEP désirent préparer un bac professionnel. « C'est comme ça aujourd'hui », expliquent-ils, et « ce sont les moins bons qui continuent ». A un an de leur diplôme, bien peu ont une image de leur avenir. En réalité, ils refusent de parler de ce problème comme les y invitent les chercheurs et les interlocuteurs. L'école apparaît alors comme une manière de s'enfermer dans le présent et d'échapper à l'angoisse de l'avenir. Tout se passe comme si la socialisation professionnelle restait bouclée sur l'univers scolaire lui-même, et comme si le lycée protégeait de la galère.

Cette difficulté à concevoir l'avenir tient sans doute aux chances objectives offertes par le marché de l'emploi. Mais l'incapacité de se projeter, malgré le lien positif à la formation professionnelle, peut aussi tenir à la difficulté de faire sien un passé scolaire perçu comme une catastrophe, comme une maladie que l'on traîne avec soi. Alors, le ton du groupe, d'habitude dominé par la vantardise et la frime, se retourne pour décrire de véritables blessures. Chacun y va de sa formule. « Ils me prenaient pour un fou, ils m'ont fait passer des tests. » « C'est une histoire personnelle, je peux pas en parler. » « C'est mes parents qui ont choisi, moi ça me plaisait pas, mais je pouvais rien dire. » « C'est affreux, j'étais trop nul. » « On m'a dit : tu choisis mécanique ou menuiserie, j'ai mis menuiserie et voilà. » « Le directeur m'a dit : avec ton niveau, tu vas là. » « La troisième, elle me retournait le cerveau, j'ai flippé au début. » « Soit c'est ça, soit c'est la rue. » « Je suis grillé, c'est trop tard »... Les élèves ne parviennent pas à « digérer » leur histoire scolaire. Cette histoire les écrase et leur reste étran-

1. Rappelons que cette image n'est pas sans fondement puisque 9,6 % des jeunes âgés de 20 ans aujourd'hui ont un emploi considéré comme stable : « Les trajectoires des jeunes : transitions professionnelles et familiales », *in* INSEE, *Économie et Statistique*, août 1995.

gère. Ils ont l'impression d'avoir été les victimes d'accidents dont ils sont vaguement coupables, mais dont ils ne sont pas les auteurs.

Alors la situation scolaire se vide et tout est perçu comme un masque et un faux-semblant. Les notes ne sont pas des « vraies notes », indiquant un vrai niveau. « C'est bidon, les profs n'en ont rien à foutre, ils s'en fichent, ils laissent pomper. » A l'école, on fait semblant de travailler, d'ailleurs aucun membre du groupe ne dit travailler chez lui et le lycée apparaît comme un décor. Les élèves ne s'inscrivent dans une socialisation professionnelle que du bout des lèvres. Ils ne sont pas les sujets de leur expérience ; ils ne parviennent pas à penser leur avenir parce qu'ils ne peuvent pas maîtriser leur passé et s'en défaire.

Cette hypothèse peut être, *a contrario*, confirmée par le cas de Kahina, élève de BEP, qui a tenu un discours totalement opposé à celui du groupe, et qui s'en est imposée à la fois comme l'inverse et le centre. Kahina parle avec la plus grande netteté de son passé et de ses échecs : exclue du collège, elle fut envoyée en Kabylie par son père ; elle est entrée au LEP par le biais de l'« auto-école » où elle a été invitée à revenir sur son histoire afin d'en briser le destin[1]. Là où les autres élèves rusent, « bluffent » ou se taisent, elle parle de son histoire et de ses projets. « L'échec est une maladie qui doit se guérir. » Elle n'attend pas du lycée qu'il soit plus répressif, mais plus démocratique. Quitte à paraître faire de la « lèche », elle affirme qu'elle a le droit de ne pas comprendre et que les professeurs ont le devoir de l'aider. Elle critique les enseignants sans refuser leur rôle. Elle renvoie les discours sur le racisme dos à dos en s'affirmant française *et* kabyle et en expliquant qu'elle ne peut surmonter cette dualité qu'en étant une personne. Le discours de Kahina a sans doute une tonalité militante, celle de l'école expérimentale où elle a passé une année. Mais les résultats sont là : elle dit « je » quand les autres disent « on », elle dénonce la vantardise masculine, et les garçons se taisent, elle possède une image exacte de ses performances et de ses faiblesses quand les autres préfèrent ne pas savoir ce qu'il en est, elle pense que les professeurs doivent expliquer à quoi servent les disciplines avant de dire que « ça sert à rien »... Peu importe ses opinions. Kahina est le seul membre du groupe de recherche qui parle comme le sujet de ses études parce qu'elle est la seule qui a appris à parler de son histoire quand les autres la vivent comme une malédiction.

Au fond, l'expérience des élèves de LEP peut passer de la résistance scolaire à une véritable socialisation professionnelle quand les lycéens ont la possibilité de rompre avec l'intériorisation des mécanismes qui les ont conduits au LEP. Cette exigence paraît aujourd'hui d'autant plus forte que la résistance des élèves se détache peu à peu d'une logique de « classe »,

1. L'auto-école est une structure expérimentale parallèle au LEP, où les élèves trop faibles ou trop difficiles passent une année consacrée à des apprentissages scolaires et sociaux élémentaires visant à construire un rapport plus positif aux études.

pour être l'expression d'une exclusion, et, surtout, parce que l'orientation par l'échec s'est très sensiblement renforcée. Ici, le système méritocratique se manifeste dans toute sa dureté.

*
* *

Toutes ces figures de l'expérience ne sont pas un tableau des lycéens et, moins encore, une galerie de portraits. Elles illustrent un raisonnement général sur les rapports de la socialisation et de la subjectivation. Une combinatoire générale se dessine, aménageant la possibilité de nombreuses figures intermédiaires.

Pour les uns, la subjectivation participe de l'expérience scolaire elle-même. Les élèves combinent les deux faces de l'individualisme moderne par la perception des enjeux culturels et professionnels du savoir. Ce modèle vaut tout autant pour des élèves de l'enseignement général que pour ceux de l'enseignement professionnel. Il ne s'agit pas de percevoir ces élèves comme des bons élèves uniquement définis par les jugements scolaires, car ils possèdent justement la capacité de se détacher de ces jugements.

L'inverse de cette figure de l'expérience apparaît chez les élèves dominés par des échecs plus ou moins graves, et qui ne parviennent pas à s'en défaire. Ils sont aliénés dans la mesure où l'école interdit leur subjectivation. Ils n'ont ni projet, ni maîtrise des études, ni subjectivité indépendante des jugements scolaires. Ils sont élèves parce que le lycée les protège des épreuves de la vraie vie, et se consacrent à des stratégies limitées de survie scolaire.

Certains lycéens, probablement plus nombreux que ce que nous avons pu en percevoir dans cette recherche, construisent leur subjectivation sur un clivage prononcé entre leur vie scolaire et leur vie personnelle. Mais c'est leur vie personnelle qui commande l'ensemble à travers un engagement dans des passions ou des petits boulots non dépourvus de finalités professionnelles. Ces lycéens s'adaptent au monde scolaire mais choisissent, en réalité, une autoformation dans laquelle ils forgent leur personnalité et leur maturité. Parfois, le développement d'une citoyenneté lycéenne est le support de cette modalité.

Enfin, d'autres lycéens résistent à l'école et adoptent la stratégie du conflit. Mais, portant un passé vécu comme une catastrophe, ils ne vont pas au bout de ce conflit et n'entrent ni dans un processus de formation professionnelle, ni dans une opposition assumée. L'école n'est alors que le prolongement d'une galère sociale, une protection passagère. Ces élèves font semblant d'être des lycéens.

Éducation
et sociologie

11

Le « système » et la « boîte noire »

Si la sociologie de l'expérience scolaire part des acteurs et de leur subjectivité, la construction de cette expérience relève de mécanismes objectifs qui nous informent sur le système scolaire, son fonctionnement et ses relations avec son environnement. Par ce biais, la sociologie de l'expérience scolaire est toujours aussi une sociologie de l'école. C'est pourquoi, à la fin de cette recherche, il faut nous détacher des seules interprétations des expériences des acteurs afin d'interroger la place de cette perspective au sein de la sociologie de l'éducation. L'objet de ce dernier chapitre n'est pas de proposer une description précise de ce champ de recherche, mais d'ordonner un raisonnement associant les mutations de l'école et celles de ses analyses. Si la sociologie de l'éducation n'est certainement pas un « reflet » des problèmes, ou une construction intellectuelle de deuxième degré des débats scolaires, il serait cependant « antisociologique » de ne pas chercher à associer la sociologie elle-même à la nature des représentations, des espoirs et des problèmes qui se posent à l'école.

La plupart des présentations de la sociologie de l'éducation mettent en évidence le passage des représentations macrosociologiques et « structuralistes » de l'école, à des analyses plus soucieuses des pratiques des acteurs et des processus internes à la « boîte noire » [1]. Ces présentations soulignent aussi la montée d'une plus grande diversité de paradigmes et décrivent bien les changements apparus dans ce domaine depuis les années soixante-dix. En réalité nous pouvons distinguer analytiquement trois grandes périodes. Le « moment fondateur » de l'école républicaine est lié à une pensée sociale que l'on pourrait qualifier de « *paideia* fonctionnaliste » car elle s'efforce de concilier les impératifs de l'intégration sociale avec la formation d'un individu autonome et maître de lui par l'effet même de l'éducation. Ce

1. Cf. à ce sujet, entre autres, A. Van Haecht, *L'École à l'épreuve de la sociologie*, Bruxelles, De Boeck-Éd. universitaires, 1990 ; M. Duru-Bellat, A. Henriot-Van Zanten, *Sociologie de l'école*, Paris, A. Colin, 1992. Si cette vision parvient à rendre compte des grandes tendances de l'évolution de la sociologie de l'éducation, n'oublions pas que nombre de travaux classiques ou critiques se proposaient aussi de rendre compte des mécanismes à l'œuvre au sein de l'école.

modèle « enchanté » a été soumis à une série de critiques qui sont encore le cœur de la sociologie de l'éducation actuelle et dont la théorie de la reproduction peut apparaître comme une synthèse au cours des années soixante-dix. Puis avec la montée d'un sentiment de crise profonde de l'école, avec le déclin des contre-modèles révolutionnaires, la sociologie de l'éducation s'est diversifiée et, souvent, elle s'est faite la « spécialiste » des problèmes de l'école[1].

La « *paideia* fonctionnaliste »

La préoccupation majeure, sinon unique, de la *paideia* fonctionnaliste est de définir la manière dont une école accomplit ses principales fonctions[2] : d'abord, assurer l'intégration des nouvelles générations afin d'établir la continuité de la vie sociale ; ensuite, élargir l'horizon culturel des enfants en les mettant en contact avec une grande culture universelle ; enfin, permettre le développement psychique et moral de l'individu. Ces trois finalités sont fortement intégrées dans ce que nous appellerons la *paideia* fonctionnaliste visant à lier l'humanisme classique aux conditions de socialisation d'une société moderne, formule paradoxale car elle tient ensemble l'appel à un sujet éduqué et les nécessités de l'intégration. Dans ce modèle, normatif autant que descriptif, la correspondance désirée entre les motivations individuelles et les institutions repose sur un ensemble de postulats que l'on peut définir, au risque de quelques simplifications.

Raison et progrès

L'éducation est conçue comme l'accès à l'universel de la science et de la raison, grâce à l'existence d'une culture rationnelle et objective, cumulative, transmise sous la forme d'un ethos du progrès. Pour la *paideia* fonctionnaliste, l'école est indispensable à l'entrée dans une société moderne guidée par un projet de sécularisation, où les explications scientifiques prennent le relais des formules mythiques et religieuses[3]. De ce point de vue, l'école doit assurer la confiance et la croyance dans un savoir objectif : à la limite, c'est un « esprit » qu'il s'agit de transmettre par le biais d'un ensemble de connaissances directement utiles en termes profes-

1. Ce chapitre est consacré à la sociologie française, tout en intégrant les travaux anglo-saxons qui n'ont pas été sans l'influencer.
2. Cf. J. Dewey, *Démocratie et Éducation*, Paris, A. Colin, 1990.
3. Pour un récit succinct et enchanté de ce processus, cf. T. Parsons, *Le Système des sociétés modernes*, Paris, Dunod, 1973, p. 100-104.

sionnels. La discipline scolaire est aussi, sinon plus, importante que les savoirs enseignés. Dans ce sens, la *paideia* fonctionnaliste hérite des Lumières, de la foi dans la réalisation et la libération personnelles grâce au savoir, même quand cette libération est subordonnée aux besoins de l'intégration sociale. L'éducation arrache à la servitude parce qu'elle en appelle à une culture universelle qui est, en France, identifiée à la construction de la nation [1]. Chez Durkheim, par exemple, l'évolution des programmes pédagogiques est certes liée aux conflits entre divers groupes pour contrôler l'institution scolaire, mais elle dépend surtout des contenus et des méthodes qui suivent de près l'évolution des grandes questions scientifiques et culturelles. Dans la *paideia* fonctionnaliste, la culture scolaire n'est pas une culture de classe [2]. Au contraire même, à des pratiques sociales toujours multiples et diverses, l'école oppose une culture unitaire permettant la communication de tous les hommes.

La croyance dans une culture universelle implique de concevoir l'école comme socialement neutre. A travers le rapport particulier du maître et de l'écolier, l'école est à l'abri des divisions sociales. La construction d'une « forme scolaire », comme l'a bien signalé G. Vincent, n'est jamais la propriété exclusive d'un groupe social [3]. Au contraire, elle est avant tout un rapport à des règles impersonnelles à travers lesquelles l'élève se détache d'appartenances sociales particulières. En fait, bien des éléments scolaires participent à cette extra-territorialité de l'école : un lieu distinct, un temps propre, une discipline spécifique, une distance entre les savoirs scolaires et les activités sociales, et, surtout, la construction d'un type particulier de rapport social : le lien pédagogique. L'accord est profond entre la croyance dans une culture universelle, rationnelle et objective, et le dégagement d'une forme scolaire indépendante vouée à sa transmission.

Justice et méritocratie

Mais l'école, tout en inculquant une culture universelle, est une institution sociale différente selon les cultures et les époques, intimement solidaire de l'ensemble de la société et des « mœurs ». « C'est qu'en effet, comme la vie scolaire n'est que le germe de la vie sociale, comme celle-ci n'est que la suite de l'épanouissement de celle-là, il est impossible que les principaux procédés par lesquels l'une fonctionne ne se retrouvent pas dans l'autre [4]. » Or, et le point est important, cette imbrication n'est jamais pensée comme une pratique de domination. La *paideia* fonctionnaliste a été conçue en

1. Cf. E. Weber, *La Fin des terroirs*, Paris, Fayard, 1983.
2. E. Durkheim, *L'Évolution pédagogique en France*, *op. cit.*
3. G. Vincent, *L'École primaire française*, *op. cit.*
4. E. Durkheim, *Éducation et Sociologie*, *op. cit.*, p. 109.

amont des exigences professionnelles et des inégalités sociales. C'est pourquoi, dans ce modèle, il va de soi que l'école sélectionne les plus capables et les plus productifs. Le caractère objectif des savoirs scolaires suffit à établir cette certitude. En assurant au départ l'égalité des chances, l'école permet l'accomplissement des qualités propres des individus en fonction de leurs seuls talents. Elle présente les connaissances de manière ordonnée et systématique et ouvre l'horizon social des individus : ainsi, elle répare, notamment pour les plus démunis, la fermeture de leur expérience sociale et culturelle, elle les met en contact avec d'autres réalités. Par là, l'école participe à la croyance moderne dans le développement des talents, la performance individuelle venant alors s'instituer comme la seule source légitime de la réussite et des privilèges. Certes, la croyance dans la méritocratie ne s'est jamais confondue totalement et seulement avec l'action de l'école, mais plus les qualifications professionnelles supposaient une formation préalable, plus l'idée d'une méritocratie pouvait s'emparer des esprits. A sa manière, l'école participait activement à la grande représentation des temps modernes : celle du passage d'une société de statuts *transmis* à une société de statuts *acquis*. Cette conviction a pris des formes très différentes selon les contextes nationaux et les degrés de mobilité sociale, mais partout l'école devait permettre aux plus capables de triompher. Dans la *paideia* fonctionnaliste, l'exception ne confirme pas la règle, elle démontre la valeur du système.

Des individus autonomes

Le véritable *credo* de la *paideia* fonctionnaliste est le suivant : la socialisation scolaire engendre un individu autonome. C'est là toute la croyance de Durkheim dans l'éducation. Dans cette représentation fortement marquée par l'humanisme classique, l'école assure le développement d'un homme autonome, les sciences ou les lettres sont perçues comme des pratiques aidant à la transmission d'un sentiment d'appartenance sociale autant qu'au développement d'une « aptitude à juger »[1]. La fonction scolaire a deux dimensions : d'un côté, l'idéal éducatif d'une société dépend de la structure de cette même société ; de l'autre, cet idéal pédagogique vise à engendrer des individus autonomes, libérés du poids de la tradition et capables d'indépendance de jugement. L'éducation produit des acteurs « introdéterminés[2] ». Ce double processus explique pour beaucoup l'inquiétude pédagogique et morale de Durkheim. Écrivant dans une société bouleversée par l'industrialisation et la sécularisation, Durkheim s'interroge sur la

1. H. Arendt, « La crise de l'éducation », in *La Crise de la culture*, Paris, Gallimard, 1972.
2. D. Riesman, *La Foule solitaire*, *op. cit.*

manière dont il faut « remplacer » la moralité chrétienne afin d'assurer l'intégration sociale au travers d'une morale laïque capable d'animer un idéal individualiste à la fois dangereux et inévitable. L'éducation morale permet à l'enfant, tout en devenant un membre de la société, de développer la maîtrise de soi et l'autonomie de sa volonté, « l'intelligence de la morale » dit Durkheim, moyennant l'acceptation rationnelle des contraintes morales de la société. « La société, en nous formant moralement, a mis en nous ces sentiments qui nous dictent si impérativement notre conduite, ou qui réagissent avec cette énergie, quand nous refusons de déférer à leurs injonctions. Notre conscience morale est son œuvre et l'exprime ; quand notre conscience parle, c'est la société qui parle en nous [1]. » L'homme de la *paideia* fonctionnaliste est un individu tragique : la socialisation scolaire, conçue comme un processus d'individuation progressif, suppose l'apparition d'une liberté de conscience pouvant se retourner contre la société.

Les piliers de cette représentation, qui peut apparaître aujourd'hui si « naïve » au sociologue, ont été sévèrement critiqués depuis une trentaine d'années. Ni la culture ni l'école ne sont « neutres ». La méritocratie ne serait que l'idéologie de la reproduction des inégalités. Enfin, la socialisation scolaire serait plus une forme d'ajustement des acteurs à leurs destins qu'une promotion des individus. C'est parce qu'elle reste souvent, de manière implicite, accrochée à cette figure fondatrice, que la sociologie de l'éducation, plus que d'autres, ne s'est guère départie d'une tonalité critique.

Les inversions critiques

Au cours des années soixante, aux premières vagues de massification du public scolaire s'associe une forte confiance dans le rôle du savoir et de la formation dans la société postindustrielle [2]. L'espoir d'assurer la mobilité sociale des individus allait de pair avec le souci de développer les compétences culturelles et techniques des acteurs. L'éducation est entrevue désormais comme un « investissement productif », le « capital humain » : plus une société est moderne, plus elle a besoin de mobiliser tous les talents dont elle dispose dans toutes ses couches sociales, en assurant, par là même, une forte mobilité sociale. La croyance dans cette représentation ne reposait pas seulement sur une illusion idéologique, les individus avaient de bonnes raisons d'y adhérer, car la première vague de massification, celle des années soixante, a étendu la base de l'ancien système scolaire sans pour autant

1. E. Durkheim, *L'Éducation morale*, *op. cit.*, p. 76.
2. D. Bell, *Vers la société post-industrielle*, Paris, R. Laffont, 1976 ; A. Touraine, *La Société post-industrielle*, Paris, Denoël, 1969.

bouleverser les formes et la rentabilité des diplômes, tout en continuant à exclure les enfants de milieu populaire. Mais n'oublions pas qu'elle a aussi été le théâtre d'un accroissement réel de l'égalité des chances[1].

C'est cette belle harmonie qui est détruite par la mise en évidence de la fonction inégalitaire de l'école. Au cours des années soixante, différentes enquêtes sont entreprises dans certains pays industrialisés ; la plus célèbre est le rapport Coleman publié aux États-Unis en 1966, auquel il faut ajouter les enquêtes menées par l'INED, l'OCDE, et les diverses enquêtes britanniques[2]. Ces études mettent en cause l'idée selon laquelle une expansion des systèmes d'enseignement entraîne immédiatement une démocratisation de l'accès à l'éducation. Mais, plus important encore d'un point de vue sociologique, il s'avère qu'il existe, à côté de l'inégal accès à l'éducation, des inégalités de réussite à l'école entre les élèves appartenant à différents milieux sociaux[3]. Plusieurs variables sont alors passées au crible de l'analyse : l'influence du milieu géographique, du milieu social, des modèles familiaux et la manière dont sont inculqués les normes culturelles, les systèmes de croyances différentielles des familles, les codes linguistiques... Peu à peu, tous les postulats de base de la *paideia* fonctionnaliste sont tour à tour ébranlés de manière directe ou indirecte. Si le détonateur est bien l'inégalité des chances devant et dans l'école, celui-ci entraîne dans sa critique l'ensemble de la *paideia* fonctionnaliste et de la confiance dans l'éducation[4].

Une école de « classe »

Le caractère « universel » de la culture scolaire, voire même son caractère « objectif » ou « rationnel », est réfuté. La sociologie met en évidence la construction des significations symboliques, du fait même que leur intelligibilité renvoie à des attributions de sens dans une culture déterminée. L'existence d'une culture rationnelle capable de cerner la vérité du monde, implicite dans la *paideia* fonctionnaliste, est dès lors remise en question. De la phénoménologie à l'ethnométhodologie, en passant par les critiques marxistes, l'argument est toujours le même : la grande culture scolaire n'est

1. Comme l'a montré l'étude d'A. Prost sur l'académie d'Orléans (A. Prost, *L'enseignement s'est-il démocratisé ?, op. cit.*).

2. Pour une présentation de l'ensemble de ces travaux, cf. J.-C. Forquin, « La sociologie des inégalités d'éducation : principales orientations, principaux résultats depuis 1965 », in *Sociologie de l'éducation. Dix ans de recherches*, Paris, L'Harmattan, 1990.

3. J.-C. Forquin, « L'approche sociologique de la réussite et de l'échec scolaire : inégalités de réussite scolaire et appartenance sociale », in *Sociologie de l'éducation. Dix ans de recherches, op. cit.*

4. Pour une « synthèse » de ces critiques, cf. CRESAS, *Le Handicap socio-culturel en question*, Paris, ESF, 1978.

qu'une construction légitimant une perspective culturelle particulière [1]. Les programmes et la culture scolaire sont une série de constructions contingentes et les connaissances ne peuvent être distinguées de leurs attributs sociaux [2]. La culture scolaire n'est pas « neutre » : elle ne fait que refléter la distribution du pouvoir dans la société.

Cette position a surtout été développée par B. Bernstein. D'une part, les situations sociales sont à l'origine des compétences culturelles différentes, notamment de caractère linguistique, traduisant d'inégales capacités d'abstraction. D'autre part, la culture transmise à l'école, à travers la codification des savoirs scolaires, favorise les élèves des couches aisées de la population. B. Bernstein décèle deux types de codes linguistiques en relation avec deux grands positionnements sociaux. Le premier est un code « restreint », caractérisé par des phrases courtes et simples, dont la signification est intimement liée aux expériences vécues par les membres des couches populaires. Le deuxième, à l'inverse, est un code « élaboré » : l'acteur emploie des phrases complexes, des pronoms impersonnels et des explicitations fréquentes, souvent indépendantes du contexte d'interaction. Les deux codes supposent des rapports différents à la pensée : l'un privilégie implicitement l'identification communautaire, tandis que l'autre appelle le développement d'un « Moi » ainsi que des prises de position individuelles favorisant le goût de l'invention et de la recherche des significations nouvelles [3].

Mais B. Bernstein se garde bien d'établir une correspondance immédiate entre ces codes et les classes sociales car ils sont médiatisés par deux types différents de famille : l'un dans lequel les rôles sont fortement distribués et accomplis ; l'autre axé sur des attributs personnels et où les rôles sont moins contraignants, les relations étant soumises à des négociations constantes. Et si l'auteur signale que le deuxième type de famille est prédominant dans les couches supérieures, il observe néanmoins qu'il existe une tendance généralisée vers la personnalisation des relations familiales, même au sein de la classe ouvrière. L'existence de ces deux codes met en cause la neutralité culturelle attribuée à l'école où les enseignants emploient un code « élaboré » qui pénalise les enfants de milieu ouvrier, contraints de vivre une rupture entre leur univers familial et le monde scolaire. Un conflit d'autant plus profond, ne l'oublions pas, que pour l'auteur il se joue au niveau des ordres de signification et pas seulement à celui des formes langagières. Cependant, B. Bernstein va plus loin et met à jour une correspondance entre les structures sociales et les principes régulateurs du curri-

1. Pour un aperçu de cette conception de la culture, cf. les œuvres de Schutz, Garfinkel et surtout Berger et Luckmann.

2. J.-C. Forquin, *École et Culture : le point de vue des sociologues britanniques*, Bruxelles, De Boeck, 1989.

3. B. Bernstein, *Langage et Classes sociales*, Paris, Éd. de Minuit, 1975.

culum[1]. Il distingue deux grands types de codes, « sériel » ou « intégré », selon le degré de classification et le découpage des disciplines. La tendance vers une pédagogie centrée sur l'enfant et la mise en place des codes « intégrés » ne sont que l'expression, au sein de l'école, de la lutte opposant les nouvelles couches moyennes aux anciennes. En effet, plus la formalisation des savoirs joue avec des codes implicites, plus elle favorise les élèves issus des couches supérieures.

Les thèses de B. Bernstein sont loin d'avoir fait l'unanimité. Plusieurs linguistes, dont l'Américain W. Labov, pensent que les codes repérés par B. Bernstein ne sont rien d'autre que des différences dialectales sans rapport avec le fonctionnement de base du langage ou la complexité de la pensée ; le langage populaire serait aussi élaboré et abstrait que celui des couches supérieures[2]. Il reste que ce type de travaux a considérablement affaibli la foi dans la neutralité culturelle de l'école. En effet, les analyses de B. Bernstein ont eu une nombreuse postérité mettant à jour la connivence implicite entre la culture scolaire et les compétences sociales de certains élèves[3]. La culture scolaire, c'est-à-dire la sélection des contenus à transmettre, impose une logique de domination à travers une définition du monde[4].

Chez d'autres sociologues, l'autonomie supposée de la forme scolaire dans la *paideia* fonctionnaliste est dénoncée comme un mode de légitimation et de reproduction de la domination sociale. Un ensemble de travaux insiste sur les liens nécessaires du système éducatif et du capitalisme. Au-delà de visions fortement réductionnistes faisant de l'école un pur « appareil idéologique d'État[5] », et dans lesquelles la socialisation est conçue comme l'inculcation d'une idéologie, ces études ont montré une correspondance, plus ou moins stricte selon les auteurs, entre les niveaux de formation scolaire et les fonctions professionnelles. C. Baudelot et R. Establet établissent un rapport de nécessité entre les deux réseaux scolaires traditionnels en France, primaire-professionnel et secondaire-supérieur, et la division de la société en deux grandes classes antagonistes[6]. S. Bowles et H. Gintis affirment que l'intégration sociale, assurée par la socialisation

1. B. Bernstein, *Class, Codes and Control,* vol. III, *Towards a Theory of Educational Transmissions,* Londres, Routledge & Kegan Paul, 1977.

2. W. Labov, *Le Parler ordinaire*, Paris, Éd. de Minuit, 1978, 2 vol.

3. J.-C. Forquin, *École et Culture : le point de vue des sociologues britanniques, op. cit.*

4. Ces travaux négligent pour beaucoup le fait que les savoirs scolaires sont fondamentalement une création *sui generis* de l'école elle-même. C'est à travers l'étude de l'histoire de la grammaire scolaire qu'A. Chervel montre que celle-ci n'est pas une « vulgarisation » des savoirs de référence mais qu'elle a une finalité propre, l'apprentissage de l'orthographe (A. Chervel, *Histoire de la grammaire scolaire*, Paris, Éd. du Seuil, 1977).

5. L. Althusser, « Idéologie et appareils idéologiques d'État : sur la reproduction des conditions de la production », *La Pensée*, juin 1970.

6. C. Baudelot, R. Establet, *L'École capitaliste en France*, Paris, Maspero, 1971.

scolaire, résulte d'un antagonisme commandé par l'état des luttes sociales repérables au niveau des rapports sociaux de production[1]. Malgré des différences entre ces deux perspectives, elles soulignent que les relations sociales instaurées à l'école correspondent strictement aux relations de production : autorité, discipline, perte de maîtrise des tâches exigées... La correspondance entre les deux structures est parfaite. C'est pourquoi il y aurait à l'œuvre des socialisations scolaires différentes en fonction de l'avenir professionnel des élèves. Dit brièvement : les membres des couches populaires apprennent à obéir et à respecter les normes, tandis que les membres des couches supérieures apprendraient l'indépendance d'esprit et l'exercice de l'autonomie. La réussite scolaire sanctionnerait les personnalités nécessaires à la reproduction du système économique.

L'école des inégalités

A cause de l'histoire particulière de l'institution scolaire en France et de son rôle dans l'histoire nationale, c'est la question des inégalités qui a monopolisé l'attention[2]. L'école cesse, pour beaucoup, d'être perçue comme une institution juste pour certains, toute-puissante pour d'autres. Pour les premiers, l'école serait à l'origine de toutes les inégalités sociales. Pour les seconds, l'école ne jouerait qu'un rôle secondaire dans leur détermination. Le modèle de P. Bourdieu et J.-C. Passeron ainsi que celui de R. Boudon dominent la sociologie des inégalités avec des interprétations radicalement différentes. En effet, P. Bourdieu et J.-C. Passeron observent des écarts absolus entre le taux de scolarisation des différentes classes sociales, et en concluent à l'absence de démocratisation de l'enseignement. Tandis que R. Boudon souligne, pendant la même période, l'accroissement plus rapide du taux de scolarisation des catégories inférieures et conclut au renforcement des chances relatives des individus selon leurs classes sociales. Pour différentes qu'elles soient, ces études allaient ébranler considérablement la perception et la confiance des individus dans la justice supposée de l'école ou dans ses possibilités méritocratiques. La théorie de la reproduction ayant un rôle majeur en tant que « synthèse » de l'ensemble des critiques adressées aux postulats de la *paideia* fonctionnaliste, nous nous

1. S. Bowles, H. Gintis, *Schooling in Capitalist America*, New York, Basic Books, 1976.

2. Comme l'a signalé C.-H. Cuin, l'institution scolaire en France est au cœur de ce qu'il appelle « un modèle français de la réussite sociale » : version hexagonale et équivalent fonctionnel de l'idéologie de la mobilité sociale américaine. L'école tient lieu alors, dans la représentation sociale, de principe explicatif dominant du processus de distribution sociale (C.-H. Cuin, *Les Sociologues et la Mobilité sociale*, Paris, PUF, 1993).

limiterons, pour le cas français, à un rappel des thèses de *L'Inégalité des chances*[1].

R. Boudon montre que l'accroissement de l'égalité des chances scolaires et la mobilité sociale sont deux phénomènes indépendants[2]. En comparant les distributions inégalitaires des individus dans le système scolaire et leur distribution dans la structure sociale, il observe que la massification et la démocratisation relative de l'enseignement n'ont pas engendré des transformations comparables dans la structure sociale. La conclusion est bien connue : il existe un écart important entre les positions statutaires dans la structure sociale et le niveau d'instruction. La faible influence de l'égalité des chances sur la mobilité sociale vient de ce que les deux phénomènes ne sont pas de même nature. Les hiérarchies scolaires résultent des choix rationnels des individus en fonction de leurs attentes et des coûts anticipés, alors que les places offertes par la structure sociale sont indépendantes de ces choix et relèvent de mécanismes sociaux structuraux. Même dans les cas où les individus démontrent des compétences scolaires comparables, la multiplicité des carrefours d'orientation accroît sensiblement les écarts d'instruction obtenue en bout de course. En examinant le phénomène dans diverses sociétés industrielles, R. Boudon démontre la vacuité d'une idéologie méritocratique de masse. Cette analyse est prolongée par l'étude de J.-M. Berthelot : c'est à partir de sa position sociale initiale et du jeu des stratégies disponibles que chaque acteur réalise son parcours scolaire. Si les marges du jeu, inégales entre les acteurs, rendent compte de la reproduction d'un ordre, celle-ci ne se réalise qu'à travers les diverses stratégies possibles[3].

La distribution des individus dans une structure sociale indépendante des actions individuelles dépend autant de l'origine sociale que du niveau d'instruction, et le plus souvent il n'y a pas de congruence entre le niveau atteint dans la structure scolaire et la position dans la structure sociale. La démocratisation de l'enseignement n'est pas accompagnée d'une mobilité sociale, chaque structure de distribution, sociale et scolaire, étant indépendante et ayant des rythmes de transformation différents. On observe à la fois une croissance de l'égalité des chances dans le système scolaire et le maintien de l'inégalité des chances sociales. L'école ne peut pas réduire sensiblement les inégalités sociales, seule « une politique d'égalité sociale et économique » peut faire reculer les inégalités.

Une autre critique, d'une tout autre nature, est repérable dans l'œuvre du sociologue américain R. Collins. Son hypothèse centrale tient en une phrase : la principale fonction de l'école n'est pas de transmettre des

1. R. Boudon, *L'Inégalité des chances*, *op. cit.*
2. On se limitera ici au travail de R. Boudon, mais des conclusions similaires sont établies par R. Girod, *Mobilité sociale*, Paris-Genève, Librairie Droz, 1971 ; C. Jencks *et al.*, *L'Inégalité*, Paris, PUF, 1979.
3. J.-M. Berthelot, *Le Piège scolaire*, *op. cit.*

connaissances ou un ethos de progrès, ce qui permettrait l'extension d'une méritocratie, mais de développer une culture du statut, un ensemble d'habitudes certifiées permettant à la classe dirigeante de sélectionner des individus en accord avec ses exigences fonctionnelles [1]. Contrairement aux idées défendues par le structuro-fonctionnalisme de T. Parsons, pour lequel la croissance des diplômes ne fait que suivre les besoins d'une société moderne exigeant une main-d'œuvre mobile et bien préparée, R. Collins part du constat qu'il n'y a guère de rapports entre les diplômes dont dispose un individu et les aptitudes exigées dans l'activité liée à ce diplôme. Et ceci d'autant plus que, pour la plupart des emplois, la formation s'effectue, dans un délai plus ou moins court, sur le tas. Au sein même de la modernité, le rôle majeur des diplômes est le maintien des privilèges sociaux. C'est dire que la fonction sociale des diplômes et de l'éducation scolaire est de transmettre les normes culturelles nécessaires à l'économie capitaliste, l'ensemble des attitudes communes aux membres des professions prestigieuses. En faisant accepter l'idée que les diplômes et les qualifications sont nécessaires au bon accomplissement de tâches de plus en plus complexes ou techniques, le système éducatif ne fait que conserver, en le légitimant, le pouvoir des occupations prestigieuses. Cette situation n'est pas sans risque : la non-correspondance fonctionnelle entre les diplômes et les emplois accroît celui d'une surqualification structurelle de la main-d'œuvre et une poussée des frustrations [2].

Même si, dans la *paideia* fonctionnaliste, l'école n'était pas directement subordonnée aux finalités professionnelles, elle supposait une correspondance entre les « besoins » de la société et les qualifications scolaires [3]. De plus en plus, avec la massification scolaire, tout un versant de la sociologie de l'éducation considère que l'école n'est qu'une agence de distribution des ressources statutaires sans lien avec les demandes du marché.

L'assujettissement

Le troisième postulat réfuté est celui de la confiance dans le rôle libérateur d'une école capable de promouvoir un sujet autonome. Il y aura différentes variantes de cette problématique, certaines largement inspirées des travaux de M. Foucault, d'autres issues de l'étude des interactions scolaires et des résistances qu'elles engendrent.

Pour les auteurs inspirés par M. Foucault, l'école est un des maîtres lieux de la torsion du projet des Lumières. Certains voient dans l'école l'abou-

1. R. Collins, *The Credential Society*, New York, Academic Press, 1979.
2. V. Burris, « The social and political consequences of overeducation », *American Sociological Review*, vol. 48, n° 4, August 1983 ; R. Rumberger, *Overeducation in the U.S. Labor Market,* New York, Preager, 1981.
3. Cette harmonie naturelle était au cœur du plan Langevin-Wallon.

tissement du statut moderne de l'enfant, à savoir la constitution d'un espace organisationnel spécifique, clos, discipliné, avec le déploiement de technologies et de savoirs propres [1], le processus étant symétrique de celui décrit par M. Foucault lui-même à propos de la folie. C'est sans doute dans les travaux de G. Vincent que se trouve la version sociologique la plus convaincante de cette inspiration, bien que l'auteur puise ses références intellectuelles au-delà du seul héritage foucaldien. La « forme » scolaire n'est pas la propriété exclusive d'un groupe social et elle ne se cantonne pas aux seules bornes d'une institution. Mais à travers cette notion l'auteur vise à démontrer le lien consubstantiel unissant l'école, en tant que lieu de socialisation et de transmission des connaissances, à des formes spécifiques d'exercice du pouvoir [2]. Le dispositif de contrôle scolaire n'est ni neutre ni unique parce que les principes éducatifs diffèrent selon les classes – le maximum de répression et le minimum de savoir caractérisant l'éducation des pauvres –, et parce que l'école a détruit des modes alternatifs d'éducation. L'écart entre le travail manuel et le travail intellectuel engendre progressivement la rupture entre la formation et l'apprentissage. Le résultat est pourtant toujours le même : la normalisation croissante de tous les individus [3]. L'école, comme bien d'autres organisations, est le lieu d'une réglementation stricte, de la division des pratiques, de l'apprentissage de la docilité et de l'obéissance, de la soumission à la séparation des savoirs, de la multiplication des exercices, des prix, des examens. Mais surtout l'école apparaît comme un « nouvel espace de traitement moral au sein des antagonismes de classe opposant la bourgeoisie et le prolétariat [4] ». L'école arrache l'enfant du peuple à son milieu et nie toute possibilité légitime d'une formation polyvalente allant à l'encontre de la division du travail nécessaire à l'essor du capitalisme. La continuité entre le contrôle politique et le contrôle scolaire répond aux nécessités de la production de marchandises qui a besoin d'une main-d'œuvre docile. Le rôle de la forme scolaire est clair dans le cas des traitements des enfants populaires ou « anormaux » [5]. Cette position, sans doute très radicale, transforme le sens même de la notion de socialisation. Là où la *paideia* fonctionnaliste s'efforçait de penser la socialisation comme l'intériorisation d'une discipline nécessaire

1. P. Meyer, *L'Enfant et la Raison d'État*, Paris, Éd. du Seuil, 1977 ; J. Varela, F. Alvarez-Uria, *Arqueologia de la Escuela*, Madrid, Ediciones de la Piqueta, 1991.

2. G. Vincent, *L'École primaire française*, *op. cit.*, et plus récemment G. Vincent, B. Lahire, D. Thin, « Sur l'histoire et la théorie de la forme scolaire », *in* G. Vincent (éd.), *L'Éducation prisonnière de la forme scolaire ?*, Lyon, PUL, 1994.

3. Pour une étude de la formation du régime discursif de la classe comme champ spécifique de discipline, cf. K. Jones, K. Williamson, « The Birth of the Classroom », *Ideology and Consciousness*, 1, 1979.

4. J. Varela, F. Alvarez-Uria, *Arqueologia de la Escuela*, *op. cit.*, p. 50.

5. Cf. à ce sujet P. Pinel, M. Zafiropoulos, « La médicalisation de l'échec scolaire. De la pédopsychiatrie à la psychanalyse infantile », *Actes de la recherche en sciences sociales*, 24, 1978 ; J. Donzelot, *La Police des familles*, Paris, Éd. de Minuit, 1977.

à l'exercice de l'autonomie, cette sociologie montre qu'elle n'est qu'un dressage des âmes, un assujettissement des individus. Comme la prison, l'asile, l'hôpital ou la caserne, l'école est un appareil de contrôle.

Les travaux d'inspiration interactionniste finissent par remettre définitivement en question l'idéal du modèle classique selon lequel l'école est au service du développement personnel. Ils mettent au jour les conflits nichés dans les interactions au sein de la classe, le jeu croisé des stéréotypes, le fait que la socialisation n'est pas seulement l'assimilation d'un rôle social personnifié par l'enseignant, ce modèle de « vertu » investi par l'autorité « sacrée » de la société selon Durkheim. Mais ils soulignent aussi la manière dont les élèves construisent l'interaction à travers les disputes et les provocations [1]. Au fond, ces études dénoncent l'idée d'une socialisation par simple identification, l'illusion selon laquelle les enfants sont « hypnotisés » par l'enseignant, l'idée que l'acteur est un « idiot culturel », passif, une table rase malléable [2]. Au contraire, l'individu a des ressources, la socialisation se joue dans des interactions multiples et non maîtrisables, qui se font et se défont, et dans lesquelles l'acteur organise son individualité. Peu importe d'ailleurs que la socialisation ne soit qu'une façade ou au contraire un moment de trêve au milieu d'interactions multiples, l'idée de base est toujours la même : l'individu est davantage le résultat d'une transaction que celui d'une inculcation passive. C'est P. Willis qui a donné la vision la plus achevée de ce processus [3]. Dans une étude croisant avec talent l'ethnométhodologie et le marxisme, P. Willis signale les différentes modalités du refus de l'ordre scolaire : résistance à la prééminence des tâches intellectuelles, rejet, parfois radical, de l'idéologie scolaire... L'élève développe toute une série de stratégies d'opposition ou de retrait. La socialisation n'est plus seulement l'inculcation de modèles culturels. Au contraire même, c'est parfois à travers le refus de l'école que s'accomplit la socialisation de l'enfant dans les valeurs de son groupe social d'appartenance. L'arrachement social de l'enfant de son milieu, afin de le faire entrer dans le monde de la raison scolaire, se révèle souvent un échec. Le renversement du présupposé implicite du modèle classique est total : les élèves de milieux populaires, malgré les efforts déployés par l'école, n'acceptent jamais les valeurs. C'est à partir de la connaissance de son avenir possible que l'élève se détourne de l'école, reproduisant par là même son avenir de classe. La résistance permet alors à l'enfant ouvrier de sauver son « âme » tout en condamnant son « corps ».

1. B.R. Snyders, *The Hidden Curriculum*, New York, Knopf, 1971.

2. En réalité, Durkheim n'a pas complètement épousé cette conception. Au contraire, il a même mis activement en garde contre cette erreur, mais, en s'efforçant de trouver chez l'enfant les éléments naturels qui pourraient favoriser sa socialisation, il est revenu vers une conception consensuelle de la socialisation.

3. P. Willis, *Learning to Labour. How Working Class Lads get Working Class Jobs*, Farnborough, England Saxon House, 1977.

Le contre-modèle

La grande force des travaux de P. Bourdieu et J.-C. Passeron est d'avoir établi, dès la fin des années soixante, la version la plus intégrée du renversement des postulats animant la *paideia* fonctionnaliste. En France notamment, cette articulation théorique des critiques finira par tenir lieu de contre-modèle ou, si l'on préfère, de modèle critique. Ces analyses sont suffisamment connues pour qu'il soit permis de nous limiter à un bref rappel.

La culture légitimée

La distance entre la culture sociale et la culture scolaire est au fondement d'une légitimité culturelle favorable aux groupes dominants. Le point de départ, même implicite, est alors de refuser l'idée que « les différentes actions pédagogiques qui s'exercent dans une formation sociale collaborent harmonieusement à la reproduction d'un capital culturel conçu comme une propriété indivise de toute la société [1] ». Ceci tient au caractère arbitraire de toute culture, à sa non-correspondance essentielle avec l'ordre naturel des choses. Et c'est notamment à travers une transposition des principes de légitimité weberiens que les auteurs expliquent le rôle de légitimation de la domination à l'œuvre dans l'école. Comme le dit J.-C. Passeron, dans les institutions religieuses, comme dans l'enseignement institutionnalisé, sont à l'œuvre une vocation universaliste, quelques grandes fonctions symboliques et sociales, la revendication d'un monopole de légitimité... Les deux institutions produisent des mécanismes analogues : contrôle des risques de déformation du message, formation et spécialisation des agents de diffusion [2]. L'école remplit d'autant mieux sa fonction de reproduction, qu'elle la dissimule. Le système éducatif n'est pas un pur reflet de l'ordre social. Au contraire, c'est en s'assurant de son autonomie relative, neutralité et indépendance, qu'il est à même de mettre son fonctionnement interne au service de la reproduction sociale. La neutralité supposée de l'école est un leurre nécessaire au bon fonctionnement du système [3].

1. P. Bourdieu, J.-C. Passeron, *La Reproduction*, *op. cit.*, p. 25.
2. J.-C. Passeron, « Hegel ou le passager clandestin », in *Le Raisonnement sociologique*, Paris, Nathan, 1991. Et pour le parallélisme du processus de constitution du champ religieux et du champ scolaire, cf. P. Bourdieu, « Le marché des biens symboliques », *L'Année sociologique*, vol. 22, 1973, et « Genèse et structure du champ religieux », *Revue française de sociologie*, XII, 1971.
3. P. Bourdieu, J.-C. Passeron, *La Reproduction*, *op. cit.*, p. 209.

D'ailleurs, c'est grâce à l'inculcation de la culture sous le primat de l'autorité pédagogique que le système éducatif occulte l'autorité sociale sur laquelle il repose. C'est en obéissant de manière stricte à ses propres règles que l'école participe à la légitimation de l'ordre établi. Situation qui exige, afin d'atteindre son efficacité maximale, la méconnaissance par les enseignants de cet arbitraire culturel, à travers la formation d'une culture scolaire homogène et d'un corps de fonctionnaires voués à la répétition des tâches apprises dans le passé. En effet, la légitimité culturelle dont jouissent les enseignants masque l'autorité sociale sur laquelle celle-ci repose, et dont la méconnaissance garantit le fonctionnement de l'école en tant que structure de classe. Le système éducatif rend ainsi légitime une culture qui, comme toute culture, est arbitraire parce que reposant toujours sur une définition sociale. L'école exerce une « violence symbolique » par laquelle elle parvient à imposer un ensemble de significations. La culture scolaire n'est que la culture de la classe dominante imposée à la totalité de la société comme un savoir objectif et universel. Dans un seul et même mouvement, mais à travers toute une série de processus de transformation, l'école fait sienne la culture des classes dominantes, dissimule la nature sociale de cette culture et rejette, en la dévalorisant, la culture des autres groupes sociaux. A terme, toutes les autres cultures se définissent de manière hétéronome par rapport à cette culture légitime [1].

La reproduction

L'école est au cœur d'une triple reproduction : celle des parcours individuels, celle des structures sociales, et celles des légitimités culturelles. Cette fonction du système éducatif dans la reproduction des inégalités scolaires se réalise par l'accumulation et la convertibilité des différentes formes de capital, notamment par la manière dont l'école opère la conversion du capital socio-économique en capital culturel sous la bannière du mérite [2].

Les processus de reproduction sont intimement imbriqués à la notion d'« habitus ». C'est l'habitus qui rend compte, au sein de ce contre-modèle, de l'harmonisation des pratiques et des processus de reproduction : l'habitus est l'incorporation d'un espace social structuré grâce auquel l'histoire et l'action de chaque agent sont des spécifications de l'histoire et des structures

1. Pour une démonstration de cette idée dans le domaine de la consommation culturelle, cf. P. Bourdieu, *La Distinction*, Paris, Éd. de Minuit, 1979.

2. J.-C. Passeron a tenu à se séparer d'une conception « hegelienne » de la reproduction sociale par l'école selon laquelle son fonctionnement serait une sorte de ruse de la raison, et a insisté sur le caractère daté et historique de la rencontre entre l'autoreproduction du système scolaire et la reproduction des rapports de domination (J.-C. Passeron, « Hegel ou le passager clandestin », in *Le Raisonnement sociologique*, *op. cit.*).

collectives de classe. L'action n'est ni le résultat d'un choix rationnel, ni une simple réponse à des contraintes externes : l'habitus est inextricablement programmation et stratégie. L'école engendre des habitus capables de produire des pratiques en accord avec la culture légitime, reproduisant ainsi les conditions sociales de production de cet arbitraire culturel. Les parcours individuels sont déterminés par le degré de connivence existant entre la culture de classe d'un élève et la culture de classe légitimée et transmise par l'école. Pour les élèves de milieu populaire, l'éducation est une véritable « rééducation ». A l'inverse, pour les classes supérieures, l'inculcation se fait en douceur, de manière « naturelle » ; c'est dire jusqu'à quel point le travail pédagogique peut se permettre le jeu des implicites dans la mesure où il repose sur une continuité entre l'arbitraire scolaire et l'habitus de classe. Au centre de cette continuité se tient l'Héritier [1].

Le style fait la différence

Là où la *paideia* fonctionnaliste perçoit l'autonomie individuelle, P. Bourdieu et J.-C. Passeron dévoilent plus simplement un style où le détachement des codes scolaires est, lui aussi, nécessaire. Les attentes pédagogiques latentes ne sont véritablement saisies que par ceux qui disposent du « sens du jeu », le malentendu étant le lot de tous ceux qui n'accèdent pas de manière « naturelle » à cette osmose de classe [2]. Tout rapport pédagogique comporte une « violence symbolique » et les conditions de dissimulation de cette violence. Les examens, avec leurs exigences « cachées » d'aisance, d'élégance, de brio, renforcent ce processus, d'autant plus que l'intériorisation par les agents de leurs probabilités objectives de réussite conduit certains élèves de milieu populaire vers leur propre auto-élimination [3]. Mais c'est l'idéologie du don qui explicite le mieux cette inscription en soi de l'excellence scolaire. A l'école, grâce à la méconnaissance du rapport réel établi entre la culture scolaire et la culture de classe, se réalise, par le biais de la sanction du succès scolaire, la conversion d'une inégalité sociale en réussite personnelle. L'école naturalise par là ce qui n'est que le résultat de l'arbitraire culturel : les « dons » individuels ne sont qu'un mérite de classe. Ce travail de consécration, donc de reproduction et d'exclusion, trouve dans les grandes écoles sa version la plus achevée [4].

1. P. Bourdieu, J.-C. Passeron, *Les Héritiers*, *op. cit.*
2. P. Bourdieu, J.-C. Passeron, M. de Saint-Martin, *Rapport pédagogique et Communication*, Paris-La Haye, Mouton, 1965.
3. P. Bourdieu, M. de Saint-Martin, « Les catégories de l'entendement professoral », *Actes de la recherche en sciences sociales*, 3, mai 1975.
4. D'ailleurs, la démonstration n'est jamais aussi brillante que lorsqu'elle se déploie sur les étudiants des grandes écoles. Cf. P. Bourdieu, *La Noblesse d'État*, Paris, Éd. de Minuit, 1989.

La socialisation une et indivisible de la *paideia* fonctionnaliste se retourne totalement. D'abord, l'intégration sociale n'est que l'inculcation d'un arbitraire culturel à travers la violence symbolique. Ensuite, le principe méritocratique, faux dans les faits, opère comme un principe de légitimation des positions sociales, la politique des « dons » permettant de masquer tout ce que les positions « acquises » doivent aux positions « transmises ». Enfin, le développement de l'autonomie individuelle se transforme, à travers la notion d'« habitus », dans une sorte de programmation des agents. Le modèle classique est remplacé par une véritable théorie alternative. La sociologie de l'éducation, en France surtout, disposait alors d'une synthèse critique, véritable arrière-plan à partir duquel se définiront les différents travaux.

La boîte noire

Le déclin de la critique

Les années quatre-vingt n'ont pas vu apparaître, en France, de nouvelle théorie générale de l'éducation aussi forte et ambitieuse que celle que nous venons d'évoquer. Ceci tient pour une part à la diversification des paradigmes sociologiques qui marque les quinze dernières années. Mais le climat social et scolaire a lui aussi beaucoup changé. Les problèmes de l'exclusion et du chômage s'imposent avec une telle force que l'on peut perdre de vue le thème de la reproduction pour revisiter celui des rapports de l'école à son environnement économique [1]. L'installation d'une immigration qui réclame parfois quelques « droits à la différence » ranime la foi républicaine [2]. La massification provoque des débats sur le « niveau » [3]. La violence scolaire déstabilise bien des établissements [4]. Les réformes successives sont soumises à diverses évaluations. Bref, la sociologie de l'éducation se fait plus pragmatique et se transforme parfois en une activité d'expertise de l'école ; elle tient souvent pour acquises les perspectives macrosociologiques pour entrer dans la « boîte noire ».

La sociologie des inégalités devant l'école garde une place essentielle, mais elle se déleste de la philosophie du soupçon et de l'épistémologie de la méconnaissance. Bien des études continuent à mesurer le degré de démo-

1. L. Tanguy (éd.), *L'Introuvable Relation formation/emploi*, *op. cit.*
2. A. Finkielkraut, *La Défaite de la pensée*, Paris, Gallimard, 1987 ; D. Schnapper, *La France de l'intégration*, Paris, Gallimard, 1990 ; F. Gaspard, F. Khosrokhavar, *La République et le Foulard*, Paris, La Découverte, 1995.
3. J.-C. Milner, *De l'école*, Paris, Éd. du Seuil, 1984 ; C. Baudelot, R. Establet, *Le niveau monte*, Paris, Éd. du Seuil, 1989.
4. E. Debarbieux, *La Violence dans la classe*, *op. cit.*

cratisation du système scolaire soumis à une « démographisation » scolaire sans précédent. En s'appuyant sur une étude comparative entre deux panels d'élèves entrés en sixième en 1972 et en 1980, G. Langouët constate que le mouvement de démocratisation observé au niveau des orientations en cinquième et en troisième semble se réduire au fur et à mesure du déroulement de la scolarité secondaire. Les enfants de cadres supérieurs ou d'enseignants consolident leur considérable avance, par le jeu des filières notamment[1]. Au thème de la reproduction des inégalités se substitue peu à peu celui de leur production par l'école elle-même qui, par divers mécanismes, accentue les écarts et fait de la carrière elle-même un des facteurs déterminants des inégalités. C'est là un des apports essentiels des travaux de l'IREDU[2]. Mais la massification a aussi apporté de nouveaux objets de recherche : en premier lieu la progression importante de la scolarisation des filles, et leur plus grand différentiel de réussite scolaire, mais aussi la manière dont, par l'orientation scolaire des filles, s'opère la traduction des stéréotypes des rôles professionnels sexuels[3]. Même si l'origine sociale reste toujours la principale variable explicative des inégalités scolaires, il s'agit d'introduire d'autres variables[4].

L'affaiblissement, plus politique et idéologique que proprement intellectuel, du contre-modèle critique a modéré le propos sociologique et, plutôt que de poser les problèmes à partir d'une critique globale de l'école, bien des chercheurs cherchent les voies d'une moins grande injustice. A quelles conditions l'école peut-elle être à la fois plus efficace et plus équitable ?

École et équité

Une sorte d'infléchissement s'opère. L'abandon des illusions de la *paideia* fonctionnaliste et l'éloignement des charmes de la posture critique se

1. G. Langouët, *La Démocratisation de l'enseignement aujourd'hui*, *op. cit.*

2. M. Duru-Bellat, J.-P. Jarousse, A. Mingat, « Les scolarités de la maternelle au lycée. Étapes et processus dans la production des inégalités sociales », *Revue française de sociologie*, XXXIV, 1, 1993 ; M. Duru-Bellat, A. Mingat, *De l'orientation en fin de 5e au fonctionnement du collège*, *op. cit.*

3. C. Baudelot, R. Establet, *Allez les filles*, *op. cit.* ; M. Duru-Bellat, *L'École des filles*, *op. cit.* ; R. Establet, *L'école est-elle rentable ?*, *op. cit.* ; C. et F. Lelièvre, *Histoire de la scolarisation des filles*, Paris, Nathan, 1991.

4. C'est ainsi, par exemple, que la scolarité des enfants immigrés a été l'objet de plusieurs études parvenant à montrer qu'à condition sociale égale la réussite scolaire des enfants d'origine immigrée a tendance à être la même que celle des élèves français du même niveau social, voire légèrement supérieure (cf. L.-A. Vallet, J.-P. Caille, « Les carrières scolaires au collège des élèves étrangers ou issus de l'immigration », *Éducation et Formation*, n° 40, 1995). Récemment, M. Tribalat a nuancé l'affirmation selon laquelle les filles d'origine maghrébine réussiraient mieux à l'école que les garçons maghrébins : ces derniers réussissent aussi bien que les élèves français du même milieu social, tandis que les filles d'origine algérienne réussissent moins bien que les filles françaises du même milieu (M. Tribalat, *Faire France*, Paris, La Découverte, 1995).

traduisent par la prolifération d'études visant à « tester » la démocratie réelle de l'école. Cette exigence alimente une série d'études visant à évaluer les pratiques scolaires sur les critères de l'efficience et de la justice [1]. La sociologie de l'éducation s'apparente alors à une série d'études d'ingénierie scolaire. Il ne s'agit plus seulement de se demander, au niveau global, si l'école s'est démocratisée ou non, mais de rendre compte des différents processus et du jeu des différences [2]. Cette sociologie s'efforce de mesurer et d'analyser divers « effets » dont il serait fastidieux et inutile d'allonger la liste.

Les effets des politiques publiques. Le développement de politiques scolaires locales a fait apparaître de nouveaux objets. La politique des « zones d'éducation prioritaires » accorde des moyens supplémentaires aux établissements qui cumulent des handicaps. Quels en sont les effets ? L'étude de D. Meuret apporte une réponse à travers l'analyse de la performance des établissements placés en ZEP, autant au niveau de l'instruction qu'à celui de la socialisation [3]. Les résultats se révèlent plutôt décevants. En effet, les écarts des performances scolaires corrigés sont négatifs pour les élèves en ZEP, et surtout ces élèves progressent moins vite que ceux qui n'y sont pas, tout en ayant les mêmes caractéristiques sociales et scolaires, sauf pour les bons élèves. Du point de vue des performances scolaires, les ZEP n'ont pas enrayé le handicap d'être inscrit dans une zone géographique sensible. En ce qui concerne la socialisation des élèves, le bilan est plus positif : les élèves des ZEP manifestent un plus grand attachement, ou une moindre résistance, à l'école. D'autres travaux se sont plutôt penchés vers l'évaluation des dynamiques sociales déclenchées au niveau local par les ZEP qui doivent coordonner les politiques éducatives [4]. L'imbrication de l'école dans la vie du quartier apparaît fragile. D'un côté, elle repose sur le dynamisme d'un responsable capable de vaincre les résistances bureaucratiques, mais elle engendre, par là même, le risque d'une précarité du dispositif qui peut n'être qu'un « décor ». De l'autre côté, les difficultés nées des relations entre les enseignants et les travailleurs sociaux accentuent la contradiction entre une logique militante et une logique de service public [5].

1. Ce processus est renforcé par la très forte institutionnalisation académique de la sociologie de l'éducation en France, qu'il s'agisse des recherches universitaires, ou des études commanditées ou effectuées directement par des organismes de recherche dépendant du ministère de l'Éducation nationale.

2. Par exemple, les facteurs de la réussite spécifique des enfants d'immigrés ; cf. Z. Zéroulou, « La réussite scolaire des enfants d'immigrés. L'apport d'une approche en termes de mobilisation », *Revue française de sociologie*, XXIX, 1988.

3. D. Meuret, « L'efficacité de la politique des zones d'éducation prioritaires », *Revue française de pédagogie*, 109, 1994.

4. A. Henriot-Van Zanten, « Les ressources du local. Innovation éducative et changement social dans les zones d'éducation prioritaires », *Revue française de pédagogie*, n° 83, 1988 ; M. Wieviorka (éd.), *L'École et la Ville*, CADIS, 1993 ; *Migrants-Formation*, « L'école dans la ville : ouverture ou clôture ? », n° 97, juin 1994.

5. Cf. D. Glasman, *L'École réinventée ?*, *op. cit.*

L'effet établissement. A partir des années quatre-vingt, la sociologie française commence vraiment à s'intéresser à l'hétérogénéité des établissements et à leurs écarts de performances [1]. Avec la publication de « palmarès » des lycées par des revues à grand public, un véritable « marché scolaire » se consolide, où les parents qui le peuvent imposent des logiques de consommation scolaire [2]. Les stratégies familiales se défendent d'un déclassement ou recherchent l'excellence scolaire à l'aide des critères simples de la réputation. L'effet établissement a été abordé de différentes manières. Pour M. Duru-Bellat et A. Mingat, les orientations des élèves ne dépendent pas seulement des inégalités sociales : on observe des variations non négligeables entre les établissements [3]. A. Grisay, qui compare des établissements ayant des caractéristiques communes mais qui obtiennent des résultats différents, souligne le rôle du contexte scolaire et du « climat » des établissements [4]. Ou encore J.-L. Derouet, partant du constat de la déstructuration d'un modèle éducatif unique, analyse la capacité des établissements de dégager des principes communs d'action, d'établir des arrangements et des compromis, ou de se bloquer [5]. D'autres travaux conçoivent l'établissement comme une organisation autonome. Étudiant l'impact des établissements sur la socialisation des élèves, D. Paty analyse la relation existant entre les styles de relations sociales, les types d'autorité et les aspects éducatifs des collèges [6]. Enfin, d'autres études insistent sur les liens existant entre la mobilisation collective des professeurs dans les collèges, et la réduction des inégalités sociales et scolaires [7].

L'effet classe. Bien des études portent sur le cours préparatoire [8]. Récemment, P. Bressoux s'est penché vers d'autres niveaux d'études de l'école

1. Cf., pour une présentation historique et analytique de cette problématique en France, O. Cousin, « L'effet établissement. Construction d'une problématique », *Revue française de sociologie*, XXXIV, 3, 1993, et, pour une présentation globale, P. Bressoux, « Les recherches sur les effets-écoles et les effets-maîtres », *Revue française de pédagogie*, n° 108, juill.-septembre 1994.
2. R. Ballion, *Les Consommateurs d'école*, *op. cit.* ; *La Bonne École*, *op. cit.*
3. Entre autres M. Duru-Bellat, A. Mingat, « Le déroulement de la scolarité au collège : le contexte "fait des différences"... », *Revue française de sociologie*, XXIX, 4, 1988.
4. A. Grisay, *Quels indicateurs d'efficacité pour les établissements scolaires ? Étude d'un groupe contrasté de collèges « performants » et « peu performants »*, Université de Liège, Service de pédagogie expérimentale, 1989.
5. J.-L. Derouet, *École et Justice*, *op. cit.*
6. D. Paty, *Douze Collèges en France*, Paris, La Documentation française, 1981.
7. F. Dubet, O. Cousin, J.-P. Guillemet, « Mobilisation des établissements et performances scolaires. Le cas des collèges », *Revue française de sociologie*, XXX, 2, 1989, p. 235-256.
8. A. Mingat, « Les acquisitions scolaires de l'élève en CP : les origines des différences », *Cahiers de l'IREDU*, 23, 1984.

primaire en montrant l'existence d'un effet classe important[1]. D'abord, les variables contextuelles, le niveau moyen d'acquisition, le pourcentage des élèves défavorisés ou étrangers, ou les variables structurelles, nombre d'élèves, nombre de cours, ne rendent pas totalement compte des écarts constatés entre les classes. La variable la plus explicative concerne les attentes des enseignants vis-à-vis de la réussite scolaire des élèves. L'effet classe est plus sensible en mathématiques, où d'ailleurs la classe la plus efficace est aussi la plus équitable. L'écart entre les classes au sein d'un même établissement est tel que, pour prévoir les progrès que réalisera un élève, il vaut mieux savoir dans quelle classe il est scolarisé plutôt que dans quelle école. D'autres travaux ont nuancé l'impact du nombre d'élèves par classe. Si pour la plupart des élèves la taille de la classe, dans une fourchette allant de vingt à quarante élèves, semble n'avoir que très peu d'incidence, l'effectif influence la scolarité des très jeunes enfants et des élèves en difficulté[2]. Par ailleurs, les établissements ayant davantage de classes homogènes enregistrent de moins bonnes performances en français et en mathématiques : en général, ces travaux insistent sur le caractère nocif de la répartition des élèves en classes de niveau[3].

Les effets des pédagogies. En s'inspirant parfois explicitement des travaux de la « nouvelle sociologie de l'éducation » britannique, cet ensemble de travaux vise à déterminer la manière dont les rapports sociaux de domination filtrent au travers des pratiques pédagogiques. Pour les maternelles, par exemple, E. Plaisance, s'appuyant sur l'étude des rapports d'inspection entre 1945 et 1980, signale la présence de deux modèles éducatifs[4]. Le premier, le modèle « productif », vise à évaluer les productions enfantines du point de vue de la performance tandis que le deuxième, qui sera fortement favorisé au cours des années soixante-dix, est axé sur l'« expression » de l'enfant lui-même. Un passage qui, selon E. Plaisance, ne fait que favoriser les enfants des classes moyennes ayant une plus grande « connivence » avec les valeurs de l'école. Dans une perspective voisine, V. Isambert-Jamati et M.-F. Grospiron se sont penchées sur les effets négatifs et peu « égalisateurs » du travail autonome, en cours de français, au niveau du lycée[5].

1. P. Bressoux, « Effets-écoles et effets-classes », *in* J.-M. Besse *et al.*, *École efficace*, Paris, A. Colin, 1995.

2. G.E. Robinson, J.H. Wittebols, *Class Size Research*, Arlington V.A., Educational Research Service, 1986.

3. A. Grisay, « Le fonctionnement des collèges et ses effets sur les élèves de sixième et de cinquième », *Éducation et Formation*, n° 32, novembre 1993.

4. E. Plaisance, *L'Enfant, la Maternelle, la Société*, *op. cit.*

5. V. Isambert-Jamati, M.-F. Grospiron, « Types de pratiques pédagogiques en français au lycée et différenciation sociale des résultats scolaires », *in* E. Plaisance (éd.), *L'Échec scolaire*, Paris, Éd. du CNRS, 1985 ; G. Langouët, *Suffit-il d'innover ?*, Paris, PUF, 1985.

Plus le rapport pédagogique renvoie à des implicites communicationnels, ou fait appel à la créativité des élèves, et plus il favorise les élèves favorisés.

L'effet enseignant. L'ancêtre le plus célèbre de ces recherches porte sur l'« effet pygmalion », la prophétie autocréatrice selon laquelle le succès des élèves dépend des attentes des enseignants vis-à-vis de leurs capacités[1]. Déjà, dans les années soixante-dix, M. Cherkaoui s'était penché sur ce type de problématique en essayant d'établir la correspondance entre quelques critères spécifiques de l'enseignant et la réussite des élèves[2]. Il s'est appliqué à évaluer l'influence de la compétence professionnelle des enseignants, les années d'études postscolaires, et de la maîtrise pédagogique, l'ancienneté, sur la réussite scolaire des élèves. Alors que la maîtrise pédagogique est positivement corrélée avec la réussite scolaire, la compétence scientifique est indépendante de celle-ci. Mais dans les deux cas, la corrélation positive s'inverse au-delà d'un certain nombre d'années, et la maîtrise pédagogique devient même franchement négative. D'autres études montrent, au contraire, que l'efficacité des instituteurs est accrue par l'ancienneté professionnelle : plus cette ancienneté est grande, meilleures sont les acquisitions en lecture. On note aussi que la nouvelle formation reçue par les professeurs d'école dans les IUFM semble améliorer l'efficacité des instituteurs, notamment en début de carrière[3].

*
* *

La boîte noire de l'école cache de moins en moins de mystères, mais, au fil de ces études, on peut se demander si certaines ambitions de la sociologie de l'éducation n'ont pas été délaissées[4]. La *paideia* fonctionnaliste est à jamais défaite. Elle n'a pas résisté aux analyses empiriques, à la sociologie du soupçon et à la formation d'un contre-modèle capable de réorganiser l'ensemble des connaissances. La question des inégalités et de leurs productions reste essentielle et nous donne aujourd'hui un stock de

1. La recherche s'est effectuée de la manière suivante. Après avoir sélectionné au hasard 20 % d'élèves d'un établissement, il était affirmé aux enseignants, grâce à divers tests psychologiques, que ces élèves allaient effectuer de forts progrès. Après huit mois, effectivement, ces élèves, choisis au hasard, manifestaient des progrès importants. Par ses interactions, stimulation ou inhibition, l'enseignant induirait en fait les résultats de ses élèves. Cf. R.-A. Rosenthal, L. Jacobson, *Pygmalion dans la classe*, Paris, Casterman, 1975.

2. M. Cherkaoui, « L'efficacité du corps professoral », in *Les Paradoxes de la réussite scolaire*, Paris, PUF, 1979 ; G. Felouzis, « Le bon prof », *Sociologie du travail*, 3, 1994.

3. P. Bressoux, *Les Effets de la formation initiale et de l'expérience professionnelle des instituteurs*, DEP, février 1994.

4. Il ne faut voir dans cette appréciation aucune forme de mépris, les connaissances acquises sont considérables et nous avons nous-mêmes essayé d'y contribuer.

connaissances considérable. Mais ni l'enchantement du modèle initial devenu nostalgie, ni les voluptés de la critique, ni la tentation d'une ingénierie sociale ne nous paraissent rendre compte des processus par lesquels notre société se donne des acteurs.

Certes, tout au long de son parcours, la sociologie de l'éducation a abordé des thèmes et des problématiques absentes dans la *paideia* fonctionnaliste : les inégalités sociales, le lien entre la formation scolaire et la formation professionnelle, les différentiels de réussite des acteurs... Or, force est de constater que plus ce type de problématiques s'autonomise, plus il s'éloigne de l'interrogation originelle et centrale de la sociologie de l'éducation. C'est cette préoccupation qui a animé ce livre, la volonté non pas de revenir à une conception globale et intégratrice de la sociologie de l'éducation ignorant les acquis de trente ans de recherche, mais de reprendre certains des problèmes aujourd'hui trop oubliés. A côté des recherches portant sur l'efficacité scolaire, l'adaptation de l'école à son environnement, et les mécanismes de formation des inégalités, il est possible de dégager un espace intellectuel étudiant le type d'acteur que fabrique l'école par la socialisation, le type de sujet qui s'y forme ou s'y détruit.

Nous n'avons pas essayé de produire une « nouvelle » synthèse postcritique de la sociologie de l'éducation. Une ambition de ce type nous semble de plus en plus vaine en raison de la diversité des connaissances accumulées dans les différents domaines et de l'élargissement de l'emprise de l'éducation dans la société contemporaine. Mais si « retour » il y eut au problème classique et fondateur de la *paideia* fonctionnaliste, celui-ci s'est opéré sans nostalgie aucune, tant il est désormais clair que cette vision ne résiste pas à l'épreuve des faits. Les transformations subies par le système éducatif sont d'une telle ampleur qu'elles modifient la nature même du processus de construction des individus. Le rôle de socialisation de l'école ne peut plus continuer à être identifié à celui d'un appareil d'inculcation des valeurs communes, intériorisées par les individus et modelant leur personnalité. Or, malgré les diverses critiques adressées à cette conception par un contre-modèle centré sur les fonctions de reproduction de l'école, force est de constater que la conception même de la socialisation reste étonnamment stable. Dans les deux cas, l'individu, au-delà de ses marges plus ou moins grandes d'action, est défini par l'intériorisation des normes, qu'elles soient ou non en accord préétabli avec leur socialisation primaire et leurs destins sociaux. L'individu, dans les deux cas, intériorise des schémas d'attitudes, communs à la société ou à une classe, pour devenir un acteur social. Cette conception sous-tend aussi une « vision républicaine » dans laquelle il s'agit, le plus souvent, d'interpeller l'école à partir de la crise d'un modèle d'intégration ou de son incapacité à être encore un « réservoir » de citoyenneté.

Or, de plus en plus, l'acteur social est contraint de construire, de manière toujours circonscrite et conjoncturelle, une expérience à travers l'articulation des trois dimensions essentielles de l'action sociale. Le projet d'une sociologie de l'expérience est alors de cerner la manière dont les individus s'y développent et s'y forment bien au-delà des seuls apprentissages et des seuls mécanismes de distribution ou de correspondances sociales. Ce processus excède forcément le seul espace de la classe et doit alors tenir compte des relations qui se nouent à partir de l'école ou en dehors d'elle.

Pour rendre compte de ce processus nous sommes partis des acteurs et de leur subjectivité, mais l'analyse même des expériences nous renseigne aussi sur le système scolaire. A sa manière, et à son niveau, la sociologie de l'expérience rend compte des effets des inégalités scolaires à partir de la nature différente des épreuves auxquelles les élèves et les maîtres sont confrontés. Il s'agit de répondre au problème de la formation des individus et de décrire les changements repérables dans ce processus, notamment à cause de la distance établie entre la socialisation et la subjectivation. Une distance qui empêche de penser l'intégration sociale à travers le modèle et la métaphore d'une programmation établissant l'accord entre les positions sociales et les dimensions subjectives. Dans ce sens précis, l'étude de l'école à partir d'une sociologie de l'expérience se veut une véritable sociologie « éducative », sorte de traduction sociologique d'une vieille inquiétude humaniste.

Conclusion

La formation des acteurs sociaux est double. D'une part, c'est une socialisation dans laquelle les individus intériorisent des normes et des modèles. D'autre part, c'est une subjectivation conduisant les individus à établir une distance à leur socialisation. Longtemps, on a pensé que ces deux processus s'engendraient naturellement parce que les institutions de socialisation, dont l'école, proposaient des modèles suffisamment forts pour que la socialisation bâtisse des « personnages sociaux », des individus dont la subjectivité et la position sociale apparaissaient comme les deux faces du même ensemble. Dans un tel cadre, pour savoir ce que fabriquait l'école, il suffisait de définir ses modèles culturels et la distance des élèves à cette norme, distance liée à leurs origines sociales.

Cette conception de l'école ne nous semble plus acceptable. A l'exception notable des écoliers du primaire, l'image d'une norme scolaire qui se « déverse » dans la personnalité des élèves est bousculée par plusieurs éléments. Le premier d'entre eux est l'installation d'un rapport stratégique aux études dans une école qui fonctionne « comme » un marché. Le second est le désajustement croissant des attentes des élèves et des professeurs, désajustement lié à la massification et à l'autonomisation de la vie juvénile. Le troisième est la relative incertitude du modèle culturel de l'école elle-même qui en appelle à des figures de l'individu largement contradictoires.

Aussi, dans un ensemble de ce type, qu'il nous faut considérer comme la crise d'un ordre idéal, la socialisation et la subjectivation des individus ne se réalisent plus seulement dans la transmission des rôles, mais par la manière dont ils gèrent des logiques d'action de plus en plus complexes et diversifiées. C'est ce qui fait que les acteurs sont à la fois socialisés et singuliers, qu'ils sont fabriqués par l'école qui définit la nature de leurs épreuves, et qu'ils deviennent des sujets parce qu'ils doivent construire eux-mêmes leur expérience. Ce sont les diverses modalités de ces expériences que nous avons essayé de suivre chez les élèves, leurs maîtres et leurs parents.

*

La genèse de l'expérience scolaire définit à la fois les étapes de la socialisation et les modalités de la formation des sujets. A chaque moment, l'individu doit constituer, à partir des contraintes données, une expérience. Et si l'on peut considérer que tous parcourent les mêmes étapes, elles ne sont pas réductibles à un processus génétique dans la mesure où les dimensions de l'expérience scolaire sont aussi socialement définies. De surcroît, l'épreuve de la socialisation combine la dimension génétique et sociale avec l'articulation de deux figures de l'individu, les deux versants de l'idéal éducatif. La trajectoire scolaire se présente alors comme une succession de paliers, au sein de situations socialement contrastées.

L'expérience des écoliers apparaît comme très fortement structurée par un souci, institutionnel et individuel, d'intégration. Autant du point de vue de l'école que de celui des élèves, l'école primaire est sous l'emprise du maître. La vie scolaire est dominée par le désir des écoliers de s'identifier au maître, perçu comme tout-puissant, assurant à sa manière l'homogénéité de la classe. Cette forte unité normative n'introduit guère de distance entre les diverses sphères de l'expérience des écoliers, telles qu'elles se présentent dans leurs récits. L'aspiration à l'unité est aussi présente dans la vie enfantine proprement dite où les écoliers se moulent dans un tout vécu comme organique, le groupe de pairs. Le primat de l'intégration signifie que l'école primaire est encore sous l'emprise des rôles, qu'elle est une institution au sens classique du terme, comme le montre aussi l'expérience, elle-même très unifiée, des maîtres. Ceci entraîne une forte correspondance entre l'objectivité des règles scolaires et la subjectivité des élèves : toutes proportions gardées, la motivation individuelle reflète la position de l'élève. A l'école élémentaire, la socialisation prime sur la subjectivation qui n'émerge, et de manière ponctuelle, que sous forme de « rejet ». Soit quand l'identification au maître est affaiblie par les punitions, l'unité des écoliers est cassée par les résultats scolaires, soit quand l'unité du groupe enfantin est brisée par la découverte des affinités électives, ou à travers la moquerie. C'est dire que le souci de l'intégration informe si fortement cette expérience que la subjectivation n'émerge douloureusement que dans la « déviance » par rapport aux modèles du groupe.

Le collège apparaît, par bien des aspects, comme l'envers de l'école élémentaire. Il est le lieu d'un triple éclatement qui marque le moment d'une grande dissociation entre le processus de socialisation et le souci de subjectivation. D'abord, c'est l'entrée dans un univers normatif complexe où l'autorité ne suffit plus à fonder la légitimité des normes. Ensuite, c'est le moment où les études perdent leurs évidences « naturelles » puisque le sens des études et du travail ne va plus de soi, et que les classements scolaires commencent à déterminer l'avenir social. Enfin, au collège, se consolide une culture adolescente, opposée ou parallèle à la culture scolaire. La disjonction entre ces trois dimensions varie sensiblement selon les divers publics, mais il n'empêche que l'expérience collégienne est caractérisée par leurs tensions.

La construction d'une « face » apparaît comme le mode de gestion de ces écarts. Sorte de moratoire défensif d'une subjectivité trop fragile pour être affirmée, le souci de la face consiste, dans un seul et même mouvement, à faire comme les autres pour essayer d'être soi-même. L'écart entre la socialisation et la subjectivation est tel que souvent le collège est vécu comme l'espace d'un pur conflit entre les professeurs et les élèves. Jamais les « consciences » ne s'affrontent aussi directement qu'au collège, en « dehors » de toute médiation sociale. Le souci de la face, véritable principe de base de la sociabilité des collégiens, est une manière subjective ostensible de montrer un détachement très attaché aux événements du monde, seule façon de gérer les tensions auxquelles les collégiens sont soumis. La subjectivité des collégiens ne s'exprime jamais de manière directe ; elle est toujours médiatisée par des jeux de la face qui visent simultanément une « ouverture » vers l'extérieur et une « protection » de l'intimité. Par la dissimulation, vécue comme authentique, l'individu se donne un moratoire à lui-même afin de parvenir à structurer sa personnalité. La face, la défense d'une subjectivité vide sans subjectivation, est la manière dont les acteurs essaient de réduire la complexité et la disjonction des dimensions de l'expérience à laquelle ils sont confrontés. Mais le souci de la face, elle-même tendue entre les deux figures de l'individualité, permet de gérer la totalité des soubresauts scolaires, les mauvaises notes, les échecs, les doutes sur soi. Dans les collèges populaires, cette face se présente comme une scission entre le « bouffon » et le « pitre », chacun étant défini, dans son intériorité, par la tension entre le conformisme envers le professeur et le conformisme envers le groupe. L'impossibilité, pour la plupart des élèves, de choisir entre l'une ou l'autre de ces dimensions est résolue, quand la tension devient extrême, par le recours massif à la « frime ». Dans le groupe de pairs, où la soumission aux diktats du groupe est de rigueur, c'est encore la face qui permet d'opposer l'appel à l'authenticité aux règles du groupe. Le collégien est constamment écartelé par ces tensions. Fragile, son expérience est particulièrement difficile à agencer. Les différences sociales, en « sommeil » et euphémisées dans l'enfance, s'imposent d'autant plus que l'instabilité de l'expérience collégienne la rend particulièrement sensible et hétéronome. Tout se passe comme si la logique de la face « accélérait » les différences, celles des origines sociales, celles des performances, celles des sexes. De la même manière que l'expérience des maîtres est « homologue » à celle de leurs élèves, l'expérience des professeurs de collège porte les mêmes tensions que celle des collégiens par la distance qui oppose le statut au métier.

L'entrée au lycée est scandée par une orientation qui tient lieu de « rite d'exclusion ». C'est le grand partage des eaux, l'insouciance de certains collégiens se dissout. Des processus très divers de reconstruction de l'expérience voient alors le jour. La nécessité du projet s'installe et, avec elle, l'obligation de construire une expérience sous l'emprise croissante des logiques stratégiques. L'implication subjective des élèves se renforce, même si elle est parfois en décalage avec leur position objective. Il n'empêche, dans tous les cas de figures la subjectivité « pure » et « vide », donc « fragile » et « authentique », des collégiens retourne dans le monde de l'école.

L'acteur devient le stratège, plus ou moins compétent en fonction de ses ressources, de son parcours scolaire. A la forte articulation de l'expérience sous le primat d'une logique de mobilité sociale et de réussite scolaire chez les lycéens des milieux favorisés s'opposent, presque jusqu'à la caricature, la déstructuration de l'expérience personnelle et l'impossibilité de la formation de tout projet scolaire pour les lycéens en échec scolaire, de surcroît scolarisés dans des filières de relégation. La diversification de l'expérience s'accentue et donne lieu à une différenciation croissante des individus. Encore une fois, ce processus conjugue les deux individualismes. D'un point de vue scolaire, l'affirmation d'un projet scolaire se traduit par un renforcement et une maîtrise croissants des stratégies scolaires, voire l'accentuation de l'instrumentalisme scolaire, mais surtout le lycéen est confronté au besoin de se doter d'une motivation scolaire autonome. La vie personnelle, pour sa part, est infléchie par les exigences scolaires, auxquelles elle est parfois subordonnée. Le lycéen, sous quelque modalité que ce soit, vise toujours à articuler pratiquement le discours de l'authenticité et la prise en compte des intérêts. L'acteur ne se contente plus de la subordination de la subjectivation à la socialisation et de la disjonction des deux dimensions, au contraire, il essaie, dans la mesure de ses possibilités, de s'affirmer comme le sujet de sa socialisation.

Au terme du parcours, la formation de l'individualité franchit trois étapes : d'abord, celle d'une continuité entre l'objectivité des règles et la subjectivité des écoliers ; ensuite, une phase de distance extrême au collège ; enfin, une réduction des tensions suspendue à la force des projets. Les étapes de l'expérience scolaire peuvent aussi être décrites comme la montée successive d'une des logiques de l'action, l'intégration, la subjectivation et la stratégie se combinant dans des figures de plus en plus complexes. L'individu passe de la soumission au maître et au groupe de pairs à des logiques « déviantes » de subjectivation dominées par le souci de la face, puis émergent des stratégies complexes de conciliation des diverses dimensions de l'expérience. A l'issue de ces processus, l'acteur social est un gestionnaire de l'incertitude, d'autant plus que, tout au long de ce parcours, les élèves avec lesquels nous avons travaillé portent souvent des images sombres de leur avenir. A toutes les étapes du périple scolaire, et à toutes les phases de bifurcation du système, les élèves sont assaillis d'un pessimisme radical. A leurs yeux, l'école et la vie qu'ils connaissent sont moins

« dures » et « angoissantes » que l'école et la vie qui les attendent. La plupart des élèves entrent dans l'avenir comme on entre, les yeux ouverts, dans la nuit.

L'expérience scolaire est dominée par la distance entre la socialisation et la subjectivation. Côté scolaire, on assiste à la montée progressive de la dimension stratégique, et à terme, souvent, à la subordination de tous les autres aspects de l'expérience scolaire à ce seul souci. Côté vie personnelle, le modèle prescriptif se trouve plutôt dans l'exigence de l'authenticité. Le croisement de ces deux idéaux, la performance scolaire et l'appel à l'authenticité, signale, à sa manière, d'une part, le processus croissant et inébranlable de subordination de la subjectivité à l'objectivité du monde, le primat de la rationalisation, et, d'autre part, le rappel lancinant, sous forme d'imaginaire personnel, de la valeur de la subjectivité. La non-coïncidence des deux termes est l'horizon insurmontable de l'expérience des élèves et, au-delà, de toute existence moderne. Cependant, cette construction des sujets varie très fortement, jusqu'à se retourner en aliénation, en fonction des positions scolaires des individus.

La diversification des expériences scolaires se présente comme un arbre dont les branches s'écartent quand elles s'approchent du sommet. L'aveuglement parfois attribué aux acteurs ne s'observe guère tant le processus de construction des individus s'opère à travers des doses accrues de réflexivité. En fait, on voit plus des consolations fragiles que des preuves d'ignorance. Certes, les acteurs n'évaluent pas, à partir de leur positionnement dans le système, la totalité des conséquences de leurs actes, sinon de leurs choix, ils ont souvent le sentiment de se trouver dépourvus de bien des ressources du jeu, mais il est tout aussi indéniable qu'ils possèdent une grande connaissance de ces règles dans l'espace qui les concerne. Force est aussi de constater l'affaiblissement du thème de la « colonisation culturelle », non pas que l'école ne soit plus liée à certaines cultures sociales, mais les individus ont de plus en plus de peine à s'appuyer sur une véritable culture de classe afin de s'opposer à l'emprise des modèles scolaires. L'acteur est ainsi à la fois conscient de sa situation et dominé par elle.

La nature même du modèle hégémonique transmis par l'école est bouleversée. Le processus de diversification de l'offre scolaire, la multiplication des filières, mais surtout, le caractère « retors » de bien des parcours individuels mettent en cause une vision linéaire de la reproduction sociale. Si les hiérarchies scolaires sont claires, les itinéraires sont brouillés, et le système scolaire, comme les autres systèmes sociaux, se définit par sa capacité à ajuster la diversité des comportements individuels en l'absence d'un principe fort d'intégration normative. L'école impose moins une expérience unique qu'elle n'accentue la diversité des modes de socialisation. La domination sociale en jeu à l'école, bien au-delà de la seule distribution des qualifications, passe avant tout par la nature fort différente des épreuves. Le système scolaire impose moins un sens qu'il ne contraint les individus, dans des situations différentes, à produire et structurer une expérience. Le ressort final de la domination sur les individus se trouve dans la manière dont celle-ci s'inscrit en eux à partir de l'impératif social de la modernité, à savoir être ce qu'on fait de sa vie. Que ce processus de responsabilisation individuelle s'accompagne, dans les faits, d'une augmentation de la volonté de quadrillage institutionnel des élèves ou, exactement à l'inverse, par une certaine indifférence, dans les deux cas l'individu est dépossédé de son expérience à travers le discours même qui l'affirme maître de sa vie.

L'aliénation est ainsi à la base de l'expérience de la domination scolaire. Sa signification majeure ne tient pas au sentiment d'étrangeté des hommes par rapport à leurs œuvres, mais à la distance éprouvée par les individus entre la socialisation et la subjectivation. C'est au sein de cette distance que se produisent les diverses figures de l'aliénation. Elles procèdent massivement de deux processus. D'une part, la hiérarchie des expériences scolaires est une hiérarchie des épreuves et des difficultés objectives de maîtrise de ces expériences. D'autre part, l'affaiblissement des cultures de classe et des langages de contestation fait que souvent les individus ne sont plus en mesure d'opposer une définition positive d'eux-mêmes aux verdicts scolaires. Ainsi conçue, l'aliénation ne suppose aucune « nature » humaine, elle est une conséquence des transformations en cours dans les processus de socialisation. Plus les élèves sont situés en « bas » du système scolaire, plus les tensions de l'expérience sont fortes, les acteurs étant souvent contraints de se définir dans les catégories mêmes qui les invalident. C'est pourquoi les élèves des couches moyennes confrontés à l'échec sont désormais si dépourvus de capacités de résistance. Tous, à travers des épreuves différentes, intériorisent l'échec, font leurs les définitions des autres. C'est le prix d'une compétition méritocratique qui laisse peu de place au conflit et à la consolation. Certes, des expériences de résistance, de nature et de grandeur fort différentes, sont à l'œuvre, mais, dans la mesure où il est de plus en plus difficile de s'appuyer vraiment sur une autre culture pour résister à l'emprise de l'école, ces attitudes sont le plus souvent vécues comme des traits de personnalité. Dans un cas, l'aliénation empêche la subjectivation en marquant les élèves du sceau de l'échec ; dans l'autre cas, l'acteur parvient à se subjectiver, par la violence ou la frime face à l'école, mais au prix d'une perte ou d'un abandon de position sur le marché scolaire.

Le même type de raisonnement vaut pour l'expérience des professeurs. Les deux termes de la relation pédagogique participent du même ensemble. Les professeurs n'ignorent rien des mécanismes de l'école, des tensions et des contradictions dans lesquelles ils peuvent être placés. Mais toutes ces dimensions objectives sont vécues comme des problèmes de personnalité et les individus passent très mal du registre de leur expérience, vécue comme intime, à celui du système. Ainsi s'explique, pour une grande part, la dissociation des problèmes du travail et des revendications collectives mises en forme par les syndicats.

Dans une société où les modes de consommation culturelle se mélangent toujours davantage et où les styles de vie ont tendance à s'enchevêtrer, tout en se hiérarchisant, le système scolaire trace de véritables frontières sociales. Pour les milieux populaires, le système scolaire est vécu comme un lieu de violence, de l'école élémentaire jusqu'au lycée, et c'est à travers le parcours scolaire que se forment les premières ébauches d'une expérience de domination sociale. Pour les couches moyennes, le système scolaire est vécu comme un lieu de compétition individuelle car l'appareil scolaire est ressenti comme un prolongement quasi naturel de leur propre univers social. La rupture et l'osmose éprouvées par les uns et les autres structurent alors des expériences profondément différentes et durables. A bien des égards il est possible de parler d'une topographie différentielle de la socialisation et de la subjectivation. A une très forte programmation des individus socialement très favorisés, en fait à la sursocialisation dont ils sont issus et qui subordonne toujours leur subjectivation à leur socialisation, s'oppose la tension, voire la disjonction, entre ces deux processus pour les autres membres de la société. Les épreuves de la formation de l'individu s'avèrent alors fortement contrastées. Pour les uns, les écarts sont minimes, les tensions réduites, l'individu pouvant se construire subjectivement en continuité avec sa position sociale. Dans les positions moyennes, la formation de l'individu suppose l'apprentissage de la gestion de la division sociale, la capacité à agencer des expériences socialement territorialisées. Pour les autres, il s'agit d'apprendre à organiser une expérience qui tienne compte des distances et des tensions parfois extrêmes, l'acteur se définissant par sa seule capacité à résister à son propre éclatement social. Dans les sociétés postindustrielles, où la domination ne se réduit pas à l'exploitation économique, à supposer que ce fut jamais le cas, les appareils de diffusion de la culture et de la formation ont la capacité de fabriquer des expériences sociales, des acteurs et des sujets, plus ou moins autonomes, plus ou moins aliénés. Les idéologies de la participation de tous et de l'accès général à la formation n'enlèvent rien à la violence de ce type de domination. Au contraire.

Les transformations du mode de socialisation ne sont pas sans conséquences sur le langage, sinon sur le travail sociologique. Le lecteur a pu être surpris par la récurrence des sentiments et des émotions tout au long de ce livre. La sociologie nous a accoutumés à un récit unique du processus de socialisation, à quelques variantes près, un accord sans faille était établi entre la formation des individus et la formation des sociétés modernes, toutes les deux marquées par le contrôle continu des pulsions et le progrès de la raison sur les individus et sur le monde. L'individu moderne, au-delà des querelles de jugement, était appréhendé par son degré de maîtrise des émotions et du calcul des conséquences de ses conduites. Les rôles sociaux étaient la manière dont ce contrôle s'intériorisait et par lequel parvenait à se structurer cette mise entre parenthèses, voire cet oubli, de la subjectivité des acteurs. La raison fonctionnelle suffisait à définir l'individualité en dehors de laquelle ne restaient que des soubresauts ou des résidus « psychiques ». C'est ce déchirement « énergétique » qui a marqué l'histoire souterraine de l'individu moderne avant d'exploser au grand jour avec la sociologie postfonctionnaliste. Plus le modèle de formation de l'individu accentuait l'accord entre la subjectivité et les tâches sociales, plus les individus se dotaient d'une double face : entre « eux » et le « monde » s'affirmait la fiction de leur « personne ». Dans ce sens précis, l'étrangeté à son propre personnage social, plus encore que la déviance, était la grande pathologie de l'individu, tant chez Durkheim que chez Simmel.

La formation des individus à travers leur capacité à structurer des expériences suppose un abandon de ces images. La place des émotions qui parcourt ce livre est une conséquence directe de la défaillance des rôles, quand on ne peut plus postuler un accord immédiat entre les positions sociales et les dimensions subjectives. L'épaisseur de la subjectivité à laquelle ce livre se veut fidèle est bien autre chose qu'un repli subjectiviste. S'il faut désormais rendre compte sociologiquement du langage du sujet, c'est parce qu'il est un état des rapports sociaux. Dans ce sens, les sentiments repérés, les désirs bafoués, les souffrances évoquées sont autre chose que l'étude de la scolarisation à partir du *curriculum* caché, la zone d'ombre du système scolaire. Si l'expérience scolaire reprend abondamment ce langage et ces dimensions, c'est parce que l'acteur lui-même s'éprouve massivement en ces termes. Si l'individu passe par différentes étapes qui mènent vers une plus grande maîtrise stratégique de son environnement, la formation de l'individualité passe aussi – mais il ne faut plus subordonner ce processus au précédent – par diverses formes d'affirmation subjective. C'est la distance de la socialisation et de la subjectivation qui oblige à donner plus de place aux dimensions personnelles et aux émotions. D'ailleurs, et non sans paradoxes, c'est l'écart croissant entre l'objectivité du système et la subjectivité des acteurs qui se traduit par l'imbrication du travail sur l'extérieur et du travail sur soi. La sociologie de l'expérience, dans ce sens, émerge à la croisée d'une psychologisation du social et d'une socialisation du psychique.

Si l'individu se définit toujours par la distance qu'il établit entre les diverses tâches sociales et son « je », la réflexivité psychologique est toujours de mise dans la formation du sujet, par contre il n'est plus possible de continuer à saisir l'individu à travers le clivage du « dedans » et du « dehors ». Ce clivage n'était que le résultat d'une perception de soi, celle des personnages sociaux, qui s'est prolongée par le clivage entre deux langages, celui de l'intimité psychologique et celui de l'action sociale. A l'inverse, l'individu qui parvient à bâtir une expérience y est toujours trop impliqué pour s'en détacher et mettre sa personne à l'abri. Il faut se dessaisir de l'emprise normative du discours de la métaphysique négative du sujet, de la fausse idée d'un « je », là où le sujet n'existe, dans son authenticité, qu'en se détachant des figures sociales possibles de la subjectivité, qu'en renonçant à s'identifier à ce qu'il a pensé, désiré ou fait. L'acteur n'existe désormais que dans un processus d'organisation d'une expérience. Le problème n'est plus de se dégager d'un « Moi », mais au contraire d'articuler différents domaines d'action. Ceci implique le passage d'une conception figurative de l'individu – le rôle étant au discours sociologique ce que la conscience a été dans le discours philosophique – à une conception discursive de l'individualité, l'expérience étant à la sociologie ce que la narrativité est au sujet dans le discours philosophique contemporain.

Ces deux changements ne sont qu'une conséquence de la crise des personnages sociaux, là où l'engagement de l'acteur dans le monde était sinon unique, au moins solide. Quand la socialisation s'opère sous forme d'expérience, donc par individualisation croissante, l'acteur ne se conçoit qu'à travers l'agencement pratique dont il est lui-même issu. Autrement dit, l'individu moderne est autant défini par l'écart croissant entre l'objectivité et la subjectivité que par l'imbrication du point de vue de la personne dans l'expérience construite. Le premier terme implique l'impossibilité de réduire la sociologie à l'étude des positions sociales, tant les individus modernes se définissent à distance de leurs images sociales ; le second montre, à l'inverse, la faible distance existant désormais entre les composantes « intimes » et les dimensions externes de l'action. L'individu moderne se vit de manière personnelle, c'est-à-dire définissant de manière immédiatement subjective et émotive son implication sociale. Le souci de l'authenticité contemporaine est aussi une conséquence de ce processus contraignant à viser une transparence à soi-même, et pas seulement un idéal impossible à réaliser.

Ces transformations définissent la nature du dilemme des individus. Rien ne serait plus faux que d'établir une sorte de simple inflexion entre le dilemme tragique propre à la culture moderne des sociétés industrielles, et la tension entre les deux individualismes propre aux sociétés contemporaines. L'individu du modernisme fut déchiré entre deux principes opposés irréconciliables, la raison et l'élan pulsionnel. Toutes les grandes pensées de la modernité ont été obnubilées par ce déchirement : le moi et le ça, l'apollinien et le dionysiaque, la rationalisation et les valeurs, les forces productives et la volonté humaine... Chaque individu devait alors répondre à cette injonction culturelle. Dualité extrême, cette tension était, sinon vraiment ignorée, au moins perçue comme surmontable par la socialisation où se formait un individu maître de lui, dépourvu d'antagonismes, membre d'une société parvenant à subordonner ses excès à l'ordre social. La socialisation fut la formation des individus capables de maîtriser ce déchirement à l'aide des structures de personnalité dont le support dernier était inscrit dans les structures sociales. Certes, cette conception de l'individu avait toujours une part de tragique, la société produisait une conscience individuelle capable de se retourner contre elle, mais l'individu socialisé était supposé capable de contrer ce déchirement des forces, à l'aide d'un système normatif aux valeurs étonnamment stables. C'est pourquoi le récit de la socialisation affirmait toujours ouvertement la subordination des sentiments, ou des pulsions, aux exigences du fonctionnement social. La rupture de ce modèle était à la fois une crise sociale et une névrose personnelle. Le dilemme de la modernité était culturel.

Le dilemme contemporain est d'une autre nature. Plus modeste, moins tragique, il n'est plus le résultat d'une contradiction entre deux forces mais le désaccord entre deux aspirations culturelles diverses. Les deux individualismes ne s'opposent pas radicalement jusqu'au bout, au contraire une connivence secrète les attache, celle d'une vie paisible socialement souhaitée et possible. De fait, les deux individualismes mettent davantage l'individu contemporain devant des sentiments ambivalents que face à de véritables déchirures. Il s'agit moins d'une quête idéaliste de valeurs que du besoin d'adaptation à une société rationalisée. L'individu contemporain vit alors l'épuisement de l'opposition fondatrice du modernisme – la raison et les énergies vitales –, il se déprend des implications de la notion de personnage social et se trouve confronté à l'exigence de faire tenir ensemble les deux individualismes à l'épreuve du vide des formes sociales. Le dilemme de la modernité est désormais social, tenant à la nature des épreuves de l'expérience imposées aux individus.

Postface

Que nous apprennent les chemins parcourus avec les acteurs de l'école sur le système scolaire lui-même ? Quelle est la nature des mécanismes sociaux qui constituent les points d'ancrage de l'expérience des individus ? Il nous faut maintenant « remonter » de la subjectivité des acteurs vers le système scolaire lui-même. Deux principes de structuration du système peuvent organiser ce changement de registre. Le premier, diachronique, concerne ses transformations au long des trois grandes étapes que nous avons étudiées. Le second observe ces transformations en fonction des différences scolaires et sociales des publics formés au cours des carrières des élèves.

Mais il ne s'agit pas seulement de reprendre sous un autre angle les conclusions de ce travail, car le retour au système est aussi une lecture critique du fonctionnement de l'école. En effet, on ne peut se défaire d'un point de vue « engagé » dans la mesure où la sociologie de l'expérience scolaire nous apprend que l'école ne fonctionne pas au bénéfice de tous, ce qui n'est pas une révélation, loin de là, mais aussi que la nature même de l'école varie très sensiblement d'un point à l'autre du système. En fait, au sein d'un cadre administratif homogène, l'école se diversifie tellement qu'elle peut être considérée comme un cadre de socialisation et de subjectivation pour les uns, et comme un obstacle pour les autres. Dans ce cas, non seulement elle n'a guère de sens, mais elle « détruit » les individus. Faut-il alors s'enfermer dans une critique totale affirmant que c'est la nature profonde du système scolaire qui est saisie, et que rien n'est possible dans la société telle qu'elle est ? Faut-il en rester à une position d'expert se bornant à décrire des mécanismes objectifs ? Ni l'une, ni l'autre de ces positions ne nous semble acceptable à l'heure où chacun sait que l'école doit être sensiblement transformée, même si personne n'ignore le poids des obstacles à ce changement. Aussi, tout en admettant le rôle de la subjectivité des choix moraux et idéologiques, il nous faut changer de registre de discours et de posture intellectuelle pour dire quelles seraient les grandes lignes qui devraient conduire une mutation du système scolaire capable d'en rendre le fonctionnement plus acceptable et plus harmonieux pour les élèves et les enseignants.

Dès que l'on quitte l'école élémentaire, l'appareil scolaire ne peut plus être considéré comme une institution. Plus précisément, il ne fonctionne sur le modèle d'une institution que pour la catégorie des élèves dont la famille mobilise suffisamment de ressources et de « motivations » pour assurer la continuité d'une socialisation scolaire. Pour les autres, le parcours scolaire est une suite de désajustements successifs qui ne cessent de se creuser. La capacité éducative du système scolaire n'est pas en mesure de prendre en charge l'adolescence et la jeunesse, et la distance entre la culture de masse et la culture scolaire installe les élèves dans deux mondes sans contacts, sans relations. Si l'utilité des études se perd, si elle est faiblement perçue ou si elle n'est que négative, parce qu'on a tout à perdre et rien à gagner, l'expérience scolaire se vide et, pour le dire simplement, les élèves n'ont plus de bonnes raisons de travailler. C'est pour cette raison que le thème des motivations, des projets, du sens subjectif du travail s'impose aussi fortement aux élèves et aux maîtres, qui doivent construire ce que la nature du système ne suffit plus à établir. De manière sans doute excessive, on pourrait dire que plus les individus vont à l'école et plus ils y vont longtemps, moins les situations scolaires ont de sens. A terme, il ne pourrait rester de l'école qu'une compétition dans laquelle ne s'investissent que ceux qui ont des chances de gagner. Cette situation est d'autant plus alarmante que, bien souvent, l'école se trouve seule face à des demandes d'intégration et de socialisation croissantes dans les secteurs les plus fragiles de notre société.

L'augmentation des performances globales, la capacité d'accueillir des effectifs croissants et nouveaux ont montré que le système scolaire n'était pas sans qualité. Les situations de rupture et de conflit ne sont pas rares, mais il est tout aussi injuste de juger de l'école à partir de quelques collèges et lycées difficiles, que de se satisfaire de la formation de quelques élites de qualité. Ni les classes préparatoires de Louis-le-Grand, ni les collèges de quelques cités dégradées de Seine-Saint-Denis ne donnent une image acceptable du système éducatif. Mais la désarticulation des logiques du système apparaît à la fois comme un mal plus insidieux et plus commun.

Dans une grande mesure, les problèmes de l'école ne lui appartiennent pas directement et il semble évident qu'une grande part d'entre eux vient de l'excès des demandes qui lui sont adressées. L'école ne produit pas des chômeurs, mais elle produit des diplômés qui sont et seront de moins en moins protégés du chômage. A lui seul, ce phénomène vide l'expérience scolaire de tout contenu quand les élèves grandissent, quand le principe d'utilité doit s'imposer. Alors, très tôt, certains abandonnent, font comme si, se forment ailleurs, ne voient plus dans l'école qu'une manière d'attendre.

Mais l'école est méritocratique, et, même si la compétition est parfois faussée, cette attente scolaire devient vite destructrice pour ceux qui échouent et n'ont d'autres possibilités que de s'identifier aux catégories de leur échec. C'est sans doute là une des façons les plus cruelles d'entrer dans la vie, car non seulement les élèves n'obtiennent rien de bien tangible, mais ils perdent l'estime de soi. Cette épreuve est d'autant plus vive que le système scolaire ne s'accroche pas à un véritable projet éducatif, « moral » aurait-on dit autrefois, visant l'expression et la formation de qualités personnelles. Tout ce qui n'est pas strictement scolaire y reste résiduel, militant, alors même que chacun déplore la perte d'utilité des diplômes et la faiblesse éducative des sociétés de masse.

Aucun de ces travers n'appartient strictement à l'école, elle ne les engendre pas directement mais elle les cristallise dans son organisation même. Doit-elle les subir comme une fatalité, ou peut-elle résister efficacement, c'est-à-dire se modifier elle-même, plutôt que de prolonger un cycle infernal fait d'appels aux principes « sacrés », de remédiations indéfinies et d'adaptations discontinues ?

On voit bien que non seulement l'école reproduit globalement les inégalités sociales, mais qu'elle les accentue tout au long des itinéraires qui en apparentent le fonctionnement à celui d'une production à distillation fractionnée. L'ensemble des mécanismes sélectifs produit des publics scolaires très inégaux en termes de ressources et d'espérances et accentue les écarts tout au long des parcours. Cependant, ces publics ne sont pas seulement inégaux, ils sont confrontés à des expériences scolaires extrêmement différentes, et la nature même de l'école se transforme au cours de ces diverses étapes. L'école ne se borne pas à produire ses propres mécanismes de distribution, elle fabrique, ou contribue à fabriquer, des acteurs et des sujets de nature différente. Le choc de la massification et la dérégulation générale du système qu'elle entraîne font que, au bout du parcours, seuls certains élèves sont véritablement formés dans l'école alors que d'autres jouent d'autres cartes, et que certains encore sont écrasés par ce parcours lui-même. Tout se passe comme si l'école n'était réellement efficace, et ceci dès le collège, que pour les enfants des classes moyennes.

Il n'est évidemment pas question de dire que l'école ne sert à rien. Le niveau scolaire augmente et la France occupe en ce domaine une position très honorable comparée à celle de sociétés proches. A l'opposé, il n'est pas possible de dire que ce système est « fonctionnel » car il est loin d'être commandé par des « besoins » économiques trop fluctuants, et rien n'exige que l'expérience scolaire se vide de sens ou enferme autant d'élèves dans le seul carcan de leur échec. Bref, « les choses étant ce qu'elles sont », c'est-à-dire la société étant ce qu'elle est, l'école n'est pas enfermée dans une nécessité absolue.

La complicité des classes moyennes et de l'école conduit à une logique des choix scolaires qui accentue considérablement les inégalités de parcours. Il ne s'agit pas seulement d'une inégalité culturelle, mais aussi d'une inégalité stratégique fondamentale. Pour les uns, qui affichent souvent le plus grand attachement à l'unité de l'école publique, l'école est un marché dans lequel ils choisissent les établissements, les filières, les classes mêmes, afin de bénéficier d'avantages d'autant plus considérables qu'ils sont étayés par un encadrement pédagogique efficace. Par contre, les lois « universelles » des programmes, des méthodes, des cartes scolaires et des filières s'appliquent aux plus démunis qui y perçoivent les garanties de leur intégration, alors que ceux qui les connaissent vraiment en jouent librement. De ce point de vue, l'égalité de traitement de tous assure des avantages considérables aux classes moyennes « cultivées » et « informées ». Il suffit d'entrer dans chaque établissement et dans chaque famille pour voir que les inégalités sociales « données » sont recouvertes par mille inégalités « créées » : créations de filières non dites, choix subtils de disciplines, stratégies de soutiens extérieurs, dérogations diverses, négociations subtiles... Au bout du compte, deux collèges formellement identiques abritent des établissements totalement différents. Les uns vivent dans une économie collectiviste, les autres dans un « marché noir » dont l'efficacité relative repose sur le maintien de la première. L'égalité formelle de traitement apparaît comme la meilleure garantie des privilèges, et elle place un nombre considérable de professeurs et d'élèves dans des situations extrêmement difficiles, car au « marché noir » des uns correspondent les « tickets de rationnement » des autres.

Si l'on pense que ce système est peu réversible, notamment parce que le marché organise de plus en plus de domaines de la vie, et parce que la répartition spatiale des établissements repose sur des ségrégations sociales massives, il faut sortir du faux-semblant dont sont victimes les plus faibles. Deux types de politique, déjà esquissés depuis quelques années, pourraient « détendre » la situation en rendant manifeste ce qui est caché à beaucoup. Le premier consiste à renforcer sensiblement l'autonomie des établissements afin qu'ils construisent une offre éducative mieux adaptée à leur public. A terme, cette autonomie exige des mutations profondes dans la gestion du personnel, elle implique des règles de cooptation des enseignants et des modes de désignation électifs des chefs d'établissement, car on peut difficilement concevoir comment une gestion centralisée des personnels, reposant sur le principe du barème, engendrerait des établissements capables de mobiliser des équipes autour de projets spécifiques. On reprochera, avec de bons arguments, à un tel système de renforcer les inégalités. En fait, il les rend seulement visibles, ce qui est déjà une rupture considérable.

Le second principe vise à compenser les effets inégalitaires d'un tel système. Il appartient à l'autorité centrale de mettre en avant un principe d'équité et de discrimination positive affirmé. Autrement dit, il faut donner plus de moyens à ceux qui en ont le moins, ce qui exige une politique résolue et beaucoup moins timide que celle des ZEP. Sans doute un tel système ne produira pas une véritable égalité scolaire, mais il pourrait éviter que l'école ajoute trop ses propres inégalités à celles qu'elle reçoit. Rappelons que le principe d'égalité consiste encore, dans les faits, à donner plus à ceux qui ont plus puisqu'ils poursuivent des études plus longues dans des établissements mieux situés et bénéficiant de conditions plus favorables. En maintenant une forme scolaire unique destinée à des publics différents, on accroît les handicaps de ceux qui ne peuvent en tirer partie. L'autonomie des établissements, associée à une distribution inégale des ressources, nous éloigne sans doute d'un modèle républicain dont nous savons qu'il n'a réellement fonctionné que sur la base d'une forte ségrégation sociale et dont nous voyons aujourd'hui que les classes moyennes et supérieures sont les seules à tirer bénéfice. Il en est de l'école comme de quelques systèmes de protection sociale, elle traite mieux ceux qui sont déjà bien traités, et l'on gagnerait, en termes de justice, à construire les interventions publiques sur un principe de compensation.

Il ressort de notre travail que plus les élèves sont « faibles », moins l'école possède de capacités de socialisation, plus la vie juvénile se constitue à la marge de l'école ou contre elle. C'est dans les milieux les moins favorisés que cette tendance est la plus sensible. Le modèle libéral du double individualisme ne pose pas de problème aux classes moyennes mais il se transforme en anomie dans les établissements les moins favorisés. Il est bien évident que l'école doit produire une civilité propre axée sur des systèmes de droits et de devoirs capables de produire une civilité scolaire dont nous avons vu, dans un établissement, qu'elle était en mesure de réorganiser l'expérience scolaire, même s'il était illusoire de croire qu'elle était immédiatement efficace en termes de performances.

La règle la plus générale, celle qui consiste à tolérer la vie juvénile tant qu'elle ne parasite pas trop l'enseignement, n'est compatible qu'avec le mode de vie des classes moyennes où les élèves ont le sens de leurs intérêts bien compris. Ce sont ces intérêts qui assurent la paix scolaire. Elle cesse d'être pertinente dès que l'école ne peut plus en appeler fermement à l'utilité immédiate des diplômes et quand la culture des jeunes et celle de l'école se séparent. Dans la mesure où les élèves ne demandent guère un développement de leur participation à la vie de l'établissement, dans la mesure aussi où les enseignants et les administrations peuvent craindre les désordres qui en seraient issus, on se borne souvent à établir une paix, sans doute indispensable, mais qui est très éloignée de l'ambition de former des citoyens pourvus d'initiative et d'esprit critique. L'école apprend que l'on peut et que l'on doit participer aux affaires de la cité, mais pas à celles de l'école, elle apprend que l'on peut et que l'on doit développer un esprit critique, mais pas à l'école où l'esprit de la critique est lui-même une forme scolaire canonique. C'est souvent dans les situations les plus désespérées, quand plus rien ne paraît possible, que les équipes éducatives forgent une citoyenneté scolaire. Ce qui devrait être la règle est une manière de résister à la décomposition des situations. Là où la performance commande, la question ne se pose même pas.

Il en est de l'intégration à la vie scolaire comme de la discrimination positive, les principes en ont été annoncés et établis. Mais on doit bien constater leur fragilité. Ils reposent souvent sur l'action volontaire de quelques enseignants et d'une équipe de direction. L'école fait confiance aux familles qui le peuvent ou se retourne vers les équipements sociaux ; les enseignants, refusant de devenir des « animateurs », perçoivent souvent toutes les discussions comme des agressions. La formation d'une civilité scolaire implique donc un rapprochement du statut et du métier qui procède de l'autonomie des établissements afin que la protection du métier par la rigueur du statut cesse d'asseoir une dissociation radicale entre les engagements individuels et la vie collective. Sauf à considérer que l'école n'a pour objectif que l'apprentissage des connaissances, il faut bien admettre qu'elle ne peut plus accueillir la totalité d'une classe d'âge jusqu'à 18 ans, comme elle le faisait d'un public minoritaire et « choisi ».

Un des traits essentiels d'un système scolaire de masse est de définir la plupart des compétiteurs par leur niveau d'échec et de pousser chacun à se tenir lui-même pour responsable de ses succès et de ses échecs. On a vu que bien des élèves étaient dominés par cette logique, et que beaucoup d'entre eux voyaient leur propre image se dégrader. Il n'est pas raisonnable de traiter de ce problème en visant son éradication par la construction d'un succès universel, soit par la multiplication, largement amorcée, des méthodes de remédiation qui renforcent le syndrome d'échec, soit, dans quelques cas, par l'évacuation de l'échec dans un « faire semblant » scolaire généralisé. Comprenons-nous bien. Il n'est pas question de s'opposer à l'aide aux devoirs, aux études dirigées, aux classes « allégées » et à toutes les mesures de remédiation. Mais il ne faut sans doute pas en attendre trop, et l'on peut se demander si l'on n'entre pas ainsi dans un cercle d'inflation scolaire alourdissant indéfiniment les prises en charge et l'emprise même de l'école et donc, à terme, le caractère destructeur de l'échec. Surtout, si l'on admet que l'école est portée vers une compétition croissante, il n'est pas raisonnable de croire que ces remédiations ajoutées diminueront sensiblement les écarts entre les élèves et les groupes sociaux. C'est la logique même de la sélection par l'échec qu'il faut essayer d'atténuer même s'il paraît utopique de croire qu'elle pourrait être réduite à néant. Il serait bon que la méritocratie détruise moins les individus.

Une des solutions, esquissée depuis quelques années, devrait être fermement encouragée. Il s'agit de multiplier les critères d'excellence de façon à réduire l'écart entre les goûts et les intérêts. Rien n'interdit d'imaginer un système proposant des hiérarchies et des échelles d'excellence multiples. Or, nous savons bien que, dans les faits, les critères de l'excellence sont uniques et que les élèves sont condamnés à être jugés sur un seul type de compétence. Ce n'est pas en raison d'une simple habitude de langage que les élèves et les maîtres continuent à désigner l'enseignement général comme l'enseignement « normal », que l'on continue à envoyer les meilleurs élèves de BEP vers des premières de transition débouchant sur des baccalauréats peu valorisés, transformant souvent ainsi des élèves qui réussissaient en élèves qui échouent. Au-delà des habitudes et des mœurs, la figure unique de l'excellence, identifiée aux sections scientifiques, repose sur les opportunités offertes en aval dans les écoles, les classes préparatoires, les IUT, les filières universitaires, et il est donc naturel que tout bon élève vise une filière scientifique. Si l'on s'interdit d'agir de manière contraignante en aval, les appels à la diversification des échelles d'excellence resteront des vœux pieux. C'est dans des domaines de cette nature que la régulation centrale s'impose alors qu'on a souvent le sentiment qu'elle légifère dans les détails et laisse libre cours aux mécanismes les plus pervers.

Aujourd'hui, presque la totalité d'une classe d'âge passe le brevet des collèges et plus de 60 % se présente au baccalauréat. Le poids des chiffres lui-même fait que ces diplômes ont changé de nature. Ne pourrait-on alors imaginer que la conception des programmes en soit changée et que l'on passe de la notion de programme idéal et maximal, très rarement réalisable d'ailleurs, à celle de programme minimal « garanti » car bien des élèves et des professeurs sont placés d'emblée dans des situations d'échec et de bachotage obstiné, les uns et les autres ne cessant de déplorer la faiblesse des bases et des fondamentaux. Je peux témoigner que très rares sont les élèves moyens des classes populaires et les professeurs capables d'assimiler et d'enseigner la totalité du programme d'histoire et de géographie de cinquième par exemple. Car cela suppose les élèves assurés de leurs acquis, totalement attentifs la totalité du temps de la classe, cela implique aussi de ne pas « perdre » d'heures de classe en contrôles, en évaluations ou récupération des lacunes. Dans la plupart des cas, le programme s'adresse à des élèves qui n'existent peut-être que dans quelques établissements d'excellence, et chacun s'accommode des programmes à ses risques et périls, sans pouvoir réellement s'assurer que ce qui est enseigné est réellement su. Bref, tout se passe comme si les programmes étaient faits pour une élite, pour les futurs agrégatifs de la discipline, mais certainement pas pour les élèves tels qu'ils sont.

La distance de la culture scolaire et des cultures sociales est telle que les élèves ont le sentiment de vivre dans deux mondes étanches. Cette situation est normale et, dans une large mesure, souhaitable. Mais aujourd'hui, l'autonomie accordée à la jeunesse et le poids même de la culture de masse font que cette distance apparaît à beaucoup comme une véritable muraille séparant une culture scolaire perçue comme morte, et une culture sociale de masse perçue comme naturelle et vivante. Souvent, le spectacle du monde donné par les médias n'est plus conçu par les élèves comme un spectacle, mais comme la réalité même du monde. Il donne à voir un flot d'informations peu organisées, il appelle une participation émotionnelle qui l'oppose terme à terme au monde scolaire. En ce domaine, le réflexe de défiance de l'école envers la culture de masse, notamment envers la télévision, contribue à accroître l'étrangeté des deux cultures. Il ne peut être question de laisser entrer la culture de masse à l'école, mais doit-on renoncer pour autant à l'apprentissage d'une capacité de lire les médias permettant aux élèves de comprendre que cette culture n'est pas plus « naturelle » que la culture scolaire, qu'elle est aussi construite et organisée, qu'elle n'est pas le simple reflet d'une réalité ? A quoi pourrait bien servir un « esprit critique » qui ne s'appliquerait qu'à des exercices et à des matériaux scolaires ?

Aujourd'hui, du point de vue de l'expérience des élèves, le collège est le niveau le plus sensible du système scolaire. Il accueille la totalité d'une classe d'âge tout en étant défini par une ambiguïté fondamentale tenant d'ailleurs à sa double origine : d'une part, il prolonge l'école primaire, devant recevoir tous les élèves et asseoir l'apprentissage de connaissances jugées fondamentales ; d'autre part, le collège est l'héritier du lycée dont il a repris les programmes et la forme pédagogique. Il en résulte une ambivalence permanente souvent vécue comme une crise endémique. Dans certains cas, le collège est la première marche du lycée, dans d'autres, il garantit le minimum scolaire, pour bien des élèves encore, il est la première étape de la relégation. Ceci se manifeste par de fortes différences entre les établissements, une grande diversité des méthodes et des objectifs, des débats récurrents sur les classes de niveau et les modes d'orientation cachés, puisque le collège est à la fois l'école de tous et le moment d'une sélection décisive.

Cette double nature fait que les élèves, qui ne sont plus des enfants et qui n'accèdent pas pour autant à la rationalité et à l'autonomie des lycéens, sont mal pris en charge par les établissements. Les activités « socio-éducatives », culturelles et sportives y tiennent une place marginale et la vie adolescente elle-même s'y marginalise, au moment où elle devrait être prise en charge par l'école. En traitant tous les collégiens comme s'ils étaient de futurs lycéens issus des classes moyennes, on accueille souvent très mal les autres. Dans la mesure où le collège est aujourd'hui l'école de tous, ne faudrait-il pas en définir plus fortement les objectifs, les apprentissages jugés fondamentaux, les règles de vie communes et la fonction d'éducation ? Aujourd'hui, tout l'enseignement du collège prépare à des baccalauréats généraux, en termes de programmes et de méthodes, mais la majorité des élèves n'y accède pas. A quoi le collège leur aura-t-il été utile, sinon à les définir par leur échec ? De fait, le collège occupe aujourd'hui la place qui fut celle des écoles primaires supérieures et des grandes sec tions préparant au certificat d'études. Peut-être faudrait-il le redéfinir dans cette fonction d'éducation et d'intégration sociale, quitte à le « primariser », ce qui n'implique aucune « baisse du niveau », ni des élèves ni des professeurs.

Tout se passe comme si la société française avait décidé de traiter le chômage des jeunes par l'allongement de la scolarité et par le renforcement des filières générales. Évidemment, personne n'a délibérément fait ce choix, mais les conséquences des décisions des trente dernières années sont là. La logique du diffèrement conduit à vider de son sens l'expérience scolaire de bien des élèves de certaines filières des lycées, quand les élèves sont où ils sont parce qu'il n'y a pas de place ailleurs. Nous avons vu que cette image polémique n'est pas toujours caricaturale et qu'elle enferme bien ces lycéens dans des représentations extrêmement dévalorisées d'eux-mêmes, et dans une sorte d'aboulie ; ne pouvant plus agir sur leur histoire, ils se laissent porter par le flot. Mais on n'attend pas impunément que rien ne se produise, et l'expérience de ces élèves n'est pas seulement indifférente, elle est négative. Ainsi, le parcours scolaire se renverse, comme le montre bien la comparaison des élèves qui choisissent les « petits boulots » et des élèves qui restent enfermés dans le seul cadre scolaire.

Sans doute l'école n'est-elle pas responsable du chômage, mais elle ne peut être réduite au rôle d'organisatrice des files d'attente. Le « tout-scolaire » atteint certaines limites et, rappelons-le, il ne s'agit pas seulement de gestion statistique de masses d'élèves, mais d'expériences scolaires qui se décomposent peu à peu. Bien des élèves se sentent victimes d'un « acharnement pédagogique ». Ne peut-on envisager une relative « déscolarisation » des formations, multiplier les alternances, les va-et-vient entre l'école et la vie active ? Le calendrier scolaire est trop rigide, les sorties du système et les retours sont trop rares parce que trop difficiles, les règles d'équivalence sont d'une rigidité toute bureaucratique ; il est quasi impossible de revenir à l'école une fois que l'on est sorti pour un autre type de formation. Aujourd'hui, sous prétexte de scolarisation longue, on abandonne souvent les jeunes à des « jobs » et à des conditions d'emploi inacceptables. L'école n'a pas vocation à tout faire et, notamment, à amortir de manière illusoire les effets d'une crise générale de l'emploi. C'est l'idée même d'éducation qui est alors menacée.

*

* *

Tous ceux qui connaissent l'école en France savent à quel point il paraît difficile de la réformer, savent combien les intérêts les plus opposés se conjuguent pour maintenir les choses en l'état, savent aussi la difficulté de changer un système aussi complexe, et n'ignorent rien du danger politique encouru par ceux qui s'y sont risqués. Mais il est aussi un autre obstacle aux réformes contrôlées du système scolaire, celui qui constitue souvent l'univers des arguments ultimes : l'attachement à une image canonique de l'école républicaine. Tout la menace et rien ne peut être imaginé qui ne paraisse s'y soumettre. Or, nous savons aujourd'hui que l'imaginaire de cette école est bien loin de ce qu'en fut la pratique, et plus encore de ce qu'elle est aujourd'hui. Dans une grande mesure, le conservatisme est devenu républicain.

Mais il y a cependant une leçon à retenir des fondateurs de l'école républicaine : c'est la capacité de placer la réflexion sur l'éducation au centre du débat politique, et de construire le modèle éducatif comme une synthèse entre la nation, l'économie et la représentation d'un sujet individuel, synthèse dont l'unité même est aujourd'hui au principe de la nostalgie. Plus d'un siècle après, cette synthèse s'est défaite. L'emprise de la formation sur l'emploi est sans rapport avec ce qu'elle fut dans une école qui ne s'en souciait guère. Qu'on s'en réjouisse ou non, l'école est un « marché », et l'école républicaine s'accommode fort bien des revues spécialisées dans les « placements » éducatifs et scolaires. L'image de la culture nationale est aujourd'hui recouverte par la culture de masse et par la force des industries culturelles. Le sujet de l'éducation n'est plus seulement un enfant ou un jeune « bourgeois », mais une adolescente et un adolescent dont la jeunesse ne cesse de s'allonger. Devant l'éclatement de la synthèse républicaine, chacun pare au plus pressé. On donne quelques droits aux élèves, on crée des formations collées aux demandes d'une économie fluctuante, on redéfinit la laïcité au coup par coup... Le système scolaire se présente comme une succession de couches géologiques dont les élèves et les enseignants doivent, au prix d'efforts considérables, faire tenir les divers éléments ensemble.

Évidemment, aucun système éducatif ne peut être « inventé », ne peut s'arracher complètement à son passé. L'école républicaine elle-même n'était pas d'une nouveauté radicale. Mais il est temps maintenant de redéfinir ce que l'on attend de l'école, de concevoir des programmes et une éducation capables, non seulement d'intégrer des individus dans une société, mais aussi de former des sujets. Si la société française n'a pas la capacité de construire un véritable débat sur l'éducation, l'école ne sera plus formée que par la coexistence d'un marché, public et privé, et d'une défense idéologique. Si l'on veut en appeler aux mânes de l'école républicaine, ce doit être pour s'inspirer de l'audace de ceux qui ont construit une politique de l'éducation quand les transformations sociales l'exigeaient, et non pour s'enfermer dans une nostalgie paralysante.

Recherche

Équipe de recherche. Afin de mieux analyser les processus éducatifs, les groupes de recherche ont été constitués, dans la plupart des cas, par des sociologues, auxquels sont venus s'associer des enseignants-chercheurs en psychologie et en sciences de l'éducation. Dans chacun des groupes d'intervention sociologique, le matériau commun collecté a donné lieu à des regards croisés.

L'intégration intellectuelle des équipes de recherche a été assurée par des rencontres périodiques (deux fois par mois, plus quelques demi-journées de travail) entre les différents chercheurs. A ces groupes de réflexion, outre les chercheurs déjà évoqués, participaient des étudiants en thèse (en sociologie, en psychologie, en sciences de l'éducation), ainsi que deux psychologues scolaires et un conseiller d'orientation.

Les opérations de recherche. Le travail de recherche s'est toujours déroulé en deux temps. Dans un premier temps, une fois réalisé le choix des établissements, on a procédé à la collecte des documents, à des séries d'entretiens semi-directifs auprès des individus « ressources » afin de nous former une image de chaque situation. Dans un deuxième moment, qui constitue la partie principale de la recherche, nous avons procédé à une étude en profondeur de chaque type d'acteurs à travers un travail de groupe. Pour ce faire, nous avons utilisé la méthode de l'intervention sociologique, dont le but est non seulement d'amener un groupe à témoigner de son expérience mais à produire une analyse de ses problèmes. Chaque groupe d'intervention a été constitué d'une dizaine de personnes, et a commencé son travail par la rencontre d'interlocuteurs. Au cours de ces séances, les groupes ont produit des réflexions et des témoignages qui ont fait l'objet d'une discussion ultérieure avec les chercheurs. L'objectif de cette méthode est de pousser les acteurs à sortir du seul témoignage et d'analyser eux-mêmes leur propre expérience. Les groupes d'intervention effectués ont été les suivants :

1. Un groupe d'élèves de CM1-CM2 (6 garçons, 6 filles) dans une école de classes moyennes. Le travail de recherche fut ici réalisé en étroite collaboration avec deux psychologues (dont un psychologue scolaire). Le groupe n'a pas rencontré d'interlocuteurs, le principe même de la rencontre ne paraissant pas pertinent avec des élèves aussi jeunes. Par contre, des jeux de rôles et des jeux d'associations furent réalisés. Sept séances ont eu lieu.
Chercheurs : B. Dumora, J.-C. Laulan, D. Martuccelli.

2. Un groupe d'élèves de CM1-CM2 (6 garçons, 6 filles) issus de milieu populaire. Comme dans le groupe précédent le travail fut réalisé en étroite

collaboration avec des psychologues (dont un psychologue scolaire). Des jeux de rôles furent également proposés ; le groupe n'a pas rencontré d'interlocuteurs. Six séances furent effectuées.

Chercheurs : F. Dubet, G. Poulmar'ch, J.-C. Pujol.

3. Un groupe d'élèves de collège de cinquième de milieu populaire à Bordeaux. Neuf élèves ont suivi de manière plus ou moins régulière les travaux du groupe, deux garçons et sept filles. Tous les élèves étaient d'origine modeste, de milieu ouvrier ou employé. Les interlocuteurs du groupe furent : un principal adjoint, une enseignante d'histoire-géographie, deux lycéennes et un étudiant universitaire. Six rencontres furent assurées avec une séance finale de réflexion.

Chercheurs : F. Dubet, D. Martuccelli.

4. Un groupe d'élèves de collège de quatrième-troisième de milieu populaire à Bordeaux. Huit élèves ont participé de manière à peu près régulière à la recherche, quatre garçons et quatre filles. Membres du même établissement que les élèves du groupe précédent, tous ces élèves étaient de milieu modeste, la moitié étant d'origine immigrée. Les interlocuteurs furent : un principal, un enseignant de français, trois lycéens. Sept séances ont été réalisées.

Chercheurs : B. Dumora, J. Favre.

5. Un groupe d'élèves de cinquième issus de couches moyennes. Une douzaine d'élèves ont participé régulièrement à la recherche, six garçons et six filles. Il s'agissait d'une « bonne » classe dans un établissement « efficace ». Les interlocuteurs de ce groupe furent : une enseignante d'art plastique, un principal, deux étudiants universitaires. Cinq séances ont été réalisées.

Chercheurs : O. Cousin, J.-P. Guillemet.

6. Un groupe d'élèves de troisième issus de couches moyennes. Une douzaine d'élèves ont participé à la recherche, sept garçons et cinq filles. Il s'agissait d'une très « mauvaise » classe, dont la plupart des élèves étaient définis par l'échec scolaire. Ce groupe a rencontré trois interlocuteurs : un principal, une enseignante de français, deux étudiants universitaires. Cinq séances eurent lieu au total.

Afin de parvenir à une vision plus globale de l'expérience collégienne, nous avons été amenés à réaliser des séries d'entretiens collectifs auprès de « bons » élèves des bonnes classes, ainsi que des entretiens collectifs auprès de groupes spécifiques de collégiennes.

Chercheurs · L. Lannegrand, D. Martuccelli.

7. Groupe d'élèves dans un lycée d'enseignement général en banlieue bordelaise. Sept élèves ont participé de manière régulière à la recherche, trois garçons et quatre filles. Trois élèves étaient en terminale S, trois élèves en terminale L et un élève en seconde. Le groupe réunissait de « bons » et de « mauvais » élèves (redoublants), les élèves appartenant aux catégories moyennes. Les interlocuteurs de ce groupe furent : un proviseur, un enseignant de mathématiques, une enseignante de français, un sociologue de la jeunesse. Six séances d'intervention et une longue séance finale d'analyse furent réalisées.

Chercheurs : O. Cousin, D. Martuccelli.

8. Groupe d'élèves dans un lycée technique à Lille. Treize élèves ont participé de manière régulière à la recherche, dix filles et trois garçons. Deux élèves en terminale SMS, quatre élèves en terminale STT et sept élèves en terminale ES. Le groupe réunissait des élèves en échec scolaire et des élèves étant parvenus à construire, notamment à l'aide d'expériences extra-scolaires, des projets personnels. Les interlocuteurs de ce groupe furent : un enseignant de mathématiques, un proviseur, un enseignant de philosophie, trois étudiants (deux étudiantes en BTS et un étudiant universitaire). Cinq longues séances eurent lieu.
Chercheurs : A. Barrère, D. Martuccelli.

9. Groupe d'élèves dans un lycée professionnel en Seine-Saint-Denis. Neuf élèves ont participé de manière à peu près régulière à la recherche, cinq garçons et quatre filles. Trois garçons étaient inscrits en deuxième année de BEP menuiserie et les deux autres en troisième année de CAP menuiserie ; une fille était en bac pro. commerce et services et les trois autres filles en première année de BEP commerce, administration et secrétariat. Tous ces élèves étaient en « difficulté » scolaire et provenaient de familles modestes, les filles étant d'origine immigrée. Les interlocuteurs de ce groupe furent : un proviseur d'un lycée professionnel, un enseignant de philosophie, un enseignant technique. Cinq séances longues furent réalisées avec ce groupe, plus une séance finale d'auto-analyse.
Chercheurs : F. Dubet, D. Martuccelli, J.-C. Pujol.

10. Un groupe de professeurs de collège en Gironde. Réuni durant six séances, ce groupe comprenait une dizaine d'enseignants, sept femmes et deux hommes. Interlocuteurs : un chef d'entreprise, deux parents d'élèves, deux travailleurs sociaux, un principal.
Chercheurs : F. Dubet, B. Dumora.

11. Un groupe d'instituteurs (et de professeurs des écoles) de Gironde. Sept instituteurs ont suivi régulièrement le travail de recherche, dont trois hommes et quatre femmes. Plusieurs d'entre eux avaient une grande diversité d'expérience professionnelle autant en milieu urbain que rural, autant en milieu favorisé que défavorisé. Interlocuteurs : un inspecteur d'académie, deux parents d'élèves, une psychologue scolaire, un élu local.
Chercheurs : A. Laflaquière, D. Martuccelli.

12. Un groupe de parents d'élèves de milieu populaire de Bordeaux. Huit personnes ont participé à ce groupe de recherche, dont trois hommes et une femme d'origine immigrée. Six séances ont été effectuées, plus une séance finale. Les interlocuteurs furent : une psychologue scolaire, un instituteur, un élu local, un conseiller d'orientation.
Chercheurs : E. Debarbieu, F. Dubet.

13. Un groupe de parents d'élèves issus de couches moyennes de Bordeaux. Sept personnes ont participé régulièrement à la recherche, dont trois hommes. Cinq séances plus une séance finale de discussion ont été effectuées. Interlo-

cuteurs : une psychologue scolaire, un sociologue de l'éducation, un instituteur spécialiste des programmes scolaires.
Chercheurs : E. Debarbieu, D. Martuccelli.

14. Un groupe de spécialistes de l'« enfance » mais opérant au sein de l'institution scolaire. Le groupe fut constitué de psychologues scolaires, de conseillers d'orientation et de CPE. Cinq séances ont eu lieu. Interlocuteurs : deux parents d'élèves, un éducateur.
Chercheurs : F. Dubet, B. Dumora, J.-C. Pujol.

Ouvrages cités

Aghulon C., « L'atelier du lycée professionnel, lieu de socialisation », *Éducation et Formation,* 16, 1988.

–, Poloni A., Tanguy L., *Des ouvriers de métier aux diplômés du technique supérieur : le renouvellement d'une catégorie d'enseignants en lycées professionnels*, Paris, GST-CNRS-Paris VII, 1988.

Alain, *Propos sur l'éducation*, Paris, PUF, 1932.

Altet M., Bressoux P., Bru M., Lambert C., « Étude exploratoire des pratiques d'enseignement en classe de CE2 », *Les Dossiers de la DEP*, n° 44, septembre 1994.

Althusser L., « Idéologie et appareils idéologiques d'État : sur la reproduction des conditions de la production », *La Pensée*, juin 1970.

Apple M.A., *Teachers and Texts*, Londres, Routledge & Kegan Paul, 1986.

Arendt H., « La crise de l'éducation », in *La Crise de la culture*, Paris, Gallimard, 1972.

Ariès P., *L'Enfant et la Vie familiale sous l'Ancien Régime*, Paris, Éd. du Seuil, 1973.

–, « Enfant : la fin d'un règne », *Autrement*, mars 1975.

Augustin J.-P., *Les Jeunes dans la ville*, Bordeaux, PUB, 1991.

Badinter E., *XY. De l'identité masculine*, Paris, Odile Jacob, 1992.

Baillauquès S., *La Formation psychologique des instituteurs*, Paris, PUF, 1990.

Ball S., « Initial Encounters in the Classroom and the Process of Establishment », *in* Woods P. (éd), *Pupil Strategies*, Londres, Croom Helm, 1980.

Ballion R., *Les Consommateurs d'école*, Paris, Stock, 1982.

Ballion R., Œuvrard. F., *Le Choix du lycée*, Paris, Laboratoire d'économétrie de l'École polytechnique, ministère de l'Éducation nationale, 1989.

Ballion R., *La Bonne École*, Paris, Hatier, 1991.

–, *Le Lycée, une cité à construire*, Paris, Hachette, 1993.

–, *Les Lycéens et leurs petits boulots*, Paris, Hachette, 1994.

Barre de Miniac C., Bounoure A., Delclaux M., *Professeurs, Élèves, Parents face à l'évaluation*, INRP, coll. « Rapports de recherches » n° 4, 1985.

Barrère A., *Sociologie du travail scolaire. Le cas des lycéens,* thèse, université de Bordeaux II, 1996.

Bateson G., *Vers une écologie de l'esprit,* Paris, Éd. du Seuil, 1977, 1980, 2 vol.

Baudelot C., Establet E., *L'École capitaliste en France*, Paris, Maspero, 1971.

Baudelot C. *et al.*, « Les élèves de LEP, anatomie d'une population », *Revue française des affaires sociales*, décembre 1987.

Baudelot C., Establet R., *Le niveau monte*, Paris, Éd. du Seuil, 1989.

Baudelot C., Glaude M., « Les diplômes se dévaluent-ils en se multipliant ? », *Économie et Statistique*, 225, octobre 1989.

Baudelot C., Establet R., *Allez les filles*, Paris, Éd. du Seuil, 1992.

Beaud S., Weber F., « Des professeurs et leurs métiers », *Critiques sociales*, 3, 4, 1992.

Becker H., *Outsiders*, Paris, Métailié, 1985.

Bell D., *Vers la société post-industrielle*, Paris, Laffont, 1976.
–, *Les Contradictions culturelles du capitalisme,* Paris, PUF, 1978.

Bellah R. *et al.*, *Habits of the Heart*, Berkeley, University of California Press, 1985.

Benedict R., *Échantillons de civilisation*, Paris, Gallimard, 1950.

Berger I., Benjamin R., *L'Univers des instituteurs,* Paris, Éd. de Minuit, 1964.

Berger I., *Les Instituteurs d'une génération à l'autre*, Paris, PUF, 1979.

Berger P., Luckman T., *La Construction sociale de la réalité,* Paris, Méridiens-Klincksieck, 1986.

Bergougnioux A., Mourioux M., *La Forteresse enseignante. La FEN,* Paris, Fayard, 1987.

Bernstein B., *Langage et Classes sociales*, Paris, Éd. de Minuit, 1975.
–, *Classes et Pédagogie : visibles et invisibles*, Paris, OCDE, 1975.
–, *Class, Codes and Control,* vol. III, *Towards a Theory of Educational Transmissions,* Londres, Routledge & Kegan Paul, 1977.

Berthelot J.-M., *Le Piège scolaire*, Paris, PUF, 1983.
–, *École, Orientation, Société,* Paris, PUF, 1993.

Binon J., Œuvrard F., « Comment devient-on élève de lycée professionnel ? », *Éducation et Formation*, 14, 1988.

Boltanski L., *Prime éducation et Morale de classe*, Paris, EPHE-Mouton, 1969.
–, Thévenot L., *Les Économies de la grandeur*, Paris, PUF, 1987.

Boltanski L., *L'Amour et la Justice comme compétences*, Paris, Métailié, 1990.
–, Thévenot L., *De la justification. Les économies de la grandeur*, Paris, Gallimard, 1991.

Boudon R., *L'Inégalité des chances. La mobilité sociale dans les sociétés industrielles*, Paris, A. Colin, 1973.

Bourdieu P., Passeron J.-C., *Les Héritiers. Les étudiants et la culture*, Paris, Éd. de Minuit, 1964.
–, Saint-Martin M. de, *Rapport pédagogique et Communication*, Paris-La Haye, Mouton, 1965.

Bourdieu P., Passeron J.-C., *La Reproduction. Les fonctions du système d'enseignement*, Paris, Éd. de Minuit, 1970.

Bourdieu P., « Genèse et structure du champ religieux », *Revue française de sociologie*, XII, 1971.
–, « Le marché des biens symboliques », *L'Année sociologique*, vol. 22, 1973.

–, Boltanski L., Saint-Martin M. de, « Les stratégies de reconversion », *Information sur les sciences sociales*, 12, 1973.

Bourdieu P., Saint-Martin M. de, « Les catégories de l'entendement professoral », *Actes de la recherche en sciences sociales*, 3, mai 1975.

Bourdieu P., *La Distinction*, Paris, Éd. de Minuit, 1979.
–, *Le Sens pratique,* Paris, Éd. de Minuit, 1980.
–, *La Noblesse d'État*, Paris, Éd. de Minuit, 1989.

Bouvier N., Breton J., Belmont B., « Les familles et l'école », *Ouvertures : l'école, la crèche, les familles*, Paris, L'Harmattan-INRP, 1984.

Bowles S., Gintis H., *Schooling in Capitalist America*, New York, Basic Books, 1976.

Bressoux P., *Les Effets de la formation initiale et de l'expérience professionnelle des instituteurs*, DEP, février 1994.
–, « Les recherches sur les effets-écoles et les effets-maîtres », *RFPédagogie*, n° 108, juill.-septembre 1994.
–, « Effets-écoles et effets-classes », *in* J-M. Besse *et al.*, *École efficace*, Paris, A. Colin, 1995.

Briand J.-P., Chapoulie J.-M., *Les Collèges du peuple,* Paris, INRP-CNRS-ENS, 1992.

Broccolichi S., « Un paradis perdu », *in* Bourdieu P., *La Misère du monde*, Paris, Éd. du Seuil, 1993.

Burris V., « The social and political consequences of overeducation », *American Sociological Review*, vol. 48, n° 4, August 1983.

Camus A., *Le Premier Homme*, Paris, Gallimard, 1994.

Careil Y., *Instituteurs des cités HLM*, Paris, PUF, 1994.

Carnoy M., Levin H.M., *Schooling and Work in the Democratic State*, Stanford, Stanford University Press, 1985.

Castel R., *La Gestion des risques*, Paris, Éd. de Minuit, 1981.

Cavalli A., Galland. O. (éd.), *L'Allongement de la jeunesse*, Arles, Actes Sud, 1993.

Chamboredon J.-C., Prévot J., « Le métier d'enfant », *Revue française de sociologie*, XIV, 3, 1973.

Chapoulie J.-M., *Les Professeurs de l'enseignement secondaire. Un milieu de classes moyennes*, Paris, Éd. de la MSH, 1987.

Charles F., *Instituteurs : un coup au moral*, Paris, Ramsay, 1988.

Charlot B., Bautier E., Rochex J.-Y., *École et Savoir dans les banlieues... et ailleurs*, Paris, A. Colin, 1992.

Charlot B., Figeat M., *Histoire de la formation des ouvriers, 1789-1984*, Paris, Minerve, 1985.

Charlot B., *L'École en mutation*, Paris, Payot, 1987.

Cherkaoui M., *Les Paradoxes de la réussite scolaire*, Paris, PUF, 1979.
–, *Les Changements du système éducatif en France, 1950-1980*, Paris, PUF, 1982.

Chervel A., *Histoire de la grammaire scolaire*, Paris, Éd. du Seuil, 1977.

Chobaux J., *Les Corps clandestins*, Paris, Desclée de Brouwer-Épi-Formation, 1993.

Chombard de Lauwe M.-J., Bellan C., *Enfants de l'image*, Paris, Payot, 1979.

Choquet M., Ledoux S., *Adolescents*, Paris, La Documentation française-INSERM, 1994.

Cifali M., *Le Lien éducatif : contre-jour psychanalytique*, Paris, PUF, 1994.

Cohn Plouchart D., « Le roman de formation », *in* Kahn P., Ouzoulias A., Thierry P., *L'Éducation. Approches philosophiques*, Paris, PUF, 1990.

Coleman J.S., *The Adolescent Society*, New York, The Free Press, 1961.

Collins R., *The Credential Society*, New York, Academic Press, 1979.

Cordié A., *Les cancres n'existent pas*, Paris, Éd. du Seuil, 1993.

Coulon A., *Ethnométhodologie et Éducation*, Paris, PUF, 1993.

Courtois P.-P., Delhayre G., « L'école, connotations et appartenances sociales », *Revue française de pédagogie*, 54, 1981.

Cousin O., « L'effet établissement. Construction d'une problématique », *Revue française de sociologie*, XXXIV, 3, 1993.

–, *L'Effet établissement. Étude comparée de douze collèges*, thèse, université de Bordeaux II, 1994.

CRESAS, *Le Handicap socio-culturel en question*, Paris, ESF, 1978.

Crozier M., Friedberg E., *L'Acteur et le Système,* Paris, Éd. du Seuil, 1977.

Crubellier M., *L'École républicaine 1870-1940. Esquisse d'une histoire culturelle*, Paris, Éd. Christian, 1993.

–, *L'Enfance et la Jeunesse dans la société française*, Paris, A. Colin, 1979.

Cuin C.-H., *Les Sociologues et la Mobilité sociale*, Paris, PUF, 1993.

David C., *L'État amoureux*, Paris, Payot, 1971.

Debarbieux E., « La place du maître dans la classe. Imaginaire, espace, violence », *in* Clanché P., Testanière J. (éd.), *Actualité de la pédagogie Freinet*, Bordeaux, PUB, 1989.

–, *La Violence dans la classe*, Paris, ESF, 1990.

Delamont S., *Readings on Interaction in the Classroom*, Londres, Methuen, 1984.

Demailly L., « Contribution à une sociologie des pratiques pédagogiques », *Revue française de sociologie,* XXXVI, 1985.

Demailly L., *Le Collège : crise, mythes et métiers*, Lille, PUL, 1991.

Derouet J.-L., *École et Justice. De l'égalité des chances aux compromis locaux*, Paris, Métailié, 1992.

Develay M., *Peut-on former les enseignants ?,* Paris, ESF, 1994.

Dewey J., *Démocratie et Éducation*, Paris, A. Colin, 1990.

Donzelot J., *La Police des familles*, Paris, Éd. de Minuit, 1977.

Douet B., *Discipline et Punitions à l'école*, Paris, PUF, 1987.

Douvan E., Adelson J., *The Adolescent Experience*, New York, J. Wiley, 1966

Dubar C., *La Socialisation*, Paris, A. Colin, 1991.

Dubet F., « Les étudiants », *in* Dubet F. *et al.*, *Universités et Villes*, Paris, L'Harmattan, 1994.

–, « Massification et justice scolaires : à propos d'un paradoxe », *in* Affichard J., Foucault J.-B. de, *Justice sociale et Inégalités,* Paris, Éd. Esprit, 1992.

–, Cousin O., Guillemet J.-P., « Mobilisation des établissements et performances scolaires. Le cas des collèges », *Revue française de sociologie*, XXX, 2, 1989.

Dubet F., *La Galère. Jeunes en survie*, Paris, Fayard, 1987.

–, *Les Lycéens,* Paris, Éd. du Seuil, 1991.

–, « Comment devient-on ouvrier ? », *Autrement, Ouvriers, ouvrières*, janvier 1992.

–, *Sociologie de l'expérience*, Paris, Éd. du Seuil, 1994.

Duby G., *Le Dimanche de Bouvines*, Paris, Gallimard, 1973.

Dumont L., « Aux sources de la *Bildung* », in *L'Idéologie allemande*, Paris, Gallimard, 1991.

Durkheim E., *Éducation et Sociologie* (1922), Paris, PUF, 1993.

–, *L'Éducation morale* (1925), Paris, PUF, 1992.

–, *L'Évolution pédagogique en France* (1938), Paris, PUF, 1990.

Duru-Bellat M., Mingat A., *De l'orientation en fin de 5ᵉ au fonctionnement du collège, Cahiers de l'IREDU*, 46, 48, 51, Dijon, IREDU, 1985, 1988, 1992.

–, « Le déroulement de la scolarité au collège : le contexte "fait des différences"... », *Revue française de sociologie*, XXIX, 4, 1988.

Duru-Bellat M., *L'École des filles*, Paris, L'Harmattan, 1990.

–, Henriot-Van Zanten A., *Sociologie de l'école*, Paris, A. Colin, 1992.

Duru-Bellat M., Jarousse J.-P., Mingat A., « Les scolarités de la maternelle au lycée. Étapes et processus dans la production des inégalités sociales », *Revue française de sociologie*, XXXIV, 1, 1993.

Duru-Bellat M., « Filles et garçons à l'école, approches sociologiques et psycho-sociales », *Revue française de pédagogie*, 109, 110, oct.-décembre 1994, janv.-mars 1995.

Ehrenberg A., *Le Culte de la performance*, Paris, Calmann-Lévy, 1991.

Elbaz F., *Teacher Thinking. A Study of Practical Knowledge*, Londres, Cromme Helm, 1983.

Elias N., *La Société des individus*, Paris, Fayard, 1991.

Erikson E.H., *Luther avant Luther,* Paris, Flammarion, 1968.

–, *Adolescence et Crise*, Paris, Flammarion, 1972.

–, *Enfance et Société,* Neuchâtel, Delachaux et Niestlé, 1974.

Esquieu P., « La vague lycéenne : un défi pour les années quatre-vingt-dix », *in* INSEE, *Données sociales,* 1993.

Establet R., *L'école est-elle rentable ?*, Paris, PUF, 1987.

« Évaluation pédagogique des classes de seconde », *Éducation et Formation,* avril, 1989.

Favre J., *L'Expérience scolaire des enfants de migrants en primaire et au collège*, DEA, université de Bordeaux II, 1993.

Felouzis G., « Le bon prof », *Sociologie du travail,* 3, 1994.

–, *Le Collège au quotidien*, Paris, PUF, 1994

Finkielkraut A., *La Défaite de la pensée*, Parıs Gallimard, 1987.

Forquin J.-C., *École et Culture : le point de vue des sociologues britanniques*, Bruxelles, De Boeck, 1989.

–, « L'approche sociologique de la réussite et de l'échec scolaire : inégalités de réussite scolaire et appartenance sociale », in *Sociologie de l'éducation. Dix ans de recherches,* Paris, L'Harmattan, 1990.

–, « La sociologie des inégalités d'éducation : principales orientations, principaux résultats depuis 1965 », in *Sociologie de l'éducation. Dix ans de recherches*, Paris, L'Harmattan, 1990.

Foss D., Larkin R., *Beyond Revolution*, Massachusetts, Bergin & Garvey Publ., 1986.

Foucault M., *Surveiller et Punir. Naissance de la prison*, Paris, Gallimard, 1975.

–, *Histoire de la sexualité*, t. III, *Le Souci de soi,* Paris, Gallimard, 1984.

Friedberg E., *Le Pouvoir et la Règle*, Paris, Éd. du Seuil, 1993.

Furet F., Ozouf J., *Lire et Écrire. L'alphabétisation en France de Calvin à Jules Ferry,* Paris, Éd. de Minuit, 1977, 2 vol.

Furlong J.V., *The Deviant Pupil*, Milton Keynes, Open University Press, 1985.

Galland O., « Représentations du devenir et reproduction sociale : le cas des lycéens d'Elbeuf », *Sociologie du travail*, n° 3, 1988.

–, *Sociologie de la jeunesse*, Paris, A. Colin, 1991.

Gaspard F., Khosrokhavar F., *La République et le Foulard*, Paris, La Découverte, 1995.

Gauthier N., Guigon C., Guillot M.-A., *Les Instits*, Paris, Éd. du Seuil, 1986.

Gellner E., *La Ruse de la raison*, Paris, PUF, 1991.

Géographie de l'école, ministère de l'Éducation nationale, Direction de l'évaluation et de la prospective, 1993.

Gerbod P., *La Condition universitaire en France au XIXe siècle*, Paris, PUF, 1965.

Giddens A., *Modernity and Self-Identity*, Cambridge, Polity Press, 1991.

Gilly M., « L'élève en fonction de sa réussite scolaire. Perception par le maître, par la mère et par l'élève lui-même », *Enfance*, t. XXI, 1968.

Girod R., *Mobilité sociale*, Paris-Genève, Librairie Droz, 1971

Glasman D., « Travailleurs sociaux et enseignants. Partenariat et identités professionnelles », *Migrants-Formation*, n° 88, mars 1992.

Glasman D., *L'École réinventée ?*, Paris, L'Harmattan, 1992.

Godard F., *La Famille, affaire de générations*, Paris, PUF, 1992.

Goffman E., *Rites d'interaction*, Paris, Éd. de Minuit, 1974.

–, « Microsociologie et histoire », *in* Fritsch Ph., *Le Sens de l'ordinaire*, Paris, Éd. du CNRS, 1983.

–, *Les Cadres de l'expérience,* Paris, Éd. de Minuit, 1991.

Grignon. C., *L'Ordre des choses*, Paris, Éd. de Minuit, 1971.

Grignon C., Passeron J.-C., *Le Savant et le Populaire*, Paris, Hautes Études-Gallimard-Seuil, 1989.

Grisay A., *Quels indicateurs d'efficacité pour les établissements scolaires ? Étude d'un groupe contrasté de collèges « performants » et « peu performants »*, Université de Liège, Service de pédagogie expérimentale, 1989.

Grisay A., « Le fonctionnement des collèges et ses effets sur les élèves de sixième et de cinquième », *Éducation et Formation*, n° 32, novembre 1993

Guichard J., *L'École et les Représentations d'avenir des adolescents*, Paris, PUF, 1993.

Habermas J., *Théorie de l'agir communicationnel*, Paris, Fayard, 1987, t. II.

Hamon H., Rotman P., *Tant qu'il y aura des profs*, Paris, Éd. du Seuil, 1984.

Hebdige D., *Subculture. The Meaning of Style*, Londres, Routledge, 1989.

Henriot-Van Zanten A., « Les ressources du local. Innovation éducative et changement social dans les zones d'éducation prioritaires », *Revue française de pédagogie*, n° 83, 1988.

–, Migeot-Alvarado J., « Socialisation familiale et investissement scolaire. Au croisement d'une sociologie de la famille et d'une sociologie de l'école », *L'Année sociologique*, 1994, n° 44.

Hirschorn M., *L'Ère des enseignants*, Paris, PUF, 1993.

Hodgson J., *The Search for the Self. Childhood in Autobiography and Fiction since 1940*, Sheffield, Sheffield Academic Press, 1993.

Hoggart R., *La Culture du pauvre*, Paris, Éd. de Minuit, 1970.

Horkheimer M., « La familia y el autoritarismo », *in* Fromm E. *et al., La familia*, Barcelone, Peninsula, 1970.

Huberman M., *La Vie des enseignants*, Neuchâtel, Delachaux et Niestlé, 1989.

Huerre P., Pagan-Reymond M., Reymond J.-M., *L'adolescence n'existe pas*, Paris, Éd. universitaires, 1990.

Isambert-Jamati V., *Crises de la société, Crises de l'enseignement,* Paris, PUF, 1970.

–, Grospiron M.-F., « Types de pratiques pédagogiques en français au lycée et différenciation sociale des résultats scolaires », *in* Plaisance E. (éd.), *L'Échec scolaire*, Paris, Éd. du CNRS, 1985.

Jaeger W., *Paideia*, Paris, Gallimard, 1964.

Jamet M., « Des instituteurs mal à l'aise », *Esprit*, 11-12, nov.-décembre 1982.

Jencks C., *Inégalités. Influence de la famille et de l'école en Amérique,* Paris, PUF, 1979.

Jones K., Williamson K., « The Birth of the Classroom », *Ideology and Consciousness*, 1, 1979.

Jubin P., *L'Élève tête à claques*, Paris, ESF, 1988.

–, *Le Chouchou ou l'Élève préféré*, Paris, ESF, 1991.

Kaës R., *Images de la culture chez les ouvriers français*, Paris, Cujas, 1968.

Kardiner A., *L'Individu et sa société*, Paris, Gallimard, 1969.

Kaufmann J.-C., *La Trame conjugale*, Paris, Nathan, 1992.

–, « Vie hors couple, isolement et lien social : figures de l'inscription relationnelle », *Revue française de sociologie*, XXXV, 1994.

Kellerhalls J., Montandon C. *et al.*, *Les Stratégies éducatives des familles : milieu social, dynamique familiale et éducation des pré-adolescents,* Lausanne, Delachaux et Niestlé, 1991.

Kherroubi M., Grospiron M.-F., « Métier d'instituteur et enfant-client », *in* Henriot-Van Zanten A., Plaisance E., Sirota R. (éd.), *Les Transformations du système éducatif. Acteurs et politiques*, Paris, L'Harmattan, 1993.

Kherroubi M., « Le travail en équipe à l'école primaire », *in* Perrenoud P., Montandon C. (éd.), *Qui maîtrise l'école ?*, Lausanne, Réalités sociales, 1988.

Labov W., *Le Parler ordinaire*, Paris, Éd. de Minuit, 1978, 2 vol.

Lahire B., *Tableaux de famille*, Paris, Gallimard-Seuil-EHESS, 1995.

Langouët G., *La Démocratisation de l'enseignement aujourd'hui,* Paris, ESF, 1994.
–, Léger A., *Public ou privé ? Trajectoires et réussites scolaires*, Paris, Publidix-Éd. de l'Espace européen, 1991.

Langouët G., *Suffit-il d'innover ?* Paris, PUF, 1985.

Laprevote G., *Les Écoles normales primaires en France, 1879-1979*, Lyon, PUL, 1984.

Lareau A., *Home Advantage. Social Class and Parental Intervention in Elementary Education*, Londres-New York, The Falmer Press, 1989.

Lasch C., *Le Complexe de Narcisse*, Paris, R. Laffont, 1980.

Léger A., Tripier M., *Fuir ou construire l'école populaire ?*, Paris, Méridiens-Klincksieck, 1986.

Legrand A., *Le Système E*, Paris, Denoël, 1994.

Legrand L., *L'Influence du positivisme dans l'œuvre scolaire de Jules Ferry*, Paris, M. Rivière, 1961.

Lelièvre C., *Histoire des institutions scolaires en France,* Paris, Nathan, 1990.
–, Lelièvre F., *Histoire de la scolarisation des filles*, Paris, Nathan, 1991.

Linton R., *De l'homme,* Paris, Éd. de Minuit, 1968.

Lipovetsky G., *L'Ère du vide*, Paris, Gallimard, 1983.

Lortie D., *Schoolteachers : Sociological Study*, Chicago, Chicago University Press, 1975.

Lurçat L., « L'impossible connaissance totale de l'enfant », *Esprit*, nov.-décembre 1982.

Mac Robbie A., « Working Class Girls and the Culture of Feminity », *Women Take Issue*, Women's Studies Group Ed., Londres, Hutchinson, 1978.

Mannoni P., *Des bons et des mauvais élèves*, Paris, ESF, 1986.

March J.G., Simon H.A., *Les Organisations*, Paris, Dunod, 1991 (préface de M. Crozier).

Marcuse H., *La Fin de l'utopie*, Paris, Éd. du Seuil, 1968.
–, *Vers la libération,* Paris, Éd. de Minuit, 1969.
–, *Contre-révolution et Révolte*, Paris, Éd. du Seuil, 1972.

Mardagant J.-B., *Madame le professeur. Women Educators in the Third Republic*, Princeton, Princeton University Press, 1990.

Martuccelli D., Zawadzki P., « L'espace du débat scolaire dans les ZEP », *Migrants-Formation*, 97, juin 1994.

Martuccelli D., *Décalages*, Paris, PUF, 1995.

Maupeou Abboud N. de., *Les Blousons bleus,* Paris, A. Colin, 1968.

Maurice M., Sellier F., Sylvestre J.-J., *Politique d'éducation et Organisation industrielle en France et en Allemagne,* Paris, PUF, 1982.

Mayeur F., *L'Enseignement secondaire des jeunes filles,* Paris, Presses de la FNSP, 1977.

Mead G.H., *L'Esprit, le Soi et la Société,* Paris, PUF, 1963.

Mehan H., *Learning Lessons. Social Organization of the Classroom*, Cambridge (Mass.), Harvard University Press, 1979.

Meuret D., « L'efficacité de la politique des zones d'éducation prioritaires », *Revue française de pédagogie*, 109, 1994.

Meyer P., *L'Enfant et la Raison d'État*, Paris, Éd. du Seuil, 1977.

Milner J.-C., *De l'école*, Paris, Éd. du Seuil, 1984.

Mingat A., « Les acquisitions scolaires de l'élève en CP : les origines des différences », *Cahiers de l'IREDU*, 23, 1984.

Mintzberg H., *Structures et Dynamiques des organisations*, Paris, Economica, 1982.

Mollo S., *Les muets parlent aux sourds*, Paris, Casterman, 1975.

Montandon C., « Pratiques éducatives, relations avec l'école et paradigme familial », *in* Montandon C., Perrenoud P., *Entre parents et enseignants : un dialogue impossible ?*, Berne, Peter Lang, 1994.

Montaner H., *Les Rythmes de l'enfant et de l'adolescent*, Paris, Stock, 1988.
–, *L'Aménagement des rythmes de vie des enfants*, Paris, La Documentation française, 1994.

Moreau G., *Filles et Garçons au lycée professionnel, Cahiers du LERSCO*, 15, mars 1994.

Nicolet C., *L'Idée républicaine en France*, Paris, Gallimard, 1982.

Obin J.-P., *La Crise de l'organisation scolaire,* Paris, Hachette, 1993.

Œuvrard F., « L'orientation en lycée professionnel : du choix positif à l'acceptation résignée », *in* INSEE, *Données sociales*, 1990.

Ozouf J. et M., « Le thème du patriotisme dans les manuels primaires », *Le Mouvement social*, oct.-décembre 1964.

Ozouf J., *Nous les maîtres d'école. Autobiographies d'instituteurs de la Belle Époque*, Paris, Julliard-Gallimard, 1973.

Ozouf J. et M., *La République des instituteurs,* Paris, EHESS-Gallimard-Seuil, 1992.

Ozouf M., *L'École, l'Église et la République,* Paris, A. Colin, 1963.

Padioleau J.-G., « La formation de la pensée politique : développement longitudinal et déterminants socio-culturels », *Revue française de sociologie*, XVII, 3, 1976.

Parsons T., Bales R.F., *Family, Socialization and Interaction Process*, Glencoe, The Free Press, 1955.

Parsons T., « Age et sexe dans la société américaine », in *Éléments pour une sociologie de l'action*, Paris, Plon, 1955.
–, « The School Class as a Social System », *Harvard Educational Review,* 29, 4, 1959.
–, *Le Système des sociétés modernes*, Paris, Dunod, 1973.

–, « La classe en tant que système social », *in* Gras A. (éd.), *Sociologie de l'éducation*, Paris, Larousse, 1974.

Pasquier D., « "Hélène et les Garçons" : une éducation sentimentale », *Esprit*, juin 1994.
–, « Chère Hélène. Les usages sociaux des séries collèges », *Réseaux*, 70, 1995.

Passeron J.-C., « L'inflation des diplômes. Remarques à l'usage de quelques concepts analogiques en sociologie », *Revue française de sociologie*, XXIII, 1982.
–, Singly F. de, « Différences dans la différence : socialisation de classe et socialisation sexuelle », *Revue française de science politique*, vol. 34, n° 1, février 1984.

Passeron J.-C., *Le Raisonnement sociologique*, Paris, Nathan, 1991.

Paty D., *Douze Collèges en France*, Paris, La Documentation française, 1981.

Payet J.-P., *Collèges de banlieue*, Paris, Méridiens-Klincksieck, 1995.
–, « Ce que disent les mauvais élèves », *Les Annales de la recherche urbaine*, n° 54, novembre 1992.

Pennef J., *Autobiographies d'enseignants d'écoles publiques et privées, Cahiers du LERSCO,* 1987.

Percheron A., *La Socialisation politique*, Paris, A. Colin, 1993.

Perrenoud P., *La Fabrication de l'excellence scolaire*, Genève, Droz, 1984.
–, « Ce que l'école fait aux familles : inventaire », *in* Montandon C., Perrenoud P., *Entre parents et enseignants : un dialogue impossible ?,* Neuchâtel, Peter Lang, 1994.
–, « Le *go-between* : entre sa famille et l'école, l'enfant messager et message », *in* Montandon C., Perrenoud P., *Entre parents et enseignants : un dialogue impossible ?*, Neuchâtel, Peter Lang, 1994.
–, Montandon C. (éd.), *Qui maîtrise l'école ?*, Lausanne, Réalités sociales, 1988.

Piaget J., *Le Jugement moral chez l'enfant,* Paris, PUF, 1969.

Pinel P., Zafiropoulos M., « La médicalisation de l'échec scolaire. De la pédopsychiatrie à la psychanalyse infantile », *Actes de la recherche en sciences sociales*, 24, 1978.

Plaisance E., « Échec et réussite à l'école : l'évolution des problématiques en sociologie de l'éducation », *Psychologie française*, n°s 34-34, 1989.
–, *L'Enfant, la Maternelle, la Société*, Paris, PUF, 1986.

Plenel E., *L'État et l'École en France,* Paris, Payot, 1985.

Postic M., *La Relation éducative*, Paris, PUF, 1992.

Prost A., *Histoire de l'enseignement en France, 1800-1967,* Paris, A. Colin, 1967.
–, *L'Enseignement et l'Éducation en France*, t. IV, *L'École et la Famille dans une société en mutation*, Paris, Nouvelle Librairie de France, 1981.
–, *Les Lycéens et leurs études au seuil du XXIe siècle*, Paris, MEN, 1983.
–, *L'enseignement s'est-il démocratisé ?,* Paris, PUF, 1986.
–, *Éloge des pédagogues,* Paris, Éd. du Seuil, 1986.
–, *Éducation, Société et Politiques*, Paris, Éd. du Seuil, 1992.

Pujade-Renaud C., *Le Corps de l'enseignant dans la classe*, Paris, ESF, 1983.
–, Zimmerman D., *Les Voies non verbales de la relation pédagogique*, Paris, Éd. Sociales, 1976.

Quieroz J.B. de, *La Désorientation scolaire*, Paris, université de Paris VIII, 1981.

Quivy R., Ruquoy D., Van Campenhoudt L., *Malaise à l'école. Les difficultés de l'action collective*, Bruxelles, Faculté universitaire Saint-Louis, 1990.

Rayou P., *Seconde, modes d'emploi*, Paris, Hachette, 1992.

Repères et Références sur l'enseignement et la formation, Paris, ministère de l'Éducation nationale, 1992.

Reymond-Rivier B., *Le Développement social de l'enfant et l'adolescent*, Liège, Mardaga, 12e éd., 1991.

Ricœur P., *Du texte à l'action*, Paris, Éd. du Seuil, 1986.

Riesman D., *La Foule solitaire*, Paris, Arthaud, 1964.

Robert A , Mornetta J.-C., « Les professeurs aujourd'hui, le syndicalisme, la profession », *Revue française de pédagogie*, 109, 1994.

Robinson G.E., Wittebols. J.H., *Class Size Research*, Arlington V.A., Educational Research Service, 1986.

Rosenthal R.A., Jacobson L., *Pygmalion dans la classe*, Paris, Casterman, 1975.

Rousseau J.-J., *L'Émile ou De l'éducation*, Paris, Bordas, 1992.

Rumberger R., *Overeducation in the U.S. Labor Market,* New York, Preager, 1981.

Sartre J.-P., *L'Être et le Néant*, Paris, Gallimard, 1943.
–, *Les Mots*, Paris, Gallimard, 1964.

Schnapper D., *La France de l'intégration*, Paris, Gallimard, 1990.

Schwartz O., *Le Monde privé des ouvriers*, Paris, PUF, 1990.

Seely J.R., « The Americanization of Inconscient », *in* Ruitenbeek H.M. (éd), *Psychoanalysis and Social Science*, New York, Dutton E.P. & Co., 1962.

Seeman M., « The Meaning of Alienation », *American Sociological Review,* XXVI, 1961.

Sennett R., *Les Tyrannies de l'intimité*, Paris, Éd. du Seuil, 1979.
–, *Autorité*, Paris, Fayard, 1981.

Simmel G., *La Tragédie de la culture,* Paris, Petite Bibliothèque Rivages, 1988.

Singly F. de, *Fortune et Infortune de la femme mariée,* Paris, PUF, 1987.
– (éd.), *La Famille. L'État des savoirs*, Paris, La Découverte, 1991.
–, « L'homme dual », *Le Débat*, n° 61, sept.-octobre 1990.
–, *Les Jeunes et la Lecture, Éducation et Formation*, 24, 1993.

Sirota R., Eidelman J., « Autonomie et dépendance des pratiques enfantines en bibliothèque », *in* Perrenoud P., Montandon C. (éd.), *Qui maîtrise l'école ?*, Lausanne, Réalités sociales, 1988.

Sirota R., *L'École primaire au quotidien*, Paris, PUF, 1988.

Slawski E., Scherer J., « The Rhetoric of Concern : Trust and Control in Urban desegregated School », *Anthropology an Education Quarterly*, X, 4, 1979.

Snyders B.R., *The Hidden Curriculum*, New York, Knopf, 1971.

Starobinski J., *Jean-Jacques Rousseau. La transparence et l'obstacle*, Paris, Gallimard, 1971.

Strauss A., *Miroirs et Masques*, Paris, Métailié, 1992.

Tanguy L. (éd.), *L'Introuvable Relation formation/emploi*, Paris, La Documentation française, 1986.

–, *L'Enseignement professionnel en France, des ouvriers aux techniciens*, Paris, PUF, 1991.

Tap P., *Masculin et Féminin chez l'enfant*, Paris, Privat, 1985.

Taylor C., *The Sources of the Self*, Cambridge, Cambridge University Press, 1989.

Terrail J.-P., « Familles ouvrières, école, destin social », *Revue française de sociologie*, XXV, 1984.

Testanière J., « Chahut traditionnel et chahut anomique », *Revue française de sociologie*, VIII, 1967.

Toulemonde B., *Petite Histoire d'un grand ministère : l'Éducation nationale*, Paris, Albin Michel, 1988.

Touraine A., *La Société post-industrielle*, Paris, Denoël, 1969.
–, *La Voix et le Regard*, Paris, Éd. du Seuil, 1978.
–, Wieviorka M., Dubet F., *Le Mouvement ouvrier*, Paris, Fayard, 1984.

Touraine A., *Critique de la modernité*, Paris, Fayard, 1992.

Trajectoires des jeunes (Les) : transitions professionnelles et familiales, *in* INSEE, *Économie et Statistique*, août 1995.

Tribalat M., *Faire France*, Paris, La Découverte, 1995.

Tyler W., *School Organization*, Londres, Croom Helm, 1988.

Vallet L.-A., Caille J.-P., « Les carrières scolaires au collège des élèves étrangers ou issus de l'immigration », *Éducation et Formation*, n° 40, 1995.

Van Haecht A., *L'École à l'épreuve de la sociologie*, Bruxelles, De Boeck-Éd. universitaires, 1990.

Varela J., Alvarez-Uria F., *Arqueologia de la Escuela*, Madrid, Ediciones de la Piqueta, 1991.

Vayer P., Roncin C., *L'Enfant et le Groupe*, Paris, PUF, 1987.

Vincent G., *L'École primaire française*, Lyon, PUL, 1980.
–, Lahire B., Thin D., « Sur l'histoire et la théorie de la forme scolaire », *in* Vincent G. (éd.), *L'Éducation prisonnière de la forme scolaire ?*, Lyon, PUL, 1994.

Waller W.W., *The Sociology of Teaching*, New York, Wiley & Sons, 1967.

Walzer M., « Exclusion, injustice et État démocratique », *in* Affichard J., Foucauld J.-B. de (éd.), *Pluralisme et Équité*, Paris, Éd. Esprit, 1995.
–, *Spheres of Justice*, New York, Basic Books, 1983.

Weber E., *La Fin des terroirs*, Paris, Fayard, 1983.

Weintraub K., *The Value of the Individual*, Chicago, The University of Chicago Press, 1978.

Wieviorka M. (éd.), *L'École et la Ville*, CADIS, 1993.

Wieviorka M. *et al.*, *La France raciste*, Paris, Éd. du Seuil, 1992.

Willis P., *Learning to Labour. How Working Class Lads get Working Class Jobs*, Farnborough, England Saxon House, 1977.

Woods P., *Ethnographie de l'école*, Paris, A. Colin, 1990.

Zéroulou Z., « La réussite scolaire des enfants d'immigrés. L'apport d'une approche en termes de mobilisation », *Revue française de sociologie*, XXIX, 1988.

Zimmerman D., *La Sélection non verbale à l'école*, Paris, ESF, 1982.

Table

Au lycée

Éducation et sociologie

Ouvrages de François Dubet

Lutte étudiante
(avec Alain Touraine, Zsuzsa Hegedus et Michel Wieviorka)
Seuil, « Sociologie », 1978

La Prophétie antinucléaire
(avec Alain Touraine, Zsuzsa Hegedus et Michel Wieviorka)
Seuil, « Sociologie », 1980

Le Pays contre l'État. Luttes occitanes
(avec Alain Touraine, Zsuzsa Hegedus et Michel Wieviorka)
Seuil, 1981

Solidarité
(avec Alain Touraine, Michel Wieviorka et Jan Strzelecki)
Fayard, 1982

Le Mouvement ouvrier
(avec Alain Touraine et Michel Wieviorka)
Fayard, 1984

L'État et les Jeunes
(avec Didier Lapeyronnie et Adil Jazouli)
Les Éditions ouvrières, 1985

La Galère : jeunes en survie
Fayard, 1987, et Seuil, « Points Actuels », 1995

Pobladores
(avec Eugenio Tironi)
L'Harmattan, 1989

Immigrations, qu'en savons-nous ?
La Documentation française, 1989

Les Lycéens
(avec P. Cingolani, O. Cousin et J.-P. Guillemet)
Seuil, « L'Épreuve des faits », 1991
et « Points Actuels », 1992

Les Quartiers d'exil
(avec Didier Lapeyronnie)
Seuil, « L'Épreuve des faits », 1992

Sociologie de l'expérience
Seuil, « La Couleur des idées », 1994

Universités et Villes
(avec D. Filâtre, F.-X. Merrier, A. Sauvage et A. Vince)
L'Harmattan, 1994

École, Familles, le malentendu
(sous la direction de)
Textuel, « Le Penser-vivre », 1997

Ouvrages de Danilo Martuccelli

La France raciste
(avec M. Wieviorka, P. Bataille, D. Jacquin, A. Peralva, P. Zawadzki)
Seuil, « L'Épreuve des faits », 1992
et « Points Actuels », 1993

Racisme et Xénophobie en Europe
(avec M. Wieviorka, P. Bataille, K. Couper, A. Peralva)
La Découverte, 1994

Décalages
PUF, 1995

La Plaza vacia
(avec Maristella Svampa)
Buenos Aires, Losada, 1997

RÉALISATION : I.G.S.-CHARENTE-PHOTOGRAVURE À L'ISLE-D'ESPAGNAC (16340)
IMPRESSION : BUSSIÈRE CAMEDAN IMPRIMERIES À SAINT-AMAND (11-98)
DÉPOT LÉGAL : AVRIL 1996. N° 28970-2 (985332/1)